Début d'une série de documents
en couleur

LETTRES A UN MATÉRIALISTE

SUR LA

PLURALITÉ DES MONDES

HABITÉS

ET LES QUESTIONS QUI S'Y RATTACHENT

PAR

Jules BOITEUX

Quoniam videbo cœlos tuos, opera digitorum tuorum : lunam et stellas, quæ tu fundasti. (Ps. VIII.)

TROISIÈME ÉDITION
REVUE ET AMÉLIORÉE

PARIS

LIBRAIRIE PLON

E. PLON, NOURRIT ET Cie, IMPRIMEURS-ÉDITEURS

RUE GARANCIÈRE, 10

1898

Tous droits réservés

A LA MÊME LIBRAIRIE :

La Morale dans l'Histoire. Étude sur les principaux systèmes de philosophie de l'histoire depuis l'antiquité jusqu'à nos jours, par René Lavollée, docteur ès lettres, ancien consul général de France. Un vol. in-8°. Prix. . . . . 7 fr. 50

Questions sociales et politiques, Conflits internationaux. — Le Droit et la politique. — Questions ouvrières. — Les réformateurs : Henri IV, Fénelon et Mirabeau, par Arthur Desjardins, membre de l'Institut, avocat général à la Cour de cassation. Un vol. in-8°. Prix. . . . . 7 fr. 50

La Paix publique selon la logique et l'histoire, par H. de Faviers. Un vol. in-18. Prix. . . . . 3 fr. 50

Les Questions vitales, par Léon Lefébure. Un vol. in-8°. 6 fr.

La Démocratie et ses conditions morales, par le vicomte Philibert d'Ussel. Un vol. in-18. Prix. . . . . 3 fr. 50
(*Couronné par l'Académie des sciences morales et politiques.*)

Des bases de l'ordre social, par J. Rey, de Grenoble, conseiller à la Cour d'Angers. Deux vol. in-8°. Prix. . . . 15 fr.

Philosophie du droit social. par Mgr Hugonin, évêque de Bayeux et Lisieux. Un vol. in-8°. Prix. . . . . 6 fr.

La Civilisation et ses lois. Morale sociale, par Th. Funck-Brentano. Un vol. in-8°. Prix. . . . . 7 fr. 50

Les Sophistes grecs et les Sophistes contemporains, par Th. Funck-Brentano, professeur à l'École libre des sciences politiques. — I. *Les Sophistes grecs.* — II. *Les Sophistes contemporains anglais.* Un vol. in-8°. Prix. . . . . 6 fr.

Les Sophistes allemands et les Nihilistes russes, par Th. Funck-Brentano. Un vol. in-8°. Prix. . . . . 6 fr.

La Science sociale. Morale politique, par Th. Funck-Brentano, professeur à l'École libre des sciences politiques. In-8°. 7 fr. 50

L'homme et sa destinée, par Th. Funck-Brentano, professeur à l'École libre des sciences politiques. In-8°. 7 fr. 50

Science et Vérité, par le Dr J.-B.-L. Decès, précédé d'un sommaire et suivi d'une table analytique. 2e édition, revue et corrigée. Un fort vol. in-18. Prix. . . . . 5 fr.

La Science morale, étude philosophique et sociale, par A. Bellaigue. Une brochure in-8°. Prix. . . . . 1 fr.

L'Homme et sa science au temps présent, par le Dr Woillez, membre de l'Académie de médecine. Un vol. in-18. . 3 fr. 50

Fin d'une série de documents
en couleur

LETTRES A UN MATÉRIALISTE

SUR LA

PLURALITÉ DES MONDES

HABITÉS

L'auteur et les éditeurs déclarent réserver leurs droits de reproduction et de traduction en France et dans tous les pays étrangers, y compris la Suède et la Norvège.

Ce volume a été déposé au ministère de l'intérieur (section de la librairie) en novembre 1897.

LETTRES A UN MATÉRIALISTE

SUR LA

PLURALITÉ DES MONDES

HABITÉS

ET LES QUESTIONS QUI S'Y RATTACHENT

PAR

JULES BOITEUX

*Quoniam videbo cœlos tuos, opera
digitorum tuorum : lunam et stellas,
quæ tu fundasti.* (Ps. VIII.)

TROISIÈME ÉDITION
REVUE ET AMÉLIORÉE

PARIS

LIBRAIRIE PLON

E. PLON, NOURRIT et Cie, IMPRIMEURS-ÉDITEURS

RUE GARANCIÈRE, 10

1898

Tous droits réservés

PRÉFACE

Les lettres qu'on va lire traitent des sujets si divers qu'on ne se serait jamais attendu à les trouver réunis. Elles ont été rédigées à l'occasion de quelques discussions familières, indépendantes les unes des autres, que nous avions engagées avec un ami trop ouvert à toutes les doctrines antireligieuses de notre époque, et que nous avons ensuite coordonnées sous le chef de l'une de ces questions de controverse.

Dès la seconde édition de cet ouvrage, nous avions songé à lui retirer sa forme épistolaire qui a été blâmée; cependant nous nous sommes décidé à la lui conserver, parce que, en rappelant les conditions dans lesquelles il a été conçu, elle en fait excuser le principal défaut, qui est, selon nous, l'association de thèmes si différents.

Notre contradicteur, dans la polémique originelle, se nommant *Camille*, nous avons cru devoir, en considération d'un ami qui a été l'instigateur de notre travail, y conserver l'usage de son nom, bien qu'il ait l'inconvénient de faire supposer que nous avons voulu prendre à partie le célèbre auteur d'ouvrages très répandus, qui ont vulgarisé la question de l'habitabilité des astres, et dont la première œuvre (1) avait fourni à notre antagoniste réel ses principaux arguments. Mais il nous suffira de déclarer que telle n'a pas été notre intention ; nous n'avons pas l'honneur de connaître personnellement ce savant, et ce que nous avons lu de ses écrits ne nous permettrait pas de le considérer comme un matérialiste.

Quant aux motifs pour lesquels nous accolons, dans ce livre, le *matérialisme* et la *multiplicité indéfinie* des mondes, nous dirons ici que nous regardons ces deux doctrines comme presque également subversives de la Religion, qu'elles se contredisent et se détruisent mutuellement, et qu'enfin la question de l'habitabilité des astres ne nous semble pouvoir être discutée d'une manière sérieuse ou cientifique que si l'on se place en présence d'un adepte de l'athéisme ; car nos raisonnements n'auraient aucune prise sur la dialectique d'un spiritualiste d'imagination ou de fantaisie, qui prétendrait spéculer sans mesure sur la toute-puissance de Dieu, après lui avoir attribué *à priori* la volonté de peupler d'êtres vivants tous les globes ou les espaces célestes. Au surplus, nous insisterons sur ces considérations dans le corps de l'ouvrage.

---

(1) *La pluralité des mondes habités*, par M. Camille Flammarion.

PRÉFACE

Nous avons, dans cette troisième édition, supprimé deux lettres ou chapitres peu utiles, tenu compte de quelques découvertes scientifiques récentes, corrigé et éclairci la rédaction en général ; à part ces légers changements, notre œuvre est restée telle qu'elle était dans sa deuxième édition, qui est de l'année 1891. Ce qui nous porte à donner cet avertissement, c'est qu'il a paru, depuis cette époque, un livre traitant de notre principal sujet, dans lequel on a pu reconnaître notre système général, ainsi que des pensées semblables aux nôtres, exprimées parfois d'une manière peu différente. Nous avons retranché quelques phrases où cette similitude était trop accusée, mais nous ne pouvions faire plus ; et, si quelques-uns de nos lecteurs songeaient à critiquer ces singulières coïncidences, il est clair que ce ne serait pas à nous qu'ils en devraient imputer la faute.

LETTRES A UN MATÉRIALISTE

SUR LA

PLURALITÉ DES MONDES

HABITÉS

ET LES QUESTIONS QUI S'Y RATTACHENT

PREMIÈRE PARTIE

QUELS PEUVENT ÊTRE LES ASTRES HABITABLES

PREMIÈRE LETTRE

PROLOGUE

Vous soutenez, Camille, que les astres de toute sorte qui décorent le ciel figurent autant de mondes habités tels que celui que représente le globe terrestre ; et, de cette tranchante assertion, qui ne vous semble nullement contestable, vous tirez aussitôt les éléments d'une argumentation destructive de la religion de nos pères. Vous la jugez fort erronée, dans sa doctrine ou dans son esprit, quand vous considérez l'innombrable multitude des sphères sidérales, l'immensité des distances qui les séparent les unes des autres, et l'incalculable durée des temps depuis lesquels elles nous paraissent prodiguer leur lumière. Une fois engagé dans la voie de la contradiction, vous ne savez plus vous arrêter. En songeant à l'extrême étendue des espaces célestes, qui stupéfie notre imagination, vous vous croyez en présence de l'infini véritable, qui ne serait autre que celui de la matière et du vide. Vous affirmez, du reste, qu'un mécanisme tout spontané et des agents tout matériels suffisent pour rendre compte de la constitution de cet univers et de tous les êtres qu'il contient ; vous exposez d'ingénieuses théories expliquant, par des causes purement naturelles, la formation des organismes qui vivent sur la terre et sur tous les mondes possibles ; vous déclarez, conséquemment, que l'antique notion d'un Dieu créateur est une hypothèse surannée et inutile ; vous la proscrivez résolûment, au nom prétendu de la raison éclairée par tous les enseignements de la science moderne ; et vous vous efforcez de propager le triste principe du matérialisme avec ses conséquences fatales.

Vous vous trompez, mon cher et malheureux ami, quand vous croyez trouver, dans la plus savante considération de la nature, la négation de notre foi religieuse et la consécration de l'athéisme. C'est à tort, notamment, que vous invoquez, contre le sentiment le plus distinctif de l'âme humaine, les données de la science des astres. Pour quiconque a médité sur les attributs divins, tels que le plus pur spiritualisme nous les a fait connaître, non seulement les documents fournis par cette étude ne renversent pas, mais encore ils justifient les conceptions antérieures de notre religieuse raison.

Nous croyions, bien certainement, à la toute-puissance de Dieu, et nous admettions sans hésiter que la création de notre monde ne lui a coûté aucun effort : nous n'en sommes que plus assurés encore s'il a répété à merci ce gigantesque travail. Nous savions qu'il est immense, mais nous ne recevions de tout ce qui nous entoure qu'une notion restreinte de son immensité ; nous l'appelions du nom d'Éternel, mais la courte durée de notre vie ne nous donnait qu'une idée très vague de son éternité : il n'est certes pas au pouvoir de la science de nous faire comprendre l'infinitude de ses attributs ; mais il lui appartenait, du moins, d'élargir nos mesures et de nous fournir, dans l'espace et dans la durée, de sûrs et lointains repères à l'aide desquels nous contemplons maintenant, sous une figure bien autrement majestueuse que par le passé, la mystérieuse personnalité de l'Être des êtres.

Non, la science ne détruit pas en nous la notion innée du Créateur ; ce qu'elle a, je l'avoue, renversé, ce sont les idées étroites et puériles que l'humanité avait conçues de lui durant son premier âge. Dans le fond vaporeux des airs, qui simule une voûte d'azur et un firmament massif, nous ne plaçons plus, comme nos crédules ancêtres, la demeure privée du Très-Haut ; nous ne croyons plus que ce plancher céleste s'appuie sur les cimes de l'Atlas, ni qu'on puisse l'atteindre en superposant les monts de la Thessalie, ou en édifiant une haute tour sur le plateau de Sennaar ; nous ne nous figurons plus l'Hôte redouté de ce palais matériel occupé à surveiller de là la conduite des hommes, dirigeant immédiatement les météores, lançant de sa main la foudre pour nous avertir ou nous châtier, et écrivant, comme un capricieux et bizarre magicien, les destinées des habitants de la terre dans les feux scintillants dont se parent chaque soir ses lambris. Nous sommes donc désabusés à certains égards ; mais ce n'est pas d'hier que l'erreur de nos yeux a été reconnue, et ceux qui nous l'ont dévoilée n'étaient pas encore des vôtres.

Cependant, cette insigne méprise, qui nous faisait placer tout près de nous les limites de la Création et le domaine propre du Créateur; cette image si nette et si expressive qui restera toujours le fond de la foi naïve de l'enfant et de l'homme simple, toute vaine qu'elle est, nous la respectons; loin d'imiter vos émules et d'en tirer argument contre la divine Providence, nous estimons qu'elle est, au contraire, toute providentielle, car elle a singulièrement fortifié, dans l'esprit de l'homme primitif et au sein des sociétés anciennes, l'indispensable sentiment de la Divinité qui fût resté sans elle vague et inefficace; et aujourd'hui encore, saisissant l'âme humaine dès l'âge du berceau, elle contribue à former autour d'elle cette atmosphère religieuse qui l'accompagnera toujours durant son passage en cette vie, ou ne s'en séparera que pour notre malheur inéluctable.

Mais il fallait pourtant que cette illusion de nos sens se dissipât. L'humanité est sortie de l'enfance, et ses membres sont mûrs pour les luttes et les responsabilités de l'âge adulte. Leur sens moral s'est éclairci; ils entendent distinctement la voix de la conscience et du devoir, et ont compris quel est le véritable but de leur vie. Soumis, sur cette terre, à une épreuve capitale, ils n'ont de mérite qu'autant qu'ils la surmontent librement. Il est donc nécessaire qu'ils se sentent pleinement libres; il ne convient pas qu'ils subissent la pression maîtrisante de ce juge implacable, de ce témoin perpétuel ostensiblement établi au-dessus de leurs têtes; il faut que son ciel menaçant s'évanouisse ou s'éloigne indéfiniment, et qu'autour d'eux l'espace s'étende solitaire et vide. Une telle liberté, il est vrai, est pleine de périls; mais ne sommes-nous pas impatients de tout frein, et n'est-il pas juste que nos dangers croissent à l'égal de notre audace et de notre présomption?

Au surplus, l'homme de la société adulte, dans la plénitude de sa maturité, a fait fonctionner toutes les facultés de son âme pensante; il a exploré le domaine des vérités métaphysiques, médité sur les attributs divins, sondé son propre cœur et s'est pénétré du sentiment de l'infini. En outre, il a parcouru en tous sens son domaine terrestre; il ne s'abuse plus sur son étendue réelle, il sait qu'elle est bien disproportionnée à l'amplitude de son cœur, à son ambition toujours soupirante. Qu'est-ce donc, alors, que ce ciel matériel qui serrait de près notre monde, qui mesurait sa surface sur la surface même de la terre, et lui était subordonné comme à son centre ? Qu'est-ce que ce prétendu géant qui se promenait sur cette soupente orageuse? Tout cela n'est-il pas manifestement borné et petit ? Quand notre esprit donne carrière à sa puissante imaginative; quand il accumule et multiplie sans fin les nombres, il engendre des conceptions bien autrement vastes et qui ne comblent pas encore le cœur humain ; l'objectif religieux de l'enfance n'est donc pas à la hauteur de l'homme complet ou de la raison émancipée : devant celle-ci, il faut que tous les horizons s'élargissent sans mesure ; il faut que la personnalité divine grandisse à l'infini.

Ainsi fut fait par la science et sous la volonté de Celui qui nous en a ouvert les voies. La terre ne nous apparaît plus comme enchâssée étroitement dans la concavité d'un firmament de glace ou d'opale : elle bondit librement dans l'éther sans bornes. Ses hautes montagnes, qui se dressent sur leurs énormes assises; ses larges plaines aux limites toujours fuyantes; ses vastes mers aux profonds abîmes, tout ce globe enfin dont la masse immense éveille tout d'abord dans notre esprit l'idée d'un fondement inébranlable et d'une éternelle fixité, tout cela, cédant à une puissance formidable, est emporté comme un simple corpuscule à travers les espaces, avec une vitesse cent fois plus grande que celle du projectile de la poudre.

Celui qui tient sous sa main des forces si prodigieuses et qui, loin de s'en tenir à cette merveille, l'a répétée à l'envi en lançant dans l'immensité des globes, non moins vastes que le nôtre, par millions et par milliards. Celui-là n'a plus à craindre que nous le jugions petit et que nos facultés le dominent; sa grandeur défie la plus extrême enflure de nos conceptions et surpasse notre ambition la plus excessive : il est vraiment le Dieu de la raison ainsi que du cœur humain.

Mais une singulière préoccupation s'est introduite dans notre esprit en même temps qu'y est entrée une notion plus large et plus vraie de l'essence de l'univers ; elle y engendre une illusion nouvelle, tout opposée à celle qui abusa nos pères, et dont vos pareils sont les tristes victimes.

L'homme, vous disais-je, dans le complet développement de toutes les puissances de son âme, eût pu naguère juger ce monde terrestre une œuvre trop bornée pour un auteur infini ; et voici qu'à présent, au contraire, étourdi, confondu par l'ampleur immensurable de la Création, il se sent près de croire qu'elle n'a point de bornes, que la matière et les mondes occupent seuls toute l'étendue réelle ou possible; en présence des proportions indéfinies de l'ouvrage, il se demande avec une inquiétude puérile si tout n'est pas absorbé par lui, et s'il peut rester une place propre ou personnelle pour un Ouvrier créateur ; et vos docteurs en athéisme se hâtent de lui répondre par la négative.

L'homme, d'ailleurs, étant possédé de cette curiosité innée qui le pousse à scruter toutes les causes, qui cher-

chera perpétuellement à saisir le principe de tout ce qui vit sur la terre, comme de tout ce qui brille dans le ciel ; ayant même besoin, il faut l'avouer, pour se prosterner devant un être souverain, de figurer devant son imagination un objet substantiel et précis, l'homme voudrait au moins entrevoir cette puissance surnaturelle qui met en branle tous les phénomènes de l'univers, cette main merveilleuse d'où s'échappent toutes les créatures. Mais, — est-il besoin de vous le redire ? — soit que nous analysions à l'aide du scalpel et du microscope les derniers éléments de tout être terrestre, soit que nous acceptions le secours du télescope pour explorer les cieux en tous sens, nous ne rencontrons partout que ce que nous connaissons en vain : de la matière et du vide ; la main créatrice, la force vivifiante se dérobe obstinément à nos regards et, pour tout acte de condescendance, jette encore devant notre œil éperdu le centuple de ce qui nous surpasse.

L'intention de la Puissance souveraine est manifeste ; elle a voulu se soustraire à notre atteinte : de la matière et des phénomènes, c'est-à-dire le côté de derrière de ce qui existe, voilà tout ce qu'il nous est donné de percevoir ici-bas ; force est à nous de nous y résigner, car telle est la condition nécessaire de notre liberté, et telle est la loi obligée de notre nature. De même que le simple animal, dépourvu de notre faculté transcendante, la raison, est incapable de conceptions métaphysiques et n'a point accès dans le monde moral, ainsi, dans la constitution de l'âme humaine, un certain sens supérieur a été réservé, à défaut duquel la seconde face de toutes choses est un mystère. Un mystère impénétrable s'étend des derniers éléments de l'être jusqu'à l'ensemble même de la Création ; la nature terrestre et l'univers entier ne nous disent pas autre chose sur les ressorts qui les animent et sur la source d'où ils émanent. C'est que la clarté parfaite de l'éternel soleil ne pouvait être que la récompense future, et non le partage actuel, de celui qui fut astreint à supporter la peine d'un exil temporaire : heureux si sa raison bien inspirée le dirige sûrement dans le demi-jour qui lui fut accordé pour marcher vers sa fin, et s'il sait tirer, du mystère universel qui le tourmente, les motifs d'une religieuse aspiration vers la pleine lumière ou vers son souverain auteur.

Mais, vous ne le savez que trop, l'épreuve est fatale à beaucoup de nos semblables. Vos athées doctrinaires ont été dupes des apparences toutes physiques, ils ont donné dans le piège que s'est vu dresser l'orgueil de l'esprit humain en élevant la prétention d'avoir raison de tout, sans en excepter Dieu lui-même. De par leurs prétendues découvertes scientifiques, ils n'hésitent pas à faire table rase des idées communément admises sur l'existence nécessaire de la Puissance créatrice et sur la contingence de l'univers ; ils s'efforcent d'y substituer des systèmes étranges, où les phénomènes naturels n'ont plus besoin de causes, où les axiomes fondamentaux de la logique sont renversés et retournés. Eh bien! ce que je voudrais faire essentiellement dans ces lettres serait de combattre en vous ces défaillances de la raison, aveuglée par une science spécieuse, à l'aide d'arguments fournis par la raison et la science elles-mêmes ; j'essaierai donc, par-dessus tout, de vous faire voir que les théories génésiaques fondées sur l'athéisme sont constamment incomplètes, et que, loin d'évincer la cause première de toutes choses, elles peuvent servir, par leurs inévitables défauts, à en démontrer la nécessité.

Quant à cette autre question, qui doit aussi nous occuper principalement, celle qui a trait à l'habitation des globes célestes et qui impliquerait, suivant vous, le renversement de nos dogmes fondamentaux, je me propose de vous démontrer que la solution que vous en donnez est inconciliable avec votre explication matérialiste de l'origine et de l'évolution de l'univers ; et, d'autre part, en l'envisageant avec une réserve que je crois rationnelle, j'espère vous faire voir qu'elle ne contredit pas la foi religieuse que vous avez été si prompt à renier. Bien longtemps avant qu'aucun astronome rêveur n'eût conçu l'idée de vos mondes sidéraux, il nous avait été enseigné que des créatures intelligentes et supérieures avaient préexisté à la formation de l'homme, et qu'avec un sort très différent elles avaient subi l'épreuve de leur liberté. Nous savions aussi que le souverain Être n'est pas solitaire dans sa demeure ; parmi ces milices innombrables et variées qui remplissent son séjour inaltérable, peut-être se trouve-t-il quelque catégorie d'adorateurs qui ont jadis vécu d'une vie telle que la nôtre, sur des globes analogues à notre terre, et qui, après les traverses d'un critique pèlerinage, nous ont précédés dans le royaume fortuné qui nous attend.

DEUXIÈME LETTRE

CONDITIONS GÉNÉRALES D'HABITABILITÉ DES GLOBES CÉLESTES

Il est presque certain, Camille, qu'il y a des astres parfaitement assimilables à notre globe terrestre ; cependant, s'il était en notre pouvoir de parcourir corporellement l'espace céleste pour examiner de près tous les corps sidéraux, peut-être n'en trouverions-nous qu'un bien petit nombre où la similitude serait assez complète pour nous permettre d'y subsister. Tous les autres, s'ils n'étaient pas d'un abord impossible, nous seraient au moins d'un séjour immédiatement ou rapidement funeste, ainsi qu'à presque tous les êtres vivants de la terre, animaux et plantes, au cas où, par un miracle sans pareil, ils s'y trouveraient transportés.

Mais une telle raison n'est certes pas de force à vous arrêter dans vos spéculations sur l'habitation des astres. Vous ne manquez pas de nous faire remarquer que la vie affecte ici-bas une variété infinie de formes et d'aptitudes, et que des milieux très différents, au moins en apparence, possèdent leurs populations spéciales, parfaitement appropriées à toutes les influences biologiques qui s'y exercent. Car il y a, dites-vous, des espèces vivantes dans les contrées chaudes et dans les climats froids; dans l'atmosphère aérienne et dans les régions plus ou moins profondes de l'Océan; dans les eaux douces, dans le limon des marais, dans les couches perméables du sol, dans les cavernes obscures et jusqu'au sein des autres organismes; de plus, tous ces types organiques sont respectivement propres à leur habitat et ne pourraient, en général, être transplantés dans un autre. De cette considération, vous inférez qu'il peut et qu'il doit exister des êtres animés sur tous les globes des cieux, quelque singulière que puisse être leur constitution physique comparée à celle de notre planète; vous posez en fait qu'à tout régime sidéral répondent certains modes et certaines formes de la vie; et, partout où vous distinguez de la matière cosmique agglomérée, vous imaginez sans hésiter des mondes peuplés de créatures non moins admirables que celles qui ornent notre sphère, toujours organisées comme il convient pour leur séjour et s'y trouvant fort à leur aise. A merveille.

Cependant ce raisonnement tout simple contient deux erreurs très graves. La première est une faute de logique, une pétition de principe : vous agitez la question de savoir si les astres sont habitables, et vous abordez ce problème en présupposant la solution, comme si l'habitation des corps sidéraux était un dogme incontestable ! En outre, ce qui justifie, à vos yeux, cette opinion prématurée, n'est qu'une seconde méprise résultant d'un examen incomplet et superficiel des choses. Malgré les grandes différences qu'on peut signaler dans le mode d'existence des êtres terrestres, il est certaines conditions physiques dont ils dépendent tous sans exception ; conditions si nécessaires que, dans tous les lieux de la terre où l'une d'entre elles manque tout à fait, la vie est totalement absente, ainsi que nous le verrons plus loin. Or, on est sûr que ces conditions ne sont pas réalisées sur les corps célestes en général, quand on songe aux extrêmes dissemblances qu'ils nous présentent.

Ici, par exemple, nous nous verrions en présence d'une sphère en ignition où la matière brute elle-même ne peut se maintenir agrégée et se tourmente dans un effroyable chaos. Là, au contraire, règne un froid d'une intensité extrême ; l'indispensable liquide qu'on a appelé le grand dissolvant de la nature, s'il y existe, y est en tout temps solide comme une roche de quartz ou d'albâtre. Ailleurs, nous ne trouverions ni eau ni atmosphère, et la matière fluide y manque entièrement. Quelles singularités ne relèverions-nous pas ? Il est des astres où la force de pesanteur, extrêmement puissante, vous tiendrait immobile, et même renversé et aplati sur le sol. Sur d'autres, elle serait tellement faible que s'il y existait, ainsi que cela serait possible, une atmosphère assez abondante pour posséder une certaine densité, vous pourriez être enlevé par un coup de vent et entraîné à circuler comme un astre satellite ou comme une comète. Peut-être même s'en trouve-t-il où la force centrifuge est prédominante sur celle de gravité, et qui ne toléreraient la présence d'aucun corps libre à leur surface ; de tels astres seraient condamnés à se détruire bientôt ; mais, au cas où vous viendriez à y prendre pied, vous seriez rejeté dans l'espace comme par la détente d'une fronde.

Si vous étiez un pur spiritualiste, en même temps qu'un partisan de la croyance à l'habitation de tous les astres, vous vous aviseriez sans doute d'inventer, pour les cas les plus difficiles, des êtres formés d'une substance éthérée ou presque immatérielle, que n'affecteraient ni le chaud ni le froid, ni la pesanteur ni aucune force physique, et qui n'auraient rien à souffrir des conditions physiologiques que nous estimons les plus imparfaites ou les plus meurtrières. Vous sauriez même exploiter certaines découvertes assez inattendues de la science ; je veux parler des phénomènes presque merveilleux qu'un habile physicien anglais, M. Crookes, a vu s'accomplir au sein de la *matière radiante,* ou de la substance gazeuse excessivement raréfiée. Au moyen de ces données singulières, vous pourriez tant bien que mal concevoir qu'il existât, sur certaines stations célestes, des êtres d'une constitution tout autre que ceux que nous connaissons, des créatures à peine dépendantes de la matière et à peu près telles que les imaginent certains adeptes du spiritisme. Nous serions alors fort embarrassés pour opposer des arguments scientifiques à des systèmes qui s'échafauderaient sur de telles bases et, pour ainsi dire, en l'air. Mais vous devez déjà pressentir que ce n'est pas le matérialisme, c'est le spiritualisme seul — enseignant que toute vitalité imaginable procède d'un souverain être vivant, — qui fait concevoir la genèse de la vie dans des conditions foncièrement dissemblables, et qui rend possible la réalisation des mondes les plus divers et les plus incompréhensibles.

Voilà pourquoi je préfère beaucoup avoir affaire à un matérialiste pour traiter de l'habitabilité des astres. A ce titre, vous êtes forcément très positif. Vous ne concevez, comme théâtres de la vie, que des amas de matière sidérale condensée. Vous repoussez à priori toutes les spéculations qui reposent sur des esprits ou des fantômes ; vous n'admettez pas d'autre sorte d'existence que celle qui est liée à la matière, laquelle constitue pour vous tout ce qui existe ; il vous faut, pour tous vos mondes sidéraux, des habitants formés comme nous d'une substance pesante et palpable, et qui, conséquemment, comme nous aussi, ne sauraient être indépendants de leur séjour. Nous avons donc ensemble un sujet circonscrit et un terrain solide.

Mais quand même vous vous convertiriez au spiritualisme, vous ne seriez pas encore fondé à croire à l'habitation de tous les astres. Que vous servirait-il en effet de spéculer sans réserve sur la toute-puissance de Dieu s'il se trouvait qu'il ne l'eût pas prodiguée dans tous les sens, et qu'il n'eût voulu en user que dans certaines voies ou certains cas par lui déterminés ? Quoique tous les spiritualistes le reconnaissent comme absolument indépendant et ne subissant la loi d'aucune force étrangère, tous ont compris qu'il s'en est imposé une à lui-même. Il s'est donné une règle de conduite dans l'exercice de son activité créatrice. *Semel jussit, semper paret*, a dit un philosophe ancien ; quand il se met à l'œuvre pour exécuter quelque nouveau travail, il s'astreint à suivre un plan qu'il s'est tracé une fois pour toutes.

Cette fixité du plan de la Création s'affirme de toutes parts dans l'univers. Si nous envisageons tous les corps célestes que le télescope nous permet d'atteindre, les différences que nous observons dans leur manière d'être résultent principalement de ce qu'ils se trouvent à des périodes diverses d'une même évolution. En soumettant à l'analyse spectrale la lumière qu'ils nous envoient; en étudiant la composition chimique des pierres météoriques qui nous arrivent peut-être parfois des régions extra planétaires, nous constatons partout l'identité des éléments minéraux qui composent la matière cosmique, et la persistance de toutes ses propriétés. Les mêmes agents physiques, les mêmes forces naturelles s'exercent sur tous les corps de la terre et du ciel ; et les astres les plus lointains, comme les planètes les plus voisines, ou comme le fruit qui tombe d'un arbre en notre présence, obéissent aux mêmes lois permanentes et universelles. Enfin et surtout, l'existence d'une règle créatrice se manifeste dans ce règne organique qui couvre la terre, et nous saisissons sans peine les caractères communs qui relient ensemble tous les types de la vie, malgré les extrêmes dissemblances que nous remarquons dans leur mode d'existence et dans leur conformation.

En conséquence, lorsque nous acceptons l'hypothèse des créations animées des autres mondes, nous sommes en droit de présumer qu'elles conservent au moins les bases constantes de la nôtre, et qu'elles reproduisent, dans ce qu'elles ont de commun et d'invariable, les caractères primordiaux de tous nos êtres vivants.

Cela posé, faisons comprendre comment peut se résumer la constitution matérielle de tout ce qui vit sur la terre. — Introduisez, dans une étuve chauffée à cent degrés, une partie importante ou la totalité même d'une plante ou d'un corps animal : quand vous la retirerez toute desséchée, elle aura perdu, par l'exhalation de son humidité intime, au moins les quatre cinquièmes et peut-être jusqu'aux neuf dixièmes de son poids. Il n'y a d'exception à ce résultat que pour les productions accessoires dont la vitalité est obscure ou nulle. Donc un végétal ou un animal quelconque, dans ses parties principales ou les plus vivantes, peut être considéré comme un amas de matière liquide servant à entretenir un parenchyme ou une trame organique d'une importance majeure, mais d'une masse matérielle beaucoup moindre. Cette manière d'être ne change nullement avec les habitats et les milieux ; elle est absolument la même dans les êtres aquatiques et dans les organismes qui vivent dans l'air sec ; elle semble donc réellement nécessaire. Ayant ajouté que le tout est renfermé dans une enveloppe pourvue de pores et d'ouvertures, qui permettent un échange continuel de matière avec le monde ambiant, nous aurons exprimé, par cette formule grossière, la constitution essentielle de tous les êtres organisés de la terre sans exception.

Puisque tous les êtres vivants que nous connaissons, malgré l'infinie diversité de leurs formes, sont constitués sur ce seul type, nous estimons que tel est le plan du Créateur pour la constitution de la vie attachée à la matière. Forts de la constance démontrée de ses voies et moyens, nous pensons qu'il en aura usé de même sur tous les points de l'univers astral où il aura semé des créatures vivantes ; et nous sommes d'autant plus fondés à le croire que nous ne saurions imaginer et définir d'autres essences corporelles et organisées. Ayant donc adopté cette donnée fondamentale, nous trouvons légitime de la préciser davantage dans la lettre suivante.

TROISIÈME LETTRE

CONDITIONS GÉNÉRALES D'HABITABILITÉ DES GLOBES CÉLESTES (SUITE)

Nous ne recherchons pas encore, Camille, quelles peuvent être les créatures vivantes qui couvrent les autres mondes, c'est-à-dire quelles seraient leur nature, leur conformation, leurs facultés ; nous demandons simplement s'il est vraisemblable que la substance matérielle qui les compose soit tout autre que celle dont sont formés les organismes telluriques. On a pu le concevoir vaguement, mais on n'est guère disposé à le croire quand on ne perd pas de vue la simplicité et l'unité du plan de l'univers, ainsi que l'apparente uniformité de ses matériaux constituants. Aussi me semble-t-il permis d'indiquer les principes chimiques *essentiels* qui entreraient dans la composition des êtres organisés de vos terres astrales.

Dans notre règne organique terrestre, le liquide nutritif dont j'ai parlé, à la fin de la lettre précédente, comme baignant tous les tissus des animaux et des plantes, a pour base l'*eau*, c'est-à-dire la principale combinaison de l'oxygène avec l'hydrogène, l'*élément* qui couvre de sa nappe profonde la plus grande partie du globe. Peut-être penserez-vous que, sur les autres sphères, la même fonction biologique pourrait être remplie par un autre fluide ; mais lequel citerez-vous ? Si vous n'en indiquez aucun, vous renoncez à discuter sérieusement notre problème ; si vous vous obstinez à demeurer dans une vague indécision, en prétextant, avec une extrême exagération, notre ignorance de la chimie universelle, votre système perd tout caractère scientifique et positif.

En considérant que l'hydrogène est signalé comme l'un des plus abondants éléments de l'univers céleste, vous plairait-il d'avancer, par exemple, que le liquide qui nous occupe pourrait résulter de la combinaison de ce gaz, non avec l'oxygène, qui semble ne pas exister sur certains astres, mais avec quelque autre corps simple de la même famille, tel qu'un congénère du *chlore*, combinaison volatile ici-bas, mais qui se trouverait liquéfiée ailleurs par une pression et un froid intenses ? Nous vous ferions remarquer que votre menstrue générale des organismes planétaires doit être d'une activité chimique assez faible pour ne point altérer les substances qu'elle dissout, et qu'un hydracide énergique aurait au moins l'inconvénient de ne pouvoir ni constituer des mers, ni fournir à la terre ferme des pluies utiles, parce qu'il attaquerait les éléments basiques du sol et disparaîtrait en se combinant avec eux.

Se rejeter sur les combinaisons presque neutres de l'hydrogène avec d'autres corps simples tels que le carbone, et spécialement sur des liquides analogues à l'huile de pétrole, sous prétexte que la nature en a formé ici même une assez grande provision, serait une inspiration tout aussi malheureuse. Nos carbures d'hydrogène, s'ils sont d'une origine minérale ou inorganique, n'ont pu prendre naissance qu'en dehors de l'atmosphère ou dans les couches profondes du sol, et c'est là seulement qu'ils peuvent subsister; car, au contact de l'air, ils seraient oxydés ou brûlés lentement, s'ils n'étaient point enflammés en masse par les feux naturels des volcans, de la foudre ou des aérolithes. C'est aussi ce qui aurait lieu certainement sur les autres mondes. Pour qu'il en fût autrement, il faudrait que leur atmosphère fût dépourvue non seulement d'oxygène, mais aussi d'élément chloroïde ou de tout autre principe comburant, ce qui est invraisemblable. Les sulfures, carbures d'hydrogène, les liquides inflammables ou oxydables ne pourraient donc pas fournir des océans sur vos terres célestes, et y constituer le véhicule matériel de la vie : il vous faut absolument pour cet usage un fluide à la fois neutre et incombustible comme est l'eau. — Au surplus, à quoi bon agiter longuement cette question ? L'analyse de la lumière des astres nous a positivement appris que l'eau, telle que nous la connaissons, existe sur plusieurs planètes ; nous savons même qu'elle s'y trouve sous ses trois états, à l'état de vapeurs, à l'état liquide et à l'état de glace. Nous avons donc raison de croire que, sur les globes dotés de la vie, cette même substance en est l'indispensable soutien, étant d'ailleurs merveilleusement propre à cet usage, comme nous le démontrerons dans la suite. Nous devons pourtant convenir, en passant, qu'elle a un grave défaut biologique, celui de se solidifier par le froid ; mais que faut-il en inférer, sinon que la vie astrale est renfermée dans d'étroites limites de température et, par conséquent, ne peut avoir l'ubiquité que vous lui attribuez ?

Relativement au parenchyme tissulaire des corps vivants, et aux matériaux protéiques qui l'entretiennent, nous observons maintenant que l'élément *carbone*, qui entre, comme principe fondamental, dans toutes les combinaisons organiques connues, constitue la base consistante ou solide de tout l'édifice de la vie tellurique; personne n'ignore, en effet, que tout corps organisé, soumis à une combustion incomplète, laisse pour résidu un morceau de charbon. Peut-être vous aviserez-vous d'avancer que d'autres corps simples du même groupe, tels que le *silicium* et le *bore*, seraient susceptibles de se substituer à celui-ci, dans les créations animées des autres mondes, pour y remplir un rôle chimique analogue au sien : nous aurions d'assez fortes objections à opposer à cette supposition gratuite, mais il est une considération qui nous dispense de la discuter. L'analyse de la lumière astrale a mis hors de doute l'abondance du carbone parmi les éléments cosmiques; de plus, on a rencontré ce métalloïde à l'état concret dans quelques aérolithes ou pierres tombées du ciel. Tel qu'il se présente dans ces minéraux météoriques, les partisans déterminés de l'habitabilité des astres ne sont pas loin de le regarder comme un résidu de la décomposition des êtres qui auraient vécu sur quelque planète aujourd'hui détruite; en tout cas, le fait seul de son existence et de sa diffusion universelles leur paraît propre à fortifier la croyance à la pluralité des terres habitées. Ils nous permettront donc de présumer après eux que le carbone, qui d'ailleurs se prête admirablement à toutes les transmutations de la chimie vivante, se trouve être l'une des assises obligées de la vie enchaînée à la matière.

A ces trois principes constituants des créatures astrales, oxygène, hydrogène, carbone, je crois devoir ajouter au moins un quatrième facteur, que nous retrouvons abondamment dans la composition de tous les êtres animés de la terre, où il a un rôle d'une grande importance, sans qu'on puisse lui assigner aucun congénère ou remplaçant chimique : je veux parler de *l'azote*, qui paraît tenir une grande place parmi les matériaux des mondes, et que sa nature gazeuse retient, avec les précédents, dans leur enveloppe atmosphérique (1).

---

(1) Notons que deux savants anglais, MM. Rayleigh et Ramsay, ont reconnu récemment dans l'air l'existence d'un élément nouveau qui s'y trouve en quantité assez notable, et auquel ils ont donné le

En résumé donc, ayant constaté que tous les organismes terrestres sont formés essentiellement de la même matière, et surtout que les éléments qui composent cette matière existent pareillement sur les autres sphères astrales, nous nous croyons fondés à admettre que tous les êtres animés de vos terres célestes sont composés de la même substance que les nôtres.

Qui pourrait trouver cette induction illégitime et accuser l'étroitesse de nos vues sur cette question? Ce sont ceux qui ne prennent pas la peine de l'approfondir et qui préfèrent l'envelopper d'un nuage mystique favorable aux fantaisies de leur imagination; ce sont ceux surtout qui méconnaissent les enseignements que nous tirons de l'une des plus importantes conquêtes scientifiques de notre siècle, l'analyse spectrale. Assurément ce précieux moyen d'investigation chimique ne donne pas encore pleine satisfaction à notre curiosité; le spectroscope nous montre, même dans l'atmosphère des planètes de notre système, des *raies* particulières que nous ne savons à quelle substance attribuer, et ce phénomène mystérieux est encore plus fréquent quand on inspecte des étoiles et des nébuleuses. Il ne serait donc pas impossible, si les astres où il se produit sont réellement des théâtres de la vie, que quelque élément inconnu s'y substituât, en totalité ou en partie, à l'un de ceux que nous venons de signaler. Mais nous pensons que cette substitution ne détruirait pas l'analogie de composition que nous attribuons à toutes les créatures astrales, et

---

nom d'*argon*; c'est un corps gazeux, comparable à l'azote sous plus d'un rapport, mais qui s'en distingue surtout par une plus grande indifférence chimique, de sorte qu'il ne semble pas susceptible de le remplacer dans ses combinaisons. — On peut en dire autant de l'*hélium*, autre élément ou *mélange* gazeux, qui accuse nettement sa présence dans le soleil, mais paraît très rare sur la terre, et dont la découverte a suivi celle de l'argon.

n'infirmerait pas les conséquences que nous en devons tirer. Quoi qu'il en soit donc, il nous paraît scientifiquement invraisemblable que, sur les autres terres possibles, l'édifice de l'organisation vivante soit formé de matériaux tout différents de ceux que nous connaissons; ou bien, si cela était, ce serait un fait admirable, merveilleux, qui attesterait une divine et formelle intention d'établir de toutes parts le règne de la vie, et qui plaiderait victorieusement en faveur de notre cause spiritualiste (1).

Ainsi nous poserons en principe qu'il faut refuser la capacité de constituer un monde véritable à tout astre où les éléments matériels ci-dessus désignés n'existeraient pas, ou ne pourraient entrer en combinaison entre eux pour quelque raison particulière, telle que l'excès ou l'insuffisance de la chaleur. Mais nous pouvons exprimer un jugement analogue, d'une manière à la fois plus simple et plus complète, en élargissant pour un moment la signification d'un terme dont nous avons dû faire usage avec le sens précis que lui a attribué la chimie. Formulant encore en quatre mots les conditions physiques qui doivent se trouver réalisées sur un globe quelconque pour qu'on y puisse concevoir des êtres

---

(1) On ne nous accusera pas, relativement à ce qui précède, de tomber dans une exagération systématique; car, si nous avions avancé plus formellement encore que l'eau est le liquide vital universel, et que tous les êtres vivants des mondes sidéraux sont composés des mêmes éléments chimiques que ceux d'ici-bas, nous n'aurions fait que traduire fidèlement l'opinion d'un savant sans parti pris, très versé dans l'analyse spectrale, et connaissant la composition matérielle de l'univers aussi bien qu'on la peut connaître aujourd'hui. (M. Janssen, séance annuelle des cinq académies, 25 octobre 1896.) En tout cas, nous trouvons avec lui légitime d'attribuer, à toutes les créations vivantes des terres célestes, des caractères communs de matérialité qui éliminent les conceptions vagues et fantastiques des partisans inconsidérés de l'habitabilité générale des astres.

organisés, nous y réclamerons l'existence des quatre agents dans lesquels les anciens philosophes avaient cru voir les vrais *éléments* de la nature : l'air, l'eau, la matière terreuse, un certain degré de chaleur. Cela dit, je n'aurai pas de peine à vous faire convenir que notre terre, qui a été dotée d'une si grande multitude de créatures et dont la vitalité vous semble exubérante, ne nous offre de productions de la vie que là où ces quatre conditions sont réunies.

Jetez les yeux sur une sphère géographique, et mesurez l'étendue de ces territoires dénudés qui constituent le domaine des déserts. Ces vastes parties de nos continents, les plus favorisées du monde sous certains rapports, n'ont en partage que la stérilité et la désolation aussi longtemps qu'une atmosphère desséchante ne dépose à leur surface ni la pluie ni la rosée. — Considérez aussi les portions de la terre où le calorique est versé en trop faible mesure, les crêtes des montagnes et les deux calottes polaires, où l'eau, très refroidie, a cessé d'être un corps fluide : tant que durera son état de solidité, vous n'aurez point à rechercher les productions vivantes de ces froides régions, dussent les glaces envelopper, comme elles le firent jadis, de vastes segments du globe. Tout au plus observerez-vous parfois, sur les neiges éternelles, une coloration verte ou rouge due à des algues microscopiques : c'est là le dernier et infime résultat des efforts de la nature pour animer les climats glacés.

Ne semble-t-il pas pourtant qu'elle a fait tout le possible pour entretenir la vie dans ces domaines si opposés ? Les voyageurs, qui explorent le Groënland et les autres territoires arctiques, durant la courte saison où ils sont vivifiés par le soleil, y rencontrent avec surprise des lacs et des étangs ornés d'une belle végétation aquatique, et dans lesquels s'agite une nombreuse population animale! Cependant l'élément aqueux, pendant de terribles hivers, est pris en glace dans toute sa profondeur, et tous les êtres qu'il renferme y sont nécessairement gelés. Mais ces rustiques organismes des climats glacials ne sont pas détruits, et la congélation qu'ils subissent ne fait qu'assurer leur conservation. Lorsqu'en effet l'astre roi a reparu au-dessus de leur horizon, et que leur milieu vital a recouvré sa fluidité, non seulement les végétaux, mais encore les reptiles et les poissons, mis en liberté, reprennent l'exercice de leurs fonctions et recommencent une nouvelle carrière. — Pareillement, sous le soleil torréfiant de l'équateur, quand les plaines marécageuses sont totalement desséchées et que le limon des rivières est devenu pulvérulent, la vie n'est pas éteinte pour toujours : une infinité de semences végétales, d'animalcules, d'animaux invertébrés que leur état de dessiccation préserve de la décomposition putride, garderont une vitalité latente jusqu'à la saison des pluies, où on les verra s'imbiber, se gonfler d'eau, germer ou ressusciter.

Ces derniers prodiges naturels ne portent guère, il est vrai, que sur la vie végétale et sur la vie animale inférieure; ils sont néanmoins très importants à nos yeux, car il ressortira de notre étude et de nos réflexions que la plupart de vos mondes sidéraux ne connaîtront probablement pas d'autres créatures vivantes que des plantes et des animaux. S'ils témoignent d'une finalité dans la nature, c'est-à-dire de l'intention de son auteur de ménager à nos climats extrêmes une parure animée, ils nous montrent aussi les conditions et les limites dans lesquelles s'exerce sa puissance créatrice. Nous y voyons qu'il n'a pas voulu se passer du concours de l'eau et de la chaleur, et qu'en l'absence de ces deux facteurs il ne suscite aucune manifestation de la vie : qu'est-ce donc qui nous fonderait à croire que sa résolution, si clairement indiquée sur la terre, est toute différente sur les autres mondes ?

Ce que nous avons dit de l'eau et de la chaleur se dirait aussi bien des deux autres agents précités, l'air et la matière terreuse. J'abrège et je conclus que, partout où l'un de nos quatre éléments ferait défaut, la nature serait, comme elle l'est ici-bas, exclusivement minérale ; nous ne devrions nous y représenter que des scènes nues et des tableaux inanimés, fallût-il en inférer que de vastes mondes n'auront jamais d'autres dehors que les mornes solitudes des déserts et des glaciers. Cette triste perspective est bien différente de vos pittoresques rêveries ; mais la suite de cette discussion lui retirera ce qu'elle peut offrir en ce moment d'inattendu et d'excessif.

QUATRIÈME LETTRE

CONDITIONS GÉNÉRALES D'HABITABILITÉ DES GLOBES CÉLESTES (SUITE ET FIN)

Les données que nous avons formulées dans les deux lettres précédentes, Camille, élimineraient déjà bien des globes célestes du catalogue des mondes admissibles ; mais beaucoup d'autres encore s'en retrancheraient par une conséquence indirecte que nous allons indiquer sommairement, et sur laquelle nous aurons à revenir plusieurs fois.

Les astres, vous le savez, sont très différents sous le rapport de la grandeur. Or, il vous semble, de prime abord, que leur étendue vaste ou minime est une qualité qui ne les empêche pas d'être propres à remplir la fin commune que vous leur attribuez. En d'autres termes, vous êtes disposé à croire qu'une sphère, indéfiniment plus grosse ou démesurément plus petite que la terre, peut néanmoins fournir un monde tout semblable au nôtre : il suffirait, pensez-vous, qu'il y eût un juste proportionnement dans la stature relative de ses êtres organisés de toute sorte, lesquels devraient être très grands dans un cas et très petits dans l'autre. Vous nous faites observer que l'amplification considérable des formes organiques, ou leur extrême réduction, ne porte atteinte ni à leur beauté absolue, ni à la perfection de leur mécanisme. Vous ajoutez que les merveilles de l'instinct animal ne réclament pas, pour se produire, des dimensions corporelles déterminées ; que les facultés de notre âme elle-même n'ont pas besoin, pour s'exercer dans leur plénitude, de la hauteur précise de notre taille, et que la qualité de géant ou de nain est toute relative; d'où vous concluez qu'il n'y a pas de limites à l'ampleur ou à l'exiguïté possible des mondes sidéraux.

Mais, pour peu qu'on y réfléchisse, on reconnaît que ces aperçus sont purement spécieux, et qu'un véritable monde est obligé de développer, à sa périphérie, une force de gravité qui ne doit être ni trop faible ni trop forte. Ainsi un astéroïde de très peu de masse n'exercerait autour de lui qu'une faible attraction, qui serait insuffisante pour produire une certaine condensation de son atmosphère, pour y maintenir l'eau à l'état liquide, et pour fournir à ses hôtes ambulants un sûr aplomb, un équilibre stable. Un globe très grand présenterait les inconvénients opposés : les fluides gazeux de son enveloppe atmosphérique s'y trouveraient condensés outre mesure et même en partie liquéfiés par l'excessive intensité de la pesanteur. S'il n'en était pas ainsi, il se pourrait que les êtres animés y fussent incapables d'accomplir le moindre mouvement. Car, quand nous soulevons un corps lourd, ou quand nous mouvons simplement nos membres, nous avons à vaincre l'influence attractive du globe qui les attire à lui ; mais, quel ne serait pas notre empêchement si cette force antagoniste de la nôtre se trouvait décuplée ou centuplée, comme elle le serait sur des sphères dont la masse va jusqu'à dépasser des millions de fois celle de notre terre? C'est vainement que vous avanceriez, en usant des ressources de notre principe spiritualiste, que la puissance des organes aurait été partout proportionnée au travail qu'ils auraient à accomplir; car, sans parler de l'énergie de la contraction musculaire, il est certain que la ténacité des fibres vivantes et celle des leviers organiques, composés de la matière que nous savons, ne peuvent être illimitées.

Des animaux tels que les nôtres, disons-nous, ne sauraient se mouvoir sur les grands astres pourvus d'une atmosphère dilatée; mais leur corps lui-même y pourrait-il seulement exister? Un homme de taille moyenne, transporté à la surface d'un globe dont la masse égalerait celle du soleil, y pèserait deux mille kilogrammes; « non seulement il serait incapable de soutenir son propre poids, mais il serait immédiatement aplati et réduit en un nombre indéfini de particules comme s'il était pilé dans un mortier. » (C. Flammarion, *les Terres du ciel*, p. 88.)

Lors donc qu'on a une fois admis que les êtres organisés sont partout composés de la matière que nous connaissons, le fait éclatant de l'extrême inégalité des masses sidérales est, à lui seul, une objection grave à la doctrine de leur universelle habitabilité. Mais il y a plus: qu'est-ce qui pourrait procurer l'aplomb nécessaire à un être destiné à vivre sur un petit monde, si ce n'est une stature assez développée et assez massive pour compenser le défaut de force attractive d'un tel globe ? Et n'est-ce pas une condition physique toute contraire qui remédierait à l'excessive énergie de la pesanteur sur les astres immenses ? Ainsi, sur les grandes sphères, où l'espace habitable serait très étendu, vous seriez conduit à n'installer que des hôtes fort petits et à locomotion très lente ; tandis que, sur les astéroïdes planétaires, dont la surface est relativement si restreinte, vous devriez concevoir des habitants d'une très grande taille, et capables de franchir rapidement des distances considérables ! Ce sont là des conséquences précisément contraires aux présomptions très rationnelles que nous avons énoncées plus haut, et, à ce point de vue, la doctrine de l'habitation générale des astres conduirait à une évidente absurdité.

D'après cela, il semblerait tout au moins que nous devrions exclure du partage de la vie les très grands et les très petits globes. Telle est bien notre opinion ; cependant nous nous garderons d'être trop absolus dans cette exécution sommaire, car il est certain, comme nous le montrerons plus tard, qu'il existe des influences capables de corriger l'excès et l'insuffisance de la force de pesanteur ; et, de plus, l'organisation vivante, sans cesser de comporter les mêmes éléments essentiels, peut, jusqu'à un certain point, affecter une structure et revêtir des facultés qui l'accommodent aux diverses exigences des lieux. Mais pour avoir le droit de supposer qu'il y a eu, en effet, application opportune de ces moyens correctifs desquels dépend la réalisation de la vie sidérale, ne faut-il pas absolument rejeter le dogme matérialiste de votre nature impersonnelle et inconsciente, et proclamer l'existence d'une suprême intelligence organisatrice de l'univers et de ses êtres animés ?

Comme votre système de la multiplicité des mondes implique surtout des créatures de notre sorte, qui constitueraient la principale population de vos terres célestes, il convient d'accorder, dans nos prémisses générales, une considération particulière à ces représentants de l'espèce humaine.

Ayant établi que tous les êtres vivants de vos demeures astrales sont probablement composés de la même matière, dirons-nous à présent que vos hommes sidéraux doivent être semblables à nous par leur conformation organique et par leurs caractères spirituels ? Cette dernière vue est très soutenable dès qu'on admet, avec le spiritualisme orthodoxe, qu'un Agent souverain nous a formés à son image. Cependant, nous n'irons pas loin, pour le moment, dans la voie de la contradiction à l'enseignement matérialiste ; nous nous bornerons à revendiquer, pour tous les types pensants de l'univers, un certain rapport de conformité physiologique ; nous soutiendrons simplement qu'ils doivent vivre, ainsi que nous, dans un milieu aérien, c'est-à-dire dans un milieu gazeux et non liquide ; après quoi nous vous laisserons exploiter à loisir la fiction d'après laquelle ces sortes d'hommes seraient doués de facultés ou d'organes différents des nôtres, et seraient capables de voler et de voyager dans les airs.

Il nous est possible d'être plus précis sur un autre point de biologie générale. Tous les êtres organisés que nous connaissons, et tous ceux que nous concevons, sont astreints à renouveler incessamment leur substance ; mais il en est, — les végétaux et certains zoophytes, — qui opèrent leur nutrition au moyen d'une absorption lente et continuelle, s'exerçant à la périphérie de leur corps, tandis que les autres, c'est-à-dire la plupart des animaux, se nourrissent au moyen d'une cavité interne ou digestive dans laquelle ils introduisent de temps à autre une provision de matière alimentaire. Cela étant, est-il permis d'imaginer des êtres pensants qui, à la manière des plantes, se nourriraient des éléments de l'air par une sorte de respiration s'opérant sans effort et sans qu'ils en aient conscience ? Une telle constitution semblerait commode et digne d'envie, mais il est peu vraisemblable qu'elle ait été réalisée.

Car, d'une part, les divers besoins dont l'homme est sans cesse tourmenté ont été l'indispensable aiguillon de son génie; et, parmi ces besoins, l'un des plus impérieux, celui de sustenter son corps, a eu une influence supérieure sur le déploiement de son activité ; si bien qu'on ne comprendrait guère, à votre point de vue matérialiste surtout, ce qu'il eût fait ici sans la nécessité de pourvoir à sa nourriture.

D'autre part, l'économie essentielle de tout le règne organique nous interdit toute spéculation du genre susindiqué. Nous y voyons clairement que la simplicité d'organisation est le propre des essences vivantes les plus inférieures, et que les plus élevées se distinguent par les mécanismes vitaux les plus complexes; nous constatons, par exemple, que la séparation des deux fonctions de respiration et de nutrition signala un progrès considérable au sein de la nature primitive. Il est naturel de penser que tel a été le plan du Créateur partout où il a placé la vie sous la dépendance de la matière; en tous lieux donc, les êtres qui absorbent des éléments gazeux ou purement minéraux, pour en composer une substance organique, doivent représenter le premier degré de la vitalité, par rapport à ceux qui possèdent un appareil digestif pour recevoir cette substance toute faite et se l'incorporer.

Il est d'ailleurs à peu près constant que les végétaux, et ceux des zoophytes qui leur ressemblent demeurent fixés au sol; à l'époque où la vie terrestre n'était encore représentée que par de pareilles créatures, la formation d'une cavité digestive, qui a constitué les animaux comme des végétaux *retournés*, ou dont les parties absorbantes sont à l'intérieur, est la condition qui a rendu possible la locomotion de ces êtres, et préparé chez eux l'apparition des sens et de l'intelligence, qui sont des choses indispensables à l'homme. Donc, de tout ce que nous observons dans la nature tellurique, il est permis d'induire que les nobles habitants de vos globes célestes, ceux qui sont en possession de notre attribut suprême, l'activité libre, doivent reproduire l'organisation essentielle des animaux plutôt que celle des plantes, et être assujettis aux nécessités corporelles que nous subissons. Qu'est-ce qui nous fonderait à croire que ce qui a été institué sur les autres terres est précisément tout l'inverse de ce qui existe sur celle-ci ?

Cette lettre et les deux précédentes contiennent les principes dont nous allons maintenant faire application pour décider si tels ou tels astres sont susceptibles de vitalité, et pour discerner, autant que possible, si l'existence des mondes habités est chose commune ou rare dans l'univers sidéral.

Ce sont ces aperçus préliminaires qui constituent la partie capitale et originale de notre étude. Il était absolument nécessaire de les établir; s'en abstenir serait sous-entendre gratuitement que la vie est sujette à éclore dans toutes les conditions physiques concevables, ou que le Créateur des globes célestes a voulu l'y susciter partout et malgré tout; ce serait préjuger illogiquement, comme je l'ai déjà dit, la grande question qu'on a la prétention de débattre d'une manière rationnelle et scientifique.

Si vous vouliez bien reconnaître que les incertitudes et les difficultés dont notre problème est rempli se montrent excessives dès qu'on vient à l'examiner avec précision (1), je m'empresserais d'en convenir et renoncerais volontiers à le traiter, ne l'ayant abordé qu'après votre provocation ; mais, si vous persistez à le retenir et à le discuter comme étant vraiment du ressort de la science, n'est-il pas une seconde fois illogique de récuser les quelques données fondamentales que celle-ci nous fournit pour l'attaquer ?

C'est avec ses indications positives que nous avons fixé ces principes qui nous sont nécessaires, et je mets au défi celui qui les trouverait étroits ou faux d'en formuler de plus larges et de plus plausibles. Acceptez-les donc malgré ce qui peut leur rester d'incertain, ou reconnaissez que vous ne soutenez qu'une conception vague et inconsistante, un système extra-scientifique ou imaginaire, dont vous ne sauriez tirer aucune déduction solide.

CINQUIÈME LETTRE

LE SOLEIL

Dans notre classement des sphères astrales, Camille,

---

(1) Nous pourrions citer les illusions d'optique ou les illusions d'esprit qui se sont produites tout récemment encore chez quelques astronomes, au sujet de la lune et des planètes Vénus et Mars, qui sont les corps célestes les plus faciles à examiner en tant qu'ils sont les plus voisins de la terre. Mais, ne visant point à déprécier la science ni les savants, nous nous abstiendrons de ces citations, et nous nous bornerons à dire qu'avec des données si étranges, si contredites et si incertaines, il est bien peu prudent de bâtir des systèmes cosmologiques, et surtout des systèmes subversifs.

nous donnerons la première place, comme de raison, au globe central qui retient autour de lui toutes les terres célestes que vous croyez connaître sûrement, ainsi que d'innombrables corps cosmiques ; examinons donc s'il est lui-même un théâtre de la vie, cet astre dont l'influence est si utile aux êtres animés de notre monde, et auquel, après le Créateur, nous sommes redevables de tant de biens matériels dont nous jouissons.

Les attributs du soleil étonnent toujours, par leur extension, l'homme étranger aux sciences qui les entend citer pour la première fois. Quelle ampleur dans son volume et quelle illusion contraire nous subissons par le fait de son éloignement ! Si, par exemple, il se trouvait avoir son centre à la place beaucoup plus rapprochée où nous voyons graviter la lune, il serait loin de figurer ce disque étroit qui glisse sous la voûte des cieux ; il absorberait le ciel entier et envelopperait si largement la terre qu'elle serait perdue dans son vaste globe comme la plus chétive proie dans les flancs du plus gigantesque monstre.

Quelles forces effrayantes le meuvent et l'entraînent ! Comme la roue régulatrice d'une grande machine, il pivote sur un axe invariable en faisant parcourir à chaque point de son équateur un espace de deux mille mètres par seconde ; emporté comme un fétu à travers l'immensité, il vole avec tout son cortège de planètes, d'astéroïdes et de comètes en franchissant plus de cent lieues en une minute.

Quel flambeau prodigieux il constitue pour que, à plus de trente-sept millions de lieues, nous en soyons si vivement éclairés ! Et quel épouvantable foyer de chaleur ! Si les rayons calorifiques qu'il prodigue en tous sens autour de lui pouvaient être amenés à converger vers notre monde, qu'ils auraient bientôt fait de mettre nos mers en ébullition, de dessécher l'Océan, d'embraser son lit et toute la surface de la terre !

Enfin quels étranges secrets sont les siens ! C'est par l'excès de sa clarté qu'il les conserve et les défend contre notre curiosité. Malheur aux yeux qui s'obstinent à se fixer sur sa face resplendissante. Plus d'un astronome a expié, par l'altération ou la perte de sa vue, son application imprudente à l'examiner; nos instruments d'optique, en concentrant sur un espace étroit un large faisceau de ses rayons, ne firent d'abord qu'accroître le danger, et il a fallu à leurs constructeurs deux siècles d'essais, d'inventions et de perfectionnements pour qu'ils nous livrassent son image amplifiée et inoffensive.

Avec leur secours, cependant, et après d'innombrables observations, nous avons vu s'éclaircir le voile qui nous cachait le constitution de notre astre du jour. Nous savons maintenant que son éclat n'est pas uniforme, et nous avons reconnu à sa surface la présence d'accidents divers. Nous y voyons de prime abord une sorte de pointillé obscur qui l'enveloppe de toutes parts comme un fin réseau. Nous y avons distingué des rides sombres et des traînées lumineuses. Dans une large zone, située de part et d'autre de son équateur, nous avons constaté l'existence de quelques parties plus brillantes et, surtout, de certains îlots obscurs, aux contours irréguliers, ayant souvent un noyau central presque noir, entouré d'une bande plus claire formant une sorte de pénombre. Ce sont particulièrement ces dernières taches qui ont captivé notre attention et nous ont donné l'espoir d'arracher au soleil le secret de sa nature. Depuis plus de deux siècles et demi que Fabricius et Galilée les ont aperçues, on n'a pas cessé de travailler à leur histoire. On les a étudiées dans leur nombre et leur périodicité, dans leur configuration changeante, dans leur mouvement à la surface de l'ardente sphère, dans la durée de leur existence et dans l'étendue qu'elles mesurent, laquelle dépasse parfois beaucoup la surface développée de notre terre.

Profitant des documents qu'a fournis cette étude, on ne manqua pas d'émettre des hypothèses sur la structure de l'astre rayonnant; et, après plusieurs ébauches de systèmes entre lesquels flottèrent longtemps les savants, on s'arrêta à une théorie qu'avait imaginée Wilson et que W. Herschel avait complétée. Le soleil aurait pour base essentielle une sphère *solide et froide,* qui serait entourée de deux enveloppes concentriques : l'enveloppe extérieure, ou *photosphère,* qui lui donne toutes les apparences que nous lui connaissons, serait formée d'une couche continue de nuages incandescents; entre celle-ci et la sphère massive s'étendrait la seconde enveloppe, composée d'une substance vaporeuse, froide, produisant l'effet d'une sorte d'écran qui préserverait le corps de l'astre des ardeurs excessives de la photosphère. Pour expliquer, d'après ces vues, la formation des taches obscures, il suffit de concevoir quelque phénomène analogue à des éruptions volcaniques s'accomplissant à la surface du globe interne et déchirant la double tunique fluide : lorsque l'ouverture qui en résulte est encore béante et va en s'élargissant vers le dehors, nous apercevons une certaine étendue de l'enveloppe intérieure sous forme d'une frange plus ou moins large qui figure la pénombre de la tache ; et le corps même du soleil, qui en occupe le fond, fournit la partie centrale et noire.

Ce système, vous l'avez déjà compris, était favorable aux idées des partisans de l'habitabilité générale des astres, car il leur permettait de concevoir des êtres animés répandus à la surface de ce globe intérieur et obscur qu'on supposait analogue à notre terre. De graves astronomes, tels que les deux Herschel et Arago, inclinaient vers cette croyance, mais les spéculateurs de votre école la tenaient pour indubitable : en juger autrement leur paraissait faire preuve d'une ridicule étroitesse d'esprit. Était-il vraisemblable, quand la vie pullule sur notre terre si chétive, que ce globe géant demeurât toujours inutile à lui-même, et que sa surface mille et mille fois plus vaste restât stérile et déshéritée ? Non, sans doute ; et s'il fallait attribuer à ce grand monde un régime climatérique bien autre que celui de notre planète, les différences étaient toutes à son avantage. Sur lui jamais de ténèbres ; point de vicissitudes ni d'intempéries des saisons ; une clarté mitigée et agréable, une chaleur constamment tempérée lui étaient mesurées par une voûte transparente : c'était peut-être un habitacle parfait, un séjour de félicité...

Cependant, l'enseignement astronomique sur lequel s'appuyaient ces présomptions n'était pas à l'abri de toute critique. Le mode de formation d'un astre constitué d'une façon si différente des corps planétaires échappait à tous nos essais de cosmogonie rationnelle ; la nature de ces nuages ignés de la photosphère, qui fourniraient un rayonnement intarissable, était une énigme dont aucun phénomène connu, aucune sorte d'actions chimiques ou électriques ne pouvait donner l'explication ; enfin, et surtout, on était bien loin de justifier la supposition de cette basse température qu'on attribuait au noyau central. Échauffé, tout au moins, par le contact de l'atmosphère intérieure, et recevant incessamment de la chaleur sans en perdre, il aurait dû se mettre en équilibre de température avec la photosphère elle-même. Malgré ces difficultés de la théorie de Wilson et d'Herschel, l'impossibilité où l'on était d'en formuler une meilleure fut cause qu'elle régna plus de soixante ans dans la science astronomique ; et si j'avais dû vous écrire un tiers de siècle plus tôt la présente lettre, j'aurais été fort embarrassé pour combattre sur ce point votre doctrine de l'habitation universelle des astres.

Mais les progrès incessants des sciences physiques et naturelles ont singulièrement facilité ma tâche. Nous l'avons dit, nos instruments d'optique ont été perfectionnés de telle sorte qu'il nous est permis d'examiner l'astre éblouissant aussi sûrement que nous le faisons pour la lune; les faits d'observation, décrits dans leurs plus minutieux détails, se sont accumulés; la photographie nous a stéréotypé, dans des images d'une fidélité parfaite, les formes successives que revêtent les accidents de sa photosphère; nous avons acquis, avec l'analyse spectrale, un moyen d'investigation qui nous a fourni des documents inespérés sur sa composition chimique; enfin, plusieurs éclipses totales de soleil, étudiées à l'aide de ces moyens nouveaux, nous ont révélé avec précision les phénomènes remarquables dont sa surface est le théâtre.

Sur l'ensemble des renseignements puisés à toutes ces sources, des théories nouvelles ont été édifiées qui diffèrent radicalement de la précédente. Celle qui nous paraît la mieux fondée a été exposée par M. Faye en 1865. La majeure partie des astronomes en ont ratifié l'idée fondamentale, et ne songent plus qu'à la compléter dans ses parties accessoires, si bien que l'hypothèse ancienne n'appartient qu'à l'histoire de nos erreurs. Un tel revirement de la science n'est-il pas fait pour rappeler à la prudence ceux qui sont si empressés de s'emparer de ses conjectures pour s'en faire une arme destructive dans le domaine philosophique ou religieux ?

On enseigne aujourd'hui que le soleil est une sphère essentiellement gazeuse. Une chaleur excessivement intense maintient à l'état de vapeurs les éléments métalliques dont il est surtout composé. C'est dans son intérieur que le calorique est à son maximum d'élévation ; aucune agrégation matérielle n'y pourrait résister, aucune combinaison chimique ne saurait s'y produire. Il règne sur toute la périphérie de l'astre une température plus modérée, parce que la matière volatile a la possibilité de s'y détendre, et qu'elle rayonne une partie de son calorique vers les espaces célestes. Par suite de ce refroidissement des couches extérieures, la force de cohésion, qu'annule partout ailleurs l'excessive intensité de la chaleur, acquiert quelque puissance et détermine l'agrégation des éléments les plus condensables, lesquels se résolvent ainsi en globules liquides ou même solides, semblables aux gouttes d'eau glacées qui restent suspendues dans nos nuages atmosphériques. Ces particules incandescentes, disséminées dans un milieu gazeux, y produisent l'effet des molécules embrasées de carbone qui donnent à la flamme de nos luminaires son pouvoir éclairant; elles forment une couche lumineuse qui enveloppe tout le soleil et constitue sa photosphère. L'existence de ces corpuscules brillants n'est que momentanée : à peine sont-ils agrégés qu'ils cèdent leur place à d'autres et tombent, en raison de l'excès de leur poids, vers les couches profondes, où ils se dissolvent, se volatilisent et remontent à l'état de vapeurs vers la surface pour s'y condenser à nouveau. Il s'opère donc un échange incessant de matière entre la superficie de l'astre et son intérieur, et la photosphère puise ainsi, dans la masse entière de l'immense globe, la chaleur nécessaire pour une émission d'une très longue durée et d'une grande constance. Elle est, d'ailleurs, recouverte d'une expansion gazeuse flamboyante, appelée *chromosphère*, qui peut avoir dix mille kilomètres d'épaisseur, et semble composée surtout de gaz hydrogène. Enfin le tout est entouré de la substance la moins chaude du soleil, formant l'ample atmosphère dite *coronale*, mêlée sans doute de particules condensées, et souvent traversée par de grandes flammes roses, qui jaillissent de la chromosphère et qu'on observe facilement pendant les éclipses totales. Admettez maintenant qu'une cause passagère, intérieure ou extérieure, vienne à perforer en certains points l'enveloppe lumineuse photosphérique, et alors, par ces ouvertures accidentelles, vous apercevrez les couches solaires sous-jacentes qui, étant douées d'un faible pouvoir éclairant, paraîtront relativement obscures et offriront l'apparence de taches.

Tel est le système aujourd'hui le plus accrédité sur la constitution du soleil : un point fondamental est maintenant acquis, c'est que notre astre central est une sphère fluide en pleine ignition ; mais plus d'une question secondaire reste à éclaircir, car on n'a point encore expliqué d'une manière certaine la cause et le mécanisme des phénomènes extérieurs dont on a tant étudié les apparences. Nous aurions le droit d'exploiter au profit de notre thèse le désaccord qui subsiste parmi les savants à cet égard ; nous pourrions, en adoptant les vues de quelques astronomes, vous représenter cette sphère vaporeuse comme ébranlée de fond en comble par des éruptions d'une puissance inimaginable ; il nous serait permis de concevoir de nombreux courants gazeux qui partiraient de ses régions centrales, parcourraient comme des avalanches des myriades de lieues dans son intérieur, et viendraient déchirer sa surface en brassant la masse entière dans un tumultueux chaos.

Mais nous n'avons nul besoin de lui attribuer un régime si tourmenté, et nous n'hésiterons pas à déclarer que les phénomènes d'agitation qui s'y produisent ont probablement beaucoup moins d'ampleur. Nous admettrons que ces courants violents qui charrient la chaleur du dedans au dehors n'intéressent guère que ses couches superficielles; nous supposerons qu'à une certaine profondeur sa matière est en équilibre stable; que le transport du calorique à travers la plus grande partie de sa substance s'opère doucement et sans secousse, comme il a lieu au sein d'un lac qui se refroidit, et que le principal mouvement qui s'accomplit dans l'ensemble de sa sphère consiste dans un effort lent, progressif et continu de rétraction vers son centre.

Puis donc que nous avons essayé de nous représenter le soleil dans l'état le moins défavorable à la réalisation de votre pensée dominante, c'est à vous de nous dire s'il vous plaît encore de lui attribuer une sorte quelconque d'habitants. L'idée, qui a pu naître dans certains esprits, d'ériger cette effroyable fournaise en un séjour de supplices pour les hôtes réprouvés des globes planétaires, n'est pas de celles qui trouvent créance parmi vos semblables; et, quant à moi, je ne saurais lui accorder ici aucun examen, ayant résolu de ne sortir qu'à bon escient du domaine purement scientifique ou naturel. Voici pourtant une réflexion qui s'impose à nous en ce moment. Parmi les objections que le scepticisme de tous les temps a élevées contre l'enfer du christianisme, il en est qui lui furent suggérées par un esprit de rationalisme peu éclairé : où aurait pu exister un séjour assez vaste pour contenir tous les damnés, et de quoi pourrait s'alimenter ce feu perpétuel, en supposant, — chose que personne n'a osé affirmer, — qu'il soit d'essence toute physique? De telles difficultés ne se soutiennent plus aujourd'hui, et une plus ample connaissance de la nature céleste a suffi pour en faire justice. Des globes incomparablement plus grands que la terre, des sphères immenses et innombrables sont la proie des flammes : presque tout l'univers visible est en feu. Pour ne parler que du seul astre qui nous occupe, nous admettons volontiers qu'il n'est qu'une image matérielle et imparfaite du lieu de l'éternelle expiation ; mais il faut convenir que c'est une image fort étonnante, et propre à fortifier la terrible tradition que nous avons reçue touchant le châtiment posthume des humains.

Il est presque inutile de vous demander maintenant si vous trouveriez réunies dans le soleil les quatre conditions physiques que nous avons déclarées nécessaires à la constitution d'un véritable monde : pour nous donc, la question relative à son habitabilité est résolue. Ceux qui s'obstineraient à doter l'astre du jour de créations animées seraient obligés de leur attribuer une essence presque immatérielle. Des spiritualistes illuminés imagineraient peut-être de les enfermer dans son intérieur, pour les faire nager ou voler en tous sens dans ses profondeurs tranquilles, à travers sa substance toute transparente. Mais vous et moi, qui ne concevons les créatures corporelles que comme formées d'une agrégation de parties et d'un assemblage d'organes, pouvons-nous admettre leur existence dans un milieu dont la température est tellement élevée que toute matière possible s'y trouve dans un état permanent de dissociation ?

Encore moins songerions-nous à installer vos êtres solicoles à la surface de cette mer de feu agitée par une éternelle tempête, au sein de ces flammes gigantesques de la chromosphère qui s'élancent vers le ciel jusqu'à une hauteur de plusieurs myriades de lieues, ou qui se renversent, se contournent en sens divers comme celles d'un punch fantastique, inextinguible. Qui s'aviserait d'établir une vie quelconque dans cet étourdissant laboratoire extérieur, où s'essaient des combinaisons chimiques presque aussitôt détruites, et d'où s'échappent des exhalaisons méphitiques, sulfureuses, suffocantes; dans ce chaos tumultueux des éléments qui se confondent, mugissent, grondent ou détonent avec un tel fracas qu'on l'entendrait sur les planètes lointaines, si la substance éthérée était capable de propager les sons à travers l'espace ?

Nous conclurons donc fermement que le soleil n'est susceptible de porter aucune sorte d'êtres organisés; et, s'il en est ainsi pour son état de condensation actuelle, on doit aussi le croire pour ses âges antérieurs, où il était immensément dilaté, comme nous le dirons dans la lettre suivante.

SIXIÈME LETTRE

LE SOLEIL (SUITE)

Dénier des habitants au soleil, Camille, à ce globe qui l'emporte si fort, par son volume et sa masse, sur l'ensemble de notre système planétaire, c'est restreindre tellement votre doctrine de l'universalité de la vie astrale que nous sommes tenus à une certaine circonspection; c'est pourquoi nous nous poserons maintenant la question suivante : notre radieux flambeau demeurera-t-il désormais immuable; ne dépouillera-t-il jamais son auréole éblouissante pour passer à un autre état qui le rendrait propre à porter des êtres organisés? Examinons.

Le soleil rayonne à chaque instant dans l'espace une quantité de chaleur que nous jugeons extrêmement grande quand nous la comparons à la faible émission de nos sources artificielles, et qui est très modique par rapport à la quantité totale qu'il en contient dans son énorme masse; mais toute minime qu'est cette perte, elle est réelle, incessante; à moins qu'une cause ou un agent du dehors ne la répare sans cesse ou par intervalles, il faut que la provision s'épuise à la longue, et que le refroidissement de l'astre s'ensuive.

En considérant qu'on ne constate pas de diminution progressive dans le rayonnement calorifique du soleil, plusieurs savants ont pensé qu'il existe en effet un mécanisme tendant à l'entretenir perpétuellement. Nous citerons ici les deux principaux systèmes qu'ils ont produits pour expliquer cette constance.

Le premier et le plus simple est celui de MM. Mayer, Waterston, Thomson. — Vous savez combien souvent on observe, sous notre ciel étoilé, l'apparition de traînées lumineuses appelées étoiles filantes; beaucoup plus rarement on y voit des corps d'un certain volume qui prennent alors le nom de bolides. Ces objets célestes sont peut-être différents non seulement par leur grosseur, mais aussi par leur provenance et par leur régime. Les premiers, réunis en essaims allongés, sont sortis de certaines comètes qui se seraient plus ou moins disloquées, et continuent de se mouvoir comme elles dans des orbites elliptiques dont le soleil occupe le foyer. Les seconds, qui sont plutôt des débris de planètes, semblent voyager isolément et ne nous permettent pas de déterminer leur trajectoire. Mais les uns et les autres, quand ils s'approchent trop de la terre, sont entraînés vers elle par sa force de gravité et s'embrasent en traversant son atmosphère. Il doit en tomber bien davantage sur le soleil, lorsqu'ils viennent, dans leur périhélie, à côtoyer longuement ses interminables contours; et il se peut que de longues phalanges de ces matériaux errants soient amenées à s'abîmer tout entières dans sa flamboyante fournaise. Alors le mouvement propre qui les anime n'y est pas simplement anéanti, il est transformé en calorique ; et l'on a trouvé que chacun de ces fragments doit développer, dans sa chute rapide, une quantité de chaleur des milliers de fois plus grande que celle qui serait engendrée par la combustion d'une masse égale de houille. Comme, d'ailleurs, le soleil ne reste pas en place, mais voyage à travers les espaces stellaires, il appelle à lui, chemin faisant, les blocs isolés ainsi que les menus débris cosmiques qui voguent dans tous les parages qu'il parcourt, et finit par les engloutir, comme nous voyons une flamme brillante attirer des légions d'insectes nocturnes, et les dévorer quand ils tourbillonnent autour d'elle. De la sorte, ses pertes de chaleur se répareraient constamment. — Vous voyez que cette théorie suppose deux choses : que les corps ou corpuscules erratiques existent en quantité infinie dans l'espace, et que la masse et le volume du soleil s'accroissent eux-mêmes indéfiniment ; deux suppositions qui sont également inadmissibles.

L'autre théorie relative à la conservation de l'énergie solaire est due au docteur Siémens. Tout l'espace interplanétaire serait rempli d'une matière gazeuse excessivement dilatée ou raréfiée. Cette substance fluide aurait la composition de notre air atmosphérique, ou du moins elle contiendrait de la vapeur d'eau et de l'acide carbonique produits par la combustion qui s'opère au-dessus de la surface du soleil. Dans leur état d'extrême raréfaction, ces composés gazeux seraient dissociés par la lumière de l'astre flamboyant, c'est-à-dire que leurs éléments oxydés, l'hydrogène et le carbone, seraient remis en liberté. D'autre part, le globe solaire, par son mouvement de rotation qui produirait l'effet d'un grand ventilateur, appellerait incessamment à lui la matière gazeuse de l'espace, et brûlerait à nouveau tous ses éléments combustibles, en régénérant la chaleur que son rayonnement lui fait perdre à chaque instant.

Je ne fais qu'indiquer en quelques mots ce système, parce qu'il mérite moins de créance encore que le premier, malgré le talent et la notoriété de son auteur. Tout en lui n'est qu'hypothèses gratuites et insoutenables. Il nous représente l'espace comme rempli d'un fluide matériel, tandis qu'on croit encore qu'il n'y faut pas moins que le vide parfait pour empêcher le ralentissement et l'arrêt du cours des astres. En raison de l'immensité de son volume, cette substance si raréfiée aurait un poids total bien supérieur à celui du soleil; elle abandonnerait à ce globe et à ses planètes, par l'effet de leur attraction, des matériaux qui augmenteraient constamment leur masse, ce qui n'a certainement pas lieu.

Comme vous le verrez par la suite de notre discussion, je saisirai plus d'une occasion de faire ressortir ce qui indique une combinaison intelligente et providentielle dans l'univers : je ne demanderais donc pas mieux que de signaler un mécanisme destiné à assurer la conservation indéfinie de l'énergie solaire; mais nous sommes obligés de reconnaître qu'une telle fin n'a pas été poursuivie; nous distinguons dans les cieux des étoiles, c'est-à-dire de lointains soleils, qui nous paraissent en voie de refroidissement, et nous avons toute raison de croire que nos planètes ont été autrefois de petits soleils qui sont aujourd'hui condensés et découronnés. Ainsi en sera-t-il pour notre astre central. Tout ce qu'on peut accorder aux partisans de son immuabilité, c'est qu'il ne se refroidit qu'avec une extrême lenteur. J'ajouterai, d'ailleurs, que les besoins de notre polémique nous obligeant à faire choix de quelque explication rationnelle de la genèse du monde, celle que nous devons adopter est loin d'impliquer l'augmentation de volume du soleil et la perpétuité de ses radiations ; elle enseigne, au contraire, qu'il va en se rapetissant sans cesse et qu'il s'éteindra finalement un jour.

D'après cette hypothèse, dont je vous donnerai plus loin un aperçu, l'astre roi présenta à l'origine, — quand il n'était encore qu'à l'état de nébuleuse, — une étendue mille et mille fois plus considérable que celle que nous lui connaissons. En se resserrant peu à peu sous l'empire de la force d'attraction, il engendra de la chaleur rayonnante qui s'exprima, en quelque sorte, de sa substance pour se disperser autour de lui. Ainsi l'émission calorifique du soleil serait connexe de la diminution continuelle de son volume ; si bien qu'une rétraction, qui réduirait son diamètre d'une quantité relativement minime, fournirait à la dépense représentée par sa radiation pendant bien des milliers d'années. Il continuera de se condenser en émettant de la chaleur jusqu'à sa liquéfaction totale et jusqu'à sa consolidation superficielle, de sorte qu'il se trouvera enfin recouvert d'une véritable croûte qui se maintiendra d'abord chaude, puis tiède, et au-dessous de laquelle le feu, qui couvera bien longtemps, ira en s'éteignant par degrés de la périphérie jusqu'au centre. Cette écorce solaire, si elle n'est pas de nature métallique ou si elle est toute oxydée, constituera un tégument non malléable, cassant, plus ou moins semblable à nos roches primordiales ; et alors notre astre central sera peut-être dans l'état où s'est trouvée la terre lorsqu'elle vit éclore ses premiers êtres organisés.

Lors donc que le soleil sera arrivé à cette phase de son évolution cosmique, réunira-t-il toutes les conditions requises pour constituer un théâtre de la vie ? Cette question revient à demander si, en sus de la matière terreuse, il associera les trois autres agents physiques que nous avons reconnus nécessaires pour l'existence d'un monde vivant.

Y trouvera-t-on de l'air? — Un des astronomes physiciens les plus exercés dans l'analyse chimique des astres au moyen de leur spectre lumineux, M. Janssen, ayant étudié l'atmosphère du soleil dans les conditions les plus favorables et jusqu'au sommet du Mont-Blanc, n'y a pas trouvé d'indices de l'existence de l'oxygène. L'absence de ce gaz serait un fait de la plus haute portée biologique, ne fût-ce que sous le rapport de la constitution des roches ou de la matière terreuse. Cependant, le savant dont nous parlons a soin de faire de prudentes réserves sur ces indications de la spectroscopie; il serait, en effet, fort singulier, quoique ce ne soit pas absolument inadmissible, que l'astre central fût lui-même dépourvu d'un élément matériel qu'il a fourni si abondamment à notre globe quand il s'est séparé de lui. Mais, en admettant qu'il y ait actuellement, dans le soleil, de l'oxygène qui s'y trouverait dissimulé par quelque cause inconnue, on ne peut assurer qu'il y en aura encore à l'époque où l'astre géant sera devenu obscur et froid. Quand sa surface, aujourd'hui si ardente, sera parvenue à ce degré de température où les affinités chimiques pourront entrer en jeu et donner naissance à des composés stables; quand toutes les combinaisons possibles se seront opérées entre ses gaz permanents et ses éléments métalliques, qui sait ce qui lui restera, à l'état disponible, de cet utile principe, ainsi que de cette ample auréole gazeuse dont il n'est pas un seul élément matériel, fût-ce l'azote ou l'argon lui-même, qui ne puisse être absorbé par quelque substance métallique ou autre. Que si l'air atmosphérique s'y trouve alors en abondance, du moins il risquera fort de n'y offrir qu'une composition incomplète, qui le rendrait impropre à l'exercice de la vie.

La seconde condition biologique, ou celle qui est relative à l'existence de l'eau, y sera-t-elle réalisée? — Nous sommes certains que l'un des principes constituants de ce liquide, l'hydrogène, abonde dans l'enveloppe du soleil; mais s'il n'y avait pas d'oxygène, ou s'il devait être absorbé par quelque métal très oxydable, la formation de l'eau n'y serait pas possible. Ainsi, on ne saurait trancher cette deuxième question, et encore moins décider si l'élément aqueux existera en quantité prodigieuse, immense, comme il le faudrait pour donner à l'astre roi une vitalité comparable à celle de la terre.

Il est plus facile de discuter la troisième condition : quel foyer de chaleur échaufferait et, subsidiairement, quel luminaire éclairerait les habitants du soleil? Relativement au calorique, chacun conçoit qu'il lui viendrait de son propre fonds, non pas indéfiniment, mais pendant une période très longue, si sa substance interne est bonne conductrice. Quant à cette lumière du jour qui nous est si précieuse, elle n'est pas indispensable à tous les êtres vivants, et il en est ici-bas qui y suppléent de telle ou telle manière; seulement, ce ne sont que des organismes inférieurs, et, pour que des créatures éminentes ou humaines puissent s'en passer, il faut que vous comptiez sur une providentielle et habile application de moyens analogues, ou sur quelque nouvelle et ingénieuse invention de la puissance créatrice.

Peut-être aussi vous imaginerez-vous que le soleil se trouvera doté à son tour d'une source *extérieure* de chaleur et de lumière. Comme on sait aujourd'hui qu'il gravite sur une orbite très allongée en s'avançant vers une certaine étoile de la constellation d'Hercule, vous pourriez supposer qu'il s'engagera dans un cycle permanent de révolution autour de quelque foyer stellaire plus grand encore que lui-même, et que celui qui est actuellement notre centre radieux, étant devenu une planète sombre, empruntera à cet autre soleil la chaleur et la lumière nécessaires à ses habitants. Malheureusement pour cette conception commode, un tel arrangement serait contraire aux lois de la mécanique céleste. Si notre astre roi venait à s'annexer à quelque autre sphère très considérable, il ne pourrait jamais décrire autour d'elle une orbite circulaire, mais toujours une ellipse d'une très grande excentricité; il irait se perdre dans les profondeurs glaciales de l'espace, et ce ne serait qu'après une interminable période qu'il reviendrait contourner son foyer vivifiant. Pour que ce cours si défectueux fût modifié d'une façon convenable, il ne faudrait pas moins qu'une intervention directe ou indirecte du divin architecte des cieux.

Mais, de tous les obstacles à l'habitation du soleil refroidi, le plus clair est celui qui proviendrait de l'intensité énorme de sa force de gravité. Ainsi que je vous le ferai comprendre dans l'une des lettres suivantes, elle produirait d'abord ses effets sur son atmosphère, qu'elle comprimerait jusqu'au point de la liquéfier, ou qu'elle dépouillerait de ses éléments les plus actifs. S'il était possible qu'il en fût autrement, et si le grand astre se trouvait en possession d'une enveloppe atmosphérique telle que celle de la terre, alors, répétons-le, la puissance attractive de sa masse immense ne manquerait pas d'écraser et de pulvériser tous les êtres corporels qui apparaîtraient à sa surface, quelle que pût être leur substance ou leur constitution.

Sans doute un partisan spiritualiste de l'habitabilité universelle avancera qu'il est au pouvoir du Créateur de tourner de semblables difficultés. C'est facile à dire, mais non à expliquer; et celui qui voudra bien envisager tous les éléments de la question se formera, selon moi, une opinion contraire. Au moins me sera-t-il permis de douter fortement qu'il ait été pris des mesures à cet effet. Une cause mécanique qui est capable d'amoindrir la puissance de la pesanteur à la périphérie des grosses sphères, c'est la force centrifuge résultant de la vitesse de leur rotation : or, s'il y a des globes dont le mouvement rotatoire est très rapide, tel n'est pas précisément le cas de notre astre central, qui n'emploie pas moins de vingt-cinq jours à exécuter un tour sur son axe. Je persiste donc à regarder comme un inconvénient des plus sérieux l'excessive énergie de la pesanteur solaire, et je n'y conçois aucun remède naturel.

De tout ce qui précède nous tirerons une triple conclusion. Puisque le soleil ne saurait constituer un monde vivant qu'à l'âge où il sera refroidi, un tel avenir n'est pas près de se réaliser : car, ayant cherché à déterminer par le calcul la durée de la période d'ignition qu'il lui reste à parcourir, on a trouvé qu'elle ne finira pas avant vingt à trente millions d'années. — En second lieu, nous noterons tout au moins, conformément à la pensée dominante de notre thèse, qu'une intelligence souveraine et toute-puissante serait seule capable de triompher des obstacles qui s'opposeraient encore à l'habitation de cet astre. — Enfin, notre principale conséquence sera toute précise et topique ; comme nous estimons que le Créateur ne dérogera pas aux lois apparentes qu'il s'est imposées, nous croyons que notre sphère centrale, qui est si supérieure, par sa masse et son volume, à tous ses satellites planétaires et spécialement à notre humble globe, ne connaîtra jamais, comme celui-ci, le règne de la vie.

SEPTIÈME LETTRE

LA LUNE

De l'astre qui fait le jour, passons, Camille, à celui qui règne sur la nuit. En présence de l'insurmontable empêchement que met, à l'observation physique des corps célestes, l'immensité des distances, il est bien juste d'attribuer une importance de premier ordre à celui qui court autour de la terre, séparé par un simple détroit de moins de cent mille lieues de largeur, à travers lequel il nous est si facile de scruter sa surface. Car nos instruments d'optique nous révèlent, avec une netteté saisissante, sa structure superficielle; les procédés du photographe nous permettent d'en dresser la carte topographique accusant, avec une exactitude indiscutable, tous ses creux et ses reliefs; en sorte que nous avons pu réaliser, à son égard, ce que nous ne saurions faire encore pour certaines régions difficilement explorables de notre propre monde. D'ailleurs, quoique son volume ne représente que la 49e partie de celui de la terre, la lune occupe encore un rang distingué parmi les centaines de corps cosmiques qui composent notre système planétaire, et qui seraient invariablement destinés, suivant vos vues doctrinales, à constituer des théâtres de la vie ; elle se montrerait comme un géant au milieu des petites planètes dites télescopiques, et sa surface, qui égale celle de l'Asie, recevrait aisément toute la population de notre sphère.

Lors donc que nous tournons vers cet astre le miroir de nos télescopes, nous distinguons, à n'en pouvoir douter, un sol résistant analogue à celui que nous foulons aux pieds. La contrée qui se déploie à nos regards nous frappe tout d'abord par sa constitution montagneuse; elle rappelle à notre esprit les plus âpres aspects de notre patrie tellurique. Nous y découvrons cependant d'assez vastes plaines, mais la plus grande partie de sa surface n'est qu'une inextricable affluence de montagnes abruptes. De laborieux astronomes se sont appliqués à débrouiller ce chaos; non seulement ils ont étudié et distingué ces nombreuses aspérités en désignant chacune d'elles par un nom propre, mais ils ont mesuré avec précision la hauteur des plus saillantes. On en connaît près de quarante dont l'altitude dépasse celle du Mont-Blanc, et plusieurs d'entre elles ne sont pas moins élevées, au-dessus du sol environnant, que les plus hautes cimes de nos Andes américaines.

Ces saillies montagneuses se distinguent de celles de notre monde par deux caractères : elles ne sont pas reliées entre elles de manière à former des chaînes linéaires, et sont de nature essentiellement volcanique. La lune est tellement criblée de cratères et de cirques de volcans que son aspect est comparable à celui d'une éponge percée de trous de toutes grandeurs. C'est un globe qui fut prodigieusement tourmenté par les éruptions de son feu intérieur; il y a produit des accidents qui n'ont point leurs pareils sur la terre; telles sont certaines bandes lumineuses qui rayonnent de plusieurs cratères et qui intriguent fort nos observateurs, ainsi que de larges crevasses ou rainures qui sillonnent de vastes parties de la sphère. Vous iriez de surprise en surprise en voyageant des yeux à sa surface, derrière l'un de nos meilleurs instruments d'optique. Vous exploreriez des plaines uniformes, semblables à nos déserts sablonneux, mais dont le sol est sans doute mêlé de laves et de scories volcaniques; vous graviriez d'un clin d'œil des crêtes circulaires d'où vous découvririez de profonds abîmes aux parois coupées à pic; et vous trouveriez souvent à contempler des rocs taillés en aiguilles, sortes d'obélisques naturels, qui se dressent en beaucoup de lieux comme de gigantesques pierres tumulaires.

Puisque nous distinguons à ce point les accidents de la surface lunaire, pouvons-nous trancher *de visu* la question capitale qui vous préoccupe, et serions-nous en état d'y discerner des êtres organisés mouvants et immobiles ? Malheureusement non. Les intruments dont on se sert de préférence, pour l'observation des détails de cet astre, donnent un grossissement de mille à douze cents diamètres, qui nous le fait voir comme s'il était à soixante-quinze lieues de notre œil : impossible, à une pareille distance, de distinguer des êtres vivants tels que les plus volumineux de la terre ; pour qu'ils fussent perceptibles, il faudrait que leur taille dépassât des centaines de fois celle de nos éléphants et de nos baobabs. Il est vrai qu'on a construit des télescopes et des lunettes qui permettent des grossissements bien plus considérables; mais ils ne sont guère plus avantageux que les premiers pour l'examen de la lune. On ne gagne presque rien, en effet, à amplifier indéfiniment les images des objets qui ne sont pas lumineux par eux-mêmes, parce que les détails agrandis arrivent à manquer de netteté par l'insuffisance de la lumière. Supposé même qu'on parvînt à corriger ce défaut de nos instruments actuels les plus puissants, notre satellite se montrerait comme si nous le voyions à plus de douze lieues. Vous ne pourriez encore espérer d'y découvrir des corps vivants isolés et spécialement des êtres de la taille de l'homme, si vous songez que, de la nacelle d'un aérostat planant à la hauteur d'une lieue, nos navigateurs aériens ne distinguent plus aucune créature mouvante à la surface de la terre,

et que les forêts n'ont pas plus de relief que les prairies.
— Quant à l'idée, qui a été émise, de nous faire voir la lune à la distance *d'un mètre,* vous avez dû comprendre qu'elle n'est qu'une plaisanterie : elle est d'autant moins réalisable que la surface de l'astre est grandement accidentée et que nous en viendrions alors à nous confondre avec son image. Sans doute la construction d'une lunette gigantesque ne sera pas sans fruits ; mais les résultats utiles qu'elle fournira seront fort au-dessous de ceux qu'on en attend.

Cependant, nous aurions beau jeu, dans l'inspection biologique de notre satellite, s'il fallait se fier à certaine considération que nous avons dû présenter dans la quatrième lettre. Nous avions été amenés à concevoir que les petits globes sidéraux, sur lesquels la force de gravité est peu intense, seraient susceptibles de porter une population animale et végétale de plus grande stature que les sphères les plus vastes et les plus massives. Sur la lune, où la pesanteur a six fois moins d'énergie qu'à la surface de la terre, et où les forces plutoniennes ont pu édifier des cones volcaniques grandioses, les plantes aussi devraient faire monter leur sève et élever leurs tiges jusqu'à une très grande hauteur ; et, s'il existait les mêmes rapports d'étendue entre toutes les productions de cette nature exotique, les hommes séléniens devraient être des colosses énormes. A cause de leur taille démesurée, de leur force proportionnelle et de la légèreté relative des matériaux de construction qu'ils mettraient en œuvre, ils bâtiraient des édifices beaucoup plus amples et plus proéminents que les nôtres. Telles sont les raisons qui nous donneraient des chances d'y découvrir et les grands arbres isolés ou groupés, et les animaux les plus corpulents réunis en troupeaux, et surtout les monuments, les agglomérations de maisons analogues à nos cités terrestres. Est-il besoin [d'ajouter que nous n'apercevons absolument rien de semblable ?

Il est vrai que, pour ce qui est des humains, les rigueurs du climat de notre satellite leur imposeraient peut-être des mœurs toutes spéciales, et pourraient les réduire à se creuser des habitations souterraines. Car, tout voisin qu'il est de la terre, l'habitacle sélénien s'en distingue par des différences très singulières. Ce monde, comme le nôtre, ne pouvant présenter au soleil qu'un hémisphère à la fois, est pareillement assujetti aux alternatives du jour et de la nuit; mais, à cause de la lenteur de sa rotation, ces divisions de la journée lunaire ne durent pas moins de deux semaines chacune, ou la moitié de la lunaison ; elles représentent en même temps deux saisons très disparates, dont l'une, l'été, répond à la période d'éclairement, tandis que l'autre, qui est l'hiver, règne pendant les ténèbres. Durant la première période, la chaleur incidente de l'astre du jour est excessive : nos animaux et nos plantes y seraient infailliblement desséchés ; pendant la seconde, au contraire, les froids de nos pôles y sont grandement dépassés. Le passage du jour à la nuit ou de l'été à l'hiver a lieu brusquement; chaleur et froidure, lumière et obscurité n'y connaissent pas de transition graduelle ; tout ce que le soleil éclaire est torréfié, et partout où il ne fournit pas son rayonnement direct, — à l'ombre des montagnes, dans les vallées étroites et dans les cavernes béantes, — l'obscurité est profonde et la température glaciale.

Il serait facile d'indiquer bien d'autres singularités qu'offrirait le séjour sélénique; mais elles résulteraient toutes d'une même condition physique que j'ai hâte de vous signaler. La lune n'a pas d'air, pas d'atmosphère; tel est l'enseignement classique depuis longtemps fondé sur un ensemble d'observations diverses : netteté invariable de ses reliefs, qu'aucune cause locale n'assombrit jamais ; absence de crépuscule ainsi que de pénombre sur les parties de son disque obliquement éclairées par le soleil ; marche rectiligne des rayons lumineux qui effleurent ses bords avant ou après l'occultation d'une étoile, et résultats négatifs fournis par l'analyse spectrale appliquée à l'examen de sa périphérie.

Cependant, quelques savants soutiennent aujourd'hui qu'on a tort de se prononcer d'une manière absolue sur la nullité de l'enveloppe atmosphérique de la lune. Ils croient qu'il y pourrait exister un reste d'atmosphère, et citent certaines données d'une observation très délicate qui militeraient en faveur de cette opinion. Dans ce sens, on a été jusqu'à supposer qu'il y aurait une couche aérienne très mince, n'atteignant pas cinq cents mètres de hauteur, traversée par toutes les montagnes, et qui serait assez substantielle pour permettre l'entretien des êtres organisés. Mais cette hypothèse, bien qu'elle soit appuyée de l'autorité de Schroeter et de quelques autres savants recommandables, n'est qu'une erreur insigne ; car, quelle que soit la matière gazeuse ou vaporeuse qui composerait cette enveloppe, elle devrait nécessairement se dilater et se répandre bien au-dessus des plus hautes cimes, sous l'influence de la chaleur du soleil et en raison de la faible intensité de la pesanteur lunaire.

Ce ne pourrait être qu'une substance excessivement raréfiée, non seulement au sommet des montagnes, mais aussi au niveau des plaines. Pour un pareil milieu, il faudrait des organismes d'une tout autre essence que ceux que nous connaissons. Conscients ou inconscients, hommes ou bêtes, les animaux, n'y seraient que des sortes d'esprits. Quant à des végétaux, qui sont pour nous la partie fondamentale de la vie planétaire, nous ne pouvons nous en faire la moindre idée. Ainsi donc, on n'est pas en état de nier absolument l'existence d'une auréole gazeuse autour de la lune, et même nous justifierons d'une certaine manière cette opinion dans la prochaine lettre ; mais nous soutenons qu'elle serait extrêmement légère et ne contiendrait, par conséquent, qu'en quantité infiniment restreinte, le principal élément nutritif des plantes et des animaux, le principe carboné.

Si la surface de la lune ne possède qu'une très faible quantité d'air, elle est encore plus pauvre de liquide aqueux : ses prétendues mers ne sont plus considérées comme telles ; nous avons déjà dit qu'on n'y voit jamais ni nuages ni brouillards, et nous ajouterons qu'on n'y aperçoit pas non plus de neiges ni de gelées blanches, à la suite de ses rudes hivers.

Voilà donc deux de nos indispensables éléments vitaux qui font défaut, ou à très peu près, sur notre satellite ; d'après nos principes fondamentaux, nous n'y pouvons pas admettre un monde organisé et vivant. Cependant, contre cette solution précise on allègue des résultats de l'observation directe qui seraient décisifs s'ils étaient certains ; malgré leur peu de fondement, nous ne les passerons pas tout à fait sous silence.

Quelques observateurs, influencés peut-être par une idée préconçue, ont cru trouver des indices d'une végétation lunaire dans la couleur que reflètent quelques-unes de ses parties basses et nivelées. Il leur a semblé surtout que certaines taches sombres donnaient l'impression d'une véritable verdure et, de plus, que leur teinte verdâtre changeait quelque peu de nuance dans le cours de la belle saison sélénienne. Toutefois, d'autres plaines voisines montrent des couleurs différentes ; on y voit des taches gris-foncé tirant sur le bleu, ou d'un bleu pâle, ou rougeâtres, ou d'un jaune plus ou moins brun, et dont l'apparence reste à peu près invariable.

Mais ces particularités de coloration, même avec les légères variations qu'elles pourraient offrir sous les diverses incidences de la lumière, s'expliquent suffisamment d'une façon si simple qu'il n'y a pas lieu d'en chercher une autre interprétation. La matière qui les produit serait de nature minérale : il y aurait sur la lune des roches et des terrains diversement colorés, comme la terre elle-même en offre des exemples dans les lieux où elle est dénuée de végétation.

Il est d'autant plus naturel de s'en tenir à cette explication que celle qu'on songerait à lui opposer paraît insoutenable. Combien faudrait-il qu'elle fût chétive, ou de peu de vitalité, cette végétation sélénienne qui s'accommoderait de l'excessive rareté de ses éléments nutritifs ! Et combien devrait-elle être insensible et indifférente aux agents physiques, pour supporter, tous les mois, de si grands écarts de température !

En résumé, quel qu'ait été l'état ancien de la surface de la lune, et eût-elle été pourvue autrefois d'une enveloppe aqueuse et gazeuse *semblable à celle de la terre*, nous admettrons qu'on n'y trouverait maintenant ni mers, ni nappes aquatiques; que l'insignifiante atmosphère qu'on lui a attribuée, beaucoup trop légère pour pouvoir porter des brouillards et des nuages, ne serait peut-être qu'un résidu de gaz azote ou argon, assez raréfié, relativement à l'abondance de l'atmosphère terrestre, pour être insaisissable à l'examen spectral; qu'il n'y aurait que très peu ou même point du tout d'oxygène, ainsi que de ce principe carboné qui est, avec l'eau, l'élément matériel le plus nécessaire à la vie; d'où nous conclurions, finalement, que notre satellite n'a pas de quoi soutenir l'existence des êtres organisés, telle qu'il nous est donné de la comprendre.

HUITIÈME LETTRE

LA LUNE (SUITE). — DE L'ATMOSPHÈRE DES MONDES SIDÉRAUX

Nous avons maintenant à nous demander, Camille, si le régime physique de la lune n'a pas été jadis bien différent de ce qu'il est aujourd'hui, et si cet astre n'a pas possédé, à un autre âge, de l'eau et une atmosphère gazeuse propre à l'entretien de la vie.

Les surfaces enfoncées et unies qu'on s'est habitué, depuis Hévélius, à désigner sous le nom de mers, ne sont probablement que des plaines arides, mais dont la vue éveille l'idée de terrains d'alluvion charriés et nivelés par les eaux. Sur la pente des monts qui les circonscrivent, se dessinent des bandes sinueuses, ayant l'apparence de dépôts sédimentaires, dont l'aspect contraste avec le sol volcanique qui les supporte, et qui semblent indiquer les rivages d'anciens bassins maritimes. Çà et là, des saillies montagneuses ont dû être modifiées par les actions neptuniennes, et l'on croit y voir des traces profondes d'érosion causées par le jeu prolongé des marées ; nous serions donc en présence d'anciennes mers mises à sec. Ajoutons qu'un astronome américain, M. Pickering, prétend apercevoir, dans les régions continentales ou montagneuses, le lit encaissé de plusieurs rivières ou torrents desséchés, et suppose même qu'il existe encore une certaine humidité à la surface de la lune.

Il paraît ainsi que l'élément aqueux a joué un rôle sur notre satellite, et les volcans dont il est couvert en seraient une dernière preuve, car vous savez quelle part on attribue à l'eau dans leurs éruptions. Aujourd'hui encore son activité plutonienne n'est pas finie. Quelques astronomes ont cru y surprendre certaines lueurs temporaires telles que celles que produiraient des flammes s'échappant de larges cratères ; quoique ces observateurs comptent parmi eux W. Herschel, on admet généralement qu'ils ont été dupes d'une illusion ; mais d'autres remarques équivalentes obtiennent plus de créance. En comparant la figure actuelle de certaines montagnes avec celle que représentent d'anciennes cartes séléniques, on constate qu'il s'y est produit des changements notables. Ainsi, le cratère auquel on a donné le nom de Linné paraît s'être modifié depuis le commencement de ce siècle ; il semble être devenu plus petit, moins visible ; on a cru le voir entouré d'une tache blanchâtre qu'on n'y apercevait pas jadis, et qui serait peut-être formée par d'abondantes déjections récentes. On cite des volcans même qui ne sont apparus que depuis quelques années. Il serait difficile de croire que toutes ces constatations sont fausses. De l'ensemble des observations que je viens de rappeler, il est permis de conclure, non seulement que l'eau a existé autrefois à la surface de la lune, mais aussi que ce liquide est maintenant relégué dans son intérieur, où il entretiendrait ce reste d'activité éruptive que le télescope nous laisse entrevoir.

Comment donc a pu se produire cette singulière mutation qui aurait entraîné aussi le départ de la substance atmosphérique gazeuze ? Un tel fait ne doit pas être particulier à l'astre qui nous occupe, et si, comme c'est probable, il a eu sa reproduction sur bien d'autres globes sidéraux, nous avons à l'expliquer.

D'après les vues théoriques que nous devons admettre ensemble sur l'évolution de toutes les parties de l'univers, le globe sélénien, de même que toutes les sphères célestes, aurait été jadis à l'état de fusion ignée, et se trouvait alors entouré d'une ample auréole de gaz et de vapeurs. A la suite d'une longue période de refroidissement, il vint à présenter une surface concrète et solidifiée sur laquelle s'étalait une nappe maritime, que recouvrait sans doute une couche atmosphérique ou aérienne. Cette enveloppe corticale, formée d'une matière rocheuse et fragile à la superficie, mais métallique et tenace à une certaine profondeur, étant devenue fortement consistante, cessa enfin de diminuer d'étendue et s'arrêta à des dimensions définitives, tandis que la masse fondue sous-jacente continuait de se contracter par l'effet de son refroidissement incessant. Mais elle ne pouvait restreindre son volume sans qu'il se produisît, à partir de son pourtour, des vides, des lacunes sans doute irrégulières, de sorte que l'intérieur de la sphère se creusa de vacuoles caverneuses, qui s'accrurent lentement en nombre et en étendue, séparées entre elles par d'épaisses cloisons et par d'énormes piliers servant de support à la paroi sphéroïdale de l'astre. A la longue, ce dédale de cellules anfractueuses qui communiquaient entre elles et avec l'extérieur, soit largement, soit par des méats étroits et des fissures pénétrantes, devint assez spacieux pour contenir toutes les eaux qui s'étendaient primitivement sur le plancher lunaire. La masse atmosphérique elle-même, très réduite peut-être après la fixation de sa partie active sur la matière métallique en fusion, aura suivi le liquide aqueux dans les sombres galeries de l'énorme scorie sélénique.

Ainsi, les entrailles de notre satellite seraient pleines d'air et d'eau. Celle-ci, en augmentant le volume par sa solidification dans les froides cavités voisines de la surface, a été capable d'y produire les crevasses et les lignes de dislocation qu'on y aperçoit. En pénétrant plus profondément et en atteignant les régions encore brûlantes, elle provoquerait les énergiques convulsions de la matière ignée. La violence des phénomènes plutoniens qui ont lieu dans l'intérieur de la lune a pour effet de susciter de nouveaux cratères et d'amener au dehors, avec des laves toutes particulières, des bouffées de gaz et de vapeurs, qui sont d'ailleurs bien insuffisantes pour restaurer l'atmosphère et reconstituer des nappes aquatiques permanentes, attendu qu'elles sont incessamment résorbées par toutes les bouches aspirantes dont l'astre est parsemé. Mais, quand bien même leur émission aurait entièrement cessé, il resterait toujours à l'extérieur une légère enveloppe gazeuse.

Il est donc vraisemblable que notre satellite a été autrefois recouvert d'une couche d'air et d'eau, et qu'il présentait ainsi, outre la matière terreuse, deux des conditions nécessaires pour l'existence des êtres vivants; faut-il croire qu'il a été alors habitable? Nous ne savons quelle était la composition de l'air sélénien, et nous avons supposé qu'il était semblable au nôtre ou propre à soutenir la vie; mais ce que nous voyons clairement, c'est que la quatrième condition biologique indispensable, celle qui a rapport à l'élément chaleur, n'a jamais été convenablement réalisée. Rappelez-vous ce que nous avons déjà noté à cet égard; pendant quatorze jours, la moitié de l'astre tournée vers le soleil est grillée sans relâche, tandis que l'autre moitié subit un froid des plus intenses. La présence d'une enveloppe atmosphérique ne pouvait corriger que bien imparfaitement ce contraste, d'autant plus accusé que le flambeau solaire était plus ample et plus fort qu'il n'est aujourd'hui. Quelle différence avec la condition où nous sommes sur la terre! Lorsque le soleil d'été se lève à notre horizon, et qu'il verse de plus en plus puissamment ses feux sur nos têtes, nous avons le bonheur de le voir atteindre la moitié de sa course diurne après sept à huit heures seulement de radiations cuisantes, tandis que, sur la lune, le midi n'avait lieu qu'après cent soixante-dix-sept heures d'une calcination terrible! Et ce n'était que la moitié du jour; jugez combien devait être échauffé un sol sur lequel l'astre de feu dardait ses rayons pendant une durée double, c'est-à-dire pendant deux de nos semaines. Songez aussi combien devait être refroidi l'hémisphère opposé, qui demeurait dans l'obscurité pendant ce même laps de temps. Toute l'eau qui s'évaporait sur la face surchauffée allait se condenser sur la face ténébreuse, en passant incessamment de l'état de vapeur à celui de glace, et se maintenant à peine à l'état liquide.

Cette grande imperfection climatérique se trouvait encore aggravée par l'influence du globe terrestre; et ici je vous présenterai une opinion que vous trouverez peut-être exorbitante, mais qui ne semblera que légitime à ceux qui ont confiance dans la théorie cosmogonique d'Herschel et de Laplace, dont nous avons à nous servir tout le long de notre discussion astronomique. C'est que la soi-disant période d'habitabilité lunaire est excessivement loin de nous et remonterait à des centaines de millions d'années; elle aura dû se produire dans un temps où la terre était encore toute pénétrée de sa chaleur propre, et la prodiguait par rayonnement autour d'elle, en figurant ainsi, pour son satellite, un second soleil, beaucoup moins ardent que l'autre, sans doute, mais encore assez puissant à cause de sa proximité. Or, la lune circule autour de notre globe en lui montrant toujours le même hémisphère : c'est donc cette seule face qui eût reçu constamment les chaudes effluves du petit soleil terrestre. Il est vrai que celui-ci était entouré d'une épaisse couche de vapeurs; mais, s'il en résultait des nuages distincts ou séparés les uns des autres, le rayonnement calorifique qui s'opérait par leurs intervalles devait être d'une extrême incommodité pour la vie lunaire. Ainsi, vous ne sauriez imaginer une plus imparfaite distribution de la chaleur et, par suite, de l'élément aqueux, que celle qui était départie au monde sélénien. Quand nous parlerons de certaines autres sphères mal disposées pour le déploiement d'un règne humain, nous pourrons du moins nous y représenter d'autres créatures, répandues dans un habitacle aquatique; mais ici nous n'avons pas même cette humble ressource, car la demeure maritime n'y serait pas plus favorisée que l'habitat aérien; et, d'ailleurs, l'océan de la lune, quand il n'était pas solidifié par le froid, devait être remué de fond en comble et comme arraché de son lit, dans les très fortes marées que causait la puissante attraction de la terre.

D'après tout cela il est rationnel de croire que notre satellite n'a jamais possédé ni habitants humains, ni aucune sorte d'êtres vivants : si nous nous trompons dans ce jugement radical, ce ne doit être que sur le second point seulement; car, quoique nous ayons peine à le comprendre, nous ne trouverions pas absolument impossible qu'il eût jadis reçu certaines formes de la vie inférieure, appropriées à son étrange régime climatérique; mais nous ne croyons pas nous tromper en affirmant que cette infime création serait éteinte depuis d'innombrables siècles, et que l'atmosphère sélénienne ne serait plus capable d'en faire végéter les derniers restes, si chétifs qu'on les suppose. Qu'on perfectionne donc, autant que vous le souhaitez, nos instruments d'observation, et qu'ils en viennent à nous faire apercevoir, sur l'astre des nuits, une minime saillie égale à celle du corps humain ou d'un faible arbrisseau : ces progrès invraisemblables n'aboutiraient tout au plus qu'à nous mettre en présence du domaine de la mort. Si même il vous était donné de contempler de tout près cette nature déserte et silencieuse, peut-être n'en recevriez-vous qu'une impression d'horreur ou d'effroi. En ce sens, les anciens poètes avaient conçu, à l'égard de ce pâle globe, un juste pressentiment : la sinistre Hécate, l'astre mélancolique du barde calédonien, suscita toujours dans l'esprit des humains de lugubres pensées. La lune ne serait alors que le spectre d'un monde : associée à notre terre comme un fantôme obstiné, elle l'avertirait de son sort futur et lui montrerait le triste avenir qui l'attend.

Nous pouvons maintenant insister spécialement sur la plus importante des conditions nécessaires pour l'existence de la vie sur un globe quelconque ; elle nous fera voir que l'habitabilité des astres, loin d'être un fait constant dans l'univers, n'a qu'un caractère accessoire, éventuel, et surtout temporaire.

L'homme et les animaux tiennent leur matière constituante, directement ou indirectement, du règne végétal ; et les végétaux, qui sont ainsi la partie fondamentale du règne organique, tirent la leur de l'atmosphère. Qu'ils respirent par leurs feuilles ou qu'ils opèrent une succion souterraine par leurs racines, ils ne font jamais qu'absorber de la matière atmosphérique, c'est-à-dire du carbone oxydé, de l'azote et de l'eau tenant en dissolution une très faible quantité de principes salins. La plante vit donc essentiellement d'air humide, de sorte que le chimiste Dumas a pu dire avec raison que les plantes et les animaux ne sont que de l'air et de l'eau condensés. Et comme d'ailleurs nous ne concevons pas d'êtres organisés qui vivent et se nourrissent autrement, nous devons reconnaître que l'atmosphère est proprement la substance de tous les mondes habitables.

Ayant placé la vapeur d'eau parmi ses principes constants, nous ne séparons pas l'un de l'autre l'élément aquatique et l'élément aérien. Il existe d'ailleurs entre eux une connexion étroite et une sorte d'engrènement; toute la masse des eaux de notre globe est astreinte à s'élever par l'évaporation et à voyager dans les airs; comme aussi l'air atmosphérique, soulevant les flots de l'Océan sous ses propres fluctuations, s'y dissout, s'y renouvelle sans cesse, et le pénètre jusque dans ses profondeurs pour y entretenir la vie aquatique.

L'atmosphère ainsi comprise, c'est le monde. Chercher des mondes dans le ciel revient à y chercher des atmosphères, et des atmosphères bien conditionnées. Car il ne faut pas croire qu'elles sont toujours dédoublées, limpides, vivifiantes comme la nôtre. Vous n'avez pas idée des différences qu'elles sont susceptibles d'offrir : elles peuvent être condensées, formées d'un mélange intime et permanent d'air et d'eau, épaisses, opaques, chargées de matériaux inattendus, et même de particules solides; c'est du moins ce que l'analyse spectrale nous permet d'entrevoir sur quelques planètes. Il se pourrait aussi qu'elles ne fussent composées que de certains gaz mutuellement indifférents, tels que l'hélium, l'argon, l'azote... Enfin elles peuvent, dès le principe, faire totalement défaut, ou se réduire à une mince et légère tunique fluide, dépourvue des éléments indispensables à l'exercice de la vie.

La terre fut bien partagée relativement à cette partie essentielle d'un monde, et cependant notre atmosphère tellurique, définie avec extension comme nous venons de le faire, est encore peu de chose relativement à la masse et au volume du globe qui la porte. Toute l'eau des mers ne fournirait qu'une nappe de moins de trois kilomètres d'épaisseur si elle s'étalait sur toute la surface de la sphère; et la profonde enveloppe aérienne, si elle conservait de bas en haut la même densité qu'au voisinage du sol, dépasserait peu les sommets des plus hautes montagnes : sachant que celles-ci représentent des saillies relativement bien moindres que les aspérités de la peau d'une orange, vous avez de la sorte une idée de la faible importance matérielle de l'atmosphère, et vous comprenez combien il sera facile à la planète de l'absorber à peu près entièrement, comme il nous paraît que la lune l'a déjà fait pour la sienne.

Mais, bien longtemps avant d'être ainsi engloutie, l'atmosphère se modifie, se détériore et devient impropre à entretenir la vie. Voilà une seconde proposition très importante que nous devons établir avec soin. Donc, après avoir cité un autre exemple de l'absorption de ce milieu vital des mondes, nous allons surtout donner une preuve précise de son fatal épuisement; et, pour cela, nous examinerons un globe pourvu d'une atmosphère complète et d'un magnifique développement du règne organique, c'est-à-dire que nous prendrons pour objet de notre étude suivante la terre elle-même.

NEUVIÈME LETTRE

LA TERRE

L'une de nos illusions, Camille, quand notre imagination nous entraîne à faire de tous les astres autant de mondes analogues à celui qui nous porte, consiste à regarder le régime actuel de la terre comme devant être permanent ; dans nos rêveries sur la perfectibilité indéfinie de la société humaine, et dans notre ambition d'élever sans fin notre édifice de progrès, nous nous figurons que notre globe est parvenu à un état définitif, assurant pour toujours le règne de notre glorieuse espèce : voyons donc maintenant quelle méprise est la nôtre.

Toutes les données de la science confirment l'opinion que la terre a été autrefois incandescente comme l'astre qui nous éclaire. Pour passer de cet état d'ignition primitive à celui d'un soleil encroûté, elle a subi un refroidissement qui ne peut que se continuer à travers son enveloppe pierreuse, perforée et fracturée de toutes parts. Je ne m'arrête pas à vous faire observer que cette grossière écorce, tout épaisse qu'elle nous paraît, est relativement beaucoup plus mince que la coquille d'un œuf, comme le disait Élie de Beaumont; que sa minceur la rend à la fois flexible dans son ensemble et fragile dans toutes ses parties, et l'expose tellement à être ébranlée par les forces intérieures, qu'il ne se passe peut-être pas une minute sans qu'elle éprouve des craquements profonds ou des tressaillements dans quelque contrée. De tous les effets de son refroidissement, un seul nous occupera ici : c'est celui qui intéresse la nappe aqueuse de l'Océan, séparée par une coque si précaire de cette autre mer sous-jacente, ignée, métallique et sans fond, qui forme encore la presque totalité de la planète.

En laissant se dégager son calorique propre, la terre ne cesse pas de se contracter ou de rapprocher toute sa substance de son centre. Mais sa partie superficielle, une fois figée, ne pouvait plus suivre exactement le noyau fluide et rétractile qu'elle enveloppait; étant plus ample que lui, et ne se trouvant pas encore assez forte pour se maintenir d'elle-même dans son étendue primitive, elle a dû se plisser, se rider, de façon à constituer nos chaînes de montagnes. C'est cet excès d'ampleur du tégument tellurique qui l'oblige encore aujourd'hui à se déformer diversement, à s'enfoncer en maint endroit et à se relever ou se bomber dans les régions adjacentes.

Vous connaissez le fait classique de la Scandinavie boréale, qui se soulève lentement au-dessus du golfe de Botnie, tandis que la Suède méridionale s'abaisse par rapport au niveau de la mer Baltique. Des phénomènes semblables ont été observés en beaucoup de lieux de la terre. La France elle-même nous en offre un exemple amoindri, car son sol s'affaisse sous les eaux de la Manche pendant qu'il s'exhausse sur les bords de la Méditerranée. Ainsi diverses portions du globe subissent un mouvement de bascule, comme si elles cherchaient encore à se plisser pour former de nouvelles lignes de montagnes.

Une conséquence immédiate de cet état de tourmente de la croûte tellurique a été la mobilité de la nappe aquatique qui la recouvre. Sous l'action permanente de la pesanteur, elle s'est déversée naturellement sur les régions les plus basses de la sphère, et a promené sa masse diffluente sur toute sa surface. La plupart de nos montagnes qui en sont le plus éloignées ont eu l'un de leurs flancs battu par ses vagues ; les déserts lui ont servi de lit ; les lieux où s'élèvent toutes les capitales de l'Europe ont été jadis, et même à plusieurs reprises, occupés par elle.

Dès que la géologie naissante eut constaté les anciens déplacements de l'Océan, on fut porté à croire qu'ils se sont effectués rapidement, et qu'ils ont été occasionnés par le brusque soulèvement des massifs montagneux. On ne douta pas que le globe n'eût été éprouvé par d'immenses révolutions. Mais, depuis longtemps déjà, les enseignements du géologue anglais Lyell ont fait prévaloir une opinion tout autre : à son compte, l'hypothèse des modifications rapides devrait être bannie de l'histoire de la terre ; toutes les grandes transformations qui s'y sont opérées auraient été accomplies avec lenteur ; les montagnes auraient surgi peu à peu, et les mers ne se seraient déplacées que d'une manière progressive et insensible.

Malgré la faveur dont jouit aujourd'hui cette doctrine, il convient de ne l'accepter qu'avec réserve. Si l'on doit abandonner l'idée des bouleversements généraux, qui auraient renouvelé chaque fois la surface de la terre et détruit presque toutes les espèces vivantes, au moins faut-il croire qu'il y a eu souvent des catastrophes partielles qui ont pu être très étendues.

Il est bien certain qu'il se produit incessamment, à la superficie du globe, des mutations qui s'opèrent lentement ; mais il est possible qu'elles ne soient, dans certains cas, que les indices d'un acte de transformation qui changera d'allure un jour à venir, et s'achèvera brusquement. Quand un segment de l'écorce terrestre se soulève, il doit se produire une sorte de lacune très étalée entre lui et le noyau pâteux dont il se détache ; et, pareillement, si une autre région s'enfonce, c'est sans doute pour diminuer une vaste poche souterraine. L'évacuation des laves volcaniques, et surtout l'expulsion bien plus considérable des anciennes matières éruptives, granitiques et autres, ont dû contribuer à la formation des décollements et des vides sous-corticaux (1). Dès lors, il

---

(1) Dès la seconde édition de cet ouvrage, nous avions présumé l'existence des *décollements* de la croûte terrestre, qui constitueraient de vastes poches sous-corticales ; depuis lors, une hypothèse analogue a été soutenue avec talent par M. Rateau (Comptes rendus de l'Ac. des sciences, 4 septembre 1893), qui a appelé ces lacunes *cloches sous-continentales*. Comme ces vues sont encore incertaines,

est clair que notre sol, suspendu comme une voûte très surbaissée, est susceptible de se rompre et de s'affaisser tout d'un coup sous son propre poids, surtout s'il y est excité par quelque dérangement dont la cause n'est pas difficile à imaginer; et, si ce vaste effondrement commence au bord de la mer et s'étend au loin sur la terre ferme, il en résultera nécessairement une grande et soudaine submersion de cette dernière.

Ainsi, ce serait s'abuser que d'appliquer exclusivement à l'histoire générale du globe la théorie des transformations lentes et insensibles. La vérité est que nous vivons, grâce à Dieu, dans une phase d'équilibre et de tranquilité où la terre ne nous fournit que de simples avertissements des dangers auxquels elle nous tient exposés. D'ailleurs, les périodes géologiques étant extrêmement longues, l'espace de temps qu'emploie l'activité interne, pour préparer ses grands coups subversifs, surpasse probablement la durée de nos âges historiques. Peut-être la prochaine crise de ce genre qui s'apprête sous nos pieds est-elle encore loin d'aboutir, comme aussi il se peut qu'elle soit sur le point d'éclater.

Il ne serait pas impossible qu'il se produisît, aujourd'hui ou demain, au centre de notre Europe, quelque cataclysme de grande étendue; que le sol excavé et suspendu de la Scanie, du Jutland et des Pays-Bas, qui est en train de s'affaisser lentement, vînt tout à coup, à la suite de quelque dérangement profond, à subir un effondrement de quelques dizaines de mètres, qui ne serait qu'un rien par rapport au diamètre du globe; que l'Océan déchaîné, roulant une vague colossale, et s'avançant jusque sur le territoire de l'Allemagne ou de la France, passât et repassât sur les villes et les campagnes

nous nous abstiendrons d'en tirer les diverses considérations qu'elles doivent suggérer.

en les ensevelissant sous des couches épaisses de graviers et de galets, et que, après des ondulations désordonnées, quand le calme sera revenu, on ne retrouvât plus, à la surface de la mer tranquille, que des bancs de sables, des îles à demi ravagées, recueillant les épaves d'un immense naufrage, celui d'une ou de plusieurs nations. Il paraît que des accidents de ce genre se sont produits, à une époque géologique peu reculée, dans les régions méridionales de l'Asie; on connaît d'ailleurs, dans cette grande partie du monde, de vastes territoires qui sont déprimés jusqu'au-dessous du niveau de l'Océan et qui semblent destinés, surtout s'ils continuent de s'enfoncer, à être un jour recouverts par lui; et alors il est bien vraisemblable que ses eaux ne s'épandront pas petit à petit, mais par de brusques et larges envahissements.

Ne vous méprenez pas, toutefois, sur la portée de ces réflexions. Je ne cherche pas à vous effrayer par la perspective des calamités, naturelles ou autres, qui menacent notre séjour; mais, comme nous agitons la question de l'habitation des sphères sidérales, il faut bien que nous constations, par l'exemple de notre terre, en quoi leur constitution physique est défavorable à votre système généralisé. Nous aurons même à citer l'un de vos mondes planétaires qui paraît bien autrement sujet que le nôtre à des accidents de submersion. Après tout, ces événements géologiques me préoccupent moins, pour l'instant, que leur résultat final; car il m'importe surtout de vous montrer quel sera le terme certain de cette longue suite de catastrophes, qui dépendent du refroidissement de notre globe. Nous avons donc à considérer maintenant la façon dont ce grand phénomène s'accomplit. Il ne s'effectue pas seulement d'une manière directe, par un simple rayonnement calorifique de la terre vers l'espace glacial : il a pour intermédiaire obligé l'atmosphère, et spécialement son élément aquatique, sans lequel l'énorme masse incandescente, étant protégée par son tégument rocheux, conserverait sa chaleur indéfiniment; fixons donc un moment notre attention sur l'office et les tendances de ce dernier facteur des mutations géologiques.

Dans le principe, et durant tout le temps où la surface terrestre recevait encore les chaudes effluves de son foyer intérieur, le mécanisme de cette réfrigération aqueuse était fort simple. L'eau qui tombe très froide des nuages les plus élevés, en s'évaporant abondamment au contact de ce plancher toujours réchauffé, lui ravissait du calorique qu'elle emportait, avec les courants d'air ascendants, vers les couches supérieures de l'atmosphère, et qu'elle déversait dans les réservoirs infinis de l'espace, pour redescendre froide sur le sol, s'échauffer à nouveau, remonter encore et sans fin.

Aujourd'hui, c'est avec une certaine complication que le phénomène essentiel continue de s'exercer. La surface de la terre ne subit plus que très faiblement l'influence calorifique de la fournaise intérieure, et le défaut de conductibilité des roches retient captive la chaleur planétaire; l'office réfrigérant de l'élément aqueux consiste alors à l'aller chercher dans les profondeurs; car les eaux pluviales s'infiltrent à travers les terrains poreux et les roches crevassées pour s'avancer jusqu'aux couches encore chaudes, d'où elles reviennent à l'état de sources thermales, entraînant une certaine quantité de calorique interne.

Mais songez surtout à ce qui doit avoir lieu sur le fond même de l'Océan, partout où les parois mal cimentées de cette grande citerne du monde se prêtent à de semblables infiltrations. Là où la pression aqueuse est énorme et dépasse des centaines d'atmosphères, il est certain qu'aucune source chaude ne peut trouver d'issue, et que l'effet inverse doit se produire généralement. Poussée par sa propre masse de plusieurs milliers de mètres d'épaisseur, l'eau marine s'introduit avec effort dans les fissures des rochers, se fraye un passage à travers toutes les lézardes communiquantes, s'injecte peut-être assez loin sous les assises des continents, pénètre jusqu'à des régions profondes et chaudes où elle ne peut plus subsister à l'état liquide, charge de ses vapeurs surchauffées un réseau inextricable de méats anfractueux, et décompose certains minéraux tels que des carbures métalliques, en produisant de grandes quantités de gaz coercés, qui n'attendent qu'une circonstance accidentelle et décisive pour ébranler la surface terrestre ou s'échapper par les évents volcaniques.

Tel est donc l'effet de l'élément aqueux sur la chaleur centrale : soit qu'il aille la puiser directement dans les profondeurs pour l'amener au dehors, soit qu'il provoque de simples ébranlements de la croûte du globe dans lesquels le calorique interne se transforme en travail mécanique, soit enfin qu'il suscite l'éruption des laves brûlantes, il constitue la principale cause d'épuisement thermique de la planète. Mais, en accomplissant ce long office de refroidissement, il pousse de continuels empiétements vers les régions plutoniennes. Nous serions effrayés des dangers que nous courons, s'il nous était donné de voir tous les processus menaçants qu'il dirige vers les parties incandescentes. Il semble avoir engagé une lutte à outrance avec le calorique retranché dans sa demeure profonde, pour l'en arracher et prendre sa place. Tenu en respect par la tension de cette force supérieure, il fait le siège des domaines du feu ; les réactions désordonnées, les soubresauts de la matière ardente ne font que lui préparer des voies d'introduction ; toujours repoussé, il revient toujours à l'attaque avec des forces nouvelles. L'issue de cette lutte opiniâtre n'est pas douteuse : la victoire restera enfin à cet assaillant faible, mais obstiné, que la loi inexorable de l'attraction appelle vers le centre de la terre comme au lieu de son repos ; par des soustractions continuelles, et par des assauts infiniment multipliés, il aura raison de l'énorme puissance de son adversaire igné ; et, après des bouleversements sans nombre, toute la masse de l'Océan aura enfin pris possession des lacunes caverneuses qui se seront formées dans la portion solidifiée du globe.

L'évolution complète de ce grand acte d'engloutissement exigera un espace de temps excessivement long ; quoiqu'elle soit commencée depuis bien des millions d'années, elle n'a fourni jusqu'à présent qu'un résultat peu sensible, et le liquide aqueux ne pénètre pas encore à plus de quelques kilomètres de la surface. C'est que la substance de notre planète, étant oxydée jusqu'à une certaine profondeur, a formé une écorce fragile, toujours prête à s'affaisser sur les excavations qui tendent à se produire dans son épaisseur. Mais, si le laps de temps que réclamera cette absorption vous semble presque infini quand vous le comparez à la minime durée de la vie humaine, que deviendrait-il à vos yeux si vous le mesuriez à la durée même des astres, et que vous paraîtrait-il s'il se trouvait déjà écoulé ? Supposez que le satellite de la terre ait possédé autrefois des habitants doués de raison, et dites-nous s'ils eussent été bien avisés de regarder comme un avenir chimérique la triste réalité qui étreint actuellement leur monde, et qui l'étreindra perpétuellement.

Au surplus, l'absorption des eaux maritimes ne se fera pas d'un seul coup ; elle s'effectuera d'une manière graduelle, et, longtemps avant qu'elle soit arrivée à son terme, elle aura eu de funestes conséquences pour les êtres qui forment la partie la plus élevée du règne organique. Il est évident que la vie terrestre ou continentale, qui nous intéresse tout spécialement, diminuera d'activité en même temps que s'agrandira son domaine superficiel; car, à mesure que l'Océan opérera sa retraite intérieure et restreindra sa surface d'évaporation, il fournira moins de nuages pluvieux pour l'arrosement direct des terres émergées, et il en résultera l'amoindrissement de la fécondité générale du sol, ainsi que l'extension toujours croissante des arides déserts.

J'ajouterai pourtant, pour rester dans le champ des vérités pratiques, que si l'espèce humaine n'était menacée d'extinction que par le seul fait de l'absorption de l'élément liquide, une prévision à si longue échéance ne serait guère propre à nous toucher. Quoique les parties centrales de nos continents soient les moins fécondes et les moins peuplées, leurs habitants ne manifestent pas, depuis les temps historiques, une tendance précise à les abandonner pour se retirer dans les contrées plus humides que baigne l'Océan : d'une manière générale, la flore et la faune continentales ne sont pas près de périr par l'insuffisance de la matière aqueuse. Mais, longtemps avant qu'une sécheresse excessive ait pu consommer leur ruine, un autre élément matériel non moins nécessaire aux êtres vivants se sera raréfié bien plus encore, et sa disparition progressive aura déterminé l'atrophie meurtrière du règne entier de la vie tellurique. J'ai donc maintenant à vous signaler un autre travail de la nature bien plus menaçant, un grand phénomène chimique qui s'accomplit incessamment sur tous les points du globe, et qui prépare l'anéantissement, par une sorte d'inanition, de tous les êtres organisés de ce monde, en épuisant le pouvoir nutritif de l'atmosphère dont ils sont tous dépendants.

DIXIÈME LETTRE

LA TERRE (SUITE ET FIN)

Il y a dans la nature, Camille, un principe matériel dont les tendances sont tout autres, sur notre sphère en voie de refroidissement, qu'elles étaient au temps de sa complète ignition, c'est le *carbone*. A l'époque où se sont effectuées les premières combinaisons de la matière tellurique, il a dû s'unir surtout au gaz oxygène, dont l'abondance était extrême; il s'est combiné aussi avec plusieurs métaux, mais, comme tous les carbures métalliques de la superficie du globe ont été ensuite décomposés par l'eau et par l'oxygène, de manière à former finalement de l'acide carbonique, il s'en est suivi que ce principe nourricier des plantes s'est trouvé en quantité immense dans l'atmosphère primitive.

Comment donc a-t-il pu devenir si rare dans notre air normal, qui n'en contient plus que *quelques dix-millièmes* de son volume? Une certaine proportion de cette substance organisable est entrée dans la composition des êtres vivants et spécialement des végétaux; les détritus ligneux de ceux-ci sont allés s'entasser dans les bassins houillers ou dans des marais tourbeux tels que ceux qui les reçoivent encore de nos jours; et, après la lente séparation des principes les plus volatils, l'excédent de carbone y est resté isolé comme un résidu inerte, un *caput mortuum* du grand laboratoire de la nature.

Mais une quantité plus grande encore a disparu d'une autre manière, en causant à l'atmosphère un double préjudice, car elle a entraîné avec elle un second principe vivifiant, l'oxygène ou air vital des animaux. En effet, le gaz carbonique, cet acide si faible que la *silice* et l'*alumine*, sous l'influence de la chaleur, expulsent de ses combinaisons salines, a acquis la prépondérance sur elles lorsqu'est venue l'époque du refroidissement ; avec le concours de l'eau et avec l'aide des autres acides minéraux, il s'est mis à attaquer, sur toute la surface de la terre, les silicates du gneiss et du granite, en déplaçant l'alumine et la silice pour s'emparer de leurs bases alcalino-terreuses.

Cette action corrosive a détruit une énorme quantité de roches granitoïdes, éruptives ou volcaniques, les transformant en ces dépôts, de composition plus simple, qui constituent les formations secondaires ; et les amas si répandus de grès, de sables et de cailloux, ainsi que les nappes d'argile qui s'entremêlent à toutes les couches de sédiments, lui doivent leur existence. En même temps, l'acide carbonique s'est fixé dans les dépôts complémentaires de ces formations argilo-siliceuses, et c'est là qu'il nous offre la contre-partie de son travail destructeur : il a fourni alors des terrains tout particuliers en s'unissant aux principes basiques qu'il a rencontrés dans les roches primordiales.

Considérez quelle est, à la surface et dans l'épaisseur de la croûte terrestre, l'importance des combinaisons carbonatées. Voyez surtout ces couches profondes de calcaire grossier qui forment les assises superficielles ou souterraines de tant de contrées ; ces gisements étendus de terres crayeuses, marneuses et magnésiennes ; ces innombrables variétés de roches marmoriques ; ces puissants dépôts d'oolithes et de coquilles ; ces îlots ou ces écueils sans nombre, à base de coraux et de polypiers, semés dans les mers du Sud... Bien évidemment, toute cette matière calcaire, qu'une chaleur modérée décompose, n'a pas existé en cet état durant la période d'ignition totale de la terre : elle est le produit de la réaction prolongée de l'acide carbonique aérien sur les roches primitives; elle contient les dépouilles de l'atmosphère, le carbone et l'oxygène, qui y sont condensés pour toujours. Tout ce qui reste de carbone dans l'air, tout ce qui existe en circulation dans le courant actuel de la vie, est en proportion bien faible auprès de ce qui est là, séquestré et pétrifié. Et tout le carbone restant libre aura le même sort; ce qui n'est pas destiné à s'ensevelir dans les marécages continuera d'aller, en compagnie de l'oxygène et des bases terreuses, s'étendre en couches horizontales sur les terrains calcaires en formation, ou s'élever en récifs madréporiques au sein des mers. En d'autres termes, la matière fondamentale des êtres organisés est condamnée à disparaître de l'atmosphère et, suivant toute apparence, dans un avenir relativement peu éloigné.

Il est assurément impossible d'estimer la longueur du temps qui sera nécessaire pour l'entier achèvement de cette absorption ; mais, quand on considère que la quantité de ce gaz carboné était autrefois si grande qu'elle eût pu former autour de la terre une enveloppe continue mesurant plusieurs centaines de mètres d'épaisseur, tandis que celle qui subsiste aujourd'hui ne fournirait pas une couche de trois mètres, on est frappé de l'énorme disproportion qui se révèle de la sorte entre les deux versants, passé et futur, du règne organique; et, quand on embrasse dans toute sa durée le phénomène qui nous occupe, il est permis de dire qu'il n'est pas loin de sa fin; la source alimentaire des êtres vivants est près d'être tarie, et la vie terrestre est engagée, depuis très longtemps déjà, dans sa période de déclin (1).

Cependant, la terre a reçu, dans le plus insigne de

---

(1) Voir la note A à la fin de cette lettre.

ses hôtes animés, un facteur extraordinaire, dont le travail spécial tend au moins à retarder l'inévitable épuisement de l'aliment fondamental des êtres organisés. L'homme a fait reparaître au dehors le feu qui couvait sous l'enveloppe de la planète; et ce puissant agent physique, que le Créateur met en œuvre pour façonner et transformer l'univers, lui, son imitateur et son émule passager, il l'emploie aussi à dominer toutes les forces de la nature et à métamorphoser la matière. Pour mettre en usage le feu, nous sommes entraînés à détruire, à volatiliser la substance des bois et des forêts, et nous remettons de la sorte en circulation une partie du carbone qui se fût enfouie dans les tourbières; nous faisons plus, nous exhumons et faisons rentrer dans le tourbillon de la vie celui qui dort inutile dans les gisements anciens et modernes et qui n'en sortirait jamais sans nous ; et il s'ensuit que la combustion, qui est l'une des œuvres distinctives de l'espèce humaine et le pivot de toute son industrie, tend à restaurer le pouvoir nutritif de l'atmosphère.

En admettant que cet office spécial de l'homme soit réellement sensible sur le vaste théâtre de la nature, pouvons-nous lui attribuer le pouvoir de prolonger indéfiniment la vie du globe? Notez que, si la provision des combustibles était infinie, ce serait l'oxygène qui serait condamné à disparaître de l'atmosphère par suite de cette interminable combustion; mais ce résultat n'est nullement à craindre, car les amas de carbone souterrain, tout considérables qu'ils sont, ne représentent qu'une quantité limitée. Déjà les gisements d'hydrocarbures qu'on eût pu croire inépuisables, je veux dire ceux des États-Unis et de la Russie méridionale, manifestent leur appauvrissement. S'il se forme encore des huiles minérales par l'effet des réactions chimiques internes, ce n'est sans doute qu'avec lenteur ; et peut-être les dépôts que nous exploitons ont-ils mis, quoi qu'on en ait dit, des myriades d'années à s'amasser. De plus, il est probable que l'homme ne pourra jamais extraire qu'en partie le contenu de ceux qui se trouvent à de grandes profondeurs, et il est encore plus vraisemblable qu'il n'utilisera jamais les plus importants de tous, ceux qui gisent sous le fond des mers.

D'ailleurs, sur chaque mesure d'acide carbonique versée dans l'air par tous nos foyers de combustion, si une part tourne au profit de la vie tellurique, une autre part est destinée à s'engager dans le fatal courant qui le minéralise sans retour en l'enchaînant à la substance basique ou terreuse du globe. Voilà ce qui ne cessera pas d'avoir lieu, et ce qui assure la future disparition du carbone atmosphérique.

Nous reconnaissons toutefois qu'une certaine source de gaz carbonés n'est pas près de trouver fin, c'est l'exhalation qui s'effectue par les ouvertures de beaucoup de volcans et par les fissures des terrains volcaniques. On présume aujourd'hui qu'elle résulte surtout de la décomposition des carbures métalliques par les eaux souterraines ; et il semble, d'après cela, qu'aussi longtemps que celles-ci s'enfonceront dans l'écorce terrestre, elles entretiendront cette émission gazeuse. Cependant, si l'on considère que ce même dégagement se produisait avec une grande puissance dans les premiers temps du refroidissement du globe et qu'il s'est amoindri par degrés, on doit juger qu'il continuera de s'atténuer indéfiniment. Néanmoins, nous devons croire à la longue persistance d'une quantité minime et toujours décroissante de matière carbonée dans l'atmosphère. Il ne serait sans doute pas impossible à la Puissance créatrice de former de nouvelles espèces vivantes, dont la constitution serait appropriée à la rareté de cette substance organisable ; permettez-moi pourtant de négliger pour le moment l'hypothèse de ces créations éventuelles, et de m'en tenir à la simple croyance religieuse, d'après laquelle le grand œuvre génésiaque serait terminé sur la terre.

En partant de cette ancienne opinion, beaucoup plus accréditée encore que toutes nos doctrines naturistes, et en admettant aussi que notre monde vivant ne finira pas par quelque événement de l'ordre surnaturel, on doit penser qu'il éprouvera, longtemps avant le complet épuisement de son milieu vital, les effets de la pénurie de sa matière première, et qu'il descendra tous les échelons d'une décadence qui amènera son extinction définitive.

Ce sera évidemment le règne végétal qui commencera à s'atrophier ; ou plutôt il ne fera que continuer son dépérissement, qui a commencé bien longtemps avant la venue de l'homme. Car la principale des causes *naturelles* qui ont occasionné, dans la primitive et universelle forêt vierge du globe, les vastes et toujours grandissantes lacunes que nous y connaissons, a dû être la raréfaction de l'élément carboné. Et si, en suite d'un grave accident cosmologique, tel que l'abordage d'une grande comète chargée de carbone, l'acide carbonique de l'atmosphère venait à décupler sa proportion actuelle, il n'en faudrait pas davantage pour faire reparaître une végétation abondante sur les grèves à demi submergées de l'Océan, et amener le reboisement spontané de nos montagnes, des steppes, des déserts, et même d'une partie des régions polaires.

Par un effet au moins indirect, on verra dépérir aussi le règne animal. Ainsi que cela a lieu depuis bien des siècles, les bêtes sauvages de grande stature disparaîtront plus ou moins rapidement. Dans le plus grand nombre des types de la vie, et notamment chez ceux qui seront en voie de s'éteindre les premiers, on constatera, et l'abaissement progressif de la taille moyenne, et la diminution de la fécondité, qui s'accusera peut-être d'abord dans les unions consanguines. L'aire occupée à la surface de la terre par les formes vivantes les plus menacées d'abolition se rétrécira sans cesse. Les espèces douées de l'organisation la plus élevée, étant aussi les plus délicates, éprouveront le plus rapidement les effets de la dégénérescence commune ; mais cette loi comportera des exceptions nombreuses, et il pourra se faire que certains types rustiques et grossiers dépérissent plus vite encore, par des causes obscures ou indirectes. Au reste, cette longue et progressive agonie du monde vivant ne sera pas toute spontanée ni dépendante des caprices du hasard; la divine Intelligence, selon nous, y présidera encore, de même qu'elle présida à l'édification et à l'économie de toute la nature : pour amener la ruine d'une espèce supérieure donnée, elle saura frapper les créatures toutes différentes qui lui sont nécessaires sous certains rapports. Cependant le règne organique ne cessera pas de se simplifier de plus en plus ; on le verra s'amoindrir par degrés, comme on voit tous les grands tableaux de la vie s'uniformiser et s'atténuer lorsqu'on s'avance vers les pôles, ou qu'on s'élève, de la plaine fertile, vers les sommets glacés des montagnes.

Quand même il devrait être créé de nouvelles espèces adaptées à un milieu aérien très pauvre en matière nutritive, il ne faudrait pas moins que la vie tellurique eût son terme lorsque cette substance nécessaire fera tout à fait défaut. Un jour viendra donc où la vie aura totalement disparu de ce monde ; notre globe semblera avoir conservé sa constitution physique essentielle ; il paraîtra encore en possession de la plus grande partie de son atmosphère, et son Océan sera, comme aujourd'hui, soulevé par les marées et par les tempêtes ; il n'aura pas cessé d'être embrasé sous sa froide écorce et tourmenté par les catastrophes géologiques ; et, néanmoins, dans les airs, dans les eaux et partout, la vie sera absente; il se trouvera réduit, comme dans le principe, à ses éléments minéraux. Il continuera cependant de fournir sa course régulière autour du soleil, en réfléchissant vers le ciel les rayons qu'il recevra encore en abondance de ce grand flambeau amoindri, et en comptant toujours, aussi bien qu'à présent, parmi les astres de l'espace. Et si, contrairement aux apparences, il existait alors un autre monde complet et en pleine vitalité dans notre système solaire, peut-être que ses astronomes spéculateurs de votre genre, dirigeant leurs puissants télescopes sur notre planète inanimée, et y découvrant des mers, des montagnes et des glaciers polaires, n'hésiteraient pas à lui attribuer une société humaine qu'ils supposeraient perpétuellement progressive et impérissable *comme la leur*, et avec laquelle ils tenteraient de se mettre en communication...

Tirons maintenant de cette étude l'un des enseignements qu'elle comporte.

Quand la terre avait ses éléments matériels à l'état de dissociation calorifique et d'agitation tumultueuse où se trouve le grand foyer qui nous éclaire ; avant qu'elle eût rejeté au dehors cet excès de chaleur qui proscrivait le jeu de toutes les affinités chimiques, et qu'elle se trouvât condensée à l'état de fusion tranquille, comme une perle sous la flamme du chalumeau minéralogique : combien de fois a-t-elle mesuré son orbite, prodiguant autour d'elle le feu et la lumière, sans paraître subir aucune perte, et telle qu'un soleil éternel !

Cependant, il vint un temps où se montrèrent à sa superficie certaines scories incandescentes qui disparurent bientôt, se reformèrent, s'agrandirent, en revêtant toutes les teintes décroissantes de la chaleur ; par intervalles on eût pu voir la surface assombrie se rallumer tout à coup, et jeter dans l'espace des lueurs vives et éphémères, comme le font les étoiles variables. Or, depuis le jour où commença cette solidification indécise du globe jusqu'à ce point de son refroidissement où l'épaisse couche de vapeur aqueuse, jusque-là suspendue dans les airs, put enfin l'aborder à l'état liquide et se déposer en flaques persistantes dans les dépressions de la croûte granitoïde, que de siècles s'écoulèrent !

Combien de temps dura cette autre phase où se constitua l'Océan, où se divisa, se pulvérisa la roche primitive, pour devenir un sol propice aux végétaux ; où d'épaisses couches de sédiment se superposèrent, ensevelissant les dépouilles de toutes les créations organisées, jusqu'au jour où elles reçurent enfin celles de l'homme lui-même, couronnement de l'œuvre créatrice !

Et quand, par l'effet d'une cause quelconque, naturelle ou surnaturelle, la dernière génération humaine aura disparu de ce séjour en laissant peut-être, pour lui survivre, une nature organique encore vigoureuse et luxuriante dans certains climats... quel nombre de siècles devra encore s'écouler avant que le milieu aérien ait été totalement dépouillé de son principal élément nutritif, que la surface des continents soit devenue déserte et stérile, et que la mer ait perdu ses derniers hôtes ; avant que l'Océan ait achevé le travail, à peine commencé, du creusement de ses abîmes, et qu'il soit descendu tout entier dans ses retraites profondes !

Est-ce tout ? Non, c'est peu de chose encore. De même que nous voyons le satellite de notre planète, déjà parvenu à l'état que je viens d'indiquer, graviter autour de la terre refroidie et sombre, nous pouvons nous représenter notre globe frappé de mort, toujours enchaîné dans son orbite, et courant toujours autour de l'astre central découronné, refroidi lui-même, pendant un laps de temps dix fois plus long que toutes les périodes antérieures.

Arrêtons-nous. Aucune science humaine ne saurait rien affirmer touchant l'issue finale de cette longue carrière. La matière terrestre serait-elle condamnée à rentrer un jour dans le néant? La terre est-elle destinée, comme plusieurs savants l'enseignent, à se précipiter sur le soleil, à son tour de planète, pour entretenir sa chaleur et toutes ses effluves? Ira-t-elle reconstituer un autre astre pour recommencer la série des mêmes aventures? Autant de questions sur lesquelles toutes les conjectures seraient vaines. Il se peut même que l'histoire anticipée que nous avons faite de notre monde ne soit qu'une grande erreur, et qu'un avenir différent lui soit réservé; mais, si nos prévisions sont erronées, c'est que nous avons déjà dépassé les limites que la prudence impose à toutes les spéculations de ce genre; n'allons donc pas plus loin.

Il ne me reste qu'à insister sur la longueur de ces stériles périodes qui précédèrent et qui suivront celle qui se déroule en présence de l'homme. Lorsque nous embrassons en esprit l'immensité des temps qu'elles mesurent, le règne entier de la vie terrestre ne nous apparaît plus que comme une fraction minime de la durée totale du globe; que dire de l'espace de temps qui correspondra au passage de la vie pensante ou de l'humanité elle-même?

Nous n'avons certes pas le moyen d'exprimer ces rapports par des chiffres approximatifs; cependant, il ne m'est pas interdit, pour donner plus de précision à ma pensée, d'émettre une évaluation comparative. Sans me préoccuper du règne organique en général, je crois pouvoir dire, en ce qui touche spécialement l'espèce humaine, que son règne n'aura pas la longueur de la *cent millième* partie de la durée de notre planète; et je ne crains pas d'être contredit par quiconque a su tenir compte de toutes les données précédentes.

Si vous ne repoussez pas cet aperçu estimatif, vous me permettrez d'en faire aussitôt l'application à tous les astres du ciel qui peuvent être constitués sur le même plan que notre terre. Supposant, ainsi que vous le faites, qu'ils soient réellement prédestinés à porter aussi des êtres doués de raison, je vous dirai, en empruntant le langage du calcul des probabilités : Imaginez-vous qu'on aborde l'un de ces globes à une époque indéterminée de son existence, et il y aura *cent mille* à parier *contre un* qu'on n'y rencontrera pas d'êtres raisonnables, soit parce qu'ils n'y auraient point encore fait leur apparition, soit parce qu'ils y auraient déjà fini leur carrière.

Que penser maintenant du système qui fait, de l'habitation par une espèce pensante, l'état normal de la terre et de tous les corps célestes ? Quelle différence entre cette manière d'envisager la question de l'habitabilité des astres et l'opinion capitale que vous avez apportée dans cette discussion ? Vous trouvez sans doute qu'elle vous est une concession bien étroite; et cependant, combien il nous reste de réserves à faire pour ce qu'elle a de trop large et de trop favorable encore !

NOTE A. — *Sur l'entretien supposé de la matière carbonée de l'atmosphère.*

Quelques savants, qui ne tenaient pas un assez juste compte de l'activité de la vie végétale durant les âges primaires, ont révoqué en doute l'existence ancienne d'une plus grande proportion d'élément carboné dans l'air atmosphérique. Ils ont cru que tout le carbone qui a constitué les carbonates et les gisements de combustibles aurait bien pu n'arriver dans l'atmosphère que peu à peu, ou par des sortes de bouffées successives. D'après cela, il y aurait des sources naturelles tendant à entretenir indéfiniment sur notre planète l'aliment principal de la vie. Comme on y pourrait voir l'indice d'une fin providentielle, cette opinion mérite d'être examinée.

D'où viendrait aujourd'hui le principe carboné susceptible de régénérer celui de l'air? Serait-il d'origine extra-terrestre? Car on a imaginé qu'il nous serait apporté par de grandes comètes, riches de ce précieux élément, qui accosteraient notre globe durant la suite indéfinie des temps. Notons que cet abordage ne serait pas sans dangers pour les hôtes animés de la terre, surtout quand les astres chevelus viendraient à déverser de l'oxyde de carbone qu'ils paraissent aussi contenir : si cette invasion gazeuse ne nous était pas nuisible par son pouvoir toxique, elle le serait par sa nature combustible, en s'enflammant à son entrée violente dans notre atmosphère; on nous permettra donc de ne pas attribuer au Créateur un tel procédé de conservation de ce monde.

Le carbone restitué à l'air atmosphérique proviendrait-il de la terre elle-même et résulterait-il simplement, comme on l'a cru d'abord, de la décomposition des matières organiques, et surtout végétales, accidentellement enfouies pendant les temps géologiques? Ou bien, les gaz carbonés sortiraient-ils des volcans, c'est-à-dire de la matière en fusion du globe, qui les tiendrait en dissolution et les laisserait échapper par saccades, ainsi qu'on l'a supposé? Ou encore, seraient-ils surtout produits, comme on est fortement enclin à le penser, par l'action d'un principe acide ou de l'eau toute simple sur des carbures métalliques profonds qu'atteindraient les infiltrations aqueuses? Nous ne savons si ces explications permettraient de croire à une production suffisante et indéfinie de gaz carbonés, mais il est une considération qui nous dispense de les approfondir et qui s'applique, dans l'espèce, à tous les systèmes imaginables; c'est la considération de l'état présent de la lune : dépossédée de son enveloppe aérienne, elle nous montre bien qu'il n'existe pas de mécanisme naturel, ni extrinsèque, ni intrinsèque, pour régénérer perpétuellement la substance atmosphérique ou organisable des terres célestes.

Ainsi donc, sans méconnaître ce qu'on peut relever de providentiel dans l'économie générale de la matière carbonée, surtout par rapport aux besoins de l'espèce humaine, nous soutenons que la vie tellurique est condamnée à s'éteindre par suite de l'absorption de son aliment principal, s'il ne lui arrive pas d'être anéantie prématurément par une cause accidentelle ou surnaturelle. — Il nous a semblé rationnel de faire valoir cette prévision eschatologique plutôt que toute autre, telle que la rencontre et le choc de quelque astre massif qui absorberait ou détruirait notre globe ; car il y a peut-être *des millions de siècles* que la terre existe sans que cet accident se soit produit et sans que nous en soyons plus menacés que par le passé ; tandis qu'il n'y a que *des millions d'années* qu'elle était très abondamment pourvue d'une matière nutritive dont il ne lui reste plus qu'une quantité fort restreinte.

ONZIÈME LETTRE

LES PLANÈTES

Examinons maintenant, Camille, sous le rapport de leur aptitude à constituer des mondes, l'ensemble des sphères planétaires qui forment l'escorte du soleil.

Vous savez que les catalogues astronomiques en comptent aujourd'hui huit plus ou moins grosses, et un bien plus grand nombre de petites, auxquelles il faut ajouter une vingtaine de satellites annexés aux premières. A n'en pas douter, ces étoiles mouvantes représentent vos terres célestes. Elles s'amplifient, prennent la forme sphérique devant les lentilles grossissantes de nos lunettes, et la surface de quelques-unes se déploie avec assez d'ampleur pour qu'il nous soit permis d'en caractériser les accidents. Nous apercevons, sur telle ou telle de ces sphères, des montagnes dont il nous est possible de mesurer la hauteur; d'autres nous laissent voir, quand elles nous présentent leurs pôles, de larges taches blanchâtres analogues aux amas glaciaires de nos régions arctiques; plusieurs nous permettent de constater la présence et, jusqu'à un certain point, la composition de leur atmosphère, dans laquelle nous croyons voir circuler des courants ou des vents chargés de nuages. Enfin nous avons pu déterminer avec précision la longueur de leurs années, de leurs jours et de leurs saisons; la quantité relative de chaleur et de lumière qu'elles reçoivent du soleil; l'étendue des zones qui correspondent à leurs différents climats, ainsi que diverses particularités intéressantes sous le rapport de leur appropriation au règne de la vie.

Vous savez aussi que la terre est loin de l'emporter en étendue sur tous ces globes : Neptune, Uranus, Saturne et Jupiter ont un volume 53 fois, 69 fois, 720 fois, 1.280 fois plus considérable que le sien. Par contre, un très grand nombre de planètes sont si petites que leurs masses réunies seraient inférieures à celle de la terre seule. Celles-ci, vous m'engageriez volontiers à les négliger dans cette étude, étant peu disposé à réclamer pour elles l'honneur de former des mondes; mais, sur ce point, je suis un peu moins exclusif que vous, et j'en dirai plus loin les raisons.

Enfin, vous n'ignorez pas que toutes leurs orbites s'emboîtent, et que les huit principales laissent entre elles des intervalles de plus en plus larges. Si la première est réellement Mercure, circulant à plus de 14 millions de lieues du soleil, la dernière, Neptune, gravite à une distance 80 fois plus grande, soit à un milliard 112 millions de lieues du foyer central. La terre occupe le troisième rang à partir de ce centre commun; et les petits globes télescopiques, dont on attribue la formation à une catastrophe qui aurait brisé une planète plus ancienne, sont rassemblés en une sorte d'essaim annulaire occupant, entre Mars et Jupiter, une large bande dans laquelle on fait chaque année de nouvelles découvertes d'astéroïdes (1). J'ai dit tout à l'heure que nous ne négligerions pas entièrement cette collection de mondicules, et je ne puis m'empêcher de vous faire remarquer dès à présent combien leur distribution générale, dans une certaine zone située à une distance modérée du soleil, est plus avantageuse et plus rationnelle, au point de vue de l'habitabilité, que celle de vos grands globes planétaires, qui sont tellement espacés entre eux, et échelonnés de telle sorte que le dernier des huit n'est pas loin de ne voir l'astre du jour que sous la figure d'une étoile. — Ces données générales étant établies, passons aux véritables sujets de notre discussion.

Une des premières dissemblances qui nous frappent, quand nous envisageons l'ensemble des corps planétaires, c'est l'inégalité de leurs volumes, à laquelle se rattache celle de leurs masses, ou de la quantité pondérale de matière qu'ils renferment. Nous en inférons aussitôt que la force de pesanteur n'a pas la même intensité sur toutes ces terres astrales. Un même corps terrestre, qu'on transporterait successivement sur chacune d'elles, aurait très peu de poids sur celles qui seraient formées d'une faible quantité de substance légère, et serait très lourd sur une sphère à la fois grande et massive; et cette variation de la force de gravité, sur ces différents globes, créerait

---

(1) On en connaissait 325 en l'année 1891 ; mais, quand on eut commencé à appliquer sérieusement la photographie à l'observation du ciel étoilé, les découvertes des petites planètes devinrent si nombreuses qu'on en nota 29 nouvelles en 1892 et 26 dans le premier trimestre de 1893. Le nombre de 400 est depuis longtemps dépassé.

nécessairement des conditions d'existence très dissemblables à tous leurs hôtes vivants, s'il est vrai, comme nous l'avons admis, que ceux-ci sont partout composés des mêmes éléments essentiels.

Pour nous, hommes de la terre, nous subissons durement l'influence de celle qui est liée à notre planète. Dans notre lutte obligée contre la nature, la force de pesanteur est un obstacle que nous avons à vaincre à chaque instant, et souvent au prix des plus pénibles efforts. C'est elle qui cause la fatigue de nos membres dans tous nos travaux physiques et dans la simple locomotion prolongée; c'est encore elle qui est la cause première de toutes les lésions accidentelles auxquelles est exposé notre corps, par l'effet des chutes et des chocs qu'il subit : elle est pour nous un adversaire toujours présent et souvent un ennemi meurtrier. Avec la même constitution organique et la même puissance corporelle, nous serions plus à l'aise sur un monde où elle serait moins intense; nos mouvements y pourraient être si faciles qu'on nous verrait marcher et courir plus rapidement que nos plus agiles quadrupèdes; un même travail matériel y exigerait moins de peine, et les dangers que je viens de signaler y seraient moins redoutables. C'est encore là une raison pour laquelle vous auriez tort de dédaigner indistinctement tous les globes plus petits que la terre. Cependant, comme nous avons reconnu ensemble que l'excessive faiblesse de la pesanteur aurait de graves inconvénients par rapport à la juste condensation de l'atmosphère, à la nutrition des plantes et à l'équilibre des animaux, nous admettrons finalement que beaucoup de nos astéroïdes planétaires ont trop peu de masse pour pouvoir constituer des mondes rivaux du nôtre.

Par contre, nous nous sentirions singulièrement empêchés, dans l'exercice de nos organes de relation, si nous nous trouvions transportés sur une planète d'une masse plus considérable que notre terre. A la surface de Jupiter, par exemple, nos membres et notre corps entier nous pèseraient deux fois et demie plus qu'ici-bas; un jeune garçon s'y croirait chargé du poids d'un homme adulte établi sur ses épaules, et un cheval de course y serait aussi appesanti que s'il portait un bœuf sur son dos. Assurément, notre arbitre de la nature aurait bien pu, s'il l'eût voulu, prévenir ou vaincre cette modique difficulté, et l'on pourrait croire, de prime abord, qu'il y a songé. Car l'effet dépressif de la pesanteur serait bien plus prononcé encore si la matière qui compose nos grandes planètes était aussi dense, ou même plus dense, que celle de notre globe; comme elle paraît être, au contraire, environ *cinq fois* plus légère, il semble que sa densité si faible indique une divine intention de faciliter l'habitation de ces vastes terres sidérales; cependant, ce serait là une supposition prématurée, et la suite vous montrera combien peu elle est vraisemblable.

Voici d'ailleurs une disposition mécanique qui semblerait pareillement avoir été ménagée à dessein pour amoindrir la force de gravité à la périphérie des grandes planètes. Tandis que notre terre accomplit un tour entier sur son axe dans l'espace de vingt-quatre heures, Jupiter, Saturne, et probablement aussi Uranus et Neptune, exécutent leur mouvement analogue en dix heures environ, qui représentent conséquemment la longueur de leur jour complet, beaucoup plus court que le nôtre. Cette extrême vitesse de leur rotation développe à leur pourtour une force centrifuge considérable, opposée à la pesanteur, tendant à y soulever tous les corps et ayant ainsi pour effet d'en alléger le poids. Mais vous avez déjà compris que cette compensation est nécessairement imparfaite : de tels globes ne pourraient être vivifiés ou habités d'une manière semblable sur toute leur surface ; car la force centrifuge n'y a pas partout la même énergie : elle a son maximum d'intensité à la région de l'équateur, et va en s'amoindrissant vers les pôles, de manière à laisser prédominer de plus en plus la pesanteur, qui possède en ces deux points opposés sa plus grande puissance.

De la disproportion de ces deux forces antagonistes résulteraient des singularités physiques et biologiques qui seraient déjà très sensibles sur votre colossal Jupiter, mais qui s'accentueraient particulièrement sur le second de vos géants planétaires, sur Saturne. Le poids de tous les corps situés sur sa zone équatoriale se trouve fort diminué, non seulement par l'effet de la force centrifuge, mais aussi par l'attraction de ce singulier anneau qui entoure la planète à une distance quinze fois moindre que celle de la lune à la terre. Il en résulte sans doute un régime très mouvementé de l'atmosphère saturnienne, une économie incompréhensible et peut-être bien défectueuse de l'eau et des météores aqueux ; mais ce que nous y voyons de plus clair, c'est l'effet mécanique et direct qui se produirait sur les êtres vivants. Un animal donné, habitant au voisinage de l'équateur, serait capable d'y courir avec célérité, tandis que, si on le conduisait vers les régions polaires, il y serait alourdi et ne saurait s'y mouvoir qu'avec lenteur. Si la première région nous montrait des végétaux semblables à nos minces graminées ou à nos arbres élancés et flexibles, peut-être ne rencontrerait-on, dans la seconde, que des plantes étalées et rampantes.

Considérez, d'autre part, que tous les globes éclairés par le soleil reçoivent de lui une quantité de chaleur qui va en diminuant de l'équateur aux pôles. Si, à cette cause première de la diversité des climats, vient s'ajouter celle qui résulte de l'accroissement de la pesanteur, tant sur l'atmosphère que sur les êtres organisés, il s'ensuivra que toutes les conditions biologiques y varieront très fortement avec les degrés de latitude. Une telle constitution cosmique ne conviendrait guère à des habitants de notre sorte, à une espèce souveraine et cosmopolite ou disposée à se répandre sur la sphère entière; elle serait, au contraire, très convenable pour l'établissement d'un règne organique purement animal et végétal, en tant qu'il se composerait d'un grand nombre d'espèces qui seraient réparties et localisées dans les diverses zones. Il n'en résulterait, à la vérité, que des mondes incomplets ; mais tels sont ceux dont nous avons à parler longuement dans ces lettres, comme représentant le mode essentiel de la vie sidérale. Quoi qu'il en soit, laissez-moi conclure simplement ici que vos grands globes à rotation rapide ne seraient pas, aussi bien que l'est le nôtre, à la convenance de notre race humaine.

La densité de la matière composante des planètes, dont je viens déjà de dire un mot, a aussi des conséquences importantes à examiner. Ayant le pouvoir de la déterminer par le calcul, nous constatons à cet égard de très grandes différences entre les astres qui nous occupent. Tandis que la substance de Mercure est presque aussi pesante que le fer, celle des planètes les plus éloignées n'a qu'un poids spécifique égal à celui du bois. Cette dernière particularité soulève une question assez embarrassante, car nous ne saurions nous imaginer à quelle matière minérale appartient une telle légèreté, étant forcés de faire abstraction des métaux alcalins, qui ne peuvent exister en présence de l'oxygène ou de l'eau. On serait tenté d'attribuer cette faible densité à l'excessive dilatation causée, à l'intérieur de ces astres, par leur haute température persistante ; mais cette explication paraît tout à fait insuffisante quand on songe au cas particulier de la planète Saturne, qui est la moins dense de toutes, — son poids spécifique étant à peu près égal à celui du liège, — et qui, cependant, ne pourrait pas du tout être considérée comme la plus chaude, ou la moins avancée dans son refroidissement.

Or, au point de vue de l'établissement de la vie, il y a, dans cette extrême légèreté, une difficulté sérieuse et qui mérite d'autant plus notre attention qu'elle porte sur les planètes les plus importantes par leur grandeur (1). Si la matière pierreuse qui compose la croûte de Saturne, par exemple, n'était pas notamment plus lourde que l'indique la densité moyenne de cet astre, elle ne pourrait assurer l'équilibre de l'indispensable élément aqueux, dont la présence est d'ailleurs certaine sur lui, puisque nous l'y apercevons à l'état de vapeur et de glace. Il est clair, en effet, que l'eau ne pourrait se maintenir au-dessus d'un fond rocheux plus léger qu'elle-même ; car les fragments, les détritus de toute grosseur qu'elle en détacherait dans ses mouvements, la surnageraient de manière à recouvrir la surface de ses mers, au lieu de se déposer au-dessous d'elle, comme le font les matières terreuses sur le lit de notre Océan. Remarquez que cette difficulté ne concerne pas seulement Saturne, mais bien les quatre grandes planètes, y compris Jupiter lui-même : il est vrai que sa densité moyenne est un peu supérieure à celle de l'eau, mais s'il contenait, comme on doit le penser, certains matériaux plus denses et d'autres plus légers, ceux-ci devraient se dégager de la masse solide pour venir flotter de toutes parts sur l'élément aquatique.

(1) Cette considération est de M. Faye (*Annuaire du Bureau des Longitudes*, 1874.)

Il semble donc qu'il ne doit pas exister d'eau en nappe à la surface de nos grandes planètes.

Il n'y aurait d'abord que des plaines boueuses et bouillonnantes; plus tard, quand tout l'élément liquide serait parvenu dans les profondeurs, où il poursuivrait sa lutte avec le feu ou la matière ignée, toute la superficie de ces vastes sphères serait constamment agitée de tourmentes, de soulèvements, d'éruptions volcaniques tendant à rejeter au dehors l'agent provocateur. Et il en serait ainsi, notez-le bien, sur beaucoup plus que les 99/100 de la surface totale des planètes; pour mieux dire, ce serait la presque totalité de l'escorte du soleil qui serait à peu près inhabitable pour ce motif. A la vérité, les grands globes dont il s'agit se prêteraient peut-être encore à l'existence d'une vie inférieure, animale et surtout végétative, qui est à nos yeux, ainsi que je ne cesserai de le répéter dans ces Lettres, le mode essentiel de la vitalité sur tous les mondes sidéraux. Mais il n'y a pas lieu, en ce moment, d'insister sur ce point, parce qu'il nous sera donné plus loin d'expliquer d'une certaine façon la légèreté si remarquable de nos grandes planètes.

DOUZIÈME LETTRE

LES PLANÈTES (SUITE)

Gravitant à des distances très différentes du soleil, Camille, les planètes reçoivent bien inégalement les effluves bienfaisants de ce foyer central. Cependant le calorique qu'il leur fournit devrait être mesuré de telle sorte qu'il maintînt à l'état de liquidité le fluide indispensable à la constitution des êtres vivants, lequel, répétons-le, n'est probablement que l'eau elle-même, dont la présence est révélée par l'analyse spectrale sur plusieurs des globes de notre système.

On ne saurait fixer d'une manière absolue le degré thermométrique où l'eau des océans planétaires se solidifie par le froid, car elle tient sans doute en dissolution des proportions très variables de sels, dont l'effet est d'en retarder plus ou moins la congélation. Encore moins pourrait-on indiquer le degré de chaleur où elle se vaporise par l'ébullition, attendu qu'il dépend de la pression exercée par l'atmosphère, et que cette pression varie certainement avec les planètes. D'ailleurs, sur notre globe lui-même, — si l'on fait exception de certains petits germes coriaces et de quelques misérables microbes dont le cas n'est pas bien certain, — la vie s'éteint sous une influence calorifique bien moindre que celle de l'ébullition de l'eau; il se peut qu'elle succombe au moment où commence la coagulation des éléments protéiques des humeurs; mais nous ignorons si la vie astrale comporte toujours et nécessairement des principes albuminoïdes aussi prompts à se coaguler que ceux qui composent les êtres terrestres. Ainsi, nous ne saurions préciser les limites entre lesquelles est renfermée la température qui convient aux êtres organisés de vos terres célestes; mais nous pouvons affirmer, avec M. Faye (*loc. cit.*), qu'elles ne comprennent qu'un très petit nombre de degrés de l'immense échelle thermométrique qui se peut concevoir entre le froid intense de l'espace et l'excessive chaleur des astres incandescents et fluidifiés. Constatez donc de nouveau combien la vie, dépendante de l'eau et du calorique, a une marge étroite pour se produire sur les globes sidéraux, et reconnaissez qu'elle n'y doit être qu'un fait rare et passager, et non un phénomène universel et permanent.

6.

La terre, qui est l'une des planètes les plus voisines du soleil, est assujettie aux deux excès opposés : très chaude à l'équateur, elle est très froide à ses régions polaires. Comme la plupart des autres planètes décrivent leur orbite à des distances beaucoup plus considérables du foyer commun, elles ne connaissent que le dernier de ces deux excès, et les plus éloignées doivent subir, même dans leurs meilleures parties, une température très basse. Il est vrai que quelques circonstances physiques, telles que la composition de leur fluide atmosphérique, sa densité, ou simplement son abondance, sont capables d'accroître, sur quelques-unes d'entre elles, l'intensité de la chaleur solaire ; mais peut-on compter sur cet effet utile quand il s'agit d'Uranus, et surtout de Neptune, qui ne reçoivent qu'une mesure de calorique cent et cent fois moindre que celle qui tombe sur une égale surface de la terre ?

Quelques savants n'ont pas hésité à résoudre cette question par l'affirmative. C'est ainsi qu'un physicien et astronome américain, M. Langley, se fondant sur les indications de ses expériences de laboratoire, a émis l'opinion que la température d'une planète peut et doit dépendre beaucoup moins de sa proximité ou de son éloignement du soleil que de la constitution de son enveloppe gazeuse ; en sorte qu'il regarde comme possible et vraisemblable que Mercure jouisse d'un climat moyen plus froid que la terre, et que Neptune soit chaud et habitable.

Nous estimons que notre savant, sous l'empire d'une idée préconçue, s'est laissé emporter au delà des inductions que lui permettaient ses données expérimentales. Si ses suppositions cosmologiques se trouvaient réalisées, nous affirmerions hardiment, en conformité de notre thèse générale, que des mesures compensatrices très intelligentes ont été prises d'en Haut à cette fin ; mais nous avons une raison de croire qu'il n'en a pas été ainsi. Car le soleil envoie aussi aux planètes de la lumière, et, quoique ce second agent, comme nous le verrons tout à l'heure, soit moins nécessaire à la vie sidérale que ne l'est le calorique, il lui est pourtant fort utile. Or, nous ne voyons pas qu'aucune disposition physique ait pu être établie pour augmenter l'intensité de la lumière solaire sur les planètes très éloignées ; nous croyons qu'il n'en fut pas autrement pour la chaleur, et que le soleil n'en fournit pas, à ces plages lointaines, la quantité rigoureusement exigée pour les besoins de la vie.

Peut-être imaginerez-vous qu'elles ont tiré d'une autre source cet *élément* indispensable à leurs êtres vivants, et qu'elles ont fourni à ces derniers du calorique émané de leur propre fonds, d'autant mieux que ces grosses sphères auraient été plus lentes à se refroidir que la nôtre, à cause de la grandeur de leur masse ; eh bien, nous ne repoussons pas entièrement cette hypothèse qui vous est nécessaire, et même nous la reprendrons plus loin ; mais nous croyons que, pour qu'elle fût à peu près satisfaisante, il faudrait que les grandes planètes fussent composées d'une substance plus conductrice de la chaleur que ne l'est celle de la terre, afin que leur surface pût profiter, durant bien longtemps, des effluves émanées de leurs parties centrales ; et la faible densité qu'elles nous présentent est peu propre à justifier cette supposition.

Par contre, nous jugeons que nos premières planètes, en raison de leur faible distance du soleil, doivent posséder une température bien plus élevée que celle de la terre. Ce serait le cas de citer celles qu'on a supposées en dedans de l'orbite de Mercure, et qui devraient être littéralement calcinées par les radiations de l'immense fournaise dont elles seraient si voisines. Mais, si nous continuons de faire abstraction de ces mondes dont l'existence est fort douteuse, pouvons-nous admettre que Mercure soit en état d'entretenir des êtres organisés, quand une grande partie de son étendue est cinq à dix fois plus échauffée que notre zone équatoriale, ou quand la température y est assez forte pour élever à plus de cent degrés l'eau de ses lacs ou de ses mers intérieures ? Vénus même, où la chaleur est encore deux fois plus intense que sur la terre, offrirait, pour cette seule raison, une sérieuse difficulté. En vain vous allégueriez qu'une couche très profonde de nuages, qu'on croit apercevoir d'ici même, forme un écran très efficace contre le rayonnement solaire; nous croyons sans peine qu'il en pourrait résulter une diminution considérable, et même excessive, de la lumière et de la chaleur, mais nous aurions à répéter ici ce que nous avons avancé au sujet de la vitalité de la lune : si, comme cela est inévitable, cet épais voile de vapeurs vient à s'interrompre ou à s'entr'ouvrir çà et là, malheur aux régions de la planète où l'impitoyable astre du jour dardera ses effluves de feu.

Nous avons dit qu'il est un second agent physique émané du soleil, la lumière, dont nous avons aussi à signaler la répartition très inégale, quoiqu'elle soit semblable à celle de la chaleur. Les dernières planètes sont si éloignées du flambeau central que ce grand astre y serait méconnaissable à nos yeux; car le disque lumineux qu'il figure sur le ciel est, pour Uranus, 368 fois, et, pour Neptune, 900 fois plus petit qu'il ne paraît aux habitants de la terre. Étant donc réduit à une apparence si humble, il ne saurait plus fournir à ces deux globes, et au second surtout, qu'une faible clarté comparable à celle de nos crépuscules, tandis qu'il éclaire Vénus, Mercure et les prétendues planètes intramercurielles avec une splendeur extrême. Comme il est certain que de vastes parties de notre monde, je veux dire les profondeurs de l'Océan, sont constamment plongées dans l'obscurité la plus complète, nous montrerons ailleurs qu'il a été suppléé à la lumière astrale par une lumière de nature organique; contentons-nous, pour le moment, de faire remarquer que les énormes différences que nous venons de signaler sont d'une haute importance au point de vue de l'évolution de la vie planétaire.

En effet, le rayonnement lumineux du soleil exerce une grande influence sur le phénomène d'assimilation du carbone par les plantes, ainsi que sur la formation de leur matière colorante et de leurs organes reproducteurs. Cette influence est même si nécessaire qu'un de vos docteurs en matérialisme, Moleschott, a pu émettre ce piquant paradoxe : « Feuilles, fleurs et fruits sont des êtres tissés d'air par la lumière. » Il est certain, du moins, que tous les végétaux de l'ordre le plus élevé, c'est-à-dire tous ceux qui sont pourvus de fleurs, ont besoin de l'action chimico-vitale du fluide lumineux ; vous savez aussi qu'à l'exception des fougères et de quelques autres cryptogames, nos plantes cultivées dépérissent ou ne végètent qu'à demi si elles sont toujours à l'ombre. Les matérialistes font, de la lumière, une sorte d'agent créateur : nous sommes loin de partager cette opinion, mais nous croyons possible que son influence soit partout nécessaire à la production des organes les plus délicats et les plus importants du règne végétal. Il s'ensuivrait, *à priori*, que vos géants planétaires, Jupiter et Saturne, où il n'arrive, à égalité de surface, que la 29e et la 90e partie de la lumière versée à notre monde posséderaient une végétation plus simple et moins ornée que la flore luxueuse, merveilleuse, qu'il nous est donné d'admirer ici-bas ; d'où nous conclurions naturellement à une égale infériorité de leur règne animal. Inutile de faire comprendre que les deux dernières planètes. Uranus et Neptune, seraient bien plus mal partagées encore.

Cependant nous avons une réserve à faire au sujet de cet office physiologique attribué à la lumière. Non seulement il existe sur la terre elle-même, puisque nous venons d'en citer des exemples, de fort beaux végétaux verdoyants qui n'ont guère besoin de clarté, mais il y a aussi des familles de plantes qui, étant dépourvues de matière verte et d'organes floraux, s'accommodent bien de l'obscurité des cavernes ou des mines profondes. Quoique cette humble végétation, dont les champignons sont le type principal, soit le plus souvent incolore ou blanche et d'une organisation fort simple, elle nous offre quelques spécimens qui se distinguent par une certaine complexité de structure, ou par une vraie beauté de conformation et de coloris. Il ne serait donc pas impossible que, sur des globes ténébreux et froids, quelques-uns de ces genres de cryptogames, qui savent si bien se passer du soleil, eussent reçu de grands développements et revêtu des formes aussi élégantes et des teintes aussi agréables que nos plus belles plantes phanérogames : ils constitueraient une végétation peut-être très active, peut-être de très haute taille, peut-être même fort originale sous un autre rapport, car il se pourrait qu'elle fût phosphorescente ou lumineuse comme le sont certaines espèces de nos champignons exotiques. — Quant au règne animal, nous n'avons pas de peine à le concevoir sur des globes peu éclairés, puisque nous avons sur la terre des animaux de toute sorte, et même d'une organisation élevée, qui sont nyctalopes ou nocturnes. Néanmoins, tout en faisant les suppositions les plus accommodantes, et en comptant largement sur la toute-puissance du Créateur, ainsi que sur sa volonté qui nous est inconnue, nous jugeons très invraisemblable que les sombres planètes lointaines possèdent une nature vivante aussi magnifique que la nôtre, et constituent des mondes complets ou dotés d'une espèce raisonnable.

L'imparfaite distribution de la lumière du soleil devrait être examinée à un autre point de vue, si ce n'était empiéter sur le sujet de la lettre suivante, où nous traiterons des saisons planétaires. Disons donc rapidement ceci : dans l'état de condensation où se trouve le soleil, la lumière intense ou faible qu'il fournit aux planètes n'éclaire jamais qu'à peu près la moitié de chacune d'elles. Il se peut que ce soit toujours la même moitié, témoin le cas de Mercure et celui de Vénus, selon M. Schiaparelli. Cependant, en général, elle y alterne avec l'obscurité, mais d'une manière qui varie avec la vitesse de rotation et avec l'inclinaison de l'axe de tous ces globes. Les mieux partagés sont ceux où le règne des ténèbres n'est pas d'une longue durée et se trouve fréquemment interrompu par le retour de la lumière. Sur Jupiter, par exemple, cette succession se reproduit *toutes les cinq heures*. Il en est bien autrement sur Uranus, où l'obscurité se continue pendant *quelques dizaines d'années*. Sur un tel monde, que peut-on faire, sinon dormir, durant cette longue nuit à laquelle doit succéder le jour ? C'est déjà ici la condition d'une grande partie du règne végétal que de sommeiller pendant la moitié de l'année, et c'est aussi le sort de diverses espèces animales; mais vous conviendrez que des planètes qui imposeraient cette obligation à tous leurs êtres vivants seraient assez mal appropriées pour des humains, et que la nôtre, — abstraction faite de ses régions polaires — nous a fait un régime plus rationnel et meilleur, en nous dispensant le jour et la nuit à chacun des tours qu'elle exécute rapidement sur son axe : nouvelle occasion de noter la bonne constitution relative de notre monde tellurique.

TREIZIÈME LETTRE

LES PLANÈTES (SUITE)

Nous avons précédemment fait mention des saisons qui règnent sur les planètes, Camille. Toutes affectent, en effet, quoique à des degrés différents, les deux dispositions qui occasionnent ces vicissitudes climatériques ; elles décrivent des orbes qui ne sont pas circulaires, mais elliptiques, et se trouvent ainsi tantôt plus près, tantôt plus loin du soleil; en outre, et surtout, elles ont leur axe de rotation oblique au plan de leur orbite, et il s'ensuit que, en exécutant leur révolution autour de ce grand foyer de chaleur, elles lui présentent successivement leurs diverses zones. Ces variations périodiques de leur température, qui sont aussi la première cause de toutes les variations irrégulières, sont certainement désagréables aux hôtes possibles de vos terres célestes, et, sans aucun doute, ils préféreraient avoir la jouissance d'un éternel printemps ; cependant le renouvellement des saisons a sa raison d'être dans l'économie des mondes, et les inconvénients qu'il entraîne ne sont pas sans compensation pour ceux de leurs habitants qui ont le plus à en souffrir.

En effet, à moins qu'elles ne soient chauffées uniquement par leur propre feu intérieur, les planètes ne sauraient jouir de la même température ou du même climat sur toute leur surface. Si l'on suppose que le soleil se tienne constamment dans le plan de leur équateur, son rayonnement calorifique ira en obliquant et s'affaiblissant vers les pôles où il deviendra à peine sensible. Comment une intelligence ordonnatrice des mondes pouvait-elle remédier à cette inégalité de leur échauffement, qui est la conséquence obligée de leur forme sphérique ? — Il y avait pour cela deux moyens mécaniques : rendre variable leur axe de rotation ou, mieux encore et plus simplement, le maintenir incliné sur le plan de leur orbite ; c'est ce dernier moyen qui s'est trouvé réalisé dans notre système planétaire. L'inclinaison de l'axe des planètes, en leur permettant de tourner alternativement vers le soleil leurs deux hémisphères, boréal et austral, est évidemment une disposition heureuse, en principe, et propre à améliorer leur régime général. Comme elle fait participer toute leur surface aux bienfaits de la radiation solaire, elle occasionne une meilleure répartition non seulement de la lumière et de la chaleur, mais encore des utiles météores de l'atmosphère, les vents et les pluies.

Le mal est que, quand un hémisphère est ainsi favorisé, c'est au détriment de l'autre : aussi longtemps que l'un des pôles est incliné vers le soleil, le second demeure totalement privé de son influence vivifiante ; de plus, certaines zones qui eussent pu jouir d'un climat constamment tempéré se voient condamnées à d'incommodes alternatives de chaleur et de froidure. Toutefois, cet inconvénient grave, qui affecte surtout les latitudes moyennes, reste modéré dans ses effets quand l'inclinaison de l'axe de rotation ne dépasse pas une certaine mesure ; tel est le cas de la terre, de Mars et de Saturne, où elle est à peu près la même et se tient aux environs de 24 degrés.

Mais cette obliquité de l'axe est bien plus accusée sur d'autres planètes qui sont, par suite, dans des conditions très défavorables à l'exercice de la vie. En attribuant à Vénus, ainsi qu'on l'a fait longtemps sans conteste, une inclinaison de 75 degrés, on trouve que la plus grande partie de sa surface a son année partagée en deux saisons très disparates : un été brûlant, éblouissant, durant lequel l'implacable astre rayonnant verse ses feux sans interruption ou sans permettre le retour rafraîchissant des nuits, et un hiver glacial et ténébreux pendant lequel il reste toujours couché. Quelles sortes d'êtres vivants pourraient résister à un tel contraste, surtout si toute l'eau des rivières, des lacs et des mers intérieures se trouvait tour à tour vaporisée et congelée (1) ?

Le cas est plus notoire encore pour le lointain Uranus, qui a son axe incliné de 76 degrés, et qui, parcourant une orbite fort étendue d'où résulte pour lui une année 84 fois plus longue que la nôtre, est affligé d'hivers glaciaux et ténébreux d'une interminable durée. Dans ces conditions inclémentes, si nous tenions encore à introduire des êtres organisés, nous ne pourrions plus donner place qu'à la vie longuement hibernante des végétaux et des animaux inférieurs.

Ceux qui, comme vous, ont pris à tâche de rabaisser l'espèce humaine pour en venir à discréditer ses espérances religieuses, se plaisent à faire ressortir le pré-

---

(1.) Nous donnons cette indication afin de montrer quelle peut être l'influence de l'inclinaison de l'axe des planètes sur le partage de leurs saisons et, par conséquent, sur leur régime biologique : mais les données de cette sorte relatives à Vénus ont été bien modifiées par les observations de ces derniers temps ; nous y reviendrons.

tendu défaut, dont est affecté notre monde terrestre, d'être ainsi penché sur l'écliptique ; et ils lui opposent, comme étant bien plus propres à l'exercice de la vie et plus susceptibles d'être occupés par des populations raisonnables, les globes qui sont affranchis des vicissitudes des saisons. La prévention qu'ils expriment en faveur de ces sphères *droites* serait justifiée si les hôtes pensants, dont l'existence vous préoccupe par-dessus tout, n'en devaient habiter qu'une région circonscrite, et s'ils étaient astreints, comme les plantes et certaines classes animales, à demeurer adhérents au sol, ou à ne pas quitter la région qui les a vus naître ; mais il n'en est pas de même si leur constitution est tout autre, si leur ambition est impatiente de toutes bornes, et s'ils sont destinés à se répandre sur toute l'étendue de leur planète pour y asseoir partout leur empire. Tel est le cas de l'homme à l'égard du globe qu'il occupe. Il était utile qu'il pût s'établir dans toutes les provinces dont se compose son domaine entier ; qu'il fût capable d'y voyager en tous sens, d'aller recueillir les productions naturelles de tous les climats, les idées, les découvertes de ses semblables dispersés, et qu'il sût rassembler en chaque contrée les ressources propres à toutes les autres ; la grandeur de l'œuvre qu'il a accomplie sur la terre, et le complet développement de son génie dépendent en partie de son aptitude cosmopolite. Dans ses pérégrinations de l'un à l'autre hémisphère, il souffre, assurément, de l'inclémence relative des climats qu'il affronte, mais il est en état d'y résister mieux qu'aucune espèce d'êtres animés. Vous trouveriez peu d'animaux qui pussent impunément, comme le font nos navigateurs, passer de la ligne équinoxiale aux parages polaires et franchir, avec les degrés de latitude, quatre-vingts à cents degrés de l'échelle thermométrique. Si nous avons eu le pouvoir de nous plier ainsi à la diversité des climats et de prendre possession de toute la terre, nous le devons surtout à cette circonstance heureuse que nous sommes habitués au contraste des saisons ; car ce n'est pas l'homme des ciels terrestres les plus constants qui est le plus apte à courir le monde, et ce n'est pas en ces contrées que l'espèce humaine acquiert la plus grande somme de richesses matérielles et qu'elle développe toute la puissance de ses facultés.

Vous insistez, cependant ; vous croyez que des mondes qui ne connaîtraient pas les alternances des saisons seraient mieux faits que la terre pour posséder des habitants de notre genre. Vous nous citez surtout avec complaisance l'exception que nous offre Jupiter, au milieu des principales planètes, par son axe presque perpendiculaire au plan de son orbite ; car, bien que sa température soit très différente, en ses régions polaires, de ce qu'elle est à son équateur, il est certain que chaque partie de sa surface reçoit du soleil, pendant toute son année, une quantité de chaleur et de lumière presque invariable. Cet avantage est à vos yeux d'une telle importance qu'il vous semble l'indice d'une éclatante distinction attribuée par le sort à cette gigantesque planète ; vous vous plaisez à la représenter comme une sphère privilégiée, certainement habitée par des êtres qui nous sont supérieurs en moralité, en intelligence, en félicité ; sans vos convictions athées, vous en feriez une sorte de paradis planétaire... Nous avons déjà fait comprendre qu'en raison de la légèreté de sa matière, ce grand monde est peut-être incapable de retenir à sa surface les eaux qui devraient y constituer des mers ; mais puisque nous avons dû convenir que cette conjecture est incertaine, écartons-la pour y substituer vos suppositions les plus avantageuses.

Concevons en effet que, contrairement à ce qui s'observe sur la terre, Jupiter possède à sa superficie les matériaux les plus lourds de toute sa masse. Il en serait ainsi, tout spécialement, dans sa région équatoriale ; car dans le temps où la planète était encore toute fluidifiée par la chaleur, la force centrifuge aura dû rejeter à cette place toute la substance la plus pesante, et l'y soutenir jusqu'à l'époque de sa consolidation définitive, de telle sorte qu'elle y formera un lit imperméable à l'élément liquide. Vous vous imagineriez, d'après cela, que toutes les eaux de ce monde modèle sont rassemblées dans sa meilleure partie, c'est-à-dire dans les deux zones qui longent l'équateur, de manière à figurer une ample ceinture maritime. De cet océan, cent fois plus étendu que le nôtre, vous feriez une sorte de grand archipel, aux îles très nombreuses et très vastes, qui jouiraient du climat le plus doux et le plus constant, ou d'un printemps perpétuel. Que peut-on souhaiter de mieux, et combien le plus grand globe de notre système serait un habitacle plus parfait que notre terre, déjà si modeste auprès de lui par sa taille !

Ce serait bien satisfaisant, en effet ; cependant, j'ai le regret de vous déclarer que ce n'est qu'un beau rêve. Nous verrons plus loin que la surface de cette grande sphère paraît être encore à une température assez élevée pour maintenir en vapeur toute la masse des eaux qui la recouvrent ; mais, quand même elle serait profondément refroidie, elle ne réaliserait pas le monde merveilleux que vous concevez, et cela à cause du régime défectueux qu'affecteraient les deux fluides obligés de son atmosphère, l'air et l'eau. Permettez-moi, en discutant cette question, d'anticiper sur l'avenir de cet astre, de raisonner comme s'il était déjà parvenu au même degré de refroidissement que la terre, et comme s'il avait la même constitution intérieure, ce qui est fort douteux, ainsi que vous le verrez plus tard.

Or, nous avons dit et répété que, sur un globe animé d'un mouvement de rotation si rapide, la force de pesanteur va en augmentant très sensiblement de l'équateur aux pôles. L'air qui l'entoure, comme toute substance matérielle, doit être de plus en plus lourd aux différents degrés de latitude, et sa densité se trouve encore accrue par l'intensité du froid qui règne dans les régions polaires. Il s'ensuit qu'en ces deux sections opposées de la sphère la masse atmosphérique exerce sur elle-même une énorme pression qui se traduit par son écoulement continu vers l'équateur. D'ailleurs, aux régions équatoriales, qui sont constamment échauffées par le soleil, le fluide aérien dilaté, en s'élevant du sol, détermine l'appel de cet air glacé des pôles. De cette double tendance résulte une active circulation aérienne, formant des courants analogues à nos vents alisés, mais bien autrement froids et puissants, et qui seraient fort incommodes, sinon insupportables, à tous les êtres vivants possibles. Donc, à ce premier point de vue, il s'en faudrait bien que ce fût là un séjour agréable.

Toutefois, le régime de l'élément aquatique est encore plus radicalement vicieux. Non seulement la zone équatoriale de Jupiter ne saurait posséder une nappe d'eau analogue à notre Océan, mais la quantité de ce fluide qui y parvient, à travers l'atmosphère, ne répondrait peut-être pas aux besoins de la vie végétale la plus chétive. Car la grande énergie de la pesanteur, à ses latitudes polaires, serait déjà capable d'y faire descendre toute l'eau de la planète, s'il n'existait pas un autre agent qui l'y appelle et qui, de plus, l'y maintient congelée. Songez que ces deux parties de l'astre ne connaissent qu'une température très basse, puisqu'elles ne reçoivent du soleil, en raison de son éloignement, que la 27º partie, ou les 37 millièmes de la chaleur qu'il verse aux pôles de la terre au temps des équinoxes. Il leur en fournit même moins encore, parce qu'elles sont déprimées de près de mille lieues [chacune par l'aplatissement très prononcé de cette grande sphère. En conséquence, elles doivent se comporter comme le réfrigérant d'un appareil de distillation, en ce sens que toutes les vapeurs qui s'élèvent des zones médianes vont finalement s'y condenser à l'état solide. Supposez que Jupiter possède une provision d'eau relativement aussi considérable que celle de notre globe, et ses deux calottes polaires seront susceptibles de la contenir tout entière, sous la forme de deux grandes lentilles cristallines d'une énorme épaisseur. Ces incomparables mers de glace, très faiblement échauffées par les vents équatoriaux qui se refroidiraient en s'écoulant dans les hautes régions atmosphériques, ne donneraient lieu qu'à une évaporation peu active; les nuages qui en résulteraient ne manqueraient pas de se résoudre en pluies dans les latitudes voisines, et ne parviendraient que peu ou point à vos lointaines régions de l'équateur, qui reproduiraient peut-être l'image de nos plus arides déserts. Si Jupiter était plus rapproché du soleil, et s'il avait son axe incliné de manière à lui présenter tour à tour ses deux pôles, on concevrait qu'en se dégageant de l'un pour se rendre à l'autre l'élément aqueux arrosât les contrées intermédiaires; la disposition exceptionnelle qu'il affecte est donc très désavantageuse sous le rapport biologique, puisque la plus grande partie de l'eau qu'il contient y sera perpétuellement solidifiée.

Combien est différent notre monde tellurique! Durant les deux étés que les infortunés naufragés de *la Jeannette*, dans leur tentative d'exploration du pôle Nord, passèrent dans les régions arctiques, ils eurent fort à souffrir de l'excessive élévation de la température et des piqûres des moustiques, qui s'y montraient en aussi grand nombre que dans les contrées les plus chaudes du globe: c'est que leurs thermomètres se maintinrent longtemps à 4o degrés, et en accusèrent jusqu'à 44. Jugez combien un tel rayonnement du soleil, quand il dure des mois entiers presque sans intermittence, sans être interrompu par le froid des longues nuits, doit faire fondre de glaces polaires! Voilà ce qui serait à désirer pour le monde de Jupiter. Vous voyez, par tout ce qui précède, qu'elle a bien réellement son utilité cette inclinaison modérée des globes planétaires, qui décide la formation des saisons, et que les adversaires des causes finales se plaisent tant à critiquer à l'endroit de notre monde; elle est peut-être l'une des raisons pour lesquelles cette planète aurait été élue, parmi tant d'autres, à l'effet de porter notre race humaine.

QUATORZIÈME LETTRE

LES PLANÈTES (SUITE)

Vous triomphez, Camille, quand vous croyez rencontrer dans l'espace céleste un astre qui vous semble, à cause de quelque heureuse particularité, plus digne que la terre de comporter une espèce raisonnable, et vous vous hâtez d'en faire un exemple à l'appui de votre doctrine de la multiplicité des mondes humains. Mon rôle est donc de réduire à leur juste valeur ces éloges systématiques que vous décernez à tel ou tel globe, et de vous montrer que le nôtre n'est pas, comparativement, aussi mal doué qu'il vous plaît de le dire.

La grandeur, quand il s'agit d'un monde astral, est

la qualité que vous ne pouvez vous défendre de priser tout spécialement. Cependant, les quatre grandes planètes de notre système, qui sont si supérieures à la terre par leur volume, ont le défaut d'être fort mal partagées sous le double rapport de la lumière et de la chaleur. Revenons, comme nous l'avons annoncé, sur une source probable de ce dernier agent physique, qui est certainement le plus nécessaire des deux.

Chacun comprend ce qu'a de défectueux un monde échauffé par un foyer extérieur et assujetti à la diversité des climats, c'est-à-dire à un contraste excessif entre la température de l'équateur et celle des pôles. D'autre part on a dit avec raison qu'un globe habitable, en tant qu'il est pourvu d'un certain degré de chaleur, figure une sorte de serre chaude au sein du froid intense de l'espace. Puisque le calorique est un agent si essentiel à la vie planétaire, il serait bien étrange qu'un sage ordonnateur des mondes sidéraux n'eût pas mis à profit celui qui est inhérent à chacun d'eux. Car, bien que leur provision de chaleur propre soit en voie de décroissement continuel, elle est capable d'assurer à leur surface une température d'une certaine constance; et, sur les grandes sphères, dont le refroidissement s'opère avec une extrême lenteur, la phase calorifique propice à l'évolution de la nature vivante représenterait une période d'une très longue durée.

Des mondes chauffés ainsi *par-dessous* permettraient au règne de la vie de se développer sur toute leur superficie, aux pôles comme à l'équateur, avec cette seule différence possible, mais non certaine, que la végétation serait toute cryptogamique dans les zones où ne s'exercerait guère l'influence de la lumière. De plus, il en résulterait, pour les deux éléments aquatique et aérien de l'atmosphère, un régime beaucoup plus régulier que celui que nous avons précédemment critiqué. Les vents y seraient peu violents, et l'eau n'y existerait pas à l'état solide, si ce n'est au sommet des hautes montagnes. Ce que nous avons dit sur l'accumulation des glaces autour des pôles de Jupiter donne à penser que cette planète ne sera habitable que sous l'empire de sa chaleur propre, et on peut le dire aussi de celles qui sont encore plus éloignées du soleil. Il se peut même que nous soyons en présence d'une règle commune à tous vos mondes possibles, et que tous aient profité principalement de leur calorique intrinsèque. Songez, en effet, que la vie terrestre elle-même a bien longtemps ressenti l'influence du feu central. Toute la géologie l'atteste : les premiers sédiments, qui ont pris l'apparence des roches plutoniennes, et surtout les anciens calcaires fossiliers, qui sont devenus des marbres tout pénétrés de matières organiques ; la lente torréfaction des végétaux qui ont fourni la houille, et enfin l'existence, dans notre Europe et jusqu'au delà du cercle polaire, d'une flore et d'une faune telles que celles des tropiques, tout cela ne s'explique complètement que par la conservation de la chaleur propre du globe. Il se peut donc que ce premier mode d'échauffement de notre monde soit de règle constante parmi vos terres sidérales, et que son présent régime climatérique ne soit qu'une addition à l'ordre primitif et fondamental.

Mais vous concevez aussi combien un habitacle de cette sorte est périlleux pour les êtres vivants. Ils sont comme sur un volcan lorsque la matière métallique en fusion est encore si voisine de leurs pieds, et quand la nappe aquatique des mers, dont les affouillements sont susceptibles de provoquer ses terribles soubresauts, n'en est séparée que par la mince épaisseur de ce sol léger et fragile qu'il faut peut-être attribuer aux grandes planètes. En raison du peu de solidité du plancher de ces vastes mondes, nous dirons ailleurs quelles sortes d'habitants s'y trouvent le plus rationnellement indiquées, mais nous pouvons déclarer dès à présent que les probabilités ne sont pas en faveur d'une espèce pensante.

Celle-ci a besoin d'une base cosmique plus ferme pour asseoir son empire matériel et développer tous ses moyens : il lui faut une sphère plus profondément refroidie, qui soit pourvue d'une croûte assez épaisse pour n'être que peu affectée par les inévitables commotions internes, et qui, néanmoins, n'ait pas encore absorbé toute la substance carbonée de son atmosphère. Aussi, quoique notre monde humain soit établi, comme tous ses congénères imaginables, sur des abîmes de feu, on y voit presque en tous lieux des édifices séculaires dont les fondements ne furent point ébranlés jusqu'à ce jour, et, *presque* partout, quand nous en élevons de nouveaux, nous sommes sans préoccupation au sujet de l'effondrement éventuel de leurs assises. La terre réalise donc pour nous une condition des plus heureuses, une passable stabilité de sa surface. Ajoutez que, si elle ne peut plus nous faire profiter de sa chaleur propre, elle gravite assez près du soleil, et avec une inclinaison convenable pour en être suffisamment échauffée : en fin de compte, sa manière d'être n'est-elle pas préférable pour nous à la grandeur de vos planètes géantes qui sont tout autrement partagées?

Continuons de mettre en évidence les défauts des grands globes planétaires. — Ainsi que nous l'avons dit et répété, l'intensité de la pesanteur y serait un grave inconvénient pour leurs êtres vivants ; mais, de plus, elle fait concevoir d'extrêmes difficultés relatives à la constitution même de ces mondes. Vous en jugerez encore par l'exemple de Jupiter, dont nous allons examiner l'état actuel.

On a constaté depuis longtemps que cette planète est entourée, parallèlement à son équateur, de certaines bandes, alternativement sombres et claires, qu'on s'est accordé à expliquer par de larges ceintures de nuages. Ayant cherché à mesurer la puissance de ces couches profondes de vapeurs, on estima qu'elles n'ont pas moins de 160 kilomètres d'épaisseur ; d'où l'on induit que l'atmosphère gazeuse, au sein de laquelle circulent ces immenses nuées, possède une profondeur plus considérable encore. Si l'on suppose que cette atmosphère jovienne a la même composition que la nôtre, elle sera néanmoins d'une densité incomparablement plus forte à sa base, à cause de sa grande hauteur d'une part, et, d'autre part, parce que la force de gravité qui l'attire vers la surface de l'astre est deux fois et demie plus intense que la pesanteur terrestre.

En calculant, avec ces données, la pression que doit exercer une telle atmosphère sur le sol de la grande planète, on trouve que la charge supportée par l'unité de surface, sur Jupiter, se chiffrerait par des centaines de quatrillions de kilogrammes ! Il en résulterait non seulement que cette puissante enveloppe atmosphérique serait en partie liquéfiée par son propre poids, mais encore qu'elle atteindrait, dans ses couches les plus basses, une densité fantastique, surpassant indéfiniment celle du platine ou des métaux les plus lourds (1).

Bien évidemment, une pareille substance ne serait pas en équilibre sur la paroi planétaire ; quand même celle-ci serait d'une solidité ou d'une ténacité sans égale, elle se briserait sous cet effort de la pesanteur, et ses fragments s'élèveraient comme des corps légers au-dessus de ce fluide si condensé ; en d'autres termes, l'atmosphère

---

(1) Proctor, *Our place among infinities.*

disloquerait et soulèverait incessamment la croûte de la planète pour se mettre à sa place, c'est-à-dire pour pénétrer dans son intérieur.

Ce n'est pourtant pas ce qui a eu lieu jusqu'à présent, et cela pour une raison fort simple. La surface de Jupiter paraît être encore extrêmement chaude; sa chaleur rayonnante pénètre toute la substance gazeuse qui la surmonte, la dilate, la repousse et lutte victorieusement contre la force de gravité. Mais elle s'épuisera à la longue, par son rayonnement indéfini à travers ce tégument vaporeux, et alors qu'arrivera-t-il?

Pour s'en faire une première idée, il faut se rappeler que Jupiter et nos grandes planètes ont une densité moyenne très faible dont nous n'avons pas encore fourni la véritable explication. Vous savez aussi qu'elles sont douées d'un mouvement de rotation très rapide, qui a été capable d'amener à leur périphérie leurs matériaux les plus lourds et les plus tenaces, lesquels se seront déversés et étalés de l'équateur aux pôles par l'effet de leur fluidité. Vous pourriez vous imaginer que toute la partie interne de la sphère est formée d'une matière poreuse très légère, de nature trachytique ou ponceuse, telle que sont certaines laves volcaniques; mais, outre que cette supposition toute simple resterait insuffisante, elle comporterait d'assez graves difficultés. J'aimerais mieux croire que la substance quasi-médullaire de l'astre fut primitivement gazeuse et vaporeuse, quoique cette conception semble impliquer l'existence d'un noyau de forte densité au centre de la planète. Par conséquent, quand un tel globe aura atteint, sur tout son pourtour, un certain degré de consistance, et quand une partie de la matière volatile intérieure aura pu entrer en combinaison avec les matériaux métalliques de son enceinte, il se trouvera creusé d'une cavité sphéroïdale dont les parois, fort épaisses dans la zone équatoriale, seront amincies dans les deux régions polaires déprimées. Du reste, on pourrait concevoir de plus d'une manière la formation des astres creux, avec ou sans noyau, par laquelle s'expliquerait la légèreté si remarquable de nos grandes planètes.

L'idée d'une telle constitution est d'ailleurs fortifiée par certaines données que nous possédons sur le compte de Saturne. Le calcul assigne à cet astre une densité si faible qu'elle ne dépasserait pas celle du liège, ce qui serait fort étonnant pour une substance minérale. De plus, ce globe se montre très déprimé par l'effet de son mouvement de rotation, car son aplatissement polaire atteint le 9e de son diamètre. Enfin, depuis d'anciennes observations de W. Herschel, plusieurs astronomes ont constaté que sa figure est variable, qu'il est sujet à se déformer de telle sorte que son plus grand diamètre ne reste pas dans le plan de son équateur et va jusqu'à faire, avec ce plan, un angle de 45 degrés : toutes ces singularités s'expliqueraient mieux dans le cas d'une sphère évidée et encore flexible que dans celui d'une masse compacte ou pleine.

Or, dès la première application de votre principe de l'universelle habitation des astres, nous avions été réduits à voir, dans l'immense fournaise du soleil, une image du plus affreux séjour dont on puisse percevoir l'idée, un enfer dans le sens ancien et populaire du mot. Qu'est-ce à dire, maintenant ? Existerait-il d'autres demeures étranges, qui ne jouiraient pas de la vue de l'univers et seraient confinées dans l'intérieur des sphères astrales, sortes de cachots grandioses, aux épaisses murailles de fer, rappelant ce noir tartare ou ces limbes infernaux dont l'esprit humain a reçu aussi l'étonnante vision ? Remarquez qu'il ne s'agit pas d'un fait unique ni de peu d'importance, attendu qu'il a dû se produire pareillement dans les quatre grosses planètes de notre système ; et songez que celles-ci ont accaparé la plus grande partie de la matière qui gravite autour du soleil, puisque la terre et tous les autres globes réunis n'égalent pas la millième partie de ces sphères colossales.

Il se pourrait que ces vastes et ténébreux domaines plutoniens offrissent le concours de nos quatre conditions biologiques ; qu'ils fussent habités par des êtres cyclopéens ou lucifers, et réalisassent de toute manière des habitacles fantastiques : permettez-moi pourtant de glisser rapidement à leur endroit. D'ailleurs, il me semble que ces mondes si problématiques seraient moins stables ou permanents que le nôtre. Vous allez voir, en effet, qu'ils seraient menacés d'une effroyable catastrophe par cette atmosphère extérieure, dont nous signalions plus haut la poussée si considérable.

Tant que la périphérie de ces grands globes se maintient à une température élevée, elle exerce, comme nous l'avons dit, une énergique répulsion sur cette auréole vaporeuse ; mais supposons-la maintenant refroidie et consolidée. L'immense provision de substance gazeuse et liquide, s'abattant et s'accumulant progressivement dans les régions polaires, où la pesanteur a son maximum d'énergie, et exerçant enfin sur le plancher planétaire aminci cette pression fabuleuse dont je parlais tout à l'heure, aura la force de surmonter sa résistance et d'envahir la cavité centrale. Soit que celle-ci se trouve déjà dans un état de vide relatif, soit qu'elle possède encore une haute température provenant de la chaleur persistante de son enceinte, notre énorme cataracte d'un fluide très condensé et très volatil sera capable, par sa vaporisation et son expansion soudaines, de faire éclater toute la sphère. Alors, il se pourra que la planète soit simplement disloquée et que ses fragments restent en place, étant retenus par la force d'attraction ; ou bien il arrivera que la force centrifuge, dans la région où elle sera à son maximum d'énergie, les lancera dans l'espace sous la forme d'astéroïdes, de bolides, de comètes et de poussières cosmiques (1). N'est-il pas possible que ce soit par un accident de ce genre qu'ait été détruite cette ancienne planète qui gravitait au delà de l'orbite de Mars, planète dont les nombreux éclats auraient fourni tous nos petits globes télescopiques, et peut-être une quantité beaucoup plus considérable de particules ténues qui auraient été emportées au loin dans des centaines d'orbites cométaires ? Et si son brisement vous semble encore imputable au choc de quelque lourde comète, aurait-il pu s'accomplir de la sorte, si la planète n'avait été creuse ou en état d'équilibre imparfait? Qui sait s'il ne nous sera pas donné de voir un jour l'un de vos prétendus mondes privilégiés, Jupiter ou Saturne, faire explosion à son tour ou du moins changer ses conditions d'existence en diminuant de volume, acquérant de nouveaux satellites et modifiant son inclinaison ou ses mouvements ? Reconnaissez donc encore une fois que notre humble terre est un séjour plus sûr, plus favorable à l'espèce humaine que ne le seraient ces grands globes, quoique nous ne soyons pas à l'abri des dangers divers qui résulteraient de leur destruction et de la dispersion de leurs débris.

Mais revenons à notre atmosphère jovienne. Il ne faudrait peut-être pas accepter intégralement cette première

---

(1) Un résultat peu différent serait encore à craindre si l'intérieur incandescent de la sphère, au lieu d'être vide ou creux comme nous le supposons, était rempli d'une matière minérale légère, spongieuse, facile à briser et à perforer dans les parties où elle viendrait se montrer à la surface.

vue sur le sort qui lui est réservé, car on doit tenir compte aussi des actions chimiques qu'elle exercera sur la matière planétaire jusqu'à l'époque de sa complète consolidation. Dans le temps même où celle-ci sera encore chaude et à demi fondue, il arrivera, par le fait de la prodigieuse pression dont nous avons parlé, que la substance atmosphérique pénétrera de toutes parts cette pâte malléable, la soulèvera, la brassera sous l'effort des courants qui l'agiteront elle-même, et s'y mêlera intimement. Il en résultera des combinaisons chimiques qui se produiront suivant les affinités générales que nous connaissons, et suivant d'autres encore qu'une si puissante compression ne manquera pas d'exciter. Par exemple, tout l'oxygène libre se fixera sans retour; le décroissement de la chaleur permettra à l'acide carbonique d'être absorbé par les bases métalliques; l'eau elle-même pourra être retenue en grande quantité par divers oxydes et par quelques composés salins, tels que des silicates d'alumine... Ainsi l'énergie de la pression décidera toute sorte d'actions chimiques en dépit du calorique persistant. Il y a plus, elle les occasionnerait encore sous l'influence d'une température trop basse en apparence. Car on sait aujourd'hui qu'un corps métallique, tel que l'étain, se liquéfie à froid quand il est fortement comprimé. Il en serait probablement de même pour tous les métaux, s'ils se trouvaient soumis à cette pression prodigieuse qui s'exercerait à la surface de Jupiter; et vous comprenez très bien que leur état de fusion les disposerait à se combiner avec les gaz fortement coercés dont ils seraient pénétrés. Donc, quand un équilibre stable se sera établi entre tous les matériaux superficiels d'un grand globe en voie de refroidissement, nous ne savons ce que sera son atmosphère restante; il se peut qu'elle ne se trouve plus composée que d'un résidu de gaz tels que l'azote ou l'argon, qui serait insuffisant ou impropre à constituer la substance des êtres organisés (1).

J'aurai encore à revenir sur ce sujet à l'occasion des corps planétaires qui sont censés circuler autour des étoiles fixes, et j'achèverai de vous faire comprendre comment les grandes planètes seraient moins propres que la terre à constituer de véritables mondes.

QUINZIÈME LETTRE

LES PLANÈTES (SUITE ET FIN)

En finissant cette étude de nos planètes, si je tombe dans quelques redites, veuillez les tolérer, Camille, car elles nous sont nécessaires pour résumer toutes nos données et en tirer les justes conclusions.

Nous accordons que des sphères, qui jouissent d'un régime physique bien différent de celui du globe terrestre, pourraient néanmoins former de vrais mondes, mais il est une condition capitale sur laquelle nous ne sau-

---

(1) Nous disons ici que c'est par suite de la forte pression gazeuze que les très grosses planètes absorberont l'acide carbonique de leur atmosphère, mais il faut ajouter que ce même effet sera causé par la lenteur de leur refroidissement. Car elles devront se maintenir pendant un temps excessivement long à une température qui serait trop élevée pour l'existence de la vie, mais assez modérée pour permettre la fixation de l'acide carbonique sur la matière basique des roches. En conséquence, lorsque leur croûte se trouvera assez refroidie et assez épaisse pour fournir à des mondes vivants une base suffisamment consolidée, leur indispensable élément carboné aura déjà effectué son départ. Cette absorption *à chaud* s'est produite aussi sur le globe terrestre, mais elle n'y a été que partielle, tandis que, sur ceux dont nous parlons, elle pourra être totale ou à peu près. Il est donc bien certain que les planètes beaucoup plus grandes que la terre, si elles sont composées des mêmes éléments, n'auront pas, comme elle, une atmosphère complète, ou propre à l'évolution d'un long règne de la vie.

rions transiger : nous ne concevons aucune terre céleste qui ne soit entourée d'une atmosphère gazeuse bien composée, et d'un élément liquide et volatil tel que l'eau. S'il existait, dans notre système solaire, des planètes qui se fussent condensées sans conserver une enveloppe de cette sorte, la question biologique serait tranchée à leur égard immédiatement et pour toujours. Au contraire, l'astre qui se montrerait le mieux pourvu sous ce rapport, même au cas où il n'offrirait qu'une masse matérielle de faible importance, serait pour nous le plus susceptible de fournir un théâtre de la vie, à moins que la chaleur ne lui ait été mal mesurée.

Toutefois, si nous reconnaissons que certains astres sont propres à l'établissement d'un règne organique, nous n'affirmons pas qu'ils en sont effectivement dotés. Encore moins songeons-nous à décider s'ils possèdent simplement des plantes et des animaux sauvages, ou des intelligences raisonnables et libres : certainement, personne n'est en état de résoudre ces questions ; mais, quant à nous, ce n'est pas en ce moment que nous les posons, et nous en renvoyons l'examen à la troisième partie de cet ouvrage.

Cela étant, quand nous considérons tout l'ensemble des corps planétaires sans en excepter les astéroïdes télescopiques, nous avons à relever parmi ces derniers un trait digne d'attention. On a cru reconnaître, autour de tel ou tel d'entre eux, l'existence d'une atmosphère si étendue qu'elle serait capable d'y corriger, par le seul fait de son abondance, l'extrême légèreté qui résulterait de la faible attraction de ces petits astres, et qu'elle semblerait ne devoir jamais être absorbée par leur globe solidifié, si caverneux qu'il puisse être. Il est vrai que les assertions d'Herschel et de Schroeter, relativement à ces grandes auréoles atmosphériques, sont aujourd'hui révoquées en doute, et même considérées comme de pures illusions ; de plus, on a remarqué que plusieurs de ces humbles planètes ont la singularité d'affecter des formes irrégulières, anguleuses, qui sont peut-être la conséquence de leur formation par le brisement d'un grand globe ancien, et qui fait concevoir plus d'une imperfection dans leur régime biologique. N'étaient ces incertitudes et ces défauts possibles, nous n'hésiterions pas à croire que ces flots de l'espace sont plus susceptibles de former des mondes véritables que les énormes Saturne et Jupiter eux-mêmes ; ils seraient capables de figurer des sortes de joyaux au milieu de vos terres célestes ; vous pourriez leur supposer des météores magnifiques, une végétation d'une extrême grandeur, des animaux et même des êtres raisonnables ayant une existence presque tout aérienne ; vous pourriez surtout attribuer à cette nature vivante une durée excessivement longue.

Cependant, en continuant d'envisager la série complète des globes planétaires sans acception de volume, nous observons que la *plupart* d'entre eux, je veux dire les astéroïdes, sont certainement dénués d'atmosphère: sans hésiter, nous tenons que ces petites terres sont absolument inhabitables. Peut-être y en a-t-il qui ont possédé jadis cette enveloppe fluide et l'ont peu à peu absorbée : en ce cas, nous nous bornons à constater que la période d'habitation est passée pour elles, comme elle l'est pour la lune et sans doute aussi pour tous les satellites.

Au contraire, il y a des planètes qui, quoique pourvues d'une ample tunique gazeuse, ne sont pas habitables parce qu'elles ne sont point encore arrivées à l'état convenable pour supporter le règne de la vie. Tel est le cas de votre imposant Jupiter, dont le refroidissement a dû s'opérer suivant une progression très lente, à cause de la grandeur de sa masse. Soumise à l'analyse spectrale, son enveloppe aérienne révèle une composition différente de celle qui entoure la terre, comme si elle n'avait pas encore dépouillé certains principes qui n'existent plus dans celle-ci. Nous avons déjà noté qu'elle est chargée d'épais nuages qui nous voilent le corps même de la planète, et montrent que son élément aqueux s'y trouve toujours vaporisé par la chaleur, malgré l'énormité de la pression qu'il y subit. De plus, il se manifeste, au milieu des longues nuées ou des bandes sombres qu'elles figurent le long de son équateur, des taches passagères, rougeâtres, qui paraissent indiquer de larges déchirures dans ces couches de vapeurs, comme s'il se produisait à la surface de l'astre des phénomènes volcaniques d'une extrême grandeur. Il est d'ailleurs reconnu que l'éclat de Jupiter est sujet à certaines variations, ce qui fait supposer aussi que sa superficie est encore assez chaude pour redevenir lumineuse par intervalles, en rappelant les effets des étoiles variables. Enfin, selon M. E. Gand, cette grande sphère serait entourée d'un reste de sa nébulosité primitive, c'est-à-dire d'une matière très subtile qui s'étendrait au-delà de son dernier satellite, et de laquelle partiraient des aigrettes semblables à celles qu'on voit autour du soleil pendant les éclipses, ce qui achèverait de justifier un rapprochement entre son état et celui de l'astre radieux. Donc, au cas où nous nous serions trompés dans les divers jugements que nous avons exprimés sur l'habitation de cette planète, nous resterions en présence d'une très forte présomption : c'est que d'innombrables siècles devront encore s'écouler d'ici au temps où son atmosphère sera épurée, où son sol et ses mers seront assez refroidis pour tolérer l'exercice des phénomènes vitaux.

On peut aussi se figurer des planètes déjà assez

refroidies pour supporter de l'eau à l'état liquide, mais qui ne sont encore capables de se prêter à l'existence de la vie que d'une manière incomplète ; comme telle, je citerai Vénus. Cette sphère semble ne posséder que des mers circonscrites, cependant elle sera peut-être pourvue d'un véritable océan quand l'énorme quantité de vapeur d'eau, qu'elle tient toujours en suspension dans ses airs, se sera presque toute condensée. Son atmosphère, si nuageuse qu'elle nous permet à peine d'entrevoir son sol, diffère aussi de la nôtre par sa densité beaucoup plus forte, ce qui pourrait bien provenir, en partie, de ce qu'elle serait encore très chargée d'acide carbonique. En cet état, elle ne serait propre à faire vivre que des végétaux, du moins dans celles de ses zones qui jouissent d'un climat tempéré ; plus tard seulement elle pourrait recevoir des animaux; mais il se peut que la vie végétale et animale n'y soit jamais représentée que par des modes inférieurs et d'une singulière rusticité, si cet astre offre réellement les imparfaites conditions biologiques que toutes les observations nous conduisent à lui attribuer (1).

Enfin, on doit admettre un autre cas. Parmi les globes planétaires depuis longtemps refroidis, il y en a sans doute qui sont encore munis d'une tunique atmosphérique et qui, néanmoins, ne se trouvent plus en état de nourrir des êtres vivants, pour cette raison qu'un de leurs principes nécessaires aura disparu en se séquestrant pour toujours : la petite planète Mars nous en offrirait un exemple. Cette copie en réduction de notre monde

---

(1) Nous devons dire toutefois qu'un astronome américain, M. Perceval Lowell, soutenait récemment (*Bulletin de la Société astronomique de France*, avril 1897) que Vénus est, au contraire, un astre mort, n'ayant plus ni eau, ni nuages, ni glaciers polaires : c'est un exemple des incertitudes et des contradictions qui se rencontrent dans les cas les plus simples de la cosmologie générale. — Voir la note D, § II, à la fin de cette lettre.

tellurique paraît posséder encore une atmosphère gazeuse ; la présence de l'eau y est manifestée par l'analyse spectrale ; on a pu relever avec une certaine netteté la configuration de ses mers, et, de plus, on aperçoit à ses deux pôles deux blanches calottes de glace dont l'étendue augmente ou diminue avec l'hiver ou l'été de chaque hémisphère. Il est vrai que l'océan martien, relativement moins développé que le nôtre, semble être déjà dans un état avancé de retraite ; cependant il présente encore une surface d'évaporation assez vaste pour soutenir la vie sur la terre ferme, au moins dans les régions qui seraient les mieux arrosées. Mais un élément matériel, qui pourrait bien faire défaut dans l'atmosphère de ce globe, c'est le principe carboné. La constatation de son existence n'est pas moins délicate que celle de la vie elle-même, et, sur l'un comme sur l'autre de ces deux points, nous sommes réduits à des suppositions. Vous savez que le globe de Mars se distingue par une teinte rougeâtre que John Herschel attribuait à l'abondance du peroxyde de fer répandu dans ses terrains superficiels ; cette particularité semblerait indiquer que la vie y est absente, car si le sol reflète cette teinte ocreuse, c'est qu'apparemment il n'est pas recouvert de végétaux. Cependant deux autres astronomes, M. Trouvelot d'abord, et plus récemment M. P. Lowell ont cru reconnaître que la coloration de la planète n'est pas fixe : elle varierait avec les saisons, ce qui s'expliquerait, à leur avis, par les changements périodiques que subirait la végétation ; explication peu sûre, attendu qu'il y a de simples matières minérales dont la teinte varie par l'effet de la sécheresse et de l'humidité, et que l'hydrate de peroxyde de fer lui-même est un peu dans ce cas. Je n'oserais produire ici une affirmation formelle, mais, à moins que la provision d'acide carbonique de Mars n'ait été immense, ou que la matière absorbante alcalino-terreuse n'ait manqué, il me semble que l'atmosphère de cette planète doit être maintenant dépouillée de ce principal élément nutritif des êtres vivants (1).

Ce qui ressort incontestablement de cet examen comparatif des globes planétaires, c'est qu'ils ne seraient pas habitables en même temps que le nôtre, mais avant ou après lui, et à des époques très diverses. L'hypothèse cosmogonique de Laplace, que nous exposerons dans l'une des lettres suivantes, et celles qu'on a proposées pour la remplacer, concordent avec cette assertion. Elles enseignent que les planètes ont été formées l'une après l'autre et à de longs intervalles : il se peut donc que la plus ancienne ait été propre à l'installation de la vie avant que la plus récente fût sortie de la masse commune, et avant que la terre elle-même fût entièrement condensée. Cependant, ni les données théoriques, ni celles que fournit l'observation directe ne permettent de déterminer l'ordre dans lequel elles sont arrivées à la période de vitalité ; mais, quand on songe avec quelle lenteur s'opèrent des changements quelque peu sensibles dans le régime des grands astres, on conçoit aussitôt une induction très importante : c'est que le règne de l'homme sur la terre, si long que vous le supposiez, n'occupera qu'un nombre très restreint de degrés de l'immense échelle chronologique qui répond à l'histoire entière du soleil et de ses planètes ; de sorte que, en admettant provisoirement avec vous qu'il y ait eu plus d'un monde complet, c'est-à-dire plus d'un monde humain, dans notre système planétaire, on est conduit à croire qu'ils ont existé d'une manière successive, et même

---

(1) Voir la note B, à la fin de cette lettre.

qu'ils ont été distants l'un de l'autre sur cette chaîne interminable des temps.

Telle est la première conclusion que nous tirerons de cette étude. Sur quoi je vous demanderai, en passant, ce que vous pensez maintenant de ce mirifique problème que se sont posé des savants rêveurs : l'établissement d'une correspondance de télégraphie optique entre notre sphère terrestre et les humanités possibles de vos mondes planétaires ! Quand nous convertirions tout notre globe en un sémaphore qui fonctionnerait jusqu'au dernier jour de l'espèce humaine, quelles seraient, croyez-vous, nos chances de recueillir les fruits désirés de cette entreprise pharamineuse (1) ?

Mais nous serons fondés à tirer une autre conséquence bien plus essentielle en faisant repasser rapidement devant nous nos diverses planètes, supposées dans leur meilleur âge cosmologique.

Les créatures raisonnables, ou les mondes humains, sont l'objet principal de votre préoccupation quand vous songez à vos terres astrales. Cela étant, revenons une dernière fois sur l'une de nos considérations relatives à

---

(1) On a compté, à cet effet, sur l'emploi de grands signaux électriques ; mais il est bien douteux qu'on parvienne à en faire d'aussi visibles que les éclairs de nos nuages orageux ; et pourtant ceux-ci seraient encore insuffisants, car nous ne voyons pas ceux qui doivent se produire dans l'atmosphère de Vénus et de Mars. — Il est vrai que plusieurs observateurs très exercés, et opérant dans les meilleures conditions, se sont accordés à reconnaître l'existence de certains points lumineux sur le disque de cette dernière planète ; y aurait-il là des flammes gigantesques s'échappant de cratères volcaniques comparables à ceux de la lune ? Ou bien serait-ce simplement un effet de réflexion de la lumière solaire sur les sommets neigeux ou les glaciers des plus hautes montagnes ? Ou encore, les surfaces réfléchissantes seraient-elles fournies par la face supérieure de nuages très étendus, très élevés et chargés de neige ? Quoi qu'il en soit des diverses explications qui ont été émises, il est certain que ces grands phénomènes naturels n'ont pas encore assez d'ampleur pour être perçus de nous avec netteté : Qu'on juge si des signaux ou des signes artificiels seraient faciles à discerner et à interpréter d'ici !

Jupiter. — Sa surface encore embrasée, du moins partiellement ou par intermittences, exigera un temps tellement long, pour être suffisamment refroidie, que le globe du soleil, qui est déjà si réduit de son étendue primitive, se sera alors fixé dans son volume définitif, et n'émettra plus de radiations lumineuses : on a estimé, avons-nous dit, qu'il en sera ainsi dans une trentaine de millions d'années au plus.

Cependant, l'espèce pensante ne pourrait naître dès le premier âge de la vitalité de la planète qui nous occupe. Soit qu'elle ne puisse s'y établir que quand sa croûte sera devenue assez épaisse et assez stable, soit que vous la considériez toujours comme le dernier terme d'une évolution vivante analogue à celle de notre monde tellurique, elle ne devrait surgir, d'après ce qui a eu lieu pour la terre, *qu'au moins* cent millions d'années après la première éclosion de la vie jovienne. En fin de compte, à cette époque si lointaine, le soleil serait très probablement éteint. Lors même qu'il fournirait encore à notre globe un faible crépuscule, il n'éclairerait plus du tout Jupiter. Nous croyons, il est vrai, que les mondes qui sont dans ce cas peuvent encore comporter certaines formes de la vie, mais nous jugeons aussi qu'il en faut exclure les plus élevées ou les espèces raisonnables ; il s'ensuivrait que notre grosse planète n'en porterait jamais.

Or, Jupiter représente à lui seul plus de la moitié pondérale de l'escorte du soleil, puisque la totalité des autres planètes n'égale que les deux tiers de sa masse : c'est donc la plus grande partie de cette escorte qui serait assurée de ne jamais constituer un de ces mondes humains dont vous voudriez généraliser l'existence. De là se tirerait une assez forte présomption en faveur de l'un des systèmes que nous soutiendrons dans ces Lettres : les sphères sidérales ne seraient pas essentiellement destinées à porter des êtres doués de raison, mais simplement des créatures végétatives et animales, c'est-à-dire la vie inconsciente, purement décorative et ornementale.

Nous pouvons aller plus loin, et la forte apparence que nous relevons contre l'habitabilité du colosse jovien enhardit nos suppositions touchant l'ensemble des corps planétaires. — En nous plaçant à divers points de vue, nous avons trouvé que les quatre planètes dites supérieures, Jupiter, Saturne, Uranus et Neptune, seront toujours peu propres à constituer des mondes *complets;* car nous avons eu à leur reprocher une structure générale vicieuse, un mode d'échauffement périlleux, une mauvaise économie de leur élément liquide, les inégalités de la force de pesanteur, l'insuffisance de la lumière, et même une imparfaite constitution de leur enveloppe atmosphérique. Constatons de nouveau que ces grandes sphères ont réuni à elles quatre la *presque totalité* de la matière qui gravite autour du soleil; et, si nos appréciations sont plausibles, vous jugerez maintenant ce qu'il faut penser de la fin générale d'habitabilité *humaine* que vous attribuez aux planètes.

Elles ont des satellites, et ces sphères secondaires n'ont pas les mêmes défauts que leurs énormes compagnes. On pourra notamment les considérer comme beaucoup moins éloignées de l'astre central, en ce sens qu'elles se sont trouvées refroidies dans un temps où il était extrêmement loin de sa condensation actuelle; et, de plus, leurs planètes respectives ont représenté pour elles un second soleil, peut-être aussi efficace que le premier. Mais leur régime commun soulève la même critique que celui de notre satellite lunaire, une mauvaise répartition de la chaleur et de l'élément aqueux. Si donc vous voulez bien admettre que ces lunes étrangères sont aussi impropres que la nôtre à constituer de vrais mondes, n'oubliez pas que quelques-unes d'entre elles sont plus volumineuses que Mercure et que Mars, et que leur masse totale est supérieure à celle de Vénus et de la terre réunies.

Un de ces objets accessoires mérite une mention spéciale. Saturne, vous le savez, est entouré d'un anneau lumineux aplati, formé d'une substance toute solidifiée. Cette grande couronne est peut-être destinée à se détruire en fournissant de nouveaux satellites composés de blocs rassemblés, ou plutôt en laissant tomber ses fragments sur la planète, ce qui n'aurait pas lieu sans dommage pour sa population éventuelle, car la masse totale de cette annexe est considérable et presque égale à celle de la terre. Déjà, elle nous apparaît décomposée en plusieurs anneaux concentriques, subdivisés eux-mêmes en un grand nombre de segments qui ne se touchent pas. Un si grand corps cosmique mériterait bien d'être utilisé dans le sens qui vous préoccupe; car, en raison de son peu d'épaisseur, il a une surface cent fois plus étendue que celle de notre monde; mais, sans parler des autres difficultés, comment concevoir l'existence d'une atmosphère aérienne, avec une nappe aqueuse, sur cette grande roue si morcelée, dont toutes les pièces jouent les unes sur les autres? Non seulement on ne comprend pas que l'anneau saturnien soit habitable, mais on peut se demander si le globe même de Saturne, dont la figure est si instable et changeante, ne serait pas tout fracturé, lui aussi, ou composé d'un assemblage de fragments mobiles, ce qui achèverait de le différencier d'un véritable monde tel que notre sphère tellurique. Quoi qu'il en soit, Saturne voit, dans son anneau, une menace permanente, une sorte d'épée de Damoclès. Il est même possible qu'il s'en détache parfois de gros segments qui tombent avec fracas sur la planète, au risque de la disloquer tout à fait (1).

En poursuivant notre inspection des globes planétaires, je vous rappellerai que nous nous sommes plu à relever certaines qualités générales que présentent les petites planètes télescopiques. Cependant, si nous y devions regarder de près, nous serions fort embarrassés pour citer un seul de ces astéroïdes dont la vitalité soit quelque peu présumable. De plus, quoiqu'on en ait signalé quelques centaines, on n'est pas au bout de ces découvertes. Or, comme ils sont rassemblés dans une bande circulaire qui n'est pas, relativement parlant, d'une très grande largeur, et comme quelques-uns sont susceptibles de se rapprocher de leurs voisins en parcourant des orbites excentriques, il se peut qu'ils soient exposés à s'entre-choquer, et que plusieurs d'entre eux doivent leur individualité à de semblables rencontres, ce qui constituerait évidemment un défaut cosmologique capital.

Restent les trois planètes les plus voisines de la terre, Mercure (2), Vénus et Mars. Il nous a fallu critiquer gravement la manière d'être des deux premières : nous les avons jugées peu propres à fournir des habitacles humains, et ce que nous pourrons ajouter sur leur compte ne fera que confirmer cette présomption. Mars, au contraire, s'il a possédé jadis une atmosphère complète, nous semblerait avoir été dans de meilleures conditions, à cause de la douceur de son climat moyen, de son mode normal de rotation, du partage satisfaisant de ses saisons, et du peu d'intensité de sa force de pesanteur. Mais nous verrons plus tard qu'on a constaté sur lui, dans ces derniers temps, une particularité fort sin-

---

(1) Voir la note C, à la fin de cette lettre.
(2) Voir la note D, à la fin de cette lettre.

gulière : son océan, mal équilibré, serait très mobile ou sujet à de brusques déplacements. Si ce défaut avait existé de tout temps, il aurait suffi pour rendre ce séjour très dangereux, sinon impossible, pour une population analogue à notre auguste race.

Après ces diverses considérations, nous pouvons soutenir que notre système planétaire n'a pas été ordonné de manière à constituer tous les mondes véritables et complets que vous supposez. Nous tenons pour probable qu'il n'en contient qu'un seul. En tout cas, il nous semble rationnel de tirer cette conclusion finale : malgré toutes les imperfections physiques de notre demeure terrestre, on ne peut citer aucun autre globe qui réalise des conditions d'habitabilité plus favorables que les siennes ; et, comme nous avons admis qu'une grandeur hors ligne n'est pas une qualité cosmologique réelle, et qu'une petite planète, d'une surface égale à celle de l'Europe ou même de la France, aurait bien pu être gratifiée de la création vivante la plus distinguée, nous ne trouverions nullement invraisemblable que la terre eût été choisie, entre tous les astres de son genre, pour l'exécution de quelque dessein spécial et extraordinaire du Créateur.

Note B. — *Sur la planète Mars.*

Nous ne voulons pas dissimuler que l'état dans lequel se trouve la planète Mars ne concorde pas avec les vues générales que nous avons présentées sur l'histoire *géologique* ou cosmologique des corps planétaires. D'après l'hypothèse de Laplace, cet astre aurait été formé longtemps avant la terre : étant en outre bien plus petit, il devrait être profondément refroidi, et, par suite, son océan et son atmosphère devraient déjà avoir été engloutis, ainsi que nous l'avons expliqué pour notre satellite. Il y a là, sans doute, une nouvelle objection contre le système cosmogonique de notre grand géomètre, ainsi qu'une justification de ses récents critiques, et notamment de M. du Ligondès, qui indique la formation de Mars comme postérieure à celle de la terre.

Néanmoins, nous maintenons les assertions que nous avons émises contre son habitabilité actuelle. Il résulte, en effet, des observations spectroscopiques d'un astronome américain, M. Campbell, que son enveloppe aérienne est beaucoup moins importante qu'on ne l'a cru jusqu'ici, et ce savant va jusqu'à la comparer à celle de la lune. A ce compte, elle aurait été absorbée chimiquement par la substance solide de la planète, ce qui ne serait pas difficile à concevoir si l'écorce de ce globe contenait beaucoup d'éléments alcalino-terreux, comme cela est vraisemblable.

L'océan martien, il est vrai, est encore assez considérable, mais l'état d'épuisement de l'atmosphère fait comprendre qu'il ne contient guère d'éléments gazeux en dissolution; par contre, il y a des raisons pour qu'il soit extrêmement chargé de matériaux salins, et beaucoup plus que ne l'est notre petite Mer Morte par exemple; peut-être même doit-il à l'abondance des sels de fer cette teinte verte qu'il nous présente et qui le rend sans doute très peu perméable à la lumière. Mars ne serait donc pas plus propre à la vie aquatique qu'à la vie aérienne ou continentale; et nous persistons à croire qu'il a passé l'âge où les planètes sont susceptibles d'être vivantes et habitées. (Voir la 48e lettre et sa note finale.)

Note C. — *Sur les satellites de Jupiter.*

Nous rattachons cette note à ce que nous avons dit de la structure morcelée des anneaux de Saturne. — Sur les cinq satellites de Jupiter, quatre sont encore assez importants par leur taille, car le plus volumineux, Ganymède, a un diamètre qui égale presque la moitié de celui de la terre, et les trois autres ne lui sont guère inférieurs en volume. Tous les quatre sont remarquables par un phénomène difficile à expliquer: ils ont un éclat variable, leur surface étant parfois bien éclairée et d'autres fois très sombre. Ce caractère est surtout accusé sur le dernier, où l'on constate, en outre, une seconde particularité qui contient peut-être l'explication de la première. Son globe est sujet à de notables changements de forme: il n'est pas toujours rond, il se montre souvent allongé dans un certain sens, et parfois il paraît polyédrique. Ce n'est plus l'existence d'une cavité intérieure qui expliquerait cette aptitude à se déformer, c'est plutôt que cet astre, semblable à une pile de boulets, serait une agglomération de fragments libres et mobiles, comme le sont les anneaux de Saturne. Cette explication, que nous avions émise dans notre édition de 1891, a été confirmée, l'année suivante, par les observations directes de M. Pickering qui, à la vérité, ont été contredites. Il se pourrait néanmoins que ce satellite, sinon les autres, eût été produit par la destruction d'un ancien anneau jovien solidifié. Nous avons à peine besoin d'ajouter qu'une telle constitution, qui appartient peut-être aussi à quelques astéroïdes planétaires, rendrait à peu près inconcevable l'habitation de ces corps célestes.

Note D. — *Sur les planètes Mercure et Vénus.*

§ Ier. — Nous avons peu parlé de Mercure dans cette revue de notre système planétaire, parce que les difficultés qu'il oppose aux observations télescopiques ont laissé trop incertaines les notions classiques que nous aurions eu à faire valoir sur son compte. Un astronome distingué de Milan, M. Schiaparelli, a fort étonné le monde savant en annonçant que la rotation de cet astre est toute différente de celle des autres planètes; elle serait analogue à celle de la lune et aurait la même durée que son mouvement de translation autour du soleil. Comme notre satellite présente toujours à la terre la même face, Mercure aussi tournerait constamment vers l'astre central le même hémisphère, qui serait ainsi éclairé et torréfié sans relâche tandis que sa calotte opposée demeurerait perpétuellement obscure et glacée. Entre ces deux régions si différentes, il y aurait toutefois, par l'effet de la *libration*, une zone qui mesurerait à peu près le quart de la surface de la planète, et qui jouirait des alternatives du jour et de la nuit, mais avec un partage inégal et défectueux. De la sorte, la lumière, la chaleur, l'eau et les météores utiles seraient encore plus mal répartis sur Mercure qu'ils ne l'étaient sur la lune au temps où elle possédait une atmosphère; nous donnerons plus loin le complément de cette appréciation.

§ II. — Vénus, avons-nous dit, est la planète qui ressemble le plus à celle qui nous porte, si bien que M. Flammarion l'a qualifiée de sœur jumelle de la terre; aussi serait-il fort important de savoir si elle se trouve susceptible d'être habitée comme notre globe. Nous recommandons à l'attention du lecteur la discussion suivante qui élucide ce sujet, et qui est aussi très propre à éclairer la question générale de l'habitabilité planétaire.

Postérieurement à la publication sus-indiquée, M. Schiaparelli annonça avoir constaté sur Vénus le même genre de mouvement rotatoire que sur Mercure : un tour sur son axe durerait le même temps que sa révolution entière, c'est-à-dire une année de la planète ou 224 de nos jours; l'un de ses hémisphères serait toujours éclairé et l'autre demeurerait dans une nuit perpétuelle; le premier serait soumis à une insolation terrible qui en chasserait toute l'eau à l'état de vapeurs : le second la recevrait et la solidifierait en maintenant l'épaisse calotte de glace à un degré de froidure comparable à celui de l'espace céleste. En ce cas, nous pourrions dire que Vénus serait absolument impropre à porter la vie, n'était l'existence possible d'une certaine zone intermédiaire que nous avons déjà signalée sur Mercure, et sur laquelle nous reviendrons ci-après.

Cependant, les aperçus mécaniques de M. Schiaparelli, quoiqu'ils aient été confirmés par des astronomes de marque et qu'ils lui aient valu un prix de l'Institut de France, n'ont point été acceptés par tout le monde : quelques observateurs habiles tiennent encore pour l'ancienne croyance à la rotation rapide de Vénus, qui s'effectuerait en un peu moins de 24 heures, ou à peu près comme celle de la terre. On comprend de suite que ce mode de mouvement rotatoire serait beaucoup plus favorable à l'exercice de la vie. Une autre condition d'une grande importance biologique est l'inclinaison de la planète; des trois déterminations très différentes qui en ont été fournies, nous adopterons celle de M. Trouvelot, parce qu'elle se rapproche assez du cas de notre globe et qu'elle est la plus avantageuse au point de vue de l'habitabilité.

L'axe de Vénus n'étant donc penché que de 10 à 12 degrés, c'est dans ces étroites limites que le soleil serait censé osciller de part et d'autre de son équateur; par conséquent, il ne quitterait guère ses régions équatoriales, et, comme il leur fournirait un rayonnement deux fois plus intense que celui qu'il dispense à nos contrées terrestres correspondantes, il s'ensuit qu'il les rendrait encore excessivement chaudes. D'autre part, les calottes polaires seraient tout aussi froides que les nôtres, puisque l'astre radieux ne s'avancerait vers elles que d'un si petit nombre de degrés. Mais, entre ces extrêmes de l'équateur et des pôles, il y aurait, dans les hautes latitudes, une certaine zone aux limites indécises, qui semblerait jouir d'un climat tempéré, et serait propice à la vie, du moins sous la réserve que nous indiquerons plus loin.

Ainsi, dans ce second système, il existerait sur Vénus deux zones tempérées d'une certaine largeur, une dans chaque hémisphère. A moins qu'elles ne soient bordées par un vaste et commun océan qui leur servirait de moyen d'union, elles se trouveraient séparées par d'immenses déserts torrides, peut-être plus infranchissables que les glaciers polaires. Évidemment, la constitution générale de la planète sœur, avec ces deux mondes distincts et susceptibles de demeurer inconnus l'un de l'autre, serait bien inférieure à celle de la terre. Car, grâce à une température moins élevée, et grâce aussi à la plus forte inclinaison de l'axe terrestre, la partie habitable de notre globe ne se borne pas à deux simples zones; elle comprend tout l'espace qui s'étend entre les deux cercles polaires; et nous pouvons aller de l'hémisphère Nord à l'hémisphère Sud en traversant les contrées équatoriales qui sont même habitées en beaucoup de lieux. Nous soutenons donc que notre globe tellurique est bien plus favorable au règne d'une espèce humaine que ne le serait la sphère de Vénus considérée dans le meilleur système cosmologique.

C'est déjà une conclusion importante: mais, ce qui l'est plus encore, c'est la réponse que nous avons à faire aux objections qu'elle soulève.

On ne manquera pas de nous répéter, en effet, que notre manière de voir est étroite et préconçue; que la nature, ou mieux la puissance créatrice, sait adapter les êtres vivants à la diversité des exigences physiques, et faire en sorte qu'ils se trouvent toujours bien de leur séjour... J'ai déjà dit que cette proposition n'est vraie qu'à demi, et je trouve ici même l'occasion de le démontrer. Il y a certainement des conditions cosmologiques déterminées et nécessaires pour l'exercice de la vie : les planètes ne les réalisent que plus ou moins imparfaitement, et l'on en va juger par ce qui s'observe à notre égard sur la terre.

En considérant successivement ses régions équatoriales et circumpolaires, on constate que leurs populations respectives sont loin de s'y trouver au mieux. Dans le premier cas, l'homme est souvent obligé, pendant plusieurs heures de la journée, de chercher un refuge contre l'excès de la chaleur ; dans le second, il lutte comme il peut, durant la plus grande partie de l'année, contre l'excès du froid. Quand il se protège mal contre ces influences opposées, sa race ne manque pas de dégénérer, de se dégrader physiquement et spirituellement ; enfin il n'y a plus d'êtres humains dans les lieux où s'exagèrent ces défauts climatériques, c'est-à-dire où l'élément liquide disparaît pour passer à l'état de vapeurs ou de glaces.

Cela étant, il est tout légitime de croire que, sur Vénus, les mêmes causes ont les mêmes effets. Si ses habitants supposés prospèrent, développent toutes leurs facultés dans une bande de la planète semblable à nos zones tempérées, ils devront, comme nous, pâtir et dégénérer dans les climats extrêmes, et d'autant plus que ces extrêmes seront plus accentués. Dans des conditions tout à fait excessives, dans le cas où l'eau n'existerait plus à l'état liquide, il faudrait qu'ils disparussent, ou plutôt qu'ils n'y eussent jamais existé : par quels arguments scientifiques soutiendrait-on l'opinion contraire ?

On alléguera pourtant que notre raisonnement fait dépendre, des seules propriétés de l'eau, toutes les difficultés biologiques. Peut-être ne contestera-t-on pas que tous les êtres organisés possibles, sur quelque globe de l'univers qu'ils se trouvent, sont gorgés d'un liquide nourricier, car on n'en peut pas concevoir qui vivent autrement ; mais on avancera qu'il peut y avoir, par ailleurs, un autre élément vital que l'eau, lequel permettrait l'existence de l'organisation vivante dans des conditions différentes de celles que nous connaissons. Or, si l'on prétendait mettre en cause des planètes inconnues, gravitant autour des étoiles fixes ou au sein des nébuleuses les plus lointaines, nous ne saurions que répondre à cette supposition sinon qu'elle est toute gratuite ; mais nous devons bien autrement la critiquer s'il s'agit de la planète sœur, qui est pour nous, après la lune, la plus voisine des sphères célestes, et sur laquelle nous apercevons, à peu près sûrement, des nuages aqueux impliquant la présence de mers et d'océans tels que les nôtres ; n'est-il pas bien vraisemblable que notre élément liquide y a le même rôle naturel que sur la terre, et que la vie vénusienne, tout comme la vie tellurique, est sous la dépendance absolue de ses propriétés permanentes?

Enfin, en se reportant au premier mode de rotation, on songera sans doute à tirer parti, spéculativement, de l'existence de ces zones de douce température que nous avons cru trouver sur Mercure et sur Vénus; c'en est assez, dira-t-on, pour justifier la doctrine de la multiplicité indéfinie des mondes humains, parce qu'il importe peu que ces ceintures de vitalité aient une grande étendue superficielle, et que, d'ailleurs, sur de très grosses planètes semblablement constituées, l'espace habitable qu'elles mesureraient serait beaucoup plus considérable que toute la surface de la terre... Nous pourrions répondre que ce n'est pas à une espèce cosmopolite, expansive, ambitieuse — laquelle n'aura point de repos ici-bas qu'elle n'ait conquis tout ce globe y compris les pôles — qu'il conviendrait de se voir parquée dans des barrières toujours franchissables; mais nous avons à faire valoir une considération plus grave. Sur aucun globe possible, l'indispensable atmosphère aérienne ne demeurera immobile et stagnante; toujours et partout sa mobile substance circulera des régions torrides aux régions glacées et *vice versa*; il faudra donc que toute ceinture de territoires comprise entre deux climats très différents soit traversée par des courants aériens partis des vastes régions inhospitalières, courants tantôt brûlants, tantôt ultra-glacials, qui tourmenteront toute la nature par leurs excès et par leur contraste. Combien nous sommes mieux partagés sur notre globe, où nous ne laissons pas de nous plaindre de désagréments de ce genre qui n'y sont que rudimentaires! Ainsi, dans le système Schiaparelli, la vie corporelle serait à peu près impossible sur les prétendues zones tempérées de Mercure et de Vénus. Que si l'on s'en tient, pour cette dernière planète, au mode de rotation qui lui était anciennement attribué, on peut alors concevoir qu'elle porte des êtres vivants, mais à condition qu'une sensibilité restreinte ou nulle les mette en état de résister à ces dures alternatives. Nous avons déjà fait entendre, et nous redirons plus amplement, dans la troisième partie de ces Lettres, à quelles sortes de créatures inférieures conviennent de tels habitats.

Résumons-nous. Ne fût-ce qu'au seul point de vue de leur régime climatérique, il est certain que les planètes peuvent être bonnes ou mauvaises, et plus ou moins propres ou impropres à fournir de vraies terres célestes. Par l'exemple de Mercure et de Vénus, nous constatons que l'architecte de l'univers ne s'est pas préoccupé d'assurer leur bonne constitution générale, ou de les rendre aptes à former des mondes complets, couronnés par une création d'êtres raisonnables. Il est fort possible que le fait de notre sphère tellurique, qui est assez propice à notre existence sur la plus grande partie de son sol, se classe parmi les exceptions ; et ce sont peut-être les diverses dispositions heureuses sur elle réunies qui l'ont fait choisir, parmi beaucoup de globes similaires, pour l'installation de notre souche humaine : supposition qui n'est nullement inconciliable avec la notion d'une préparation cosmogonique spéciale.

Quelque temps après avoir rédigé cette note, nous pouvions constater que c'est l'opinion de M. Schiaparelli sur la rotation lente de Vénus—opinion si défavorable à l'habitabilité de cette planète — qui l'emporte dans l'esprit des astronomes. Nous conservons néanmoins la discussion ci-dessus, parce qu'elle a son utilité théorique.

SEIZIÈME LETTRE

LES ÉTOILES FIXES

Levez encore les yeux vers l'espace céleste, Camille, et considérez maintenant cette multitude de points scintillants, qui semblent toujours conserver entre eux les mêmes distances, et qu'on croirait fixés à la voûte d'une grande coupole d'azur, avec laquelle ils tourneraient chaque jour autour de la terre.

Si, du tableau complet du firmament de la nuit, nous retranchons d'abord ce petit nombre d'astres planétaires que nous venons d'examiner et qui promènent manifestement, sur le fond transparent du ciel, leur corps sphéroïdal toujours amplifiable au télescope ; si, de plus, nous faisons abstraction de certains petits nuages cosmiques dont l'apparence est la plus humble quoique leur importance soit extrême; après cette double élimination il n'y aura, pour la plupart des hommes, à peu près rien de moins à la voûte céleste; ce qui reste, c'est notre ciel étoilé presque tout entier, c'est la foule pressée de ces astres si éloignés que leurs mouvements propres ont été méconnus des anciens, et qu'on les a appelés *étoiles fixes*.

L'immensité de leur nombre était déjà proverbiale alors même qu'on n'en avait encore qu'une vision très incomplète. De nos observatoires européens, nous n'en pouvons jamais embrasser qu'une partie, celle qui se déploie au-dessus de l'hémisphère boréal de la terre; par delà l'équateur, au-dessus de l'hémisphère sud, vous observeriez d'autres constellations non moins abondamment pourvues d'étoiles que les nôtres. Mais lorsque, au lieu de les considérer à l'œil nu, vous empruntez le secours du télescope, vous en voyez poindre plusieurs dont vous ne soupçonniez pas l'existence; leur nombre augmente à mesure que vous approchez de la grande traînée blanchâtre de la *Voie lactée*; et, si vous examinez cette bande lumineuse elle-même, elle vous apparaît toute composée d'une agglomération de petites étoiles qui s'étend par derrière jusqu'à des profondeurs insondables dans les champs de l'immensité.

Devant l'extrême amplification de nos instruments d'optique, tous ces luminaires s'obstinent à rester pour nous des points sans mesure, tant est grande la distance qui nous en sépare (1). Pour que leur lumière fournisse sans s'épuiser un si long parcours, il faut certainement qu'elle parte de foyers très intenses; impossible de supposer que ce sont des corps froids et obscurs réfléchissant

---

(1) Voir la note E, à la fin de cette lettre.

simplement celle qu'ils recevraient de notre flambeau central : de là l'idée que les étoiles sont elles-mêmes des sources de lumière ou de véritables soleils. L'analyse spectrale a pleinement confirmé cette ancienne supposition ; elle nous a révélé, dans la plupart d'entre elles, une composition élémentaire et une constitution physique analogues à celles de notre astre roi. Nous croyons donc qu'étant reculé jusqu'à leur distance le soleil ne figurerait plus que comme un simple point lumineux semblable à elles ; nous savons aussi dans quelle catégorie il se classerait parmi les étoiles ses sœurs ; nous connaissons enfin la position qu'il occupe dans leur immense collection, dans ce grand nuage de poussière brillante, poussière de soleils, qui constitue notre nébuleuse (1).

Puisque nous sommes d'accord sur ces notions fondamentales, j'aborde immédiatement le sujet que nous avons à débattre.

La première question qui se présente à notre esprit, celle de savoir si les étoiles elles-mêmes sont des lieux d'habitation, sera promptement résolue. Nous ne saurions nous préoccuper de leur habitabilité actuelle après ce que nous avons reconnu en parlant de notre astre du jour. Si vous étiez un déterminé spiritualiste, si vous croyiez à ce souverain Maître de l'univers de qui un chantre inspiré a dit : *In sole posuit tabernaculum suum*, Il a établi sa tente sur le soleil (Ps. 18), vous pourriez vous demander s'il n'a pas fait, de tous ces foyers de lumière, autant de mondes appropriés à des êtres d'une organisation supérieure ou éthérée ; mais puisque vous prétendez n'accorder votre créance qu'aux

---

(1) Voir la note F, à la fin de cette lettre.

données de nos sciences naturelles, vous ne pouvez rien concevoir de plus exclusif, que ces épouvantables fournaises, de la vie corporelle ou matérielle que seule vous connaissez.

Nous ne nous arrêterons pas davantage à l'habitacle que réaliserait leur écorce refroidie, parce que nous nous retrouverions en présence des graves difficultés relatives à l'absence de lumière, au mode vicieux d'échauffement, et surtout à l'excessive intensité de la pesanteur. Nous aurons à revenir encore une fois, à la fin de cette lettre, sur ce dernier inconvénient, qui est sans contredit l'un des po nts les plus importants de toute notre discussion. Nous ferons ressortir alors l'inaptitude des très grandes planètes à constituer des mondes ; et comme il faut bien, *à fortiori*, qu'il en soit de même des étoiles, nous pouvons déjà affirmer que la plus grande partie, ou plutôt la presque totalité de la matière astrale, n'a point été utilisée pour former des théâtres de la vie.

Mais si les étoiles elles-mêmes ne peuvent fournir aucune sorte de mondes ni présents ni futurs, elles suggèrent immédiatement une idée cosmologique toute simple : chacune d'elles, étant un soleil, doit posséder une escorte de planètes que nous ne pourrons jamais apercevoir à cause de leur éloignement.

Telle est donc l'opinion que vous adoptez sans hésiter. En évaluant à cinquante millions la quantité de soleils stellaires qui composent notre nébuleuse, et en attribuant à chacun d'eux une dizaine seulement de corps planétaires, vous arrivez, dans une estimation que vous croyez très modérée, à chiffrer par centaines de millions le nombre des sphères habitables qui occuperaient ce seul département de l'univers sidéral.

Certes, la conception est étourdissante et nous présente

dans toute sa force, dans toute sa gravité, le système de la pluralité des mondes : sous cette forme nouvelle nous devons néanmoins l'attaquer hardiment. Est-il donc à croire que les étoiles nous signalent tant de globes susceptibles d'être habités par des espèces homologues de la nôtre? Telle est la question que nous devons élucider par le raisonnement inductif, par les enseignements de l'analogie et, autant que possible, par les données de l'observation directe.

Le premier raisonnement que je vous proposerai s'appuie sur notre base spiritualiste; je vous demande d'abord s'il y a apparence que les étoiles aient pour fin essentielle d'éclairer et d'échauffer des mondes.

Certainement le soleil remplit assez bien ce double office à l'égard de la terre, mais nous avons vu qu'il l'exercerait fort mal envers la plupart des autres planètes, et surtout envers les plus grandes. Cependant, quand il n'y aurait que notre globe qui fût en état de comporter l'évolution complète de la vie corporelle, une semblable création, reproduite auprès de chaque étoile, justifierait encore largement le système de la multiplicité des mondes : mais voyez alors ce qu'il faudrait penser de la finalité créatrice.

Lorsqu'on suppose que des mondes complets, c'est-à-dire couronnés par une espèce raisonnable, existent en si grand nombre, on ne peut faire autrement que de les considérer comme la partie capitale et dominante de l'univers; à ce compte, tous ces brillants soleils, qui auraient pour rôle de leur fournir chaleur et lumière, ne seraient plus, par rapport à eux, que des sortes d'annexes ou d'organes très utiles, sinon indispensables, mais d'une importance secondaire et subordonnée. D'après ce principe, il serait rationnel que les astres habitables constituassent de grandes sphères centrales, autour desquelles graviteraient des luminaires d'une étendue bien moindre, conformément à l'apparence qu'offrit toujours le soleil au commun des hommes, et même à ce philosophe grec qui l'estimait un peu plus grand que le Péloponèse. Tel aurait été rationnellement, je le répète, le plan de la création astrale, si les mondes habitables avaient été l'œuvre fondamentale de son Auteur; or, vous le savez, c'est tout le contraire qui a eu lieu.

Rappelez-vous, en effet, combien est modique la masse totale de notre système planétaire relativement à celle de son foyer radieux. Il nous est permis de figurer cette dernière par une simple unité de longueur, telle que le *mètre*, et alors tout l'ensemble de son escorte répondra à une mesure moindre que *deux millimètres!* Que serait-ce s'il nous était donné de connaître sûrement la proportion de cette matière planétaire qui fut utilisée, comme l'a été le globe terrestre, pour constituer de véritables mondes, c'est-à-dire pour être le théâtre de la vie intelligente et pensante?

Quoi qu'il en soit, cette faible fraction ne serait pas encore réduite à sa véritable valeur pour qui voudrait appliquer cette comparaison à tous les astres du même genre; car on sait aujourd'hui que le soleil n'est qu'une étoile de grandeur médiocre par rapport à toutes celles qui composent la nébuleuse Galactée. On a réussi à en peser, dans la balance mathématique des astronomes, qui l'emportaient beaucoup sur lui par leur masse. Telle est la magnifique étoile Sirius, qui est peut-être moins grande encore que d'autres plus éloignées de nous. Imaginez-vous donc quelque énorme brûlot, ayant à son voisinage une sorte de granule presque imperceptible qui court autour de lui comme un insignifiant parasite, et vous aurez une idée de l'importance matérielle des globes stellaires relativement à vos terres célestes. Jugez, après cela, s'il est possible que les étoiles ne soient, dans la création sidérale, que des objets accessoires, simplement destinés à éclairer, à échauffer des mondes habitables, de telle sorte que leur existence impliquât forcément celle de ces derniers. Des luminaires immenses pour desservir ces mondicules planétaires : est-il croyable que tel a été le plan délibéré et indéfiniment reproduit du Créateur, qui aurait partout et toujours employé un moyen si disproportionné à sa fin ?

Je sais bien ce que vous allez m'objecter tout de suite : je commets une inconséquence grossière, en parlant de ces grandissimes étoiles qui n'auraient pour escorte que d'humbles planètes telles que celle que nous habitons ; car il vous semble qu'elles doivent éclairer des mondes en rapport avec leur taille. Tel soleil, direz-vous, tels mondes planétaires... Ce raisonnement est d'une logique toute simple, ce qui ne l'empêche pas d'être inacceptable.

Quoique notre astre roi ait lui-même des planètes de diverses grandeurs, nous croyons fort possible que les grandes étoiles en possèdent de plus grosses que les petites. De plus, nous savons qu'on a découvert depuis longtemps, au voisinage de l'énorme Sirius, certain globe sombre, qui n'est peut-être pas son seul compagnon, et qu'on peut assimiler à une planète, laquelle serait beaucoup plus grande que Jupiter et peu inférieure à notre soleil ; mais nous demandons si ce sont de telles sphères qui peuvent constituer vos véritables mondes analogues à celui de la terre.

A ce propos, revenons pour la dernière fois, comme je vous l'ai annoncé plus haut, sur une question que nous avons souvent touchée et que nous devons trancher ici d'une manière définitive.

Il est si difficile de concevoir des habitants sur les

très grands globes, que vous serez peut-être tenté de supposer, comme on l'a fait (1), qu'ils ne foulent pas le sol même de ces vastes mondes, et qu'ils planent dans les régions supérieures de leur atmosphère, c'est-à-dire dans les couches où elle est dilatée et parfaitement gazeuse. Mais c'est là une supposition à laquelle un athée n'a pas le droit de s'arrêter un seul instant, attendu que l'école matérialiste considère une espèce pensante comme le produit, non d'une création véritable, mais d'une évolution naturelle impliquant l'existence de tout un monde organisé, animal et végétal, qu'on ne peut croire suspendu et flottant dans les airs.

Force nous est donc de nous rabattre sur la croûte pierreuse de l'astre, où la matière atmosphérique, condensée par l'énormité de la pression qu'elle exerce sur elle-même, formerait une couche liquide qui passerait insensiblement à l'état gazeux. Cependant, il n'est pas aisé de comprendre la constitution d'un pareil fluide. On doit se demander si une substance aérienne telle que la nôtre, c'est-à-dire composée des trois gaz utiles, oxygène, azote et acide carbonique, ne se dissocierait pas par sa condensation, en laissant l'un d'eux se liquéfier ou se solidifier le premier. Et puis, quels seraient les rapports de l'indispensable élément aqueux avec les fluides aériens ainsi coercés? Je veux bien que le tout ne se combine pas chimiquement et ne forme jamais qu'un simple et épais mélange; mais alors, dans ce milieu complètement opaque, et sur ce plancher immergé qui fait songer au fond ténébreux de l'Océan, si l'on peut concevoir l'existence d'un monde vivant, il est au moins une création qu'il en faut exclure, c'est notre

---

(1) Voir *les Terres du Ciel*, par C. Flammarion, 1877, livre VIII, p. 540.

espèce raisonnable et industrieuse, qui ne peut exercer ses facultés que dans un habitacle aérien et pénétré de lumière.

Toutefois, nous avons compris, en nous occupant de la planète Jupiter, que la liquéfaction des atmosphères astrales n'est guère probable, et qu'une compression excessive entraînerait plutôt l'absorption de leurs éléments les plus actifs, de manière à ne laisser subsister qu'un résidu gazeux incomplet et impropre à la vie. Je dois ajouter maintenant qu'un autre effet de cette énorme pression serait de donner naissance à des composés chimiques tout spéciaux, qui n'auraient de stabilité que dans les conditions mêmes où ils se seraient formés, et se détruiraient avec explosion dans certaines circonstances accidentelles, telles que l'action du feu, le choc des corps lourds, le frottement, etc.

Enfin, en supposant que ces vices de constitution des grands mondes aient été corrigés de quelque manière; en y admettant l'existence d'une vraie atmosphère, gazeuse, légère, transparente, et distincte de l'élément aqueux, on doit penser que la pesanteur ne manquerait pas d'exercer son influence écrasante sur tout corps organisé qui se montrerait à leur surface; quelle que fût la ténacité de sa substance, il se trouverait immédiatement aplati et étalé comme un enduit très adhérent.

Si tels sont les obstacles que la force de gravité oppose à l'habitation des grands globes, il est clair à présent qu'il ne faut plus compter sur le correctif naturel que nous avons cité plusieurs fois, la force centrifuge résultant d'une extrême vitesse de rotation. Car, d'abord, il faudrait un mouvement gyratoire incomparablement plus rapide que tous ceux que nous connaissons dans l'univers; de plus, son effet avantageux pour les êtres vivants ne se produirait que dans la région de l'équateur ; d'ailleurs, cette influence mécanique ne remédierait pas aux défauts physiques de ces mondes ou à ceux de leur atmosphère, et leur en ajouterait même de fort graves ; bref, la force centrifuge ne serait qu'un très insuffisant palliatif de l'excessive intensité de la pesanteur.

J'infère de tout cela que nous ne pouvons pas comprendre l'habitabilité des grands astres. Pour rester sur le terrain du rationalisme ou de la science positive, nous sommes obligés de croire que les très grosses planètes, ainsi que les étoiles refroidies, seront toujours inhabitées. On ne peut échapper à la rigueur de cette conclusion que de deux manières également antiscientifiques : soit en supposant que la force de gravité ne s'exerce pas dans tout l'univers comme elle le fait ici-bas, ce qui est contraire à toutes les données de la mécanique céleste contrôlées jusque dans les espaces les plus lointains ; soit en imaginant, pour peupler les plus grandes sphères, des créatures vivantes incorporelles et analogues à des *ombres*, conception fantastique qui est, répétons-le, d'essence spiritualiste et s'appliquerait aussi bien aux soleils en ignition, aux nébuleuses...

Il n'y aurait donc d'habitables à notre sens que les petits globes sidéraux : j'entends par là ceux qui se rapprochent du volume de la terre, et même ceux qui lui sont plutôt inférieurs que supérieurs par leur masse, ceux sur lesquels la force de gravité serait moins intense et moins commode qu'elle ne l'est pour nous.

Car vous êtes enclin à vous figurer que, sur vos mondes de toutes les grandeurs imaginables, la structure et la force des êtres animés seront toujours proportionnées à la résistance que leur opposera la pesanteur ; mais cette opinion gratuite ne se peut soutenir. L'organisation, l'énergie vitale sont sans rapport avec la masse d'un globe où elles existent et ne dépendent que de la Puissance créatrice, qui les a ordonnées à sa guise en se renfermant dans certaines limites. La preuve, c'est qu'il y a sur la terre des espèces fortes et agiles, et d'autres qui sont faibles et lentes; il y a des animaux pour lesquels la gravité terrestre n'est qu'une influence peu sensible, et d'autres pour lesquels elle est considérable. Nous autres humains, dans notre pleine vigueur corporelle, nous trouvons notre corps alerte pour la marche ordinaire; mais nous le jugeons trop lourd quand nous avons besoin de courir ou simplement de gravir les montagnes et les éminences dont notre globe est couvert. Si donc vos hommes sidéraux sont comparables à nous par leur énergie vitale et par la résistance limitée de leurs matériaux constituants, ils se trouveront mieux d'habiter des mondes plus petits ou plus légers que le nôtre; et, par conséquent, c'est sur de tels globes que vous auriez le plus de chance de les rencontrer. Des astres plus grands ou plus massifs ne se prêteraient guère qu'à une vitalité grossièrement végétative; et, quant à ceux qui seraient d'une masse démesurée, rien de vivant ne pourrait surgir à leur surface, parce que tout ce qui vit physiquement est en lutte avec la force de gravité. Après vous avoir rappelé encore une fois l'impossibilité d'une bonne constitution atmosphérique pour les grands astres, je ne craindrai pas de vous redire avec insistance que la vie, et surtout la vie supérieure, est un ornement qui ne peut avoir été attribué qu'à de petites sphères. En vain vous nous opposeriez ici notre foi spiritualiste et notre croyance à la toute-puissance divine : je vous répéterais que nous ignorons les intentions cosmologiques de Dieu; que nous ne pouvons les présumer qu'en tenant compte des lois essentielles qu'il a imposées à toute sa Création, et que c'est conformément à ces lois fondamentales, et non contrairement, qu'il faut résoudre la question relative à l'existence des autres mondes.

Ainsi, nous comprenons que les plus gigantesques étoiles comptent dans leur escorte plus ou moins nombreuse des planètes extrêmement grandes; mais ce ne seraient pas celles-ci, ce seraient leurs plus humbles compagnes qui seraient susceptibles de fournir des théâtres de la vie. Nous nous retrouvons donc en présence de ce paradoxe que nous avons relevé plus haut : des soleils innombrables, des soleils immenses pour éclairer des mondes excessivement exigus. Est-ce là, je vous le demande de nouveau, le plan présumable du Créateur? Je n'hésite pas à répondre qu'ils doivent avoir quelque autre fin générale ces énormes flambeaux qui, avec ces gros globes planétaires si peu habitables, ont absorbé presque toute la substance matérielle de l'univers; et je terminerai cette lettre par une réflexion très différente de votre doctrine : Jusqu'où pourrait bien se réduire le système de l'habitabilité de la matière sidérale, étant donné que tous ses fragments les plus considérables sont absolument impropres à cette fonction?

NOTE E. — *Sur la distance des étoiles.*

Cette note et la suivante ne s'adressent qu'aux lecteurs complètement étrangers à la science astronomique.

Pendant longtemps, les astronomes échouèrent dans leurs tentatives pour mesurer les distances qui nous séparent des étoiles fixes. Il ne s'agissait pourtant que de déterminer leur *parallaxe annuelle*, laquelle est indiquée par leur déplacement apparent dans le ciel, ensuite du mouvement de translation de la terre sur son orbite; mais la courbe elliptique qu'elles sont censées décrire de la sorte sur la voûte céleste est si petite, en raison de leur grand éloignement, qu'elle semblait presque imperceptible. C'est en 1838 que Bessel, directeur de l'Observatoire de Kœnigsberg, ayant pris pour sujet de recherches la

61e étoile de la constellation du Cygne, qu'il jugeait des moins éloignées à cause de l'étendue de son mouvement propre, et ayant mesuré, par des moyens très délicats, son déplacement apparent par rapport à deux autres étoiles plus lointaines et conséquemment *plus fixes,* réussit à déterminer la parallaxe de cet astre, de laquelle se déduit facilement sa distance de la terre. En suivant la même voie, d'autres astronomes ont calculé, avec plus ou moins d'exactitude, l'éloignement d'un certain nombre d'étoiles. La plus voisine que l'on connaisse est Alpha, de la constellation du Centaure, dont la distance n'est pas moindre que *dix trillions* de lieues; puis vient le 61e du Cygne, à *dix-sept trillions* de lieues; Sirius est à *vingt-trois trillions;* et la progression va en croissant rapidement dans toutes les autres. On en a mesuré tant bien que mal qui seraient à des distances dix et vingt fois plus grandes que la première, et l'on suppose qu'il en existe qui sont des centaines de fois plus éloignées encore, sans cesser d'appartenir à notre nébuleuse.

— Ajoutons que, dans ces derniers temps, on a signalé une étoile, Bêta du Cygne, qui serait un peu plus rapprochée de nous qu'Alpha du Centaure.

Note F. — *Sur les nébuleuses.*

On a donné le nom de *nébuleuses* à des taches blanchâtres, fixes, de formes très diverses, qui ressemblent à de petits nuages, et qu'on aperçoit dans les espaces stellaires ou au delà. Malgré la similitude de leurs apparences, elles sont de deux sortes bien différentes. Celles de la première catégorie, examinées avec des instruments suffisamment forts, se résolvent en points brillants et font voir nettement qu'elles sont formées d'une réunion d'étoiles : ce sont les nébuleuses *résolubles* ou amas stellaires.

Celles de la seconde sorte, ou nébuleuses proprement dites, sont aussi appelées irrésolubles, parce qu'elles ne se réduisent pas en étoiles sous la puissance des plus fortes lunettes. Aussi avait-on supposé *a priori* qu'elles ne sont composées que d'une substance vaporeuse et diffuse, comme celle qui forme la plus grande partie des comètes, et l'analyse spectrale est venue confirmer cette supposition : ce serait de la matière cosmique telle que celle dont la condensation a produit tous les astres.

W. Herschel a surpris sa transformation progressive en étoiles. Plusieurs de ces petits nuages lui ont montré leur substance tendant à se condenser et à devenir plus lumineuse en leur milieu ; il a pu figurer certaines séries de ces corps célestes, où l'on voit la condensation centrale s'accuser de plus en plus jusqu'au point d'aboutir à une étoile précise, encore entourée d'une légère nébulosité.

Quoique les nébuleuses irrésolubles soient beaucoup plus nombreuses que les premières, elles sont loin d'avoir la même importance dans l'univers sidéral, car celles qui sont en train de se condenser ne paraissent pas assez considérables pour former des amas stellaires, mais seulement des étoiles isolées ou réunies en très petits groupes ; ce ne sont peut-être que des résidus de la matière cosmique initiale, et les étoiles qui s'y forment seraient des retardataires de la Création générale.

Revenant aux nébuleuses de la première catégorie ou résolubles, nous ajouterons qu'elles ne sont pas généralement visibles à l'œil nu ; qu'elles affectent des formes très diverses, parfois régulières et arrondies, d'autres fois très irrégulières et même spiralées ou tourbillonnantes ; qu'elles diffèrent beaucoup entre elles par la grandeur ; que les unes comptent leurs points brillants par centaines, et les autres par milliers. Il en est qui, malgré le peu de figure qu'elles font dans le ciel à cause de leur grand éloignement, contiennent des quantités prodigieuses d'étoiles et doivent occuper un espace immense.

W. Herschel, à qui la science est redevable des principales notions qu'elle possède sur les nébuleuses, a couronné ses recherches à leur égard par une hypothèse extrêmement hardie, et qui pourtant a été généralement acceptée : c'est que le soleil lui-même serait l'une des étoiles composantes d'une nébuleuse résoluble. Chacun connaît la *Voie lactée*, cette grande bande blanchâtre et bifurquée qui mesure toute la voûte céleste et se plonge au-dessous de l'horizon en entourant au loin notre monde de son vaste cintre : comme les nébuleuses résolubles, elle se décompose en étoiles ; elle constitue la nébuleuse Galactée, dont le soleil ne serait qu'une simple particule intégrante ; tous les points stellaires que notre œil nu aperçoit dans le ciel ne composeraient que cette seule nébuleuse. Elle aurait la forme d'une meule de moulin qui serait profondément fendue sur sa tranche; toutes les étoiles que nous croyons voir de part et d'autre de son plan appartiendraient à ce grand disque et correspondraient, sous des angles différents, à son épaisseur; la position qu'occuperait le soleil dans son intérieur serait voisine de son centre de figure.

Au reste, la question des nébuleuses en général est encore pleine d'incertitudes. On est loin d'être fixé sur la séparation, sur l'individualité et, partant, sur le nombre de celles qui sont résolubles. Beaucoup d'astronomes regardent la *Voie lactée* comme une chaîne de nébuleuses; et, d'autre part, certains amas stellaires, dont on a fait les nébuleuses distinctes, devraient peut-être s'y rattacher. — Quant aux nébuleuses irrésolubles, leur histoire contient encore plus de points d'interrogation; on en connaît qui ne gardent pas toujours le même éclat, qui s'obscurcissent, qui s'éclipsent peut-être périodiquement, qui semblent subir des transformations alternatives, et qui, en un mot, nous offrent divers phénomènes inexplicables.

DIX-SEPTIÈME LETTRE

LES ÉTOILES FIXES (SUITE)

Cherchons encore à présumer, Camille, si les étoiles sont entourées de mondes analogues à la terre. Tout en continuant d'user de notre double fil conducteur, — le principe d'analogie et celui d'une fin créatrice; — plaçons-nous maintenant à un autre point de vue: remontons à l'origine même ou au mode de formation des globes planétaires; et, puisqu'il existe une théorie cosmogonique sur laquelle vous croyez qu'on peut faire fond, permettez-moi de lui donner place à cet endroit, afin d'en tirer des inductions propres à suppléer à l'insuffisance de nos observations directes.

J'en appelle donc à l'hypothèse fameuse (1) dans laquelle notre grand géomètre Laplace, adoptant les vues de W. Herschel sur la formation des étoiles, en a précisé l'application à la genèse spéciale de notre système solaire. Quoiqu'elle soit généralement connue, je me crois obligé de vous la reproduire pour mieux faire ressortir les enseignements qu'elle nous fournit.

Au commencement, le soleil était une sphère excessivement grande qui s'étendait jusqu'au delà de la dernière planète, et qui était toute composée de cette substance vaporeuse et subtile qu'on croit être l'état initial des éléments cosmiques. Cette gigantesque bulle de matière nébuleuse, en même temps qu'elle circulait dans l'immensité, tournait aussi sur elle-même ; et, par l'effet de la force centrifuge qu'occasionnait en elle le mouvement de rotation, elle s'était déprimée à ses deux pôles et renflée à son équateur.

Or, il vint un temps où la force centripète de pesanteur, jusque-là nulle ou peu sensible, commença à y exercer pleinement son empire pour opérer la condensation de cet immense globe. Il se produisit alors, tout autour de son centre, un continuel afflux de sa substance légère, et il s'y forma un noyau diffus, qui augmenta

(1) Telle qu'elle a été présentée par son auteur, cette hypothèse cosmogonique était incomplète, et de graves difficultés avaient été découvertes contre elle, en suite de quoi M. Faye avait été conduit à la refondre entièrement. Mais ce second système a aussi donné prise à la critique et à de nouvelles tentatives de substitution qui n'ont point encore abouti à des solutions définitives. Si l'une ou l'autre de ces théories mécaniques récentes était généralement acceptée, comme le fut longtemps celle qu'elles tendent à remplacer, nous devrions l'adopter et l'exposer dans cette lettre, afin d'en tirer des déductions appropriées à notre thème présent; puisqu'il n'en est pas ainsi, nous nous en tiendrons encore à l'hypothèse de Laplace malgré ses défauts et les réserves qu'ils commandent, parce qu'elle convient la mieux à notre ouvrage comme étant la plus simple, la plus connue, et ayant été jusqu'ici en grande faveur auprès des matérialistes.

constamment d'étendue et de densité, par l'incessante accumulation des particules excentriques.

Mais celles de ces particules qui étaient les plus éloignées de l'axe de cette grande sphère, et auxquelles la force de rotation imprimait le mouvement circulaire le plus rapide, en se précipitant ainsi vers les régions centrales pour constituer ce noyau toujours croissant, communiquèrent à cette partie de l'astre et, par suite, à l'astre entier, un redoublement de vitesse gyratoire, en conséquence duquel l'énorme sphéroïde continua à se déprimer et à se tendre de plus en plus. A la longue, la force centrifuge devint si considérable, dans la région équatoriale, qu'elle l'emporta enfin sur la force attractive qui liait ensemble tous les éléments du globe nébuleux ; dès lors, une certaine portion de la masse solaire dut se séparer de l'agglomération commune pour former un corps distinct. Cette scission s'étant accomplie tout le long de l'équateur, il en résulta un anneau continu de matière cosmique ; et cet anneau, quoique détaché et libre, continua de tourner dans le même sens, en vertu de l'impulsion première.

Ayant donc rejeté cette bande circulaire de substance dissociée, la sphère nébuleuse poursuivait son travail de rétraction et diminuait incessamment de volume. Mais, la concentration de sa matière et l'accélération de son mouvement rotatoire n'ayant pas cessé de se produire avec leur enchaînement de conséquences mécaniques, il s'en sépara encore et successivement plusieurs anneaux concentriques, jusqu'à ce que le globe contracté fût réduit au volume actuel du soleil, dernier terme de cet effort prolongé de la force d'attraction centripète.

Quant à ces portions de matière nébuleuse tour à tour abandonnées dans l'espace, il y avait peu de chances pour qu'elles persistassent indéfiniment dans leur configuration annulaire, et il n'a pas manqué de causes perturbatrices pour rompre leur continuité : il en résulta des segments que les circonstances subséquentes ont ordinairement amenés à se réunir en un seul corps. Ce dernier amas de substance fluide, destiné à devenir une planète, constitua encore une petite nébulosité sphéroïdale, courant autour de la sphère solaire et possédant comme elle un rapide mouvement de rotation. Sur cette nébulosité dérivée, comparable à la nébuleuse mère, se produisirent généralement des phénomènes semblables à ceux que je viens de décrire pour celle-ci, c'est-à-dire qu'il s'en détacha des anneaux de substance vaporeuse, qui formèrent des planètes secondaires ou satellites.

Telle est l'hypothèse cosmogonique de Laplace, que je devais adopter avec vous sans m'en porter garant. Pour en faire l'application aux soleils stellaires, il convient d'insister sur une particularité importante, c'est la petitesse de la masse totale que la nébuleuse solaire a perdue durant sa concentration. Quand elle se fut résolue en cette agglomération incandescente que représente notre centre radieux, il se trouva qu'elle n'avait abandonné autour d'elle, pour la formation de notre globe et des autres mondes congénères, qu'une fraction minime, environ 1/740 de sa substance! Vainement vous allégueriez que cette estimation est prématurée et incomplète; que nous ne connaissons pas tous les corps planétaires de notre système; qu'il en existe peut-être de fort grands qui gravitent au delà de l'orbite de Neptune... Pour réduire à leur valeur ces suppositions, il me suffira de vous faire remarquer que les petites nébulosités secondaires, qui ont donné naissance à nos planètes, n'ont pas laissé en dehors de leur partie principale une aussi forte proportion de matière pour la formation de leurs satellites.

La nébulosité génératrice de la terre a fourni, il est vrai, une exception remarquable et qui distingue singulièrement notre globe (1); elle abandonna dans l'espace 1/80 de sa masse, fraction assez petite encore, qui devait devenir la lune ; mais, par contre, il y a eu des anneaux de matière nébuleuse qui ont rassemblé en un seul amas toute leur substance matérielle et ont constitué des planètes solitaires. Ce ne sont pas les plus grandes, à la vérité, qui sont dans ce cas ; cependant, on ne voit pas comment la seule infériorité de leur volume suffirait à expliquer la différence qu'elles nous présentent, et l'on comprend que ce qui s'est produit dans la condensation de Vénus et de Mercure eût pu s'accomplir semblablement dans celle de la terre, ou de toute autre planète plus considérable.

Non seulement la nébuleuse solaire n'a laissé qu'une petite quantité de matière s'échapper de sa provision initiale, mais elle a exécuté une partie si considérable de son travail de rétraction sans rien perdre de sa substance, qu'on a le droit de supposer que sa condensation tout entière eût pu s'opérer de même. Car, de l'orbite de Neptune à celle d'Uranus, ce grand sphéroïde a réduit son volume dans la proportion de 4 à 1, c'est-à-dire des trois quarts ; et après cette longue phase de contraction régulière, il n'a abandonné qu'environ 1/25,000 de sa matière pour la formation d'Uranus et de ses satellites : un phénomène qui s'est comporté de la sorte pendant une si grande partie de son évolution ne pouvait-il pas se continuer de la même façon jusqu'à la fin ?

Le fait contraire, qui s'est produit, a pu dépendre de circonstances toutes particulières à notre système solaire. Il est possible, notamment, que l'abondance exception-

---

(1) Voir la note G, à la fin de cette lettre.

nelle d'un certain élément chimique dans sa composition y ait eu sa part d'influence; mais il est une cause mécanique que la théorie indique comme suffisante et décisive, c'est la rapidité de son mouvement de rotation, de laquelle est résulté l'aplatissement très prononcé de ce grand globe fluide et son renflement excessif dans la région de l'équateur. D'après cela, on peut se demander si toutes les nébulosités génératrices des étoiles tournent aussi sur elles-mêmes et, dans l'affirmative, si leur mouvement de rotation atteint invariablement une semblable vitesse; car il eût suffi qu'elle se trouvât un peu moindre pour que la formation des planètes n'eût pas lieu. « Si la masse primitive dont la condensation doit engendrer le soleil et son cortège de planètes a une rotation nulle ou trop lente..., elle conserve jusqu'au bout toute sa matière sans donner lieu à la formation des planètes. » (M. Faye, *loc. cit.*)

Quelles que soient les causes, selon vous toutes naturelles, qui ont amené la formation de notre système planétaire, rien ne nous prouve que la ségrégation qui s'y est produite soit l'expression d'une règle générale parmi les astres de cette classe. Aussi, quand on applique à toutes les étoiles, suivant la pensée d'Herschel et de Laplace, le mode d'évolution attribué à la nôtre, on est porté à concevoir, pour beaucoup d'entre elles une condensation de la matière nébuleuse mieux réussie, pour ainsi dire, que ne l'a été celle du soleil. Peut-être que, sur un grand nombre de ces corps célestes, le travail de rétraction, n'ayant été aucunement troublé, aura été si régulier et si bien suivi que toute leur substance vaporeuse se sera résolue en une seule sphère, et qu'il en sera résulté des soleils simples, qui n'éclaireront jamais aucun monde. Sur d'autres nébulosités stellaires, la séparation de la matière chaotique pourrait s'être réduite à d'insignifiantes bavures, beaucoup moins importantes par leur masse que ne l'est notre globe, et simplement propres à constituer d'innombrables comètes, qui sont peut-être les seuls satellites d'un grand nombre d'étoiles.

Si vous condamnez ces présomptions, sur quelles données, sur quels arguments plausibles fonderez-vous vos dénégations? Direz-vous, par exemple, que l'hypothèse inverse de celle qui précède est tout aussi légitime, et que beaucoup d'étoiles, étant animées d'un mouvement de rotation très rapide, ont pu se prêter à une plus large division de leur substance, de manière à former des planètes plus volumineuses que notre Jupiter? Nous vous rappellerions alors que ces grosses sphères nous ont paru précédemment peu propres à constituer des mondes et, de plus, nous nous empresserions d'opposer à une telle supposition une considération importante. Dans notre système solaire, vous le savez, sur le petit nombre de planètes qui sont pourvues de satellites, il s'en trouve une très grande, Saturne, qui a gardé sous sa forme annulaire primitive une portion de la matière qui s'en est séparée pendant sa condensation; si toutes les nébuleuses stellaires avaient éprouvé le même morcellement que la nôtre, il serait arrivé que plusieurs de ces soleils, notamment les plus jeunes ou les moins condensés, auraient conservé jusqu'à ce jour leur couronne lumineuse analogue à l'anneau saturnien; et cette couronne, nous devrions l'apercevoir autour de ceux de ces astres qui sont des premières grandeurs, dans les cas où sa matière serait très abondante ou propre à former de grands globes planétaires; ce phénomène astronomique n'ayant point été observé, on en doit induire que la segmentation de la nébuleuse stellaire ou la formation des planètes ne s'est pas accomplie sur toutes les étoiles.

Un éminent astronome qui a étudié profondément cette

question, M. Faye, a pensé aussi que la condensation des nébuleuses stellaires a pu souvent s'effectuer d'une tout autre façon que celle de notre nébulosité solaire. Certaines considérations l'ont porté à admettre qu'elle a dû alors avoir lieu de manière à donner naissance à des astres qui n'avaient point entre eux les mêmes rapports que le soleil avec ses planètes. Ce seraient peut-être des étoiles doubles, multiples, ou même des groupes de petits soleils de même âge, comme on en voit plusieurs dans le ciel.

Cependant, comme il est encore possible que cette sorte d'évolution cosmogonique ait eu son analogue dans un certain nombre d'étoiles, nous demandons si elle est bien l'indice d'un plan prémédité tendant à la formation des mondes habitables.

Dans ce morcellement de la nébulosité stellaire, il se forme des planètes qui sont les unes trop grosses, les autres trop petites, pour convenir à l'établissement d'un véritable monde. — Il se produit aussi une trop inégale répartition des éléments matériels, si l'on en juge par la grande différence de densité qui s'observe entre notre Mercure et la lune, différence qui en fait concevoir de plus graves dans le partage des éléments atmosphériques. — Il y a surtout d'insignes inégalités dans l'éloignement respectif des planètes par rapport au foyer commun de chaleur et de lumière, et cette rapide progression des distances semble assez régulière pour être l'expression d'une loi cosmologique malheureuse, du moins à votre point de vue.

Je vous ai déjà fait remarquer combien notre essaim d'astéroïdes télescopiques est mieux disposé à cet égard : il nous suggère l'idée d'un certain arrangement plus satisfaisant encore. De même que nos grandes planètes, ces petites-là circulent à peu près dans le plan de l'équateur solaire ; mais on peut concevoir des systèmes planétaires dont les divers globes graviteraient dans tous les plans possibles autour de l'astre éclatant. Leur ensemble ne figurerait plus simplement un large anneau de corps cosmiques; ce serait une sorte de sphère d'une ampleur sagement mesurée. Si ces planètes cheminaient sur des orbites à peu près circulaires, ou réglées de manière à éviter leurs rencontres, chaque soleil ainsi entouré desservirait plusieurs centaines de mondes d'une grandeur convenable, qui seraient éclairés et échauffés dans la bonne mesure, sans qu'on observât, entre le premier et le dernier, des contrastes trop accusés. Et peut-être que, à la faveur de leurs rapprochements périodiques, des relations télégraphiques s'établiraient entre les habitants de deux mondes voisins, de manière à se transmettre de proche en proche dans tout le système.

Voilà, ce nous semble, l'une des façons dont aurait été distribuée la matière planétaire si sa fin eût été de constituer des terres célestes. Quelle différence avec le résultat de la cosmogonie dont Laplace s'est fait l'interprète! Ainsi, la théorie de ce géomètre, si on l'appliquait aux autres soleils, ne serait guère favorable à votre hypothèse de la multiplicité indéfinie des mondes: pour mieux dire, lors même qu'il y aurait beaucoup d'étoiles qui auraient subi la même évolution et le même morcellement que la nôtre, on n'y saurait voir l'indice d'un plan général d'habitabilité. Je vous répéterai donc ce que je disais à la fin de la lettre précédente: il est fort possible que les planètes propres à recevoir des populations humaines, au lieu d'être aussi nombreuses que vous les supposiez, ne se rencontrent qu'exceptionnellement ou rarement dans l'univers sidéral, et qu'elles soient dispersées de loin en loin à travers les cieux.

Note G. — *Sur le satellite de la terre.*

Nous saisissons, à propos de la lune, une nouvelle occasion de faire observer que notre terre n'est pas aussi dépourvue de distinction, parmi les astres de son genre, que nos adversaires affectent de le dire. Nous avons déjà constaté que ce n'est pas, pour des globes planétaires, un titre de noblesse impliquant une prédestination spéciale que de réunir en eux une très forte provision de matière ; il en est autrement pour la grosseur relative de leurs satellites. On appréciera l'importance de la proportion que nous avons citée, si l'on songe que la masse totale des cinq satellites de Jupiter, par exemple, n'est pas la 7000e partie de celle de la planète. Or, le gros satellite de la terre est pour elle beaucoup plus avantageux, parce qu'il est unique, qu'il gravite à peu de distance, qu'il a une faible densité et une masse relativement bien plus considérable. Eu égard à la légèreté de sa substance, la lune est en quelque sorte dilatée, et présente, comme luminaire nocturne, une plus grande surface éclairante. Mais elle est surtout utile à notre globe par la quantité de sa matière, à cause des mouvements que sa force attractive concourt à exciter dans le double océan maritime et atmosphérique. Non seulement les déplacements de l'air et de l'eau corrigent les excès opposés des climats et entretiennent la pureté des éléments vitaux, mais ils ont, dès le principe, contribué à façonner la croûte terrestre en attaquant et désagrégeant les parois et les bords du grand réservoir marin, et ameublissant le sol compact pour le disposer à recevoir les plus grandes merveilles du règne organique, celles qui se déploient sur la terre ferme. On peut donc affirmer que notre globe n'eût pas été propre à une telle exubérance de vie, s'il n'eût possédé ce puissant et exceptionnel satellite. — Il est vrai que nous ne nous apercevons guère de l'influence attractive de la lune sur notre atmosphère ; mais, si nous habitions au fond de l'Océan, nous ne nous douterions point de l'existence des marées, qui ne sont pas sans effet utile pour les couches aqueuses les plus profondes et pour leurs êtres vivants.

DIX-HUITIÈME LETTRE

LES ÉTOILES FIXES (SUITE)

Poursuivons encore, Camille, l'examen de notre question : y a-t-il apparence que les étoiles servent à éclairer des mondes habitables ?

Quand nous inspectons attentivement, à l'aide d'une puissante lunette, les plus brillants de ces soleils de la nuit, nous en distinguons un certain nombre qui sont formés d'une réunion de deux, et quelquefois de plusieurs points lumineux, qu'un moindre grossissement nous fait voir confondus en un seul corps. Par un examen plus prolongé, nous découvrons souvent que ces points stellaires exécutent entre eux des mouvements de gravitation ; nous pouvons déterminer la durée de leurs révolutions, et même la figure de leurs trajectoires, en mesurant successivement les distances mutuelles des astres qui composent cette étoile double ou multiple.

De quelque manière que se soient formés ces nouveaux systèmes, nous devons constater que chacun d'eux représente une association comparable à celle de notre soleil avec le globe terrestre ou avec l'une quelconque de ses planètes. Il est vrai qu'alors l'astre satellite est lui-même une étoile, aussi bien que son compagnon central ; mais, comme il est en train de se refroidir, nous pouvons le regarder comme une planète future, encore que les plus grands de ces soleils subordonnés, ou les moins avancés dans leur condensation, ne deviendraient froids et habitables que dans un avenir excessivement éloigné.

S'ensuit-il que nous trouvons réellement, dans les

étoiles doubles, des exemples de vos mondes stellaires? Nous n'allons pas si vite. Souvent, en effet, les deux astres accouplés jouissent du même éclat, et semblent à peu près de la même grandeur; alors il est à croire que, quand l'un des deux sera enfin parvenu à un régime physique analogue à celui de notre monde actuel, l'autre ne sera plus qu'un soleil sombre ou à radiations irrégulières et intermittentes. — De plus, ces futures planètes, ou du moins celles que nous distinguons le plus nettement, sont certainement très volumineuses, et vous savez toutes les difficultés que nous avons rencontrées pour l'habitation des sphères de grande taille. — Et puis, quoique les deux astres dont se compose l'étoile double nous semblent presque se toucher, le globe satellite est encore très éloigné de son compagnon majeur, et parcourt parfois une orbite plus ample que celle de notre plus lointaine planète. — Enfin, et pour comble d'inconvénients, la courbe qu'il décrit a souvent le grave défaut, sur lequel nous reviendrons plus loin, d'être une ellipse excentrique ou très allongée. C'est assez: si vous considérez que l'une ou l'autre de ces quatre conditions défavorables existe dans chacune des étoiles doubles, vous conviendrez qu'elles ne contiennent pas, comme on eût pu le croire tout d'abord, une planète à venir, avec son flambeau solaire obligé, et qu'elles n'ont point été disposées pour constituer des mondes vivants.

Cependant vous avez encore ici un moyen tout simple de donner satisfaction à votre rêve cosmologique, et vous ne manquez pas d'en profiter. D'ailleurs, les problèmes relatifs au commencement et à la fin des choses étant embarrassants et importuns pour les esprits pénétrés d'athéisme, vous avez une extrême tendance à regarder comme éternelles toutes les réalités présentes; et tout ce qui vous apparaît aujourd'hui comme des soleils vous semble devoir être des soleils perpétuels. Tel étant donc votre sentiment en présence des sphères incandescentes qui composent les étoiles doubles, vous croyez tout naturel d'insérer, autour de chacune d'elles, des globes planétaires actuellement habitables ; bien plus, vous prétendez trouver, en ce cas même, une probabilité sérieuse en faveur de votre idée dominante, celle de la multiplicité des mondes complets ou humains. C'est la coloration qu'elles affectent d'ordinaire qui vous fournit cet argument précieux ; car ce phénomène optique est notoirement fréquent parmi les étoiles doubles, chacune de leurs composantes revêtant souvent une teinte spéciale, bleue, verte, jaune ou rouge.

Donc, cette simple particularité suffit pour ouvrir à votre imagination des perspectives merveilleuses. Vous exaltez avec complaisance le charme d'un séjour planétaire favorisé d'un semblable foyer de lumière ; vous vantez surtout les mondes sur lesquels passent à tour de rôle deux splendides soleils de teinte différente, quand l'un deux, par exemple, couvrant l'Occident d'un voile d'écarlate, l'autre déploie à l'Orient un pavillon d'améthyste, et quand ces deux couleurs opposées, se mêlant en toutes proportions au milieu du ciel, viennent teindre de nuances agréables et changeantes tous les êtres qui composent cette nature féerique. Vous n'oubliez pas de nous citer la beauté des satellites lunaires qui ornent les nuits de ces terres étranges, soit qu'ils revêtent une parure de lumière aussi riche qu'inaltérable, soit qu'ils fournissent leur course comme des caméléons célestes, en variant incessamment leurs reflets. Est-il possible, ajoutez-vous enfin, dans un esprit peu conséquent avec votre systématique négation de toute harmonie et de toute combinaison divines, est-il possible que des tableaux d'un si magique attrait manquent de spectateurs capables de les apprécier? Et n'est-il pas bien probable qu'il existe des populations douées de sentiment et de raison sous ces cieux enchanteurs, qui mesurent des jours couleur d'or et de rose ?

Ces riantes conceptions, ainsi que la conséquence finale que vous [en faites sortir, sont si évidemment marquées au coin de l'irréflexion, qu'on aurait mauvaise grâce à entrer dans de longs développements pour les réfuter ; aussi vous présenterai-je avec brièveté les considérations élémentaires qui suivent.

La couleur spéciale qu'affecte une source de chaleur et de lumière n'est pas sans influence sur les phénomènes physiologiques dont elle est capable. Des soleils égaux entre eux par la masse et le volume, et différant seulement par ce caractère physique, fourniraient bien inégalement à leurs planètes respectives l'influx nécessaire à la conservation de leurs êtres organisés ; car, du seul fait de la dissemblance de leurs teintes résulteraient ! d'énormes différences dans l'intensité de leur pouvoir éclairant, calorifique et chimique, dont l'action est si importante sur les organismes vivants. Ainsi, pour cette unique raison qu'une étoile serait d'une certaine couleur, il se pourrait qu'elle fût incapable d'entretenir la vie sur un globe gravitant à une distance donnée. De plus, les lunes qui accompagneraient de tels mondes accompliraient fort mal leur office de luminaires nocturnes, et pourraient être totalement invisibles dans l'obscurité, étant perdues dans le noir de l'espace. Ajoutons qu'un simple virement de couleur, s'il venait à se produire dans un soleil stellaire, comme on en a des exemples, causerait les perturbations les plus graves sur tous les mondes qu'il ferait vivre ; il serait capable d'y susciter, ou de grands cataclysmes, ou des modifications climatériques telles que celles qui ont marqué notre âge glaciaire. Ainsi donc, sous le triple rapport des pouvoirs chimique, calorifique et éclairant, un soleil blanc et constant dans sa blancheur est aussi parfait, aussi avantageux que possible; et peut-être est-il seul propre à satisfaire aux exigences de la vie planétaire.

Mais il répond aussi à un besoin secondaire fort important, et c'est surtout sur le point qui vous préoccupe spécialement, celui de la beauté des tableaux de la nature, que la lumière blanche est supérieure à toute autre. Un soleil qui serait coloré n'éclairerait ses mondes que d'une lumière constamment unicolore; cette couleur, si riche qu'elle fût, ne pourrait produire une impression agréable sur des yeux qui n'en auraient jamais vu d'autre : elle ne ferait sortir de toutes choses qu'une expression d'uniformité monotone et fastidieuse. Des mondes illuminés par deux soleils de coloration différente seraient sans doute mieux partagés ; leurs habitants y posséderaient du moins la notion des couleurs ; outre celles qui appartiendraient en propre à ces luminaires naturels, ils connaîtraient encore les nuances qui résulteraient de leur mélange. Mais ces deux flambeaux stellaires luiraient sur eux alternativement, et il vaudrait bien mieux, au contraire, qu'ils éclairassent simultanément chacun de leurs hémisphères, et que leurs teintes, étant mutuellement *complémentaires*, formassent par leur réunion de la lumière blanche, ou presque blanche, telle que celle que nous dispense notre propre soleil.

C'est la lumière blanche, en effet, qui seule est complète et parfaite; c'est elle qui contient en puissance toutes les couleurs possibles. En réfractant ses rayons à travers notre atmosphère vaporeuse, elle déploie toutes les richesses du spectre solaire, dont elle décore à l'envi la voûte azurée ; en les dispersant pour les recomposer de mille manières à la surface de tous les corps terrestres, elle distribue à tous les objets que nous connaissons les nuances infiniment variées qui les distinguent. Tout ce que nos yeux se plaisent à contempler dans les trois règnes de la nature doit son principal attrait à la lumière blanche décomposée. Rien de mieux donc qu'un soleil incolore ; et ces luminaires incomplets des étoiles doubles, dont vous vantez si inconsidérément la supériorité sur le nôtre, devraient être cités plutôt comme des exemples de soleils qui n'ont point autour d'eux de mondes habitables.

Il conviendrait peut-être d'élargir cet aperçu. Ce n'est pas seulement dans les étoiles doubles que s'observe le remarquable fait de la coloration stellaire ; il y a beaucoup d'étoiles simples qui sont jaunes ou rouges, et l'on croit que ce sont de vieux soleils qui sont à la dernière période de leur ignition ; quoique encore enflammés, ils seraient donc devenus peu capables d'éclairer des mondes vivants.

La coloration des étoiles est peut-être plus commune que cela encore ; il est même possible que celles qui nous paraissent blanches soient généralement colorées. Un savant physicien américain que j'ai déjà cité, M. Langley, soutient que, quand on observe convenablement le soleil du sommet des hautes montagnes, on voit sa teinte légèrement jaune virer sensiblement au bleu ; et il pense que cet astre se montrerait d'un bleu intense, sans l'action absorbante qu'exercent sur sa couleur son atmosphère et la nôtre. C'est apparemment en suite du même effet que la plupart des étoiles simples nous paraissent incolores ou d'une blancheur qui passe faiblement au jaune. Il se peut donc qu'elles soient constamment colorées, et, par conséquent, impropres à vivifier des mondes dont les atmosphères ne seraient pas douées d'un grand pouvoir absorbant ou décolorant. Et l'on doit penser que ce pouvoir s'exerce d'une manière plus ou moins incomplète dans les diverses atmosphères astrales, car il ne produit pas complètement son effet dans celle de la terre elle-même, puisque beaucoup d'étoiles doubles ou simples nous offrent encore une coloration très prononcée.

Quoique je ne vous présente qu'avec réserve ces dernières considérations, voici la conclusion que je tirerai de la coloration des étoiles. Ce phénomène optique répond très bien à une fin principale de la Création céleste que nous étudierons plus tard ; mais, à moins que vous n'admettiez, sur tous les astres, un correctif providentiel de cette malencontreuse couleur, il dépose contre le système de leur habitabilité générale, et surtout il ne nous permet pas de croire à l'ubiquité des mondes aussi ornés, aussi admirables, aussi dignes des humains que l'est le nôtre.

Mais revenons spécialement à nos étoiles doubles, pour en finir avec ce cortège de planètes que vous attribuez à chacune de leurs composantes.

Ainsi que nous l'avons dit, la plus petite décrit autour de l'autre une orbite ordinairement elliptique, et quelquefois très excentrique. Alors elle s'approche beaucoup de sa congénère pour la contourner, et s'en éloigne ensuite jusqu'à des *milliards* de lieues. Quand ces deux soleils se trouvent à leur maximum d'écartement, leurs planètes respectives sont dans des conditions normales d'échauffement et de stabilité ; mais lorsque, de ce lointain *aphélie*, le soleil secondaire reviendra accomplir son *périhélie*, jugez quel sera le sort des deux escortes planétaires engagées dans le périlleux détroit qui les sépare. Elles se trouveront entre deux feux violents qui les torréfieront en dépit de leur rotation, et entre deux centres d'attraction qui ne manqueront pas de troubler leur régime ainsi que tous leurs mouvements. Elles se dévieront forcément et perdront leur route : la plus petite des deux étoiles laissera échapper ses planètes qui iront s'entremêler avec celles de l'autre escouade, au risque de se briser sur leurs nouvelles compagnes... Disons plutôt que vos deux groupes de mondes planétaires n'existent pas ici ; ils seraient une conception ou une œuvre trop inconséquente pour la Sagesse créatrice, et même on ne comprendrait pas par quel mode ils auraient pris naissance.

Il est donc vrai que les étoiles doubles ne servent pas à vivifier des planètes. Or, après qu'on eut découvert et dénombré ces astres binaires, on estima qu'il en existe *un* sur environ *quarante* étoiles simples ; mais, en continuant de les rechercher, on vit leur proportion s'accroître de plus en plus, et l'on est arrivé à enseigner qu'ils sont, à l'égard des étoiles ordinaires, dans le rapport de *un* à *cinq*. Puisqu'il y a dans le ciel tant de soleils *stériles*, qui sait si ce n'est pas la règle ou à peu près ? Quoi qu'il en soit, que devient votre primitive affirmation de l'infinité des mondes répandus parmi les étoiles fixes ?

Je dois me garder ici d'une généralisation illégitime, car il existe encore une grande majorité d'étoiles simples, et les étoiles doubles elles-mêmes ne nous montrent pas toujours des orbites très allongées ; permettez-moi pourtant, à ce propos, une constatation importante. C'est que le souverain Auteur de la gravitation universelle, ne s'étant pas préoccupé d'assurer aux corps sidéraux ces orbes circulaires qui conviendraient à leur habitabilité, et leur ayant permis de dessiner des courbes élégantes et gracieuses, mais plus ou moins défavorables par leur excentricité, nous laisse voir, par là encore, que la formation de vos mondes vivants n'a pas été son but essentiel (1).

Notez, d'ailleurs, que les étoiles doubles ne sont pas toujours animées d'un mouvement de révolution l'une autour de l'autre. Il paraît y avoir un grand nombre de ces couples dont les deux composantes voyagent côte à côte ou de conserve à travers les cieux. On doit penser alors qu'elles ne garderont pas perpétuellement leur parallélisme, et que leur association n'est qu'instable et temporaire. Peut-être que, par l'effet de leur attraction mutuelle, elles iront en se rapprochant jusqu'à se réunir et se confondre ; peut-être qu'au contraire, sous les influences extérieures qu'elles auront à subir, elles viendront à s'écarter et à s'isoler. Il est donc peu vraisemblable que l'une des deux soit destinée à servir de soleil à l'autre, ou que chacune d'elles soit le centre d'un système planétaire. Moins encore que celles de la première catégorie, ces étoiles accolées nous semblent propres à réaliser les conditions de la vie sidérale.

Tout ce que nous venons de dire des étoiles doubles s'applique à plus forte raison aux étoiles triples, quadruples, multiples, et à ces collections de soleils qui sont groupés par centaines dans un espace relativement

---

(1) Ce que nous disons du mouvement de révolution des astres, rappelons-nous qu'on peut le dire aussi de leur mouvement de rotation, qui est un élément si important dans la constitution des mondes. Ainsi la lune tourne sur elle-même lentement et en montrant toujours la même face à la terre, son astre central ; c'est aussi ce qui a lieu pour les satellites de Jupiter et peut-être pour d'autres : il en est encore ainsi pour les planètes Mercure et Vénus par rapport au soleil. De plus, l'axe de rotation peut être excessivement incliné, comme il se trouve pour Uranus... Ces faits, si défavorables à l'habitabilité, montrent que l'Architecte de l'univers n'a guère pris soin d'approprier les astres au règne de la vie, et surtout de les adapter à la convenance d'une espèce souveraine et cosmopolite. Conclusion : les bonnes planètes, les planètes propres à former de vraies terres célestes, sont sans doute beaucoup moins communes qu'on a pu le croire.

restreint. Au sein de ces réunions de brasiers stellaires qui se rapprochent ou s'éloignent les uns des autres, qui s'entremêlent et changent incessamment de rapports, il est impossible qu'il y ait place ordinairement pour des corps planétaires, et que des mondes semblables au nôtre y trouvent indéfiniment permanence et sécurité.

DIX-NEUVIÈME LETTRE

LES ÉTOILES FIXES (SUITE ET FIN). — LES COMÈTES

Nous venons de voir, Camille, que beaucoup d'étoiles seraient impropres à servir de centres illuminateurs à vos terres célestes: nous en pourrions citer bien d'autres qui seraient des soleils plus imparfaits encore.

Une qualité très désirable dans les astres analogues à notre ardent foyer, c'est la constance de leur émission de lumière, et surtout de chaleur. A cet égard, nous ne savons si notre soleil a toujours eu un régime régulier dans le passé; mais, depuis les temps historiques du moins, son rayonnement a présenté une remarquable constance. Or, il y a des étoiles qui se comportent tout autrement: ce sont, par exemple, celles qui ont été inscrites dans les anciens catalogues avec la mention d'une *grandeur* déterminée, et qui ont changé de classe, de manière à se trouver aujourd'hui, sous le rapport de leur éclat, à plusieurs degrés au-dessus ou au-dessous de leur premier signalement. Ces étoiles sont peut-être nombreuses; de plus, il en est chez lesquelles ces variations ont été assez rapides pour être entièrement perçues dans l'espace de quelques années, ou par un même observateur.

Parmi ces étoiles variables qui ont attiré l'attention

des astronomes, il faut citer surtout celle dont les variations sont périodiques. Celles-là, on les voit diminuer peu à peu de grandeur pour augmenter ensuite progressivement et recouvrer leur clarté primitive. Il y en a qui, en s'affaiblissant de la sorte, vont jusqu'à s'éclipser totalement pendant plusieurs heures, pendant des mois entiers et plus. Si cette sorte d'extinction temporaire est bien réelle, vous ne pouvez supposer que de tels soleils sont entourés de planètes habitées; car, outre la disparition de la lumière, il s'y produirait un refroidissement profond qui entraînerait la congélation générale de leurs eaux, du moins quand il s'agirait de variations à longues périodes, comme sont celles qu'on observe le plus ordinairement.

On en a vu de plus étonnantes encore. Des étoiles que l'on ne connaissait pas, ou qui avaient fait jusque-là humble figure dans le ciel, ont pris tout à coup un tel développement que leur éclat a surpassé celui des plus brillantes. Depuis l'antiquité jusqu'à nos jours, la science astronomique a enregistré plusieurs exemples célèbres d'une semblable amplification, qui fut suivie parfois d'une disparition totale. Il y a des constellations, celle du Scorpion, par exemple, qui se sont fait remarquer par le nombre de ces étoiles temporaires (1). L'analyse spectrale, appliquée à l'étude de quelques faits de ce genre, a montré qu'il s'était dégagé de l'astre examiné une grande

---

(1) C'est *peut-être* un cas analogue qui s'est produit, en 1892, dans la constellation du Cocher. Toutefois, il se peut que certains faits de ce genre ne se passent pas réellement dans les étoiles, mais dans les espaces interstellaires, et qu'ils soient dus à la rencontre d'immenses comètes ou de fragments errants de matière nébuleuse. On n'en conçoit pas moins combien ces grands phénomènes seraient préjudiciables à des mondes qui en subiraient l'influence. Que deviendraient les êtres vivants de nos dernières planètes, et que deviendrions-nous nous-mêmes, si de telles rencontres avaient lieu aux confins de notre système planétaire ou dans son intérieur?

quantité d'hydrogène, dont la combustion soudaine l'avait entouré de flammes gigantesques simulant un immense incendie. Cet accident grandiose fournirait peut-être un très beau spectacle aux mondes qui seraient annexés à ces flambeaux solaires, à moins qu'il n'ait pour résultat d'éblouir et d'aveugler leurs habitants; mais vous comprenez aussi combien serait désastreux l'effet calorifique concomitant; car il est certain que ces singulières étoiles envoient des milliers de fois plus de chaleur, dans leur période d'exaltation, que quand elles sont réduites à leur minimum d'éclat. Nous n'avons pas à nous occuper des hypothèses par lesquelles on a cherché à expliquer l'inconstance des foyers stellaires; quelles qu'en soient les vraies causes, elles ne peuvent qu'infirmer pour nous, qui croyons à la sagesse d'un Créateur, l'idée de la fonction vivifiante que vous leur attribuez à tous.

Enfin, il existe d'autres étoiles dont les imperfections seraient encore plus graves et plus radicales au point de vue de l'habitation planétaire. Pour vous le faire comprendre, je vous rappellerai qu'il y a d'extrêmes inégalités dans la distribution des éléments chimiques de l'univers céleste. On admet, depuis les enseignements de W. Herschel, que tous les astres dont la réunion forme ces grands essaims de soleils appelés nébuleuses proviennent d'un amas excessivement étendu de vapeurs chaotiques, qui s'est divisé en une multitude de parties pour former auant d'étoiles distinctes. On sait, de plus, que les éléments vaporeux qui composaient cette sorte de nuage cosmique, ne s'y trouvant pas dans un état de mélange parfait, ne se sont pas répartis d'une manière égale et uniforme entre tous les fragments de la grande nébulosité primitive. Le spectroscope nous fait voir que certaines étoiles ont accaparé telle substance, et d'autres telle autre matière, de sorte qu'on ne rencontrerait peut-être que des traces, dans celles-ci, d'un principe chimique qui abonde dans celles-là; et ces différences portent notamment sur les éléments indispensables à la constitution des atmosphères planétaires et à la formation des êtres vivants.

Il est vrai qu'on ne peut se fier tout à fait aux résultats de l'analyse spectrale que quand ils signalent positivement l'existence de tels et tels éléments matériels; lorsqu'au contraire ils ne nous indiquent que leur absence, on peut craindre, — comme nous l'avons soupçonné pour l'oxygène solaire, — que ceux-ci ne soient à quelque état inconnu de nous, ou engagés dans quelque combinaison qui les dissimule. Mais un tel soupçon ne doit pas nous empêcher de faire fond sur les enseignements de la spectroscopie, quand nous n'avons pas d'autres données scientifiques qui les contredisent. Moyennant cette réserve, voici donc ce que nous ajouterons :

Il y a toute une classe d'étoiles, les étoiles rouges, qui paraissent dépourvues d'hydrogène; en admettant qu'il en soit de même pour les planètes qu'elles ont pu former, on doit penser que celles-ci ne contiendront pas d'eau ni de composés hydrogénés propres à la remplacer dans l'économie d'un monde. D'autres soleils stellaires semblent ne pas posséder d'azote; d'autre part, le carbone et l'oxygène ne se manifestent pas constamment dans la matière sidérale... Si nous étions des adeptes de l'athéisme, nous serions presque obligés de croire qu'une telle constitution cosmique ne permettra jamais l'éclosion d'une nature vivante : notre foi spiritualiste nous empêche d'être si absolus; néanmoins, nous croyons légitime d'inférer de nouveau que la cosmogonie universelle n'a pas été dirigée avec l'intention de préparer partout et toujours les conditions nécessaires de la vie.

Notons, en terminant cet article, que tel ou tel grave

défaut cosmologique, que nous avons signalé dans les étoiles, pourrait bien n'être pas particulier à quelques-unes, mais se manifester sur elles toutes, à l'âge de leur vieillesse, par exemple. Ainsi leur prétendue fonction générale, de vivifier des mondes planétaires, ne serait pas constante ou permanente, et ne s'exercerait que pendant une partie limitée de leur longue période d'incandescence; et elles seraient susceptibles de se vicier, ou même de s'éteindre, avant que leurs principales planètes fussent devenues habitables pour des humains, puisque tel serait le cas de notre soleil à l'égard de Jupiter.

Ce n'est pas encore le moment de rechercher quelle peut être la fin de la Création sidérale, mais il convient de préparer la réponse que nous aurons à faire à cette question.

Quoique les constellations les plus richement pourvues d'étoiles soient sans doute mêlées d'astres déjà éteints et invisibles, il reste toujours étonnant, pour qui sait que ces lointains soleils diffèrent beaucoup entre eux par leur masse, et probablement aussi par leur âge, il est étonnant, dis-je, qu'il y ait au-dessus de nos têtes un si grand nombre de globes en pleine et permanente ignition. Cette incandescence simultanée est surtout remarquable quand on considère le cas de certaines étoiles multiples; car on aperçoit, dans ces groupements stellaires, de très petits points brillants qui gravitent parfois à une grande distance du centre de ces systèmes particuliers. Il semble cependant que ces petits satellites écartés devraient, comme toutes les planètes qui entourent notre astre roi, se trouver déjà refroidis et obscurs, attendu que leur condensation est au moins aussi ancienne que celle des étoiles relativement énormes qu'ils accompagnent : d'où vient donc qu'ils sont encore en possession de leur lumière intrinsèque?

Nous avons admis que le globe terrestre, qui fut primitivement une sorte d'étoile, est encore en état d'incandescence et de fusion à son intérieur; mais quelques savants sont enclins à croire qu'il s'est formé à son centre un noyau solide, composé de ses matériaux les plus condensables, et s'accroissant sans cesse à sa périphérie. C'est ce qui se produit peut-être dans beaucoup de globes stellaires, en raison de la nature de leurs éléments dominants et de la médiocre rapidité de leur rotation. Il peut se faire alors que leur solidification ne s'opère que par l'accroissement continu de ce noyau central, sans qu'il se forme une véritable croûte enveloppante, et de façon que les couches superficielles de la sphère restent constamment en ignition. Il en serait toujours de ces globes ardents comme il en est présentement de notre soleil, dont la photosphère est entretenue par le calorique des régions sous-jacentes. Le refroidissement atteindra pourtant un jour cette surface elle-même; mais si vous vous figuriez qu'il en résultera de vraies planètes, et même des planètes d'un meilleur régime que la nôtre, vous seriez dans une grande erreur qu'il serait superflu de faire ressortir : il me suffira de constater ici que les astres de ce genre, qui forment peut-être la presque totalité de la matière sidérale, semblent destinés, à cause de la grandeur de leurs masses, non à fournir des théâtres de la vie, mais à rayonner de la lumière pendant des temps immenses.

Des diverses considérations que nous avons exposées dans ces quatre dernières lettres, il ressort clairement que la présence des globes planétaires autour des étoiles fixes ne peut pas être générale. Si vous me permettez encore de mettre en cause la finalité créatrice, j'ajouterai que l'auteur de l'univers n'a certainement pas eu l'intention de le remplir de mondes habitables; que la création des étoiles ayant été son œuvre fondamentale et essentielle, celle des planètes a été, en quelque sorte, accessoire et éventuelle; sans lui rien retirer de son infinie prescience, je dirai enfin qu'il semble s'être simplement réservé de choisir, dans toute sa Création astrale, les lieux planétaires où pourrait s'exercer son pouvoir vivifiant, et que ce choix ne devait porter que sur de petits globes, constitués et conditionnés d'une certaine façon.

Faudrait-il vous en dire davantage? Voudriez-vous savoir dans quelle mesure la fin qui vous préoccupe a été réalisée ? J'aurais une première et principale réponse à vous fournir ici. Touchant les mondes célestes, tout est possible, tout est soutenable, jusqu'au système le plus restreint et le plus contraire au vôtre. Cependant, je me garderai de condamner d'une manière si absolue votre doctrine, et je ferai plus de cas des impressions astronomiques ou philosophiques qui vous l'ont suggérée. Il existe, direz-vous avec insistance, tant d'étoiles dans cette grande nébuleuse à laquelle nous appartenons, que le fait de notre globe terrestre vivifié par son soleil, — même étant supposé exceptionnel et rare, — y pourrait être bien des fois reproduit.... Puisque nous ne pouvons contrôler cette vague conjecture, nous ne la contredirons pas, et nous vous concéderons généreusement le bénéfice de notre ignorance. Nous vous accorderons donc qu'il y a peut-être, autour des étoiles fixes, beaucoup de globes habitables et dotés, en effet, du règne de la vie, c'est-à-dire beaucoup de mondes passés, présents et futurs ; mais quoiqu'il ne nous soit pas interdit d'attribuer à ces demeures sidérales les *hôtes spéciaux* qu'il vous plaît d'y concevoir, nous nous réservons d'examiner, dans la troisième partie de ces lettres, s'il n'est pas vraisemblable que la vie s'y trouve représentée simplement par des êtres de nature inférieure ou inconsciente, et non par des populations supérieures et morales analogues à l'humanité.

Après avoir étudié, dans notre ciel étoilé, les astres que leur constitution assimile à notre globe, nous ne saurions passer absolument sous silence la classe si différente et si remarquable des comètes.

Songez que ces luminaires célestes forment, autour de notre astre roi, une escorte cent et cent fois plus nombreuse que celle de ses planètes, et que, à défaut de l'avantage d'une forte masse, ayant reçu en partage des dimensions très amples, ils tiennent une place incomparablement plus grande dans les champs de l'étendue. Puisque les comètes ont, sous ces deux rapports, une si grande importance dans notre système solaire, il est à présumer qu'elles ont leur raison d'exister dans toutes les régions de l'univers sidéral, et qu'elles sont répandues avec non moins d'abondance autour des autres étoiles; peut-être même y a-t-il de ces lointains soleils qui en possèdent plus encore que le nôtre, et qui ne connaissent point d'autres satellites.

Or, chacun comprend ce qu'il y a d'imparfait et d'étrange dans la constitution de notre séjour tellurique de ce globe massif et impénétrable qui ne se prête à l'exercice de la vie que par sa seule périphérie. Nous ne concevons pas, en effet, qu'aucune sorte d'êtres animés puisse subsister ailleurs qu'au sein de sa mince enveloppe atmosphérique et aqueuse, dont sa masse énorme n'est qu'un simple support et comme un piédestal démesuré. S'il existe, au contraire, des astres qui approchent de l'idéal d'un habitacle bien conçu, ce sont ceux dont il s'agit en ce moment. Car je ne sais ce que vous pourriez mettre au-dessus d'un monde tout gazeux et transparent, dont la fluide substance serait à peine interrompue par la présence d'une charpente minime; et nulle part, ce semble, vous ne seriez plus à l'aise que là où votre vie serait tout aérienne, et où vous nageriez en tous sens dans un océan de lumière.

Quelles stations d'ailleurs que celles-là pour jouir du spectacle des cieux dans son ensemble et dans ses détails! De notre terre, enchaînée fatalement dans le cercle étroit de son orbite, nous ne voyons toujours au-dessus de nous que les mêmes objets, l'astre brûlant du jour ou le triste luminaire de la nuit, et, quant au fond du tableau céleste, nous ne découvrons de toutes parts qu'un pointillé stellaire toujours lointain et invariable; mais, pour les comètes, quelle diversité dans les situations et les points de vue!

Accomplir, sur ce véhicule vaporeux, une ample exploration des régions éthérées; croiser çà et là d'autres astres voyageurs du même genre; effleurer les globes planétaires de manière à inspecter, au passage, des contrées d'une âpreté pittoresque, et peut-être d'agréables paysages et des populations épouvantées; s'avancer jusqu'aux abords du soleil, s'engager même dans son atmosphère tumultueuse, pour côtoyer ses houleuses plaines de feu, et rebondir d'un trait jusqu'au delà de sa dernière planète, et jusqu'à ce qu'il n'apparaisse plus que comme un simple point qui scintille humblement dans les cieux;

Ou même, encore, se dérober à son influence attractive, s'enfuir au loin, bien loin, dans les solitudes ténébreuses du ciel; découvrir alors, sur la voûte constellée, une étoile radieuse entre toutes qui s'approche, grandit avec lenteur, et se développe enfin en un second soleil d'un aspect différent du premier; s'aller raviver à la source de ses effluves bienfaisants, et passser en revue, avec étonnement, les mondes singuliers qui peut-être l'environnent; changer de route au gré des attractions sidérales, et voyager en tous sens dans cette immensité où tout ce qui semble perdu se retrouve tôt ou tard au voisinage de quelque foyer de lumière ; posséder une vie qui ne connaît ni les jours, ni les années, ni aucune autre mesure : quelle destinée plus propre à satisfaire des êtres avides d'infini et qui, comme vous, aspirent à scruter tout l'univers ! Quel plus heureux séjour et quel meilleur observatoire que cet astre vagabond !

Mais il faut finir cette rêverie et revenir à notre prudent réalisme. Pour satisfaire aux convenances d'un système préconçu, les hardiesses de notre imagination ne doivent point aller jusqu'à méconnaître les données les plus positives de la science et les plus claires impressions du sens commun. Moins que personne vous songez, matérialiste, à attribuer à vos demeures astrales des habitants d'un genre surnaturel indépendants de la matière, insensibles aux agents physiques qui sont capables de la transformer, et c'est pourquoi votre doctrine de la multiplicité des mondes n'a rien à faire avec les comètes. Nous ne nous aviserons pas ici de mettre en application notre principe des quatre éléments biologiques; comme nous estimons tous deux qu'il est contraire à toutes les apparences de peupler de créatures corporelles les couches supérieures et raréfiées de notre atmosphère, nous ne devons pas en accorder à des milieux d'une essence beaucoup plus subtile encore et telle que la substance nébuleuse. Il est vrai que les comètes sont pourvues de certaines parties où leur matière est très condensée ; mais, en quelque état physique que se trouvent ces noyaux brillants, ils paraissent composés de pièces séparées les unes des autres formant des systèmes tout flexibles et changeants par l'effet des attractions planétaires susceptibles même de se partager pour former autant de comètes distinctes; ils sont donc loin de réaliser le genre de fixité nécessaire à tout habitacle convenable.

Il est à peine besoin d'ajouter, touchant l'inaptitude des étoiles chevelues à constituer des mondes, les difficultés qui résultent des variations de leur régime par l'effet de leur extrême rapprochement des brûlots stellaires, ou de leur fugue excentrique dans les solitudes glaciales de l'espace. Je me bornerai donc, pour terminer, à consigner ici une simple idée que je reprendrai en temps utile : ces globes, si grands et si légers, s'ornant de ces immenses panaches qui ne sont peut-être que les fantômes de l'objet qu'ils figurent, ces brillantes bulles gazeuses qui se resserrent, s'agrandissent, se tourmentent dans une perpétuelle fantasmagorie ; ces astres lumineux par l'influence du soleil, lumineux aussi par eux-mêmes et, chose presque merveilleuse, indéfiniment lumineux malgré la faible quantité de leur substance matérielle, ne nous semblent pas destinés à porter autre chose que le principe éthéré qui combat la nuit profonde des espaces, la lumière.

VINGTIÈME LETTRE

LES NÉBULEUSES

Quand nous nous élancerions, maintenant, Camille, par delà l'enceinte apparente du firmament constellé, en traversant les couches profondes de cette poussière d'étoiles dans laquelle notre soleil est confondu; ayant laissé bien loin en arrière les derniers traînards de la Voie lactée, quand nous poursuivrions une course indéfiniment longue au sein du vide et des ténèbres, guidés par quelque lueur incertaine qui se distingue derrière toutes les constellations, et jusqu'à ce que nous voyions enfin l'indécise nébulosité s'illuminer, s'étendre, occuper en apparence tout l'espace, et reproduire une nouvelle voûte étoilée comparable à celle qui se déploie au-dessus de nos têtes; volant plus rapidement que la foudre, quand nous nous transporterions, dans un voyage sans fin, d'une nébuleuse à une autre, comme d'un ciel à un autre ciel, et quand nous supputerions des centaines de firmaments distincts, plus ou moins abondamment pourvus d'étoiles, qui s'étagent ou se développent au large, séparés les uns des autres par d'inexprimables distances; quel enseignement rapporterions-nous de cette excursion inénarrable, si ce n'est la confirmation des deux idées principales que je vous ai présentées jusqu'ici?

Car, vous le savez, en même temps qu'on a découvert ces diverses sections de l'univers céleste qui constituent les nébuleuses, on a constaté qu'elles ne sont pas toutes dans le même état, ou à la même phase de leur évolution. Il est vrai que la plupart de celles que nous discernons le mieux nous apparaissent, comme l'immense essaim de soleils auquel appartient notre astre radieux, dans toute la pompe de leur épanouissement. Mais il y en a dans lesquelles la lumière stellaire commence à peine à poindre, et où quelques lueurs plus ou moins diffuses nous indiquent autant de futurs soleils qui se dégagent, avec une extrême lenteur, du sein d'un vaporeux chaos. D'autres ne sont encore que des nuages de vapeurs légères, qui peut-être resteront perpétuellement en cet état, comme il se peut aussi qu'il leur arrive une mystérieuse impulsion tendant à les transformer en étoiles. Enfin, par un faible effort d'induction bien ou mal fondée, vous pouvez concevoir qu'il existe d'antiques systèmes qui sont près de rentrer dans l'ombre, et où quelques derniers soleils brillent encore au milieu des globes éteints : ce seraient les préludes, peut-être tout modiques, de la création stellaire. Ainsi les nébuleuses nous représentent des formations cosmiques qui semblent généralement contemporaines de notre nébuleuse Galactée ; mais il s'en trouve qui sont certainement moins avancées en âge, tandis que d'autres ont pu parcourir avant elle les mêmes phases évolutives.

La science a immensément agrandi les caractères apparents de l'univers ; elle nous étourdit par l'étendue et la durée qu'elle lui attribue, par la grandeur et le nombre des parties ou des corps sidéraux qu'elle nous y montre. Mais elle ne lui a pas retiré son caractère d'objet contingent, limité dans l'espace et dans le temps, et nous continuons, spiritualistes, de croire que l'éternité, l'infinitude réelle, est le propre de son seul Auteur, qui ne fait que nous l'affirmer au plus haut point en nous dévoilant l'excessive grandeur de son ouvrage. Il nous paraît que le commandement cosmogonique auquel celui-ci doit l'existence s'est exécuté d'une manière successive, comme la combustion d'une traînée de poudre ; que le travail créateur universel n'a pas été instantané, mais toujours prolongé et progressif, et que l'impulsion génésiaque par laquelle il a commencé se continue encore sous la forme évolutionnaire. Il est possible, toutefois, comme nous l'avons déjà fait entendre, que le gros œuvre au moins soit partout en voie de se terminer, si l'on en juge par le peu d'importance relative des dernières formations astrales qu'il nous est donné d'entrevoir. Il se peut aussi que les nébuleuses qu'a atteintes tardivement le mouvement de transformation, ou sur lesquelles il a été plus lent qu'ailleurs à produire ses effets, se trouvent néanmoins à une phase cosmologique plus avancée qu'elles ne le paraissent ; car il y a des sections de l'univers céleste tellement éloignées que nous ne les voyons pas comme elles sont actuellement, mais comme elles étaient il y a des *millions* d'années, quand les rayons lumineux qui nous les font apercevoir en sont partis.

Ainsi que vous l'avez pu voir tout le long de notre discussion, je me suis tenu jusqu'ici, autant que je l'ai pu, sur le terrain de la science et de la raison pures. Je ne dois pourtant pas vous laisser supposer que je méconnais ou que je sacrifie les enseignements de la Révélation sur la genèse du monde. J'ai donc à vous dire maintenant, par une sorte de digression, que nous ne croyons pas nous mettre en opposition avec la foi religieuse en vous parlant, comme je viens de le faire, des formations sidérales antérieures à celle où nous nous trouvons, alors que l'exposé biblique ne fait apparaître tous les astres qu'à une certaine période de la préparation de notre demeure tellurique. C'est que, à notre avis, le récit de l'historien sacré avait deux fins principales : établir formellement le dogme de la Création divine, et motiver le repos du septième jour de la semaine. Quant à la fondation de l'univers astral telle que la conçoit la science actuelle, il ne lui en a été rien révélé, sans doute parce qu'un tel enseignement, qui aurait été incompréhensible aux générations d'alors ainsi qu'à la plus grande partie des suivantes, n'eût pas eu pour elles d'utilité pratique. Aussi semble-t-il que l'exposé mosaïque a été fait au point de vue d'un témoin tout humain et terrestre, qui s'est borné à relater ce qui s'est produit ici-bas et ce qui est apparu successivement à ses yeux, en faisant à peine mention du travail créateur exécuté au delà de ce monde. D'ailleurs, si ce narrateur renseigné d'une manière restreinte, ou ce spectateur au faible regard n'a pas aperçu les astres dès le commencement de sa vision, il se peut que ce soit pour une raison toute physique qui les rendait invisibles : l'opacité de la couche profonde de vapeurs et de nuages qui enveloppait constamment la terre lorsqu'elle était encore toute pénétrée de sa chaleur propre. C'est seulement quand l'atmosphère se fut épurée et éclaircie, c'est-à-dire le quatrième jour de l'hexaméron génésiaque, que se montrèrent à lui le soleil, la lune et les étoiles, quoique leur formation eût été bien plus ancienne (1). Cela dit, je reviens à des considérations plus spécialement rationalistes.

J'ai avancé que l'examen des nébuleuses nous amène à confirmer deux de nos principales déductions. Ces grandes formations astrales sont différentes par leur âge aussi bien qu'elles sont distantes les unes des autres dans l'étendue. Il se peut qu'elles soient pourvues de planètes propices à l'existence de la vie ; mais, si ces terres lointaines devaient être dotées de populations pensantes, il est clair qu'elles ne seraient généralement pas habitables en même temps que la nôtre : à moins qu'il n'ait été pris à cet égard certaines mesures compensatrices précises, leurs mondes humains devraient occuper d'autres degrés sur l'immense échelle de la durée des cieux.

Cependant, comme l'idée de l'apparition successive de vos humanités sidérales ne nous intéresse guère qu'à l'endroit de notre système solaire, je me hâte de vous déclarer que nous n'y attachons ici que fort peu d'im-

(1) La théorie cosmogonique de M. Faye, d'après laquelle la terre aurait été formée ou condensée avant le soleil, tend à annuler l'objection élevée contre le récit biblique ; si, néanmoins, nous avons donné place à la vieille explication ci-dessus, c'est qu'elle est plus complète et écarte mieux la difficulté dont il s'agit, en s'appliquant aussi à la première apparition de la lune et du ciel étoilé.

portance. Il n'en est pas de même de la seconde proposition que j'ai à vous présenter, et sur laquelle je voudrais insister avec une force extrême.

De votre croyance à la multiplicité des mondes habitables, nous avons inféré la nécessité d'une Cause cosmogonique intelligente, seule capable d'approprier toutes vos terres célestes à leur prétendue destination. Plus vous nous ferez concevoir de globes de ce genre répandus dans le ciel, plus nous croirons à cette souveraine puissance organisatrice. Je tiens que cette conclusion est bien déduite; mais votre doctrine de l'habitabilité des astres, qui lui sert de prémisse, peut n'être pas vraie; si elle se trouvait n'exprimer qu'une grande erreur, ou si elle devenait douteuse à vos propres yeux, que deviendrait la conséquence théiste que nous en faisons sortir? Or, cette conséquence est réellement l'objet capital de notre longue discussion. Que les corps célestes soient habités ou qu'ils ne constituent généralement que des foyers de lumière, il ne nous importe pas moins de déduire nettement, de ce qu'il y a de plus positif dans nos données scientifiques la réalité d'un Agent substantiel, infini, présidant avec intelligence à leur formation, comme à l'origine et à la procession de toutes choses.

Pourquoi niez-vous l'existence d'un Dieu créateur et modérateur de la nature entière? C'est parce que, dites-vous, vous n'avez découvert, en scrutant tous les mécanismes du monde, qu'un enchaînement de phénomènes physiques, reconnus aujourd'hui comme *naturels*, dans chacun des cas où l'homme ignorant d'autrefois croyait voir s'exercer directement l'action divine; par une induction qui vous semble légitime, vous croyez qu'il en serait de même à tous les degrés possibles de notre investigation complète. Eh bien, c'est cette illusion que je veux combattre, à la fin de cette lettre et dans la suivante, avec les seuls arguments d'une philosophie toute simple et d'une raison toute vulgaire.

Faisons un pas rétrograde, un pas immense, dans la série indéfinie des temps; reportons-nous en esprit à la période la plus éloignée de votre histoire du monde, à ce grand amas de matière subtile et dissociée que figura jadis notre nébuleuse Galactée. Nous voici spécialement en présence de ce fragment isolé qui formera tout notre système solaire, et nous le voyons avec les caractères très simples que lui attribue votre imagination savante. Devant un tel objet, ou devant toute conception analogue, l'esprit humain, invinciblement enclin à pénétrer jusqu'au fond des choses, n'a pas manqué de se demander d'où cette sphère vaporeuse a tiré l'être, et d'où sont sortis les éléments qui la composent; car si elle avait surgi un jour du néant, n'attesterait-elle pas sans contredit l'existence antérieure et éternelle d'un Pouvoir créateur? Mais cette question, suivant vous, n'est qu'un non-sens, et nous devons nous libérer d'une telle préoccupation. La substance cosmique fondamentale serait incréée, éternelle, existante par elle-même; et ainsi vous ne faites pas difficulté de concéder à la simple matière un attribut que vous repoussez comme une invention chimérique quand nous en faisons hommage à une puissance créatrice.

Nous vous disons encore : Votre nébulosité primordiale n'est pas immobile ; elle possède au moins deux mouvements qui lui sont propres ; le premier la fait tourner sur elle-même, et le second l'emporte à travers l'espace ; d'où lui vient ce double mouvement qui l'anime ? quelle force surnaturelle le lui a imprimé un jour ? — Voilà encore, à votre avis, une interrogation que nous posons à tort.

Vous soutenez, en effet, que tout ce qui est possible

dans l'immensité est astreint à s'y mouvoir perpétuellement ; la matière, seule réalité existante, posséderait le mouvement par essence ; il serait un de ses attributs inséparables. Or, nous ne nions pas que telle ne soit la condition générale de la substance cosmique ; mais ce que nous tenons à relever aussi, c'est que, par une affirmation conçue en ces termes, vous mettez à néant une notion inhérente à l'esprit humain, celle de la stabilité et du repos absolus, attachée par lui à un certain Être indépendant de tous les autres ; et que, à la place de cette croyance innée et indestructible, vous nous offrez un dogme qui répugne à notre raison, celui du mouvement éternel, spontané ou sans cause de la matière universelle.

Voilà donc deux réalités patentes, la matière et le mouvement, dont nos adversaires renoncent à nous indiquer la genèse, si simple pour nous, grâce à notre suprême Agent créateur. Il y a dans l'univers un troisième grand fait presque aussi fermement admis aujourd'hui, c'est son arrangement progressif ou son évolution. Ici commence l'explication cosmogonique tentée par votre école. La célèbre théorie de Laplace, que nous sommes convenus d'adopter, vous paraît être une justification parfaite de l'athéisme, en ce sens qu'elle rapporte à des causes purement physiques ou mécaniques l'édification générale des mondes. Aussi est-ce précisément sur cette ingénieuse hypothèse que nous devons revenir à l'occasion des grands objets célestes que nous envisageons dans cette lettre. Ayant basé sur elle la plupart des raisonnements que nous vous avons déjà présentés, nous devons dire maintenant dans quel esprit nous avons pu l'accueillir, en vous faisant voir tout à l'heure qu'elle ne supprime pas notre Cause première et qu'elle ne peut nullement s'en passer. Il est vrai qu'elle est aujourd'hui battue en brèche par les astronomes, mais notre discussion, convenablement modifiée, s'appliquerait à toutes les conceptions qui pourraient la remplacer.

VINGT ET UNIÈME LETTRE

COMPLÉMENT SPIRITUALISTE DE L'HYPOTHÈSE COSMOGONIQUE DE LAPLACE OU DES HYPOTHÈSES SIMILAIRES

Si jusqu'ici, Camille, le matérialisme doctrinaire n'explique rien, du moins il ne se contredit pas, et ne nous livre pas encore la marque la plus sûre de son erreur. Mais voyons la suite de son système en admettant avec lui que sa nébulosité initiale exista de toute éternité, tournant toujours sur elle-même, et toujours voguant dans l'espace sans limites. — Elle n'était pas susceptible de se heurter et de se confondre avec les autres ; car, si cet événement eût été possible, le temps ne lui aurait pas manqué pour se produire, et le fait se serait accompli de telle sorte qu'il n'existerait plus, pour tout l'univers, qu'une seule nébuleuse continue, ou un seul et immense soleil. Il s'ensuit que, à cette phase primitive, la matière cosmique était déjà admirablement ordonnée ; comme vous ne songerez guère à le reconnaître, nous passerons sur cette première dissidence.

Puis donc que notre nébuleuse solaire s'est conservée libre et distincte depuis un temps infini, nous devons croire qu'elle conservera sans fin son individualité et toute sa manière d'être. Étant incréée ou éternelle, elle ne changera jamais, car ce qui est éternel est nécessairement immuable. Quand même il y aurait en elle une force virtuelle, ou deux forces agissantes se faisant équilibre, du moment où l'on professe que cet état de choses n'a pas eu de commencement, on doit enseigner qu'il durera toujours. Si, en effet, ce tourbillon chaotique eût été susceptible de se modifier d'une manière quelconque, sa transmutation, toute lente qu'on la suppose, se serait accomplie depuis une éternité. Votre nébuleuse perpétuelle ne devait donc avoir en elle aucune cause de transformation. Cependant, il est certain qu'un jour elle a connu quelque accident qui fut le point de départ d'une étonnante révolution : une force attractive s'empara de ses éléments et les précipita vers son centre pour en exprimer de la chaleur et de la lumière, et pour engendrer finalement ce resplendissant soleil avec son cortège de globes planétaires... Comme elle était incapable de se transfigurer ainsi d'elle-même, il a bien fallu qu'une influence externe vînt s'exercer sur elle et déterminer sa métamorphose. Quelle puissance étrangère est donc intervenue pour détruire son équilibre si stable, et susciter cette succession de phénomènes cosmologiques ? Si cette force transformatrice n'est pas ce que nous appelons la Cause première de l'univers, elle accuse du moins l'existence de cette puissance suprême, dont elle relève peut-être immédiatement. Esquiver cet aveu en vous réfugiant dans une série interminable d'agents mécaniques enchaînés les uns aux autres, serait user d'une vaine échappatoire. Nul ne peut croire à la possibilité d'une machine où l'extrême multiplicité des rouages aurait pour effet de rendre inutile un ressort final ou une force motrice; et, sans arguer puérilement d'une progression infinie de causes naturelles, vous êtes obligé de reconnaître avec nous la nécessité d'une Cause surnaturelle et éternelle.

Pour vous dispenser de rechercher le principe de cette

transformation de la nébuleuse solaire, songeriez-vous à la traiter comme un événement fortuit? Celui qui serait assez habile pour donner quelque développement à un pareil thème prouverait simplement qu'il a le talent de parler pour ne rien dire. De plus, une telle assertion impliquerait que le fait en question est tout exceptionnel; elle voudrait du moins que les astres semblables à notre soleil, par leur structure et leur mode de formation, fussent en petit nombre dans les champs de l'immensité, et serait renversée par la merveille de la presque infinité des étoiles. Que de fois, en effet, des nébulosités semblables à la sienne se sont transformées en radieux foyers de lumière ! Que de fois la substance ténue et dissociée de ces pâles nuages de l'espace éthéré s'est vu refouler sur elle-même par une force d'une effrayante énergie, qui la rassemblait en sphères ignées et mugissantes ! Que de millions de soleils stellaires ont ainsi pris naissance ! Un chaos uniformément vaporeux, un brouillard léger, presque imperceptible, interrompu de loin en loin par de vastes lacunes ténébreuses, telle était, dans ce système renouvelé de Démocrite et d'Épicure, la manière d'être essentielle et permanente de l'univers. Mais voici qu'un jour, ô prodige vraiment digne de ce nom! ce prétendu régime éternel se dément et se trouble ; comme si une semence d'une vertu spéciale avait été lancée à profusion dans vos nébuleuses endormies, des centres d'attraction se déclarent çà et là dans leur étendue; leurs éléments dilués à l'extrême se rapprochent et se condensent: du sein de la nuit presque absolue surgit un fluide éclatant, merveilleux; la lumière ; elle s'accroît avec lenteur et finit par jaillir, éblouissante, de mille et mille foyers gigantesques; les mêmes phénomènes grandioses se reproduisent dans toutes les régions de l'immensité, et des centaines de cieux plus ou moins amples y déploient

VINGT ET UNIÈME LETTRE

tour à tour leur illumination enchantée... Si c'est là vraiment ce qui a eu lieu, j'en appelle maintenant à votre raison et à votre sincérité : quand nous demandons quelle puissance souveraine s'est levée pour exciter cette étourdissante genèse, pouvons-nous recevoir une réponse plus vide de sens et plus ridicule que celle qui invoque l'action universelle et indéfiniment renouvelée du hasard ?

Je me résume donc en disant : La transformation de la nébuleuse primordiale du soleil, l'évolution analogue de toutes les nébulosités stellaires, aura toujours eu un commencement ; et ce changement initial ne se peut comprendre que par l'ingérence d'un agent externe, c'est-à-dire par l'initiative de notre Puissance divine.

Mais tout ce qui commence, dans l'univers matériel, est astreint aussi à finir tôt ou tard. La fin ou le terme que nous concevons à l'évolution du système solaire, c'est le refroidissement de son centre flamboyant. Qu'arrivera-t-il à notre soleil et à tous les soleils célestes quand ils seront profondément refroidis ? Vous n'avez garde de vous imaginer qu'étant devenus inutiles ils seront anéantis, car il faudrait qu'il y eût au-dessus d'eux une Intelligence permanente, qui comprît et réprouvât leur inutilité ; et, d'ailleurs, l'anéantissement de leur matière serait un miracle cosmologique équivalent à celui de sa création ; resteront-ils donc perpétuellement momifiés et glacés ?

S'il en était ainsi, et s'il fallait croire à votre prétendue pérennité de la matière cosmique, la totalité des sphères célestes devrait être déjà parvenue à cet état ultime, et le ciel ne contiendrait plus que des étoiles éteintes. Qu'est-ce donc à dire ? Se seraient-elles rallumées ? Seraient-elles susceptibles, après leur extinction, de recouvrer leur chaleur et leur lumière ?

Beaucoup d'entre les vôtres sont aujourd'hui disposés à l'admettre ; et c'est surtout par une supposition de ce genre qu'ils essayent d'écarter le double et invincible problème du commencement et de la fin de l'univers.

La matière cosmique, suivant eux, à la fois *éternelle* et *muable*, n'aurait jamais connu la stabilité. Sa condition essentielle et fatale serait de parcourir une série comme circulaire de modifications incessantes ; tout régime qu'elle possède, toute manière d'être qu'elle affecte, serait un régime, une manière d'être qu'elle aurait déjà connus à ses âges antérieurs, et qu'elle aurait connus un nombre infini de fois ; notre système solaire n'aurait fait que passer par l'état de la substance nébuleuse ; et, après avoir traversé les diverses phases que j'ai indiquées à propos du soleil, de la terre, de la lune…, après avoir dispersé tout son calorique dans l'éther céleste, il récupérerait un jour toute son énergie perdue, et reconstituerait sa nébulosité primitive, pour recommencer et poursuivre sans fin la succession des mêmes vicissitudes. Il en serait de même de l'univers entier. Ainsi la matière cosmique, dans ses états divers, offrirait l'exemple d'un perpétuel va-et-vient ; ou plutôt ses modifications successives, comme ses mouvements dans l'espace, s'effectueraient éternellement, suivant des orbes sans commencement ni fin : tout tournerait *en rond*.

Pour nous, nous ignorons si le soleil, les étoiles et les planètes recommenceront leur carrière. Ce que nous voyons clairement, c'est que l'hypothèse matérialiste qui tend à nous le faire croire, l'hypothèse d'une matière *éternelle* et *muable*, implique une contradiction flagrante, une erreur radicale, une impossibilité effective. Si cette sorte de réversion se trouvait réalisée, ce ne serait pas par un simple enchaînement de phénomènes naturels, mais bien par un effet de la Toute-Puissance divine. J'ai à peine besoin d'ajouter qu'on ne trouve dans le ciel aucun indice d'une pareille restauration, et que personne n'a imaginé ou décrit un mécanisme tendant à cette fin. On ne nous cite que des comparaisons propres à nous faire comprendre l'idée fondamentale du système, laquelle est d'ailleurs bien simple et bien claire ; mais tous les rapprochements qu'on pourrait nous offrir, pour justifier le système lui-même, ne serviraient qu'à en mieux manifester l'erreur.

Le pendule, qui exécute ses oscillations censées perpétuelles, ne les effectue pas de lui seul : au-dessous de lui se trouve le globe terrestre qui les entretient par sa force de gravité. — La planète, qui recommence indéfiniment le parcours de son orbite, ne gravite pas d'elle-même ni autour du néant : un astre plus considérable figure une force centrale qui commande incessamment sa course.

D'autres exemples d'une rotation naturelle ressemblent davantage à celle qui nous occupe par les changements d'état de la matière qui la subit. L'eau s'échappe de l'Océan à l'état de vapeur invisible ; elle va former des nuages dans lesquels elle se résout en pluie, et revient par les rigoles fluviales au grand réservoir marin. — Les éléments de l'air, en se condensant, forment la substance du règne végétal, et passent ainsi dans le corps des animaux, qui les restituent à l'atmosphère par leurs excrétions diverses et leur décomposition finale. Mais ces deux cycles de transmutation ne sont pas éternels : ils ont eu un commencement et auront une fin, dont le principe ou la raison leur est extérieur ; de plus, la circulation de la double matière aqueuse et atmosphérique n'est nullement spontanée ; elle est constamment excitée et réglée par une cause externe, le soleil.

Il en est de même pour le cycle des transformations

que vous concevez dans le grand cosmos céleste, avec cette différence que son agent excitateur et directeur n'est autre que notre Cause première, à moins qu'elle n'ait encore substitué à son action directe une dernière cause seconde. Expliquer le soi-disant circuit des mutations cosmiques en supprimant le Créateur, est tout aussi impossible que de faire comprendre le mouvement du pendule en éliminant le globe terrestre, ou la circulation des planètes, la circulation des deux éléments aqueux et atmosphérique en faisant abstraction du soleil. En deux mots : si tout l'univers tournait en rond, au moins faudrait-il une Force, un Agent pour le faire tourner.

Par une conception contraire à la mécanique rationnelle ou à la raison elle-même, l'athéisme doctrinaire nous ramène à l'erreur grossière d'une horloge qui marcherait sans fin en se remontant spontanément. Ici, son illusion devient trop manifeste, puisque la machine artificielle nécessite une main humaine qui lui renouvelle périodiquement son énergie. Ainsi de l'immense machine de l'univers, telle qu'il vous plaît de la concevoir. Mais le divin Ouvrier fait plus encore que nous à l'égard de la sienne : il ne la laisse pas marcher toute seule, il la surveille et la dirige constamment, comme nous le montrerons en considérant l'évolution de la nature organisée.

En résumé, si nous accueillons, sur le mode de formation des astres ou des mondes, les vues systématiques de la science, c'est que nous nous réservons d'y ajouter le complément spiritualiste qu'elles réclament. Nous ne pouvons croire qu'à une évolution suscitée et dirigée d'en Haut. Nous admettons volontiers que la matière sidérale a passé par telle forme et par tel état physique qu'on nous décrit, mais nous repoussons énergiquement la supposition d'après laquelle elle aurait en elle-même la raison suffisante de tous les changements qu'elle peut subir, et nous professons formellement l'opinion qu'une force incréée, souveraine, la soutient et la régit. De même que chaque corps céleste est subordonné à un foyer de gravitation, tous les groupes sidéraux et l'univers entier sont sous la dépendance d'un Centre régulateur; de même encore que les simples nuages de vapeurs aqueuses, qui sont suspendus sur nos têtes, se contournent et se façonnent de mille manières, non pas d'eux-mêmes ni dans le vide, mais sous la pression de l'atmosphère qui les enserre et les charrie : ainsi ces grands amas d'éléments cosmiques, qui constituent les nébuleuses, ne s'agitent pas au sein du vrai néant, et ne se transforment pas leur vertu propre; ils sont portés par une substance immatérielle qui appartient au Premier principe de toutes choses et qui a tout pouvoir sur eux, étant capable de les laisser dormir indéfiniment dans leur état primitif, comme aussi de leur imprimer le branle transformateur et de les guider dans toutes les phases qu'ils traversent. Méditez, cherchez, creusez tant qu'il vous plaira ; faites appel à tous les documents de la science la plus élevée et à toutes les ressources imaginatives de la raison, vous n'édifierez jamais un système complet si vous n'embrassez cette suprême conception, qui s'est toujours imposée aux plus sublimes comme aux plus humbles penseurs : une Essence spirituelle et active, éternelle et immuable, domine tous les éléments matériels et commande leurs mouvements et leurs mutations; un Principe créateur et directeur prime tout l'univers.

Nous pourrions dès à présent, par une suite de déductions très simples, déterminer les autres attributs essentiels de cette Puissance infinie. Nous reconnaîtrions aisément qu'elle possède une intelligence parfaite, une entière indépendance, et qu'elle a le pouvoir d'agir à son gré pour ensemencer et peupler vos globes célestes, ou de s'en abstenir en les condamnant à une perpétuelle stérilité. Mais, comme il nous sera donné de nous retrouver en sa présence dans la seconde partie de ces Lettres, quand nous discuterons l'enseignement matérialiste appliqué à l'origine de la vie sur les mondes, nous aurons l'occasion de mettre en relief celle de ses facultés de laquelle dépend surtout l'accomplissement de ses œuvres, et de démontrer qu'elle jouit d'une initiative pleinement intelligente et libre.

DEUXIÈME PARTIE

LA CAUSE GÉNÉRATRICE DE LA VIE SUR LES GLOBES SIDÉRAUX

VINGT-DEUXIÈME LETTRE

L'ORIGINE DE LA VIE TELLURIQUE

L'étude que nous avons faite de notre système planétaire, Camille, s'est montrée peu favorable à votre doctrine de l'habitabilité des corps célestes : mais il vous est permis d'exploiter, au profit de cette thèse, l'ignorance où nous sommes au sujet des planètes qui pourraient exister autour des étoiles fixes, dans notre nébuleuse Galactée ainsi que dans toutes les autres. Car vous persistez à croire qu'il y a, dans ces collections de soleils lointains, un très grand nombre d'astres qui parviendront tôt ou tard à un état cosmique tel que celui où se trouve actuellement notre terre ; et, après cette supposition, que nous ne pouvons guère contredire, vous n'hésitez pas à soutenir que ces nombreuses sphères, propices à l'existence des plantes, des animaux et des hommes, auront toutes, en leur temps respectif, le sort de notre globe, et constitueront autant de théâtres d'une vie telle que la sienne.

Que signifie cette affirmation ? Disons-le nettement : vous croyez que tout astre habitable est certainement habité ; parcequ'il est apte à devenir un monde véritable, il faut qu'il le devienne réellement ; parce qu'il s'y trouve de l'air, de l'eau, un certain degré de chaleur, voire de la lumière, il porte sûrement des plantes, des animaux et une espèce royale correspondant à notre auguste humanité.

Quand on énonce une pareille proposition, il est nécessaire de la bien préciser. D'autres que vous supposeraient peut-être que le tout-puissant architecte de l'univers, après s'être montré d'une si large prodigalité dans ses œuvres les plus grandioses, et s'être joué des astres les plus volumineux comme d'une vaine poussière, est devenu soigneusement économe dès qu'il s'est trouvé en présence de ces petits globes planétaires, pourvus d'une enveloppe atmosphérique bien composée, et qu'il s'est empressé, aussitôt qu'est venu le moment favorable, de les ensemencer, sans exception, de créatures inconscientes ou incapables de le connaître, et surtout d'êtres raisonnables ou libres, sujets à violer ses lois les plus nécessaires ; et ils prétendraient ainsi que tels ont dû être le plan invariable et le bon plaisir de Dieu. A ceux donc qui soutiendraient ces présomptions, je ne veux rien répondre en ce moment, car c'est à leur croyance que s'adresse la troisième partie de ces Lettres.

Mais pour vous qui, en qualité d'athée, ne faites aucun fond sur la puissance et la volonté divines, votre sentiment est différent et s'exprime d'une autre manière. Affirmant résolûment qu'en dehors de la substance matérielle de ces globes il n'y a que l'infini du néant, vous attribuez à chacun d'eux la vertu de se doter lui-même des êtres organisés qui lui conviennent. Dans votre système biogénique, la matière aurait le pouvoir de s'organiser et de s'animer spontanément, de telle sorte que la *vitalité* serait à mettre au rang de ses propriétés immanentes, comme l'étendue et l'impénétrabilité. Telle est l'hypothèse que nous devons soumettre à un rigoureux examen.

Après avoir établi, dans la première partie de notre discussion, que la formation des sphères astrales a été commandée par un Agent qui régit tous leurs éléments matériels, nous devons faire voir, dans cette seconde partie, que l'apparition et l'évolution de la vie à leur surface sont aussi sous l'absolue dépendance de cette puissance extérieure et souveraine.

Ce nouveau sujet est pour nous d'une importance majeure. La philosophie matérialiste, que j'ai à combattre dans votre esprit, est plus embarrassée devant les phénomènes de la vie qu'en présence de toutes les créations de l'ordre purement physique; et le plus humble des êtres vivants, une herbe chétive, un animalcule rampant, nous fournit, au sujet de la Divinité, une affirmation qui a quelque chose de plus précis que celle que nous recevons de toutes les créatures inorganiques.

C'est le témoignage que nous recueillons d'un grand philosophe allemand qui avait joint, à l'étude de la philosophie pure, celle de la nature entière. Préoccupé de reléguer le plus loin possible la cause première de l'univers, Kant était parvenu, avant Herschel et Laplace, à ébaucher d'une certaine manière la célèbre théorie cosmogonique que j'ai exposée dans l'une des lettres précédentes. Bien à tort, selon nous, il crut avoir réussi à éliminer de tout l'empire cosmique et minéral la gérance du Créateur. Mais, quoiqu'il eût porté les mêmes tendances dans le domaine de la nature organisée, et que l'indépendance excessive de son esprit ne reculât devant aucune hardiesse irréligieuse, il se vit obligé de reconnaître, non sans quelque regret, que les forces physiques ne suffisent pas à rendre compte de l'existence de la vie, et qu'il lui était impossible d'évincer, à cet endroit, la cause finale ou intelligente du monde. « Il est absolument certain, dit-il, que nous ne pouvons expliquer les êtres organisés par des principes purement mécaniques de la nature ; et l'on peut soutenir hardiment avec une égale certitude qu'il est absurde, pour des hommes, de tenter quelque chose de pareil. » (*Critique du jugement*, § LXXIV. Trad. Barni.)

C'est que la vie, je le répète, même sous sa forme la plus humble, nous offre un problème plus rebelle encore à nos facultés que toutes les questions du domaine inorganique. Son secret semble tenir du secret relatif à l'Auteur même de la nature ; et si l'esprit humain venait à pénétrer l'énigme qu'elle lui propose comme un perpétuel défi, il percevrait peut-être en même temps quelque notion plus directe de la Divinité elle-même. Il est certain, du moins, que la simple considération de la vie terrestre nous permettra de préciser les caractères essentiels du Créateur de l'univers, comme nous le ferons voir en terminant la seconde partie de ces Lettres.

Par comparaison avec les phénomènes de la nature inorganique, la vie, disons-nous, a quelque chose de surnaturel, *aliquid divinum*. Elle constitue déjà un fait immense par l'ampleur, l'ubiquité, la durée qu'elle affecte sur la terre. Car, quoique nous la voyions se développer au-dessus et au-dessous de sa surface, grimper sur ses saillies montagneuses, pénétrer dans ses cavernes, remplir l'Océan et ses dépendances aquatiques, il est évident que tout cela est peu de chose auprès de tout son développement antérieur, indiqué d'une manière si incomplète encore par les formations houillères et les dépôts géologiques, tels que ces roches sédimentaires qui ne sont souvent formées que de débris d'animaux. Qui dira quel a pu être, par rapport au volume ou à la masse du globe, le volume ou la masse de l'ensemble des êtres vivants qu'il a portés ?

Mais ce n'est pas surtout par son extension physique que le phénomène de la vie est propre à exciter notre admiration ; il nous frappe surtout par ses manifestations toutes simples et par le pouvoir mystérieux qu'il implique à l'égard des éléments matériels. Considérez, par exemple, le plus chétif des êtres vivants possibles, qui sera composé d'une certaine petite cellule de nature végétale. Tant que cet être infime vivra, il sera le siège d'une action chimique singulière : il décomposera l'eau et l'acide carbonique ambiants, en retiendra surtout deux des éléments, le carbone et l'hydrogène, et rejettera de l'oxygène. A ne considérer que le fait de la décomposition de ces deux fluides naturels, il y a là une merveille. Chacun sait, en effet, que la chimie ne peut exécuter cette dissociation qu'en mettant en jeu les affinités les plus puissantes ou les agents physiques les plus violents, tandis que notre minime cellule, dont la substance est chimiquement neutre, l'accomplit tout doucement à la température ordinaire. Quand on songe à la stabilité de ces deux composés oxydés, le fait de leur décomposition ainsi opérée prouve l'existence d'une force supérieure à la matière ; et, pour qui ne connaîtrait que la nature minérale, ce serait, répétons-le, un fait surnaturel, *aliquid divinum*.

Avec ces matériaux décomposés, la cellule compose une substance identique à la sienne ; elle fait plus, elle crée une autre cellule. L'être vivant, suivant la pensée très juste de Cl. Bernard, est dépositaire du pouvoir créateur. Par la fonction de reproduction, la vie est donc une seconde fois merveilleuse. Mais, s'il est déjà surprenant et inconcevable que la cellule en produise une autre semblable à elle, ce qu'elle peut faire est plus admirable encore : elle saura produire un être organisé très grand et très complexe, une plante de haute taille, formée d'une immense collection d'utricules cellulaires. Vous savez en effet que *tout être vivant*, quelque grand qu'il puisse être, commence par une simple cellule qui est son point de départ matériel ou son germe ultime; et je dis : *tout être vivant*, parce qu'il en est ainsi dans le règne animal lui-même. Or, nos matérialistes ont beau se flatter de dominer et d'expliquer tous les phénomènes de la nature, ils sont obligés d'admirer comme nous ce prodige: une cellule de matière albumineuse, un ovule fécondé à peu près imperceptible à l'œil nu, et paraissant toujours semblable dans les différentes espèces animales, possède les propriétés les plus étonnantes et les aptitudes les plus diverses; étant greffé en un certain lieu de l'organisme générateur, ou même séparé de lui comme il l'est dans l'œuf des animaux ovipares, ce germe s'accroît, s'organise, évolue constamment de la même manière; il en vient à se différencier, à se spécialiser suivant sa provenance, et à fournir finalement des animaux très divers, un poisson, un oiseau, un mammifère, avec toute leur organisation et leurs instincts spécifiques, un homme avec sa constitution propre et ses facultés supérieures!

Oui, il y a du surnaturel ou du divin dans l'exercice de la grande fonction de reproduction, comme si, par elle surtout, l'auteur de la nature tenait encore substantiellement à son œuvre, et comme s'il n'en avait pas entièrement retiré sa main. Au lieu d'imputer vainement les faits admirables qu'elle nous présente à de prétendues propriétés héréditaires, à des lois fatales qui ne relèveraient d'aucun fondateur, n'est-il pas juste de nous incliner devant ces manifestations de la Puissance créatrice, s'exerçant encore ici-bas d'une manière médiate, c'est-à-dire par l'entremise de ses créatures?

Mais si l'on ne veut admettre son action, même indirecte, ni dans les opérations de la chimie vivante, ni dans les actes par lesquels s'effectue la transmission de la vie, au moins faut-il la reconnaître s'exerçant cette fois, pleinement et directement, dans la genèse des premiers êtres animés. En d'autres termes, et pour m'en tenir au simple phénomène chimique et génésique qui est le point de départ de ces raisonnements, je vous dirai : L'eau et l'acide carbonique ont été décomposés par une cellule végétale, et la cellule végétale s'est reproduite : ce sont là des faits patents; mais voici qu'un jour, avant que la cellule végétale existât, l'eau et l'acide carbonique se sont décomposés indépendamment de tout appareil spécial; la cellule végétale s'est produite sans qu'il y ait eu une cellule préexistante, ou même, et plus probablement, une plante cellulaire complète, douée du pouvoir reproducteur, s'est formée sans qu'aucune autre plante lui ait donné naissance; ne reconnaîtrez-vous pas qu'il y a eu là un vrai prodige, un acte direct de la Puissance créatrice? Qu'on s'ingénie à torturer, à travestir ce fait comme on voudra, on ne peut nier qu'il s'est accompli un jour. Je ne saurais trop insister sur cette affirmation : il y a une merveille dans l'exercice intime de la vie et une autre dans sa transmission; mais, en tout cas, il y en a une bien évidente dans sa genèse première, quand la Puissance vivifiante dut opérer sans l'intermédiaire de ses créatures vivantes. Impossible donc d'échapper à la nécessité du surnaturel ou de l'action précise du Créateur, au moins pour le début de notre règne organique.

On ne dira pas, — quoique quelques savants l'aient avancé timidement, — que la vie s'est introduite accidentellement sur la terre, et que ses premiers germes y ont été déposés par un astre errant qui l'aurait abordée; car cette supposition n'expliquerait pas sa fondation première, et d'ailleurs elle serait insoutenable. Comme le dit fort bien M. Faye (*loc. cit.*) : « Les corps sidéraux peuvent se rencontrer, mais toute réunion de ce genre est accompagnée d'un développement de chaleur auquel ne résisteraient pas les plus simples organismes. Les étoiles filantes et les météorites nous offrent tous les jours une image parfaite de ces phénomènes. Or, certes, on ne saurait croire que la vie puisse jamais être transmise d'un globe à l'autre par ces matériaux qui, en entrant dans notre atmosphère, passent brusquement du froid de l'espace à la plus vive incandescence. ».

Puisqu'il faut qu'un ou plusieurs actes de genèse vitale se soient produits sur la terre, vos émules matérialistes conviendront-ils qu'ils ont été l'œuvre de notre Cause suprême de la vie ? Nullement : quand un de ces événements si étranges s'est accompli, ç'a été, suivant eux, un fait de *génération spontanée*.

La génération spontanée! Si ceux qui soutiennent ce dogme commode ont pour but d'ôter à la genèse de la vie son caractère miraculeux, ils ne réussissent qu'à mettre à la place l'impossible ou l'absurde : il est trop clair, en effet, que cette seule dénomination implique l'un et l'autre. Elle suppose que, même avant sa naissance, l'être vivant possède déjà une faculté, la faculté génératrice : est-il une impossibilité et une absurdité plus grandes que d'attribuer à ce qui n'existe pas une certaine puissance, et de conférer au pur néant le pouvoir créateur,?

Il n'est personne qui ne l'ait compris, mais on s'est imaginé que l'erreur relative à la génération spontanée n'est qu'apparente, et réside seulement dans les deux mots trop explicites qui la désignent. Aussi a-t-on remplacé cette formule malheureuse par d'autres moins compromettantes. J'en citerai une, par exemple, qui indiquerait simplement un mode particulier de génération et s'expliquerait d'ailleurs de la manière la plus simple : l'*hétérogénie*, la prétendue génération primitive, résulterait de certaines propriétés inhérentes à quelques éléments matériels, et de certaines lois éternelles ou nécessaires de la nature... Mais, pour être vaguement dissimulées, l'impossibilité et l'absurdité que nous dénonçons ne sont pas moins réelles, et il est facile de faire voir que cette nouvelle conception, ainsi que toutes ses variantes, méconnaît et contredit l'un des attributs essentiels de la matière.

Quand un être viable, grand ou petit, se forme ou se développe sous nos yeux, nous constatons que c'est grâce au concours de deux facteurs bien différents : il y a d'une part un principe ou foyer d'activité, c'est-à-dire un germe d'une exiguïté parfois extrême ; et, d'autre part, une matière ambiante, inerte, subissant l'influence ou l'attraction de cet agent actif, qui tend à se l'assimiler pour remplir avec elle sa fonction vitale. Ces deux facteurs ont des caractères opposés et également nécessaires ; autant il est nécessaire que le germe possède une activité intime, autant il faut que la substance extérieure qu'il met en œuvre lui soit passivement subordonnée, afin de ne pas contrarier son jeu. Telle est la manière d'être obligée de la matière dans ses rapports avec la vie ; telle était aussi sa condition quand elle existait seule, ou avant la création des premiers organismes. Étant donc foncièrement et nécessairement passive, elle n'eût jamais pu produire d'elle-même le principe actif ou le germe de l'être vivant, qui est d'une nature contraire à la sienne ; et, si la vie terrestre avait commencé simplement par des germes, il est clair que ceux-ci ne pouvaient être que l'œuvre d'une puissance supérieure ou surnaturelle.

Dans le prodige de la première genèse vitale qui s'est opérée un jour en ce monde, nous trouvons la plus forte preuve naturelle de l'existence de Dieu, en sorte que, si ce grand fait vous apparaissait sous son véritable aspect, il couperait court à toutes vos tendances matérialistes. Aussi vos émules ont-ils à cœur de mettre à néant cette insigne merveille ; s'ils n'y parviennent pas, ils s'efforcent du moins de la dénaturer pour lui retirer autant que possible son caractère surnaturel. Ils prétendent que la protogenèse se produit encore aujourd'hui, et que la génération spontanée est un phénomène qui s'accomplit constamment dans la nature. De nos considérations théoriques toutes contraires, ils en appellent aux observations et aux expériences de leurs laboratoires. L'extrême importance de la question nous oblige à les suivre sur ce terrain, qui ne saurait aucunement nous être défavorable. Car, si l'expérimentation leur livrait les résultats qu'ils désirent, il n'y aurait, selon nous et d'après tout ce qui précède, qu'une conséquence raisonnable à en tirer : c'est que la Puissance créatrice, toujours active sur la terre, s'emploierait d'une manière permanente à procréer de toutes pièces des êtres sans parents. Mais si, au contraire, ces épreuves ne fournissaient que des témoignages négatifs de la génération spontanée, ne seriez-vous pas obligé de croire, conformément à la tradition religieuse, que la suprême cause biogénique s'est vraiment exercée jadis sur le globe, et que son action procréatrice n'y a été que passagère?

VINGT-TROISIÈME LETTRE

SUR LES EXPÉRIENCES RELATIVES A LA GÉNÉRATION SPONTANÉE

Un liquide d'origine animale ou végétale, Camille, s'il est d'abord limpide, ne tarde pas à se troubler, à fermenter et à se remplir de corpuscules animés ; de l'eau, qui tient en macération une substance organique, se peuple d'animalcules agiles qu'on y voit nager à l'envi ; une matière morte se revêt d'une efflorescence de moisissures ou végétations délicates ; tout corps animal qui subit la putréfaction se couvre de vers et d'insectes... Rien de plus commun que de pareils faits, car ils jouent un rôle considérable dans la nature : ou ils commencent la fermentation putride, ou bien ils tendent à en abréger les longueurs, c'est-à-dire à accélérer la décomposition des résidus de la vie et la restitution de leurs éléments au règne minéral. Comme on ne savait pas autrefois d'où étaient venus ces parasites de la mort, on a cru légitime d'admettre qu'ils s'étaient formés spontanément, ou par l'effet d'une certaine énergie transformatrice de la matière corruptible ; et c'est ainsi que naquit cette doctrine fameuse, qu'on accepta longtemps sans défiance, et sans prévoir la portée que devaient lui attribuer les adeptes du matérialisme.

Depuis l'antiquité jusqu'au commencement du siècle dernier, des savants sérieux, aussi bien que le commun des hommes, n'hésitèrent pas à expliquer de la même manière l'apparition d'êtres vivants d'un ordre plus élevé ; on admit bénévolement la formation spontanée des sangsues et des grenouilles dans le limon des marais, des poissons dans les étangs isolés, des scorpions dans les herbes aromatiques des rochers, des rats et des souris dans nos habitations. On s'imagina avoir surpris les circonstances dans lesquelles ces générations s'effectuent ; de graves auteurs donnèrent des recettes pour la vérification de ces curiosités de la nature.

Cependant, les observations relatives à ces prétendus phénomènes naturels donnent des résultats très différents, selon qu'on se borne à l'examen superficiel des faits complexes qui se passent autour de nous, ou qu'on exécute une véritable expérience de cabinet dégagée de toute cause d'erreur. Déjà, au dix-septième siècle, il avait suffi au savant florentin Rédi de recouvrir un morceau de chair d'une feuille de papier ou d'un tissu de gaze, et de le préserver ainsi des atteintes des insectes ailés, pour démontrer que la putréfaction n'engendre pas, à elle seule, de vers ou larves de mouches. En recourant à des précautions analogues, d'autres expérimentateurs firent voir que les corps en décomposition ne donnent naissance à aucune sorte d'insectes, non plus qu'à des animaux d'une autre organisation ou d'une autre taille ; si bien que les partisans de la génération spontanée en sont venus à ne plus attribuer cette sorte de genèse qu'aux espèces les plus infimes des deux règnes organiques. Nos hétérogénistes se sont vus réduits enfin à un objectif plus mince encore ; ils ne revendiquaient plus le privilège d'une telle origine pour les proto-organismes complets ou adultes, mais bien pour leurs ovules ou leurs germes invisibles à l'œil nu, et même pour des séminules si petites que les plus forts grossissements du microscope permettent à peine de les apercevoir.

En voyant ainsi, devant une expérimentation de plus en plus rigoureuse, la doctrine de la génération spontanée reculer et s'atténuer, on avait lieu de présumer qu'elle ne réussit à se soutenir, à l'endroit des infiniment petits, qu'à cause de leur exiguïté qui les fait échapper à notre vue pendant une partie de leur existence. Tous les infusoires étant doués, comme les plus grands animaux, de la faculté de se reproduire, on devait penser que chacun d'eux procède aussi d'un ascendant. Leur ténuité n'est pas un attribut qui leur confère une puissance surnaturelle. « Gardez-vous de croire, dit J. Tyndall, que la génération spontanée est chose facile chez un être donné, pour ce seul motif qu'il est petit » ; car, ajouterons-nous, la petitesse n'est qu'une manière d'être relative : devant l'immensité de l'univers, la baleine, l'éléphant et l'homme sont bien assez petits pour naître aussi spontanément. Si l'on admet la génération spontanée pour une seule espèce animale et pour une quelconque, a dit Flourens, « je défie qu'on me donne une raison philosophique de ne pas l'admettre pour toutes les espèces..., y compris celles des animaux supérieurs ».

Quant à la génération spontanée des *œufs* d'infusoires, c'est, dit Cl. Bernard, « une vue inadmissible, même comme hypothèse ». Car un germe, si petit qu'il soit par rapport à l'être qui en doit sortir, n'est pas foncièrement plus simple que lui. Non seulement il a une organisation complexe, mais il est doué de certaines propriétés latentes et virtuelles ; ne possédant ni les organes ni les fonctions de l'organisme adulte, il a la puissance de les produire ; il contient donc quelque chose de vivant qui ne peut sortir que de ce qui a la vie ; il recèle un principe que le grand physiologiste précité a appelé une *idée créatrice*, laquelle a bien pu, chose déjà merveilleuse, lui être transmise par hérédité, mais ne saurait provenir, en dernier lieu, que d'une source de vie et d'intelligence.

Cependant, si fortes que soient toutes les considérations de ce genre, elles ne tranchent pas la question qui nous occupe : sur un sujet d'une importance si capitale et qui est justiciable de l'expérience, l'induction la plus légitime ne suffit pas pour fonder un jugement définitif. D'ailleurs, l'épreuve expérimentale s'impose ici pour une raison particulière. Du sein des éléments matériels et de par la vertu innée qu'ils leur attribuaient, les matérialistes des anciennes écoles se figuraient voir surgir tout d'un coup des êtres d'une organisation élevée : ils eussent été capables d'en faire sortir pareillement un monde complet et épanoui. Les nôtres, beaucoup plus avisés, repoussent aussi énergiquement que nous-mêmes ces chimériques conceptions. Leur manière de procéder, pour parvenir à leur fin génésiaque, est en quelque sorte captieuse; ils ne nous demandent que la concession la plus minime, car il suffit à leurs spéculations d'avoir un point de départ imperceptible. Qu'on leur accorde l'apparition spontanée d'un rien vivant, d'une simple cellule organisée ou même moins encore, et ils se chargeront, moyennant le concours du temps, c'est-à-dire des myriades de siècles qui ont passé sur la terre, d'édifier non seulement l'organisme le plus complexe, mais le règne organique tout entier, avec ses espèces les plus gigantesques et les plus distinguées. Voilà pourquoi, pour avoir raison de tout leur système biologique, on est forcé de l'attaquer à cette base hypothétique, tout insignifiante qu'elle paraît; pour faire justice de la doctrine matérialiste à l'endroit même de l'origine de l'homme, on est obligé de rechercher, par la voie de l'expérience, comment se produisent ces animalcules qui s'ébattent par centaines dans une gouttelette d'eau corrompue.

Il est de toute évidence que, quand on veut expérimenter sur la protogenèse des microbes, on ne saurait trop se mettre en garde contre la subtile intervention de ceux qui préexistent à ces essais. Il faut qu'on sache user des précautions les plus minutieuses, pour écarter les proto-organismes qui peuvent être adhérents aux vases et appareils dont on fait usage, à la matière organique qu'on tente de transformer en êtres vivants, à l'eau qui lui sert de véhicule, et surtout à la portion d'air limitée en présence de laquelle doit s'effectuer cette génération microbienne. On n'eût jamais soupçonné *à priori* que les difficultés pouvaient être telles que l'expérience l'a fait reconnaître. Or, ceux qui ont opéré de la façon la plus conforme à toutes les indications qui s'imposent ont obtenu des résultats négatifs très nets, qui portent avec eux la condamnation de la théorie génésiaque dont nous nous occupons; ils ont constaté qu'en l'absence de tout germe préexistant les infusions même les plus putrescibles se maintiennent inaltérables, qu'aucune sorte de microbes ne s'y engendre jamais, et qu'ainsi la vie et l'organisation ne se forment pas spontanément au sein de la matière organique fermentescible.

Si la raison était vraiment, comme elle prétend l'être, l'arbitre souverain de nos jugements et de nos croyances, on s'en serait tenu à ces résultats décisifs, qui ont été dûment constatés depuis plus d'un siècle, et confirmés à maintes reprises par des expérimentateurs dignes de toute confiance; car, du moment où ils étaient hors de doute, ils retiraient toute créance aux expériences contraires : celles-ci se trouvaient convaincues d'erreur et ne prouvaient qu'une chose, c'est que leurs auteurs n'ont pas vaincu les difficultés inhérentes à ces recherches délicates, et n'ont pas su empêcher l'intrusion des germes préalablement formés. Mais nos adversaires, sous l'empire de leur prévention, n'ont pas compris ce raisonnement si simple : toutes les expériences qui s'accordaient avec leur idée préconçue étaient les seules qui leur semblassent probantes, et toutes les autres étaient traitées comme choses non avenues. Éclatant exemple de l'aveuglement que peut causer un parti pris systématique et passionné ! Aussi pouvait-on croire que cette pure question de fait ne serait jamais résolue.

Il n'en fut pourtant pas ainsi, grâce à un savant qui s'est trouvé doué du meilleur esprit philosophique et d'une rare habileté expérimentale. Pasteur refit de telle sorte les expériences relatives aux prétendues générations spontanées, qu'il réussit à obtenir d'une manière constante les résultats véridiques, dont il rendit témoin les membres les plus compétents de l'Académie des sciences. De plus, il s'appliqua à mettre en évidence la principale cause d'erreur de ces recherches, c'est-à-dire l'existence des séminules flottantes dans l'atmosphère. Il recueillit les poussières aériennes, s'assura qu'elles contenaient des germes de microbes, et constata l'inégalité de leur diffusion dans l'air des différents lieux. Il déploya dans ces études une telle perspicacité que la plupart de ses prévisions se sont justifiées. Il raffermit donc cette opinion toute rationnelle que, dans les êtres les plus infimes aussi bien que chez tous les autres, la vie provient toujours d'un germe ou d'un être antérieur, et porta ainsi un coup fatal au dogme de la génération spontanée. Eu égard aux tendances les plus accusées de notre temps, on peut dire qu'il fut un homme providentiel, en ce sens qu'il retira au matérialisme doctrinaire la donnée la plus spécieuse qui pût lui servir de fondement. Ceci soit dit malgré la réserve, toute gratuite d'ailleurs, à laquelle nous serons conduits plus loin.

Ce qui ne fut pas moins heureux, ce fut le concours inespéré d'un autre savant, John Tyndall, membre de la Société royale de Londres, et l'un des physiciens les plus distingués de notre époque. A celui-ci vous ne sauriez reprocher une prévention défavorable à votre croyance philosophique, car il est des vôtres : il a émis avec éclat certaines professions de foi matérialistes qu'il n'a jamais rétractées, bien qu'il ait laissé échapper des aperçus tout différents, et qu'il ait eu même la sincérité d'avouer que ce n'est pas dans ses heures de clarté et de vigilance que l'athéisme l'emporte dans son esprit.

Il prit parti contre la doctrine des générations spontanées, à la suite d'une série d'expériences dans lesquelles il constata que l'air atmosphérique ne suscite plus la fermentation et la vie dans les liqueurs putrescibles, lorsqu'il est complètement dépouillé de ces légers corpuscules qu'un rayon de soleil y fait apparaître. Plus tard, il est vrai, en opérant dans des conditions qui semblaient très correctes, il vit se produire, contrairement à ses premiers essais, des générations de microbes dont il ne pouvait s'expliquer la provenance ; mais, fidèle au prudent précepte que j'énonçais tout à l'heure pour les cas de ce genre, il s'obstina à douter de l'exactitude de ses expériences nouvelles ; il s'appliqua avec une opiniâtreté et une sagacité extrêmes à poursuivre l'insaisissable cause d'erreur et la découvrit en effet (1). Et, en dépit de ses anciennes déclarations matérialistes sur l'origine des êtres vivants, il n'hésita pas à tirer de ses admirables travaux la conséquence suivante : « On ne peut guère m'accuser de vouloir limiter la puissance biogénique de la matière ; je me suis déjà exprimé sur ce sujet de manière à ne laisser aucun doute sur mon opinion. Mais cette opinion même me fait un devoir d'affirmer que, *dans l'état actuel de la science*, on n'a jamais encore prouvé que la vie se soit manifestée indépendamment d'une vie antérieure. »

(1) Voir la note II, à la fin de cette lettre.

Tout important qu'est cet aveu, il ne nous donne pas pleine satisfaction, car il sous-entend une réserve qui suspend la condamnation définitive du principe que nous combattons. Un homme de la valeur de J. Tyndall, après une telle déclaration, persiste néanmoins à croire à la biogénie matérialiste ; voilà pour nous un premier motif de continuer cette discussion. De plus, quoiqu'il importât de présenter sous son aspect classique la question de la génération spontanée, j'ai hâte de vous faire remarquer que le problème qui doit nous occuper comporte une donnée première tout autre. Que voyons-nous, en effet, dans les tentatives expérimentales de nos hétérogénistes ? S'ils n'introduisaient dans leurs matras que de l'eau pure et des matières minérales, ils n'espéreraient jamais y faire naître des infusoires. Une substance particulière est nécessaire à leurs essais : leurs infusions contiennent constamment une matière organique ou putrescible qui leur a été procurée par un être organisé. Puisque leurs expériences requièrent toujours un produit fourni par quelque organisme antécédent, il est clair qu'elles ne peuvent servir à démontrer l'origine de la vie. En d'autres termes, si la vie terrestre avait commencé par un phénomène de putréfaction donnant naissance à des microbes, au moins fallait-il qu'il existât au préalable une substance organique ou putrescible. Cette substance indispensable, d'où serait-elle venue? Telle est la question qui aurait dû constituer le premier point de notre discussion. Vos docteurs l'ont bien compris, et se sont flattés de résoudre cette difficulté préjudicielle. Nous verrons plus loin s'ils y sont parvenus, et nous attaquerons alors, à sa base même, le système auquel ils ont tant de peine à renoncer. Il est certain que ce nouvel assaut serait superflu si l'on refusait définitivement et absolument aux infusions toute vertu génératrice ; mais puisque nos adversaires n'en sont point encore là, il faut bien que nous reprenions notre thèse d'une autre manière ou par son vrai commencement.

Note H. — *Sur la question de la génération spontanée.*

La doctrine de la génération spontanée, qui n'est pas née de l'erreur matérialiste, mais plutôt de la passion de l'esprit humain pour le merveilleux, est aussi ancienne que nos premières observations de la nature. Appuyée de l'autorité d'Aristote, elle se conserva dans l'esprit des savants, et même des théologiens, jusqu'au xviiie siècle, où Redi, Vallisnéri, Schwammerdam et Réaumur en démontrèrent la fausseté, en tant qu'elle s'appliquait à des êtres d'une organisation un peu élevée, tels que des animaux articulés ou vertébrés.

Après l'invention du microscope, elle reprit faveur à l'occasion des petits organismes que cet instrument fit découvrir dans les infusions, et dont on ne pouvait expliquer l'origine. Ainsi réduite au monde des infusoires, elle trouva des défenseurs et des adversaires également convaincus. En 1776, le célèbre Spallanzani la battit en brèche à l'encontre de Néedham et de Buffon, mais les expériences sur lesquelles il s'appuya ne parurent pas décisives. Dans notre siècle, entre 1836 et 1859, elle semblait avoir succombé sous les coups de quelques naturalistes allemands, lorsqu'à cette dernière époque elle fut relevée avec éclat, sous le couvert de l'hétérogénie, par un naturaliste distingué de Rouen, F. Pouchet. Bientôt, Pasteur entreprit des études dont les premiers résultats furent contraires à ce système. Alors une longue discussion, dont on trouve les pièces principales dans les comptes rendus de l'Académie des sciences, s'engagea entre lui et le savant rouennais, auquel se sont joints MM. Joly et Musset, Meunier, Trécul, Mantégazza, Onimus, Bastian, etc.

Les expériences entreprises dans les deux camps opposés, pour vider le différend, ayant fourni des résultats contradictoires, l'Académie des sciences avait été amenée, en 1864, à charger une commission d'examiner les faits en litige et d'en dégager la vérité; mais les délégués de l'Académie et les défenseurs de l'hétérogénie ne purent s'entendre sur les essais à exécuter, et la vérification ne porta que sur les expériences, à résultats négatifs, de Pasteur, ce qui, d'ailleurs, était suffisant pour qui comprend bien le problème. A cette époque donc, la cause de la génération spontanée se trouvait encore une fois gravement compromise; néanmoins, ses défenseurs n'étaient pas encore découragés, car il parut depuis lors à Paris, sur l'*Origine de la vie*, un ouvrage qui eut plusieurs éditions et dont l'auteur, M. Pennetier, présentait la génération spontanée comme survivante et même triomphante. Ce fut en 1875 que J. Tyndall reprit cette étude, et, en dépit de contradictions nouvelles, résolut la question d'une manière qui nous paraît enfin complète et définitive.

Précisons ici les causes d'erreur qui, comme nous l'avons dit plus haut, se sont présentées à ce savant, et n'auraient pas manqué de fausser le jugement final d'un esprit moins bien trempé que le sien.

Pour faire périr les germes qui préexistent dans les infusions expérimentales, il suffit ordinairement de chauffer ces liquides jusqu'à l'ébullition, et de les y maintenir quelques minutes. Or, dans certaines séries d'expériences, il est arrivé à J. Tyndall de prolonger cette ébullition pendant plusieurs heures sans parvenir à y éteindre la faculté germinative. Ce mécompte se produisait quand il mettait en infusion certaines matières organiques, telles que du vieux foin de prairies naturelles, et cela, parce qu'il s'y trouve des germes difficiles à détruire, comme étant secs, durs et rebelles à l'imbibition de l'eau.

D'autre part, il arrivait parfois que des expériences lui donnaient les résultats légitimes, c'est-à-dire négatifs de la génération spontanée, alors qu'il n'avait pris que peu de précautions pour éviter l'introduction des séminules aériennes, tandis que, dans d'autres séries où il avait opéré avec le plus grand soin, il ne réussissait pas à s'en garantir. C'est que, dans le premier cas, il n'existait que peu de germes dans l'atmosphère, et que quelquefois, au contraire, ils y sont très abondants. Tyndall se plaçait à volonté dans cette dernière condition : il réalisait une sorte d'infection de l'air de son laboratoire en y agitant simplement du vieux foin poudreux; et alors il lui devenait impossible d'y réussir ses expériences, il lui fallait abandonner ce local pour aller opérer ailleurs, en prenant même la précaution de changer ses vêtements, qui se trouvaient imprégnés de séminules. — Ces observations montrent toute la subtilité des principales causes d'erreur de ces études, et font bien comprendre pourquoi la condamnation définitive de la génération spontanée a été si difficile à obtenir.

VINGT-QUATRIÈME LETTRE

IL N'Y A PAS D'ÊTRES INTERMÉDIAIRES ENTRE LES DEUX RÈGNES INORGANIQUE ET ORGANIQUE

Pour envisager sous son aspect véritable le grand fait de la fondation du règne organique terrestre, il est essentiel de tenir compte des conditions dans lesquelles il s'est accompli, c'est-à-dire de l'état dans lequel se trouvait notre globe à l'époque de l'apparition de ses premiers êtres vivants. Rappelez-vous donc, Camille, que notre planète avait figuré précédemment un petit soleil, et que tous ses éléments furent longtemps embrasés du feu le plus violent qui puisse exister. Lorsqu'elle fut enfin sortie de cette phase d'ignition, et que sa chaleur ardente se fut retranchée sous une dure écorce pierreuse, elle se trouva évidemment, sous le rapport qui nous intéresse ici, dans un état de pureté irréprochable. Non seulement son atmosphère ne comportait aucune sorte de germes, mais son océan et ses eaux douces ne connaissaient pas de limon, et son sol, absolument vierge, était dépourvu de tout détritus organique ; ainsi, la condition première manquait pour qu'un être organisé, si simple fût-il, y prît naissance par voie de génération spontanée. C'est donc en présence des éléments purement minéraux que la formation des premiers êtres vivants a dû s'opérer.

Cela étant, deux questions se posent à nous : Entre la nature terrestre ainsi conçue et le règne de la vie, y a-t-il quelque intermédiaire matériel ou chimique, et peut-on dire qu'il se forme dans le règne minéral quelque substance organisable telle que celle que réclament les prétendues générations spontanées? Y a-t-il, ou se forme-t-il naturellement des êtres intermédiaires aux corps vivants et aux corps bruts par leurs propriétés physiques et physiologiques? Commençons par le premier de ces deux points.

Vous savez que la chimie sait depuis longtemps extraire, des liquides et des tissus des êtres organisés, certains composés bien définis tels que des acides et des bases, des matières gommeuses ou sucrées, des essences végétales, des corps gras, des substances dites protéiques, etc. Ces *principes immédiats* des corps doués de la vie avaient été considérés primitivement comme propres au règne organique; on croyait qu'ils ne pouvaient se former que dans les laboratoires capillaires des tissus vivants et sous l'empire de la force vitale ; la science n'osait espérer de les reproduire dans ses matras, et J.-J. Rousseau pouvait à son aise défier les chimistes ses contemporains de fabriquer du blé et de la farine. Et certes, ce problème ainsi posé sera constamment insoluble, attendu que la plus mince partie d'une plante contient toujours, indépendamment d'une certaine tissure qui ne peut être exécutée artificiellement, un assemblage de principes immédiats divers, que nous ne saurions associer comme ils le sont dans ce fragment qui a vécu; mais si, raisonnant avec plus de mesure, on se bornait à proposer la préparation de chacun de ces principes distincts, nous devrions reconnaître que la science n'y serait plus aujourd'hui impuissante.

Ainsi, à l'aide des seuls matériaux fournis par le règne

minéral, on reproduisit d'abord certaines combinaisons organiques assez simples, telles que celles qui résultent de la fermentation ou de la décomposition de principes immédiats d'un ordre plus élevé, et l'on contrefit de la sorte l'*urée*, l'acide *formique*, plusieurs *carbures d'hydrogène*, des *alcools,* etc.; puis, par une succession rapide de progrès dans cet art nouveau, on parvint à former des composés plus complexes, ou du genre de ceux qui constituent la base même des tissus animaux et qui jouent un rôle essentiel dans leur nutrition : l'*albumine*, la *fibrine*, des *peptones*... auraient été fabriquées de toutes pièces, à la grande satisfaction de vos confrères matérialistes.

Voici, en effet, le parti qu'ils tirent, au profit de leur doctrine, de ces conquêtes de la chimie. Dans la formation des principes immédiats organiques, la force vitale ne serait pas un agent nécessaire, ni l'organisme un appareil indispensable, et la substance qui compose les êtres vivants pourrait sortir de la matière inanimée. L'atmosphère ancienne du globe, en attaquant sa croûte primordiale, a constitué plusieurs espèces minéralogiques secondaires et accidentelles ; d'autres réactions chimiques auraient bien pu produire aussi une substance nouvelle, organisable, apte à porter la vie, et telle que la demandent les partisans de la génération spontanée. Et si ce dernier mode de genèse n'a pas encore été constaté expérimentalement, du moins il acquerrait, relativement aux temps primitifs, un certain degré de vraisemblance, aux yeux des naturalistes qui le regardent comme le seul moyen scientifique ou rationnel de concevoir la fondation des premiers êtres vivants. C'est là le raisonnement que nous avons à réfuter.

Tout d'abord, nous pourrions fort bien révoquer en doute l'identité absolue de certains principes immédiats artificiels, et notamment des principes protéiques, avec ceux qui sont formés par l'organisme ; du moins nous croyons avoir toute raison de demeurer incrédules devant la prétention, qu'élèvent nos matérialistes, de fabriquer des plasmas organiques *complets*, semblables à ceux que produit l'organisation vivante, et propres à servir de support à la vie.

Mais telle n'est pas la question précise qu'il nous importe de résoudre. Lors même que, mettant en œuvre tous les artifices de la synthèse chimique, nous parviendrions à associer parfaitement tous les éléments qui composent les principes immédiats les plus importants, s'ensuivrait-il que ces produits de nos laboratoires seraient susceptibles de se constituer pareillement sous l'empire des forces aveugles de la nature minérale? Écartons l'hypothèse d'un coup heureux du hasard, — car nous verrons ce qu'elle vaut à la fin de la seconde partie de ces Lettres, — et disons que le genre et le nombre des manipulations que nous devons exécuter, pour obtenir ces composés délicats et instables, impliquent au moins autant d'intelligence et d'habileté que la fabrication d'une machine compliquée, d'une montre, par exemple ; et, de même que celle-ci ne se fera jamais sans un ouvrier, les opérations dont nous parlons ne peuvent s'accomplir spontanément. Voilà ce que déclare hardiment la raison, et l'observation des faits naturels le confirme.

Nous avons dit, en effet, que l'air et l'eau, additionnés d'une faible quantité de matières terreuses, contiennent tous les principes élémentaires des êtres vivants. Leurs éléments constituants ne manquent pas d'occasions de se séparer pour s'engager dans des associations, des combinaisons nouvelles, qui se portent généralement sur la matière si complexe du sol, en gardant toujours leur nature purement minérale. Aussi j'ose à peine vous demander, tant la question est vaine et naïve, s'ils sont capables de produire d'eux-mêmes, c'est-à-dire en dehors des organismes vivants, des acides ou des alcalis organiques, des matières gommeuses, sucrées, des corps gras... Encore moins devrais-je vous parler de la matière azotée ou *protéine* ; et pourtant c'est un point que nous sommes obligés de trancher nettement.

Les matériaux protéiques sont les plus importants de ceux qui composent tous les êtres vivants; et les plantes mêmes, qui sont susceptibles de devenir presque entièrement ligneuses, n'ont pas de principe plus nécessaire. Car leur élément histologique fondamental, la cellule ou l'utricule, considérée au moment de sa formation, renferme un petit noyau albuminoïde ou fibrineux qui la façonne, lui donne le pouvoir d'engendrer d'autres organules semblables, et de déterminer ainsi l'accroissement du corps végétal tout entier. Ce minuscule grumeau de matière azotée est en quelque sorte, ainsi qu'on l'a dit, le *maçon* qui construit toutes les particules de la plante, et par conséquent la plante entière. Comme la substance protéique est bien plus abondante encore dans le règne animal, on peut dire qu'elle est le substratum matériel de la vie. Il importe donc bien de savoir si elle peut se former sous la seule influence de la nature inanimée.

Or, toute matière albuminoïde qui se détruit d'une manière quelconque fournit, comme produit de sa décomposition, un certain sel minéral, le *carbonate d'ammoniaque*, que j'appelle un sel minéral parce qu'il est susceptible de se former dans la nature inorganique. C'est aussi le premier, ou le plus simple, des composés que constitueraient les éléments de l'air et de l'eau en se combinant ensemble. Vous pouvez donc le considérer comme l'embryon chimique ou le point de départ de la substance protéique. Le chimiste, à qui l'on proposerait d'opérer la synthèse de cette matière organique, s'appliquerait à ajouter successivement, à ce sel ammoniacal (1), de nouveaux équivalents d'acide carbonique, d'ammoniaque, de carbures d'hydrogène, d'eau...; il obtiendrait ainsi des composés de plus en plus complexes, se rapprochant progressivement des corps albuminoïdes par le groupement de leurs éléments, et n'atteindrait son but final qu'après avoir réalisé une série de combinaisons représentées par des formules de plus en plus élevées. C'est surtout ce qui aurait lieu dans la nature, si la substance albuminoïde se formait par la seule vertu de la matière brute. Par conséquent, on y retrouverait les espèces chimiques intermédiaires, les divers types échelonnés qui marqueraient les étapes successives par lesquelles le composé qui nous occupe aurait passé.

Qu'y trouve-t-on, en réalité, de concordant avec cette hypothèse qui vous est nécessaire? On n'y connaît encore, dans sa quantité infiniment minime ou presque nulle, que le premier terme, le prototype de cette évolution chimique, le carbonate d'ammoniaque et rien de plus. Aucun des degrés ascendants de cet échafaudage fictif n'a été signalé en dissolution dans l'Océan, ni en efflorescence à la surface du sol, ni en dépôts amorphes ou cristallisés dans aucune formation géologique ; car les carbonates et les azotates qu'on y rencontre, quoique provenant en partie de l'atmosphère, n'appartiennent pas à la série organique dont nous parlons. Donc, le principe protéique ne se forme pas, ne s'est jamais formé dans la nature minérale.

Ainsi il ne s'est jamais constitué de matière organisable

---

(1) Il va sans dire que cet aperçu est purement théorique, car, dans la pratique, on procéderait d'une manière tout autre et bien plus expéditive.

telle que celle que nos matérialistes jugent nécessaire à la génération spontanée. Si la génération spontanée ne se produit pas à présent, quand son indispensable plasma existe, à plus forte raison n'a-t-elle pas dû s'accomplir dans le temps où il n'existait pas, c'est-à-dire avant l'apparition de la vie. Dans un sens moins compréhensif, nous nous contenterons de conclure, conformément à notre thèse présente, qu'il ne se forme pas naturellement de substance intermédiaire entre la matière minérale et celle qui compose les êtres vivants.

Nous sommes restés jusqu'ici au point de vue chimique, mais nous avons annoncé que nous rechercherions aussi si la transition dont nous parlons est admissible sous les rapports physique et physiologique. A la rigueur, il nous suffirait d'avoir ainsi sapé à sa base l'édifice biologique de nos adversaires; cependant, les idées particulières d'un naturaliste allemand nous excitent à poursuivre cette discussion, et à attaquer la partie restante de la construction matérialiste.

Observe-t-on, dans la nature, quelque indice de rapprochement, quelque forme de passage entre les corps bruts et les corps vivants? — En dépit de toutes les dissemblances flagrantes, on s'est avisé de signaler certains traits de similitude qui seraient fournis par... les minéraux cristallisés : on a jugé qu'un cristal isolé représente, tout comme un corps doué de la vie, un être individuel, attendu qu'il affecte, lui aussi, une forme propre à peu près constante dans chaque espèce minérale !... Et ne croyez pas que cette assimilation ait été inventée par un humble comparse de l'école matérialiste, par quelque demi-savant inconsidéré; non, elle émane d'un naturaliste hors ligne, d'un des pontifes de votre église athée, du célèbre professeur allemand Haeckel, qui s'est signalé par des travaux et des découvertes scientifiques considérables. Il tient si bien à ce rapprochement qu'il ne perd pas une occasion de le reproduire dans ses écrits et dans ses discours.

Il a, notamment, observé et décrit avec complaisance des êtres vivants d'une constitution tellement simple qu'il serait impossible, dit-il, d'en concevoir de plus voisins du règne minéral. Il trouve même que ses *monères*, — sur l'histoire desquelles nous reviendrons à plusieurs reprises, — sont plus semblables à des minéraux qu'à des corps organisés, et il prétend leur ménager une origine conforme à ses vues en les faisant naître à la manière des cristaux qui se déposent d'une solution saturée. Non content d'avoir rabaissé, dans ces créatures infimes, les caractères distinctifs des êtres animés, il essaye de relever ceux des corps inorganiques en leur conférant l'attribut le plus sensible des organismes vivants : se fondant, bien abusivement, sur le fait du mouvement que possèdent en commun ou en particulier toutes les parties de l'univers, et sur la non-existence du repos absolu, il ne craint pas de dire que tous les êtres de la nature sont également *animés* (1), et que l'opposition jadis établie entre le monde des corps vivants et celui des corps bruts n'existe pas (page 21)!

Ces idées exorbitantes ne sont pas l'expression d'un sentiment purement personnel ; elles font partie intégrante de la philosophie matérialiste, et l'on pourrait extraire de plusieurs auteurs de votre école des énormités du même genre, ou plus accentuées encore. Peu s'en faut qu'ils ne viennent à nier la vie. Ils sont d'ailleurs con-

---

(1) Cette opinion, et presque toutes celles de M. Haeckel que nous avons citées dans cet ouvrage, ont été tirées de la 2ᵉ édition française de son *Histoire naturelle de la création des êtres organisés d'après les lois naturelles*. Paris, Reinwald, 1877.

séquents à leur système en s'efforçant de la faire naître des seules énergies de la nature inanimée, et en tâchant de combler le gouffre qui sépare les deux règnes minéral et organique; car, s'ils y réussissaient, il n'y aurait plus du tout à s'occuper du Créateur qu'ils ont déjà expulsé de l'univers sidéral. C'est ainsi qu'ils remettent en question les plus élémentaires des vérités scientifiques, et nous obligent à leur démontrer que le règne de la vie est bien réel, et ne se confond nullement avec celui de la nature inorganique.

Puisque nous sommes ainsi mis en demeure de reproduire des considérations toutes classiques, faisons-le du moins très brièvement.

L'être vivant, s'il est à l'état de germe, a toutes ses particules en repos, comme le sont les molécules du cristal; mais, s'il est placé dans certaines conditions qui lui conviennent, il s'anime, se développe et se transforme : par rapport à l'immuabilité de l'être inorganique, ne nous montre-t-il pas une différence essentielle?

Sorti de cet état de germe, dans lequel il ressemble le plus à un minéral, il s'accroît par nutrition, c'est-à-dire par absorption *intérieure* d'une matière ambiante, tandis que l'autre ne s'accroît qu'à l'*extérieur*, par superposition de couches nouvelles : concevez-vous un moyen terme ou un trait d'union entre ces deux modes de croissance?

L'être vivant est en état de commerce intime, d'échange continuel avec le monde environnant : il lui prend certains principes matériels et lui en rend d'autres. Ses particules composantes, au lieu d'être inactives comme les molécules du cristal, fonctionnent, dit très justement de Quatrefages, comme une multitude de petits appareils physico-chimiques, constamment en action pour brûler ou réduire les matériaux empruntés au dehors. Si l'on fait abstraction de la condition du germe dans lequel la vie sommeille, une transition est-elle possible entre ces deux manières d'être si distinctes ?

L'être vivant est sorti d'un autre être vivant, ou, si vous niez la généralité de ce principe à cause de l'origine que vous attribuez aux premiers types de la vie, vous ne contesterez pas qu'il possède le pouvoir générateur. Quand il s'assimile surabondamment les matériaux propres à augmenter sa masse, il ne s'accroît pas sans mesure, comme les cristaux sont susceptibles de le faire : il se reproduit ou se multiplie, ne fût-ce qu'en se morcelant et se subdivisant. La génération, qui est une fonction nécessaire dans les êtres organisés, existe-t-elle dans les minéraux? Comment donc pourrait se faire, sur ce point encore, la transition graduelle des uns aux autres ?

Enfin, si les conditions dans lesquelles il s'est formé ne changeaient jamais, le cristal subsisterait perpétuellement, tandis que l'être vivant est fatalement condamné à subir la mort, laquelle est suivie de la dispersion de ses éléments matériels. Cette inévitable destruction d'un être, dans les conditions mêmes où il s'est formé, est un phénomène suffisant pour caractériser tout ce qui a la vie; viendrait-on à imaginer, comme l'a essayé M. Haeckel, quelque matière vivante inférieure encore en vitalité à celle qui compose les monères, elle se séparerait toujours de la matière brute par le fait de cette décomposition à laquelle elle ne peut échapper.

Remarquez que tous les traits distinctifs que nous venons d'indiquer sont absolus : ils sont tels qu'il ne peut y avoir de moyens de passage entre les êtres qui les possèdent et ceux qui en sont dépourvus ; ils établissent donc une séparation parfaitement tranchée, un abîme infranchissable entre les corps vivants et les corps bruts.

Chacun sait que, dans la nature vivante, il y a des êtres ambigus, qui tiennent à la fois des animaux et des plantes, et par lesquels se trouve ménagée la réunion ou fusion des deux règnes organisés, de telle sorte qu'on ne saurait dire où l'un finit et où l'autre commence; eh bien! le système génésiaque du matérialisme exigerait qu'il existât pareillement, entre les deux empires inorganique et organique, une transition graduelle, s'opérant par une certaine classe d'êtres indécis, à caractères mixtes, au moyen desquels la matière minérale passerait à la matière organisable, et celle-ci à l'organisation vivante; or, nous constatons qu'il n'existe et n'a jamais existé rien de semblable, ni sous le rapport chimique, ni sous les rapports physique et physiologique. Tout ce qu'on a cru observer de favorable à cette conception hybride est le résultat d'une méprise si grossière que nous nous garderons bien de nous y arrêter.

Donc, puisque la séparation est réelle et complète entre le monde inorganique et le monde vivant, et puisqu'il ne put jamais y avoir entre eux de types transitifs ou conjonctifs, il est impossible que la vie et l'organisation soient sorties spontanément de la matière inanimée.

VINGT-CINQUIÈME LETTRE

LES HYPOTHÈSES BIOGÉNIQUES NE PEUVENT SE PASSER DU SURNATUREL OU DES MIRACLES

De tout ce que nous avons exposé dans les lettres précédentes, Camille, il résulte que la formation des premiers êtres vivants n'a pas été un phénomène ordinaire de la nature, un effet des forces inhérentes à la matière terrestre ; il a fallu l'intervention d'un agent étranger et supérieur à ce globe ; il s'est produit un fait surnaturel, un acte de la Puissance créatrice. Mais, comme l'école matérialiste repousse de parti pris toute conception de ce genre, nous poursuivrons la démonstration de cette thèse en discutant ensemble une des théories biogéniques qui ont la prétention de s'en passer ; et, en nous plaçant au point de vue de M. Haeckel, par exemple, nous ferons voir que, pour un miracle capital et unique qu'on s'efforce d'écarter, on s'oblige à requérir implicitement tout un enchaînement de miracles secondaires et équivalents.

Partons de la matière organisable ou albuminoïde, dont la formation vous semble toujours indispensable, tant pour l'accomplissement des générations spontanées expérimentales, que pour constituer le premier stade d'une création naturelle des êtres vivants.

Cette substance protéique ne se forme pas aujourd'hui dans la nature, mais il est nécessaire, nous dit-on, qu'elle s'y soit produite au moins à une époque reculée ; on ajoute que c'est au sein de l'Océan qu'elle a dû se constituer, et que les premiers organismes vivants ont été aquatiques. Je vous ferai observer pourtant qu'en la faisant naître dans le milieu liquide, on se prive de certaines influences physiques qui ne sont pas à dédaigner. Sans parler de la lumière, qui fait défaut dans les profondeurs de la mer, on n'y peut guère compter sur les effets chimiques si puissants de l'électricité atmosphérique ; on n'a rien à attendre des condensations gazeuses, des combinaisons étonnantes qui s'opèrent dans certains corps poreux ; et si l'on nous objecte que le sol de la terre ferme était primitivement tout indivis et imperméable, nous répondrons qu'il pouvait s'y rencontrer des cendres volcaniques, des pierres ponceuses rejetées par d'innombrables volcans, ou tombées des espaces interplanétaires. Ce ne sont là, sans doute, que des moyens accidentels et fortuits; mais les biogénistes de votre école ne sont-ils pas réduits à spéculer constamment sur les accidents du hasard ?

Quoi qu'il en soit, si vous songez à expliquer l'origine de cette matière plastique fondamentale, il vous faut au moins une hypothèse. Voulez-vous que nous vous aidions à en forger une des plus simples? Un des maîtres de la synthèse chimique, M. Berthelot, a fait jadis une expérience mémorable. Ayant réuni dans un ballon de verre deux substances de nature minérale, — de l'eau et un gaz hydrocarboné, auxquels il a ajouté de l'acide sulfurique comme agent provocateur de leur combinaison, — il a soumis ce ballon à une agitation prolongée, et a finalement réussi, comme il l'espérait, à les combiner ensemble, de sorte qu'elles avaient produit un principe immédiat organique, de l'alcool. C'est un composé chimique d'une constitution beaucoup plus simple, à la vérité, que votre matière albuminoïde, et personne n'a essayé de fabriquer celle-ci par un procédé analogue; mais puisque nous sommes disposés à vous faire les plus larges concessions, nous irons jusqu'à supposer qu'on y parviendrait. Car il y a, comme nous l'avons dit, dans l'air atmosphérique et dans l'eau de la mer, tous les éléments qui entrent dans la composition de la matière protéique; il ne s'agirait que d'imaginer quelque influence extrinsèque qui les eût fait réagir mutuellement, en excitant une agitation bien autrement puissante que celle qu'ils subissent aujourd'hui, et qui n'engendre absolument rien d'organisable. Voulez-vous donc qu'un jour l'Océan ait été bouleversé de fond en comble par quelque tourmente sans pareille; que l'énorme masse de ses eaux, soulevée de ses abîmes, s'élançant sur l'atmosphère aérienne pour la dévorer, se tordant avec elle dans d'inexprimables convulsions traversées par mille décharges de la foudre, ait fini par engendrer cette sorte de lymphe minérale qui devait devenir la base de notre règne organique? Si une telle supposition vous satisfait, nous ne chercherons pas à la contredire, pourvu qu'à cette crise inouïe vous vouliez bien assigner une cause suffisante, et que vous déclariez quelle force aujourd'hui inactive, quelle puissance extraterrestre ou surnaturelle, représentant notre chimiste expérimentateur, s'est présentée autrefois pour exécuter ce grandiose et fécond brassage. Avons-nous tort de croire qu'il y aurait eu là un miracle?

L'Océan maritime assimilé, après cela, à une infusion de sève végétale ou d'humeur animale; sa claire et fluide substance devenue un liquide visqueux, chargé de légumine, d'albumine, de fibrine ou de caséine! Toute prodigieuse qu'est cette première mutation, elle ne vous conduit pas d'elle-même à votre objet final, l'éclosion de la vie. Votre substance protéique ne pouvait se modifier en aucun sens, et n'avait pas même le pouvoir de se corrompre; car, si la salure de la mer n'était pas assez forte pour la préserver de la putréfaction, du moins les microbes nécessaires à sa fermentation n'existaient pas encore : elle devait donc rester perpétuellement dans l'état où elle avait été générée.

Par conséquent, il fallait une seconde préparation physico-chimique à la genèse de la vie. Il fallait que la matière albuminoïde, qui n'était pas distincte du liquide marin, acquît une existence propre et manifeste en se séparant de son véhicule aqueux, comme la fibrine se sépare du sang, ou comme la caséine se précipite du lait. Mais le changement d'état des principes organiques, qui se coagulent de la sorte, n'est point un acheminement vers l'organisation et la vie ; tout au contraire, c'est un effet de la mort. De plus, si le sang et le lait se caillent quand ils sont extraits de leurs vaisseaux naturels, c'est qu'ils sont mis en dehors des conditions dans lesquelles ils se sont formés, ce qui ne peut avoir lieu dans notre hypothèse génésiaque. Et puis la fibrine, la caséine..., quand elles effectuent leur départ, se rassemblent en une seule masse cohérente, tandis que votre système biogénique exigerait un extrême morcellement de la matière plastique, dont chaque parcelle réaliserait la condition première des êtres vivants, l'individualité.

Aussi M. Haeckel n'a-t-il trouvé rien de mieux que d'imaginer une sorte de cristallisation de la matière organisable, qui se serait séparée de la menstrue marine comme des cristaux se séparent d'une solution sursaturée. C'est une supposition très simple, il est vrai, mais tout à fait inadmissible : car pourquoi la substance plastique et son véhicule aqueux divorceraient-ils, s'ils n'avaient été modifiés ni l'un ni l'autre ? Comment la cristallisation aurait-elle été si complète que l'eau mère n'aurait rien retenu de la substance dissoute ? Et d'ailleurs, est-il permis de parler de cristallisation quand il s'agit de substances qui sont des types de matières incristallisables ou colloïdes ?

Je soutiens qu'il est impossible de comprendre que votre plasma fluide se concrète et se morcelle de lui-même pour se disposer à recevoir la vie. Si donc vous ne trouvez aucune cause naturelle qui puisse le modifier de la sorte, laissez-nous conclure que notre Agent surnaturel a dû se présenter à nouveau pour continuer le travail génésiaque que vous nous obligez à lui attribuer, et qu'il exécuta alors un second acte préparatoire de la vie tellurique, c'est-à-dire un second miracle.

Voilà votre protoplasme disséminé dans l'Océan primitif en petits flocons submergés ou flottants ; maintenant, grâce à certaine conquête récente de l'histoire naturelle, il semble que vous touchiez à votre but, ou du du moins votre position est meilleure à présent qu'elle n'eût paru autrefois. Car tous les êtres vivants qu'on connaissait jadis étaient manifestement organisés, c'est-à-dire composés de tissus et d'organes distincts ; vos coreligionnaires enseignaient que la vie est la conséquence de cette organisation et le résultat du jeu de toutes ces parties ; mais, quelle était la cause formatrice de cette structure qui ne pouvait s'être faite elle-même? La doctrine de la génération spontanée avait là sa pierre d'achoppement insurmontable. Aujourd'hui, cette objection n'existe plus, nous dit-on, car on connaît des êtres vivants qui n'ont ni tissus ni organes précis. C'est M. Haeckel qui a fait cette découverte en 1864, et c'est lui aussi qui s'est appliqué à l'exploiter au profit de la doctrine matérialiste. Voyons de quoi il s'agit.

On observe à la surface des objets baignés par la mer, notamment sur la coquille de certains mollusques, de petits corps blanchâtres, quelquefois colorés, qui ne dépassent pas la grosseur d'une tête d'épingle et sont souvent plus exigus ou tout à fait microscopiques. En les examinant avec un grossissement suffisant, notre savant reconnut qu'ils consistent en de simples agrégats d'une matière albuminoïde homogène ; ce sont des sortes de petits grumeaux vivants, amorphes ou sans formes fixes, auxquels il donna le nom de *monères*. Ces petits êtres seraient d'une simplicité extrême ; ils n'auraient point d'organes ni externes ni internes : ils n'auraient pas même de noyau intérieur, quoiqu'ils se multiplient par division ou scissiparité. Sous l'influence d'une excitation extérieure, ils manifestent de l'irritabilité, se contractent et s'agitent ; ils sont même mobiles et se déplacent par reptation. On les trouve ordinairement roulés en boule ; mais on les voit souvent émettre, des divers points de leur corps, et comme à volonté, des prolongements de leur substance simulant des bras ou tentacules qui les entourent parfois comme des rayons nombreux. Ces membres éventuels leur servent de moyen de locomotion ; ils leur permettent aussi d'arrêter les corpuscules vivants qui passent auprès d'eux et de les rapprocher de leur corps, dont la substance pulpeuse ne tarde pas à les envelopper et à les absorber par une sorte de digestion. Les monères se comportent ainsi *quand elles ont faim ;* lorsqu'elles sont repues, elles rétractent leurs appendices et reprennent leur apparence globulaire. On en connaît aujourd'hui plusieurs genres qui vivent dans la mer ou dans les eaux douces. Une de leurs prétendues espèces a joui pendant quelques années d'une certaine notoriété, c'est celle que le naturaliste anglais Huxley avait cru découvrir, et qu'il s'était empressé d'appeler *Bathybius Haeckelii ;* on a reconnu plus tard que cette espèce n'existe pas ; mais la méprise assez plaisante (1) dont elle a été l'objet n'infirme nullement l'existence de ce type même d'être vivants.

Tel est l'élément nouveau qu'on met en œuvre pour édifier le système naturiste de la fondation de la vie terrestre, dont nous étudions en ce moment le troisième stade. — Il y aurait plus d'une réserve à faire touchant l'histoire naturelle de ces êtres singuliers. Sont-ils vrai-

(1) Il paraît qu'une petite quantité d'eau marine puisée à une grande profondeur, ayant été additionnée d'une forte proportion d'alcool à l'effet de conserver les animalcules qu'elle pouvait contenir, avait donné lieu à la formation d'un dépôt gélatiniforme qu'on avait pris pour une agrégation de monères, et qu'un examen plus attentif a fait reconnaître pour un simple précipité de sulfate de chaux...

ment aussi simples qu'ils le paraissent, c'est-à-dire sans texture, sans organes internes ou sans aucune partie correspondant à un noyau reproducteur? Sont-ils une création vraie ou spéciale, et ne pourraient-ils pas être des produits normaux ou accidentels de quelque espèce supérieure, qui seraient doués du pouvoir de se multiplier comme certaines productions morbides? On explique leur origine première par un acte de génération spontanée dans une liqueur albumineuse : mais pourquoi ne les a-t-on jamais signalés dans les dissolutions d'albumine et d'autres matières protéiques qu'il nous est si facile d'observer *in vitro*? Car un très clairvoyant expérimentateur, qui a préparé une infinité d'infusions avec les matières organiques les plus variées, déclare formellement ne les avoir jamais vus se produire dans ses matras, et ne pas les connaître du tout. (J. Tyndall, *les Microbes*, p. 337.)

Revenons, néanmoins, à nos globules de matière muqueuse que nous avons laissés suspendus et ballottés dans l'Océan primitif. Comparez-les avec les organismes rudimentaires que nous venons de décrire, et voyez s'il n'existe pas, entre ces deux sortes d'êtres, une différence radicale et absolue.

Les monères vivantes se distinguent de nos fragments de matière protéique par deux facultés ou deux phénomènes, qui auraient dû interdire à M. Haeckel de les placer comme intermédiaires entre le règne minéral et le règne organique. Sans aller jusqu'à croire, avec ce savant, qu'elles connaissent la sensation de la faim, on ne peut douter qu'elles se nourrissent, ou qu'elles empruntent au monde environnant de quoi composer une substance telle que la leur; de plus, ayant pris un certain accroissement, elles se dédoublent et se multiplient. Ainsi, elles forment de la matière de monère et procréent d'autres monères; elles sont donc en possession du pouvoir créateur, c'est-à-dire qu'elles ont la vie et la manifestent par ses deux fonctions capitales, la nutrition et la reproduction.

On nous dit que nous pourrions créer de la matière protéique telle que celle qui compose les monères; que nous saurions la morceler pour donner à ses parcelles le caractère de l'individualité, et que nous viendrions à bout de ces deux opérations par des manœuvres purement chimiques et mécaniques : soit; mais à ce point s'arrêterait assurément notre pouvoir. Quel est, en effet, l'homme assez simple d'esprit pour s'imaginer que, s'il réussissait à préparer chimiquement un semblable flocon d'albumine, il le verrait aussitôt fabriquer à son tour de la matière albumineuse et produire un second, un troisième flocon tels que lui? Bien certainement nos fragments de protéine artificielle seraient dépourvus de la double propriété qui caractérise la vie. Il en eût été tout de même de vos parcelles de matière muqueuse disséminées dans l'Océan primitif : d'où viendra donc, dans l'un et l'autre cas, ce qui manque à ces particules inanimées pour constituer des monères véritables et vivantes? Nous qui sommes infiniment plus habiles que les simples agents qui s'exercent dans la nature brute, nous reconnaissons notre absolue impuissance à former de nos mains, à dispenser cette vertu merveilleuse; à plus forte raison, les forces aveugles du monde minéral n'y sauraient suffire. Il faut donc qu'une puissance bien supérieure à elles et à nous-mêmes vienne l'infuser à ces corpuscules prêts à la recevoir. En d'autres termes, il nous faut encore un acte surnaturel, c'est-à-dire un troisième miracle, lequel devra être, ce nous semble, d'un ordre plus élevé que les deux autres.

La vie a donc ainsi fait son apparition sur notre planète. Son début fut bien humble, en comparaison de ses développements subséquents, mais il constitue un point de départ, à vos yeux suffisant, pour l'évolution spontanée de tout le règne organique. La suite de ces Lettres vous montrera le peu de fondement de cette théorie évolutive, et nous reprendrons l'histoire de la monère dans ses rapports avec la formation du grand arbre de la vie tellurique; cependant, laissez-nous examiner de quelle façon elle aurait franchi le premier degré de cet enchaînement de mutations progressives qui devait aboutir à la genèse de l'homme.

Vous reconnaissez déjà combien elle diffère de toutes les espèces organiques même les plus inférieures : elle est vivante, il est vrai, mais n'est point organisée; comment donc la vie a-t-elle pu s'élever, de ce mode d'existence si rudimentaire, à un type pourvu de parties distinctes et d'organes précis?

Bien simplement, nous dit-on : que la matière lâche et dilatée de la monère vienne à se condenser à son centre en *s'y façonnant d'une certaine manière*, et elle se trouvera pourvue d'un noyau, c'est-à-dire d'un organe interne qui jouira d'admirables propriétés physiologiques. Il suffit également que sa molle substance se resserre et se consolide sur toute sa périphérie, pour qu'elle acquière une enveloppe permanente et se constitue à l'état de cellule. Or, la cellule est considérée comme l'élément fondamental des êtres organisés; elle est, a-t-on dit, aux animaux et aux plantes, ce que les pierres et les moellons sont à nos constructions. Souvent aussi elle vit isolément : des cellules solitaires ou indépendantes forment une infinité de micro-organismes divers, qui peuvent être simples et nus, comme les *amibes*, ou pourvus de certains appendices servant à la locomotion, comme on en voit sur beaucoup de petits êtres monocellulaires.

C'est fort simple, en effet ; mais pour que nous admettions la réalité de ce passage d'une forme vivante à une autre, il ne suffit pas qu'on l'ait conçu tant bien que mal ; il faudrait qu'on l'eût positivement constaté. On voudrait nous faire croire que la formation d'un noyau et d'une enveloppe, dans un être presque microscopique, est une si mince innovation de la nature qu'elle a pu se produire spontanément ; nous retrouvons ici l'illusion habituelle de nos adversaires relativement aux petites créations et aux petits objets ; mais elle ne trompe que ceux qui cherchent à se tromper. Pour un être qui ne posséderait rien de ces deux caractères additionnels, cette acquisition serait un fait très considérable, qui ferait de l'amibe un animalcule tout autre que la monère, et l'établirait sur un plan différent. C'est ce que confirme M. Haeckel lui-même quand il nous dit (p. 375) : « Nous croyons que le plus sage est de grouper les monères actuelles en une *classe parfaitement distincte*, que nous opposons à toutes les autres classes du règne organique. » Or, elles ne seraient pas à ce point distinctes, si la première était susceptible de passer à la seconde. Bien plus, il devrait y avoir une sorte de fusion entre le premier et le deuxième degré de l'échelle des êtres, en ce sens qu'on verrait des monères se transformer ou se reproduire en amibes. Est-ce là ce qu'on observe ? Les monères restent toujours monères, et l'on n'en voit pas sortir autre chose. Toute la doctrine de l'évolution spontanée se trouve jugée par cette stabilité visible du prétendu type primordial de la vie, par sa séparation ou son écartement du type considéré comme le plus voisin, et par l'absence de formes de transition entre les deux.

Là-dessus on nous déclare que ce qui ne se voit plus

aujourd'hui a pu s'effectuer à une autre époque ; on soutient que la conversion des monères en amibes est un phénomène nécessaire, et qui a dû forcément s'accomplir au moins une fois dans les temps primitifs. Nous n'avons pas à discuter cette nécessité spéculative, et nous dirons simplement, en supposant que cette transmutation se soit opérée en effet, qu'elle a constitué une insigne dérogation aux lois permanentes de la nature, comme celle qui aurait lieu si, d'une des grandes espèces animales qui nous entourent, nous voyions sortir un jour des individus d'une tout autre sorte. Conséquemment, ç'a été un fait de l'ordre surnaturel, et il y a eu là un quatrième miracle, c'est-à-dire un nouvel acte du Créateur.

Nsus démontrerons qu'un tel prodige aurait dû s'opérer bien des fois durant la formation progressive du règne organique ; il aurait fallu qu'il se produisît un acte du même genre à tous les degrés de cette évolution soi-disant spontanée que l'on fait commencer par la monère et que l'on conduit jusqu'à l'homme. En ce cas, n'avons-nous pas raison de vous dire que les théories génésiaques inventées par l'athéisme ne réussissent pas à se passer du surnaturel, et qu'elles ne peuvent faire autre chose, au grand miracle de la Création, que de le défigurer et de le travestir ?

VINGT-SIXIÈME LETTRE

LA VÉRITABLE ORIGINE ET LE PREMIER MODE DE LA VIE TELLURIQUE

Puisque la formation des premiers êtres vivants est un fait de l'ordre surnaturel, Camille, il se soustrait aux investigations directes de la raison et de la science ; mais la tradition religieuse nous offre un exposé de cette création qui se prête par certains côtés à leur contrôle ; voyons donc si le système de la biogénie mosaïque ne serait pas mieux fondé et plus plausible que vos élucubrations matérialistes.

Nous reconnaissons sans hésiter que l'historien sacré, comme s'il n'avait été gratifié que d'une révélation à demi voilée, ne nous renseigne pas, dans toute l'étendue de son exposition génésiaque, d'une manière aussi satisfaisante que nous l'aurions désiré. La partie physique ou astronomique de sa cosmogonie nous offre de graves difficultés, soit dans son fond même, soit peut-être simplement dans son expression ; au moins est-il certain que ses adversaires ne lui ont pas ménagé les critiques, et que ses commentateurs respectueux se sont ingéniés pour en fournir diverses interprétations. Mais lorsqu'il arrive à notre présente question biogénique, et qu'il établit l'ordre d'apparition des êtres vivants, il devient, malgré son extrême brièveté, d'une justesse indiscutable : non seulement nous n'avons pas alors à corriger son récit, mais encore c'est lui qui rappelle au bon sens, à la vérité scientifique, les fondateurs de vos systèmes naturistes qui ont eu la prétention de supplanter ses enseignements.

Que nous dit-il en substance ? Une volonté s'est exprimée sur la terre, la volonté de Celui qui avait déjà fait surgir la matière cosmique : le globe terrestre, les eaux qui le recouvraient reçurent l'ordre d'enfanter les premières créatures vivantes : *Germinet terra… Producant aquæ… Producat terra…* Que la terre, que les eaux produisent…, et la vie tellurique fut aussitôt fondée, au moyen des éléments matériels du globe.

Quand on croit, comme nous, à l'existence d'un souverain Être ayant tiré du néant la matière primitive, on ne saurait lui attribuer une manière de créer plus convenable et plus digne de lui : sa parole suffit à tout, et sa toute-puissance n'avait que faire de ces misérables préparatifs, que nous venons de décrire d'après l'un de vos systèmes. Il est vrai qu'alors nous ne pénétrons pas le mécanisme intime de l'opération créatrice, mais nous n'y réussissons pas davantage quand nous la décomposons comme nous l'avons fait tout à l'heure, et nous n'y parviendrions jamais avec aucune combinaison systématique. Cela étant, notre sens commun n'est-il pas plus satisfait par un miracle simple, franc, formel, que par votre série de miracles vainement atténués et déguisés ?

De quelle nature ont dû être ces productions initiales de la Puissance vivifiante ? — Nos hétérogénistes français nous avaient représenté les premières créations vivantes sous la forme d'infusoires microscopiques, doués d'organes sensitifs et locomoteurs, et accomplissant les fonctions essentielles de la vie animale. Les naturalistes d'Outre-Rhin, plus circonspects que les nôtres, et tenant compte d'ailleurs des démentis de l'expérience touchant la génération spontanée des infusoires, ont rejeté cette supposition pour ce motif que des organismes de cette sorte, quelque petits qu'ils soient, sont encore d'une constitution trop complexe pour être sortis d'emblée d'un plasma inanimé. Aussi convenait-il mieux de prendre, comme prototypes de la vie, les monères de M. Haeckel qui, malgré toute leur simplicité, appartiendraient encore au règne animal, puisqu'elles connaîtraient la sensation de la faim et donneraient satisfaction à ce besoin.

Eh bien ! ces deux systèmes, même étant adaptés à notre principe spiritualiste, ne valent pas mieux l'un que l'autre : ils sont également absurdes. Des êtres qui mangent, c'est-à-dire qui entretiennent leur existence en se nourrissant d'autres êtres organisés, ne sauraient être les premiers-nés de la création organique ; car il a bien fallu qu'en venant au monde ils trouvassent un produit de la vie, une pâture créée avant eux. Les premières créations vivantes ne pouvaient être que des organismes qui se contentaient, pour nourriture, des éléments fluides du règne minéral, c'est-à-dire de l'air et de l'eau ; ils devaient dissocier ces deux substances, et notamment, décomposer l'acide carbonique pour s'assimiler son carbone, base consistante de tout être vivant. D'ailleurs, et comme nous l'avons déjà dit, l'atmosphère primitive avait une composition différente de celle d'aujourd'hui ; elle était beaucoup plus riche en gaz carbonique et relativement plus pauvre en oxygène, dont la proportion s'est accrue par l'activité réductrice de la vie végétative. En cet état, elle se trouvait bien mieux appropriée à la nutrition des plantes qu'à la respiration des animaux. Il est donc très bien de faire commencer la vie tellurique par la création du règne végétal.

M. Haeckel a pourtant compris cette nécessité ; aussi s'est-il avisé tout simplement d'attribuer une nature de cette sorte aux premières monères qui seraient sorties de son plasma primordial : elles auraient pris possession de toute la surface du globe avant l'apparition des monères animales qui devaient s'en nourrir. Cette supposition est commode, mais est-elle admissible ? Vous savez que le protoplasme des végétaux, qu'on a appelé aussi *matière animale des plantes*, est chimiquement identique à celui des animaux ; il comporte le même mode de respiration, consistant dans l'absorption de l'oxygène et l'exhalation d'acide carbonique. Pour que les êtres primaires qu'on appellerait monères végétales exerçassent, au contraire, une action absorbante et décomposante sur le principe carboné de l'atmosphère, il faudrait qu'à leur protoplasme animal se joignît ce composé chimique particulier qu'on appelle *chlorophylle* ou matière verte des plantes, qui seul possède cette propriété réductrice. Mais on n'a pas encore vu de monères imprégnées de cette matière verte, et nos adversaires ne peuvent supposer qu'il en ait existé dans le principe, parce que cette supposition serait contraire à la filiation de leurs idées biogéniques. Ils veulent, en effet, que les premiers êtres vivants aient été les plus simples possibles; or, les prétendues monères végétales, qui auraient contenu deux principes immédiats distincts et fonctionnant en sens inverse l'un de l'autre, auraient été d'une nature plus compliquée que les monères animales, qui sont formées d'une seule substance. C'est donc une invention à la fois gratuite et inconséquente que celle des monères végétales du naturaliste allemand.

Ainsi, vos guides ne cessent pas de se fourvoyer, soit qu'ils s'obstinent à faire commencer la vie tellurique par le règne animal, soit qu'ils imaginent une classe de végétaux primitifs servant de matière alimentaire. Voyez, par contre, combien est juste et rationnel le simple enseignement de la Bible! Le commandement de la souveraine Puissance fut celui-ci : Que la terre produise de l'herbe verte... *Germinet terra herbam virentem...* Ces quatre mots ont un sens complet, car ils indiquent une création de vrais végétaux fonctionnant ou respirant comme il était nécessaire : ils excluent certaines familles de plantes inférieures, telles que celles des champignons, qu'on eût pu croire créées des premières à cause de la simplicité de leur organisation, mais qui, étant dépourvues de chlorophylle et respirant chimiquement comme les animaux, ne devaient point apparaître non plus dès le commencement de la vie du globe.

Dans quel milieu vital fut exécutée cette première création vivante? — Les savants de l'école naturiste s'accordent à penser que les prémices de la vie tellurique ont été pour l'Océan, et ils n'ont pas lieu de changer cette opinion en nous concédant que les premiers êtres organisés ont été de nature végétale. L'écrivain biblique ne nous parle pas de cette végétation maritime; cependant, il semble bien reconnaître l'importance de la vie aquatique en général, quand il dit que *l'Esprit divin était porté sur les eaux,* quand il indique le commandement qui leur fut fait de devenir fécondes, quand il fait naître les premiers animaux pour l'habitacle des mers, et en fait sortir la classe même des oiseaux. On peut donc croire qu'il sous-entend l'existence de la vie végétale elle-même dans le milieu marin.

Mais si vos émules veulent bien admettre que la flore maritime a été créée dès le commencement, en revanche ils supposent qu'il n'en fut pas de même de la flore terrestre. Elle serait née postérieurement, selon eux, et cela pour certaines raisons dont l'une serait absolument péremptoire : c'est que l'Océan primitif couvrait toute la surface de la terre. Entendons-nous bien à cet égard. Nous aussi nous croyons qu'au premier âge de la mer la nappe des eaux s'étendait sur toute la périphérie du globe, encore dépourvue de fortes saillies et de profondes dépressions ; mais qu'est-ce qui prouve que ce fut pendant cette si antique période que la vie végétale a pris naissance? Le texte de la Genèse nous signale, comme une innovation majeure par laquelle débuta le travail du troisième jour, l'émersion du sol terrestre ou *l'apparition de l'aride;* nous croyons donc que quelque grande révolution géologique ordonnée par cette parole : *appareat arida...,* a mis au jour une certaine étendue de la croûte de la sphère ; création importante au premier chef, car elle constituait le théâtre obligé du règne de l'homme. Ce ne serait qu'après ce grand événement que la vie végétale aurait été fondée. A cet ordre : Que la terre produise de l'herbe verte... la flore terrestre et la flore sous-marine auraient surgi l'une et l'autre; et si l'historien sacré ne semble indiquer que la première des deux, c'est sans doute parce qu'elle devait être la plus apparente, la plus intéressante pour les hôtes du milieu aérien, et spécialement pour l'espèce humaine.

Pouvons-nous aller plus loin et indiquer les caractères principaux ou le classement botanique de cette première poussée de végétaux? — Pour ce qui est de la végétation maritime, nous n'avons aucun doute ; cette herbe verdoyante, *herba virens*, était toute formée d'algues, familles de plantes d'une organisation très simple, dénuées de fleurs et même d'organes spéciaux de reproduction, n'ayant point de véritables tiges, et presque entièrement composées de feuilles qui sont généralement vertes et affectent parfois une grande élégance par leur variété de forme, de découpement et même de coloration ; qui sont les unes attachées au fond de la mer, tandis que les autres se balancent dans les eaux à la faveur de leurs longs pétioles, et que d'aucunes même flottent librement à la surface; nous reviendrons ailleurs sur l'intérêt que nous offre cette végétation de l'Océan.

Quant au sol émergé, les données de la paléontologie sont moins précises. Ce qui est tout à fait certain, c'est que les premiers végétaux qui l'ont recouvert ne ressemblaient nullement aux herbes graminées de nos prairies; ce n'étaient point des gazons émaillés de fleurs éclatantes et parfumées, car toutes les plantes phanérogames ou fleurissantes sont d'une création bien postérieure.

On avait rencontré, dans les formations géologiques

considérées comme les plus anciennes, des empreintes de *lycopodes,* famille de végétaux non aquatiques, intermédiaires entre les mousses et les fougères, et qui auraient constitué, d'après de Barrande, la végétation primitive de la terre ferme. Mais d'autres observations ont conduit à une opinion différente : les premiers végétaux de l'habitat continental auraient appartenu à la famille des *lichens,* plantes encore cryptogames ou sans fleurs, vivaces et rustiques, qui n'ont pas besoin d'un sol perméable pour s'y implanter par des racines, étant aptes à se cramponner sur les rochers les plus durs pour en provoquer l'effritement et les féconder de leurs débris. En cas que cette assertion nouvelle soit définitivement admise, nous ferons remarquer que les lichens sont des végétaux qui se distinguent par une extrême diversité d'allures et d'aptitudes, attendu qu'ils composent presque toute la végétation des climats glacés, et que, néanmoins, ils ont leurs plus beaux représentants dans les contrées équatoriales : il ne serait donc pas impossible qu'ils eussent fourni la première assise de la vie végétale terrestre. Par la variété de ses espèces et la beauté de plusieurs d'entre elles, cette famille de plantes était susceptible de fournir, aux terrains primitifs, un revêtement d'un agréable aspect. Qu'il nous soit seulement permis de croire que ses types primordiaux n'existent plus, ayant été appropriés aux conditions particulières d'un sol encore échauffé par le feu central et d'une atmosphère saturée de vapeur d'eau.

Relativement aux proportions ou à la taille que pouvait affecter toute cette végétation primaire, nous n'avons garde de suivre les errements des partisans du naturalisme. Étant toujours enclins à s'imaginer, contre toute raison, que des organismes presque invisibles sont plus capables que les autres de se passer d'une création réelle, ils s'obstinent à enseigner que les premiers types de la vie ont appartenu à la classe des infiniment petits. Notre système théiste nous donne plus de latitude, et nous permet de supposer que ces premières créatures ne le cédèrent pas aux suivantes sous le rapport de leur développement. Nous nous basons sur la remarquable grandeur des productions de la vie aux antiques époques géologiques, et sur ce fait que les divers genres d'animaux et de plantes atteignent une stature d'autant plus grande qu'ils sont plus anciens. Qui ne sait, par exemple, que certains types d'insectes assez petits sont représentés, dans les terrains houillers, par des congénères énormes? Comme on pourrait en dire autant de toutes les catégories de fossiles, il se peut qu'il en ait été ainsi des premiers végétaux. Ce n'est pas leur nature herbacée qui les eût empêchés d'acquérir les plus grandes dimensions, puisqu'une certaine algue, *Macrocystis pirifera*, qu'on trouve encore dans le grand Océan, dépasse en longueur nos plus grands arbres des tropiques. Sur la terre ferme, il est vrai, où les grandes essences ligneuses ne devaient pas être créées tout d'abord, à cause du peu de profondeur de son sol meuble et pénétrable, il semble que la flore primitive ne devait constituer qu'un mince tapis de verdure; cependant, nous pourrions bien nous y tromper, car la chaleur propre de la terre, si sensible encore à l'âge dont nous parlons, et l'extrême richesse de l'air en éléments nutritifs, c'est-à-dire en vapeur d'eau et en gaz carboné, avaient de quoi soutenir déjà une végétation vigoureuse. D'ailleurs, nous répéterons que l'habitat terrestre n'était alors que de peu d'importance à cause de sa faible étendue relative. L'Océan, au contraire, siège principal de la vie du globe, a pu, dès le principe, être rempli des plus gigantesques plantes e entretenir ces immenses forêts sous-marines dont notre époque de décadence vitale ne connaît plus que les humbles restes.

Résumons-nous donc en disant que le premier acte de la biogénie tellurique a consisté dans l'apparition d'une belle expansion de verdure sur la terre et dans les eaux; qu'une telle conception est, à la fois, plus rationnelle et plus grande que celle de votre Océan laborieusement peuplé d'infusoires ou de monères; et qu'enfin cette première création simplement végétative, dénuée de toute intelligence et absolument inconsciente, nous montre, dans sa forme fondamentale et essentielle, ce qu'est la vie sur les mondes planétaires, et ce qu'elle aura pu être perpétuellement sur beaucoup d'entre eux, ainsi que nous le dirons plus tard.

VINGT-SEPTIÈME LETTRE

QUELLE FUT LA SUITE DE LA PREMIÈRE CRÉATION VIVANTE DE LA TERRE?

Pour simplifier l'exposé que contient la lettre précédente, Camille, nous avons signalé une ample expansion de vie végétative surgissant au sein de l'Océan, et un tapis de verdure recouvrant la surface de la terre ferme : il est possible que les choses se soient passées un peu différemment. Peut-être la vie végétale n'a-t-elle été suscitée que *çà et là* sur la terre et dans les eaux, étant mise en demeure de se répandre progressivement par un commandement divin tel que celui-ci qui s'appliqua aux animaux : « Croissez et multipliez-vous et remplissez les eaux de la mer. » (Gen., I, 22.) Cette rectification ne tirerait pas à conséquence; mais ce qui est plus important à noter, c'est que la première création vivante ne fut pas composée d'un seul type végétal pour chacun des deux milieux maritime et terrestre : le texte biblique nous le fait entendre en nous disant : « Et la terre produisit de l'herbe verte qui portait semence *selon son espèce.* » (Gen., 1, 12). D'où il faudrait inférer qu'il exista tout d'abord plusieurs espèces ou plusieurs genres de plantes marines et d'herbes terrestres.

Quelle différence avec l'enseignement étroit auquel sont réduits vos maîtres naturistes! Car, si tant est qu'ils admettent maintenant avec nous la priorité de la vie végétale, ils ne sauraient croire à l'apparition de *plusieurs* types primordiaux, attendu que la production simultanée de ces essences différentes serait un fait trop audessus de la vertu génératrice qu'ils osent attribuer à la nature inanimée. Il ne serait même pas naturel que la terre fût devenue, tout rapidement comme une vaste pépinière, formée d'une espèce particulière de plante, parce qu'un tel phénomène ressemblerait encore trop au travail intelligent d'un Semeur ou d'un Créateur. Le plus qu'ils puissent demander à leur fécond hasard, c'est d'avoir fait naître un jour un végétal tout seul, grand ou petit : si cet unique individu s'est trouvé complet, c'està-dire doué de la faculté de se reproduire, et de couvrir lentement de ses semblables toute la surface du monde, il a constitué déjà une très suffisante merveille, ou un fait bien assez difficile à expliquer pour le matérialisme. Et jugez, après cela, s'il est possible d'appliquer à toutes vos terres du ciel une conception génésiaque si précaire!

Quoi qu'il en soit, le trait le plus saillant de la nature vivante, c'est la multiplicité des types qu'elle nous offre. Selon nous, elle est originelle, fondamentale, et, si elle s'est accusée de plus en plus dans la suite, c'est qu'il y aura eu des actes créateurs subséquents. Occupons-nous donc de la diversité des formes de la vie.

Les plantes marines ne sont que des algues, mais il y en a de fort grandes et de fort petites; elles affectent des formes très variées et constituent un grand nombre d'espèces. Nous ne savons si elles ont été aussi dissemblables dès le commencement, car ces végétaux de molle consistance n'ont laissé que des empreintes trop incomplètes pour qu'on puisse les comparer entre eux, ainsi qu'avec nos thalassiophytes actuels. Nous vous accorderons sans peine que le nombre de leurs espèces était alors beaucoup moindre qu'il n'est de nos jours, et qu'il s'est accru dans la suite des temps; mais ce que nous pouvons affirmer sûrement, c'est que les végétaux aquatiques se rangent sous plusieurs types foncièrement et originairement distincts. La plupart d'entre eux sont composés de tissu utriculaire, et s'accroissent par la multiplication de leurs petites cellules; on croyait d'abord que toutes les plantes de cette grande classe se trouvaient dans ce cas, mais on a découvert des exceptions remarquables. Il y a des algues, grandes et belles, qui ne sont formées que par une seule cellule, une cellule gigantesque, contournée et configurée comme le sont les autres plantes marines. Il y en a aussi qui ne sont pas même constituées par une cellule, ou du moins qui ne possèdent pas la partie essentielle de cet élément anatomique, le noyau reproducteur. Il est clair que le mode de formation et d'accroissement de ces deux dernières catégories est tout autre que celui des algues cellulaires; et ainsi nous avons raison de reconnaître au moins trois types bien distincts de végétaux aquatiques. S'ils ont été formés ensemble, ils confirment, répétons-le, l'idée d'une création véritable; s'ils sont apparus l'un après l'autre, ils accusent, selon nous, un retour ou une reprise de l'activité créatrice.

La grande fraction du règne végétal qui vit au contact de l'air a plus d'intérêt pour nous. J'ai déjà dit qu'elle fut, dans le principe, toute différente de ce qu'elle est aujourd'hui, et il est incontestable que, durant le cours des âges, des innovations éclatantes se sont accomplies dans toute la végétation sous-aérienne. Descendez dans les profondeurs des mines, ou plutôt examinez, à la surface même du sol, certains restes des terrains fossiliers les plus anciens, et vous découvrirez peut-être, au sein de quelque roche modifiée par la chaleur centrale, les empreintes des premiers végétaux de la terre ferme. Si c'étaient réellement des cryptogames de la famille des lichens, nous devons ajouter maintenant qu'ils composaient au moins plusieurs espèces ou plusieurs genres. En remontant à travers les épaisses couches de sédiment qui mesurent l'immense durée de la vie terrestre, vous reconnaîtrez, à tous les étages géologiques, les indices de la végétation contemporaine de leur formation, et vous rétablirez en imagination la flore de toutes ces anciennes périodes. C'est ainsi qu'après les plantes dénuées d'axe et de souche vous verrez apparaître, dès les temps dévoniens, la classe des hépatiques et des mousses, caractérisée par une tige sur laquelle s'échelonnent des feuilles. Avant même d'arriver à la période carbonifère, vous constatez l'apparition de la grande famille des fougères, qui remplira de ses débris tous les dépôts houillers. Dans les temps permiens se montreront les cycadées et les vraies conifères, qui prédomineront longtemps sur toutes les essences des forêts. Les arbres à feuilles caduques apparaîtront dans les temps jurassiques. Vers le milieu de la période secondaire se manifesteront les premières graminées, ainsi que les végétaux à inflorescence très apparente. Ce ne seront d'abord que des familles dans lesquelles les fleurs sont formées par un périanthe simple, c'est-à-dire par un calice sans corolle; mais plus haut, dans les temps tertiaires, vous trouverez des plantes à floraison complète et polypétale; plus tard encore surgiront les végétaux à corolle monopétale, et, finalement, vous reconnaîtrez des représentants de la grande famille des composées, qui paraissent être les dernières venues et les plus parfaites des plantes.

Voilà qui est aujourd'hui bien connu. Quant à l'origine de ces diverses formes de la vie végétale, nous l'expliquerons tout simplement comme nous l'avons déjà fait pour les premières de toutes. Étant admis que l'ingérence surnaturelle du Créateur a été nécessaire pour celles-ci, nous croyons qu'elle le fut aussi pour les suivantes. L'Auteur de la nature, ayant voulu doter le globe d'une parure vivante, a accompli un jour un prodige vivifiant : pourquoi donc ne l'aurait-il pas renouvelé, du moment où il lui plaisait de régénérer, d'augmenter, de perfectionner son œuvre? Les êtres vivants ont été créés par lui *faisant semence selon leur espèce*, et la loi d'hérédité qu'il leur a imposée garantit la conservation de tous leurs caractères essentiels : si donc nous rencontrons, à une époque donnée, des essences bien différentes de leurs devancières, il est naturel de croire que la Puissance créatrice a fait surgir de nouveaux types comme elle l'avait fait pour les formes primitives; et si de tels changements se sont manifestés plusieurs fois dans le cours des temps, c'est que l'action du Créateur s'est reproduite à plusieurs reprises à travers les âges.

Ayant hâte d'en finir avec la question, relativement secondaire, de la genèse du règne végétal, je ne puis m'arrêter à justifier cette explication théiste, ainsi que je le crois possible, en comparant l'une à l'autre les deux flores maritime et terrestre. Je me bornerai à remarquer que la première se place, botaniquement parlant, au-dessous de la seconde ; qu'elle s'en distingue par la simplicité de son organisation, par l'imperfection de ses organes de reproduction, qui ne s'élèvent jamais jusqu'à de véritables fleurs, et par une bien moindre diversité dans la collection de ses types spécifiques, d'où ne ressort que faiblement l'idée d'une évolution ascendante. J'ajoute que cette infériorité notoire ne peut s'expliquer par des influences purement naturelles ; car toutes celles qui s'exercent dans le vaste domaine de l'Océan, — supposé qu'elles aient réellement une certaine efficacité modificatrice, — auraient dû produire un résultat inverse et porter la flore sous-marine au premier rang. Si donc je développais ces considérations que je ne puis qu'indiquer, je trouverais que la comparaison dont je parle, loin de justifier l'hypothèse d'une transformation spontanée du règne végétal, fortifie notre croyance à une œuvre génésiaque, arbitrairement et successivement exécutée par une puissance créatrice.

Mais les deux flores, maritime et continentale, ne représentent pas toute la vie tellurique ; elles n'en figurent que la moitié. Des organismes différents des végétaux, des êtres doués de sensibilité et d'intelligence, se sont montrés à leur tour dans l'Océan comme sur la terre ferme. En demeurant dans notre position acquise, et en admettant que la vie végétale a existé seule pendant de longs siècles, nous estimerons qu'en vertu de la loi d'hérédité elle ne pouvait que se perpétuer sans changer de nature, et nous ne saurions comprendre que d'une seule manière l'apparition des premiers animaux. Ainsi que l'enseigne le récit biblique, ils seraient le produit d'un acte novateur, ils représenteraient une jetée créatrice d'une nouvelle sorte. Et, comme nous savons que les types zoologiques sont extrêmement divers, et que la faune tellurique a changé plusieurs fois de figure durant le cours des temps, nous n'hésitons pas à répéter, au sujet du règne animal, qu'il y a eu des retours multipliés de la Puissance vivifiante.

Contrairement à ces vues spiritualistes, comment vos docteurs prétendent-ils nous expliquer la diversité des formes de la vie? Cette répétition des actes surnaturels, ils n'ont pas manqué de la repousser plus fortement encore qu'ils ne l'avaient fait pour leur première manifestation; ils y ont substitué une hypothèse spécieuse, d'après laquelle les êtres organisés des premiers temps se seraient progressivement transformés, pour engendrer tous les types qui ont vécu ou qui vivent encore. Mais, à cette doctrine de l'évolution naturelle ou spontanée, il est une base qui s'impose absolument : il faut que la première poussée des êtres vivants se soit produite naturellement ou d'elle-même. Génération spontanée, transmutation spontanée, les deux systèmes sont solidaires ou plutôt n'en font qu'un, dans la pensée du plus grand nombre de vos maîtres. Or, de ces deux dogmes connexes et inséparables, si le dernier, celui du transformisme, est destiné à rester perpétuellement à l'état d'hypothèse non vérifiable, l'autre se prête au contrôle de l'expérimentation. Nous avons dit que cette pierre de touche de nos spéculations a été en effet consultée, que l'expérience a été longuement et supérieurement interrogée, et que sa réponse a été la condamnation de la doctrine des générations spontanées : que faut-il en conclure, sinon qu'elle a renversé en même temps le dogme subséquent de la transformation spontanée des espèces organiques?

Mais, depuis les publications du naturaliste anglais

Darwin, la doctrine de la transformation des êtres vivants a conquis trop de place, dans l'esprit public, pour qu'on puisse se contenter contre elle d'un jugement si sommaire. Nous ne devons pas le méconnaître: si elle était admise telle qu'elle a été présentée par la plupart de ses apôtres, elle anéantirait le dogme de la Création ; de plus, elle donnerait un aspect tout particulier à votre système de la pluralité des mondes, et spécialement des mondes peuplés d'êtres pensants, en faisant dépendre leur réalisation des seuls caprices du hasard. Voilà pourquoi cette étude s'impose maintenant à nous. Il nous serait toutefois malaisé de l'aborder en demeurant dans la voie où nous sommes engagés, et d'ailleurs il convient que nous en sortions pour nous placer plus directement en face de nos adversaires. Nous laisserons donc de côté la question de la transformation des végétaux, qui n'a pour nous qu'un mince intérêt théorique, et nous envisagerons surtout l'évolution du règne animal, à laquelle se rattache la genèse si importante de l'espèce humaine. S'il vous semble en résulter une certaine incohérence dans la conduite de notre thèse, nous saurons corriger plus loin ce défaut apparent, et y rétablir un juste enchaînement. Du reste, la théorie darwinienne est si connue que nous aurions pu nous dispenser d'en reproduire les principes ; mais son exposition succincte est rendue nécessaire par la forme que nous devons donner à notre discussion.

VINGT-HUITIÈME LETTRE

EXPOSÉ CRITIQUE DU DARWINISME

Tout le monde sait, Camille, combien les animaux domestiques diffèrent de leurs congénères sauvages et, par suite, combien est grand le pouvoir modificateur de l'homme à leur égard. En intervenant avec intelligence dans le travail reproducteur de la nature, et en tirant habilement parti des légères différences qui se produisent surtout par l'effet de nos agents hygiéniques, nous sommes capables de modifier à notre guise les caractères des espèces, et de susciter certaines variétés plus ou moins tranchées que nous gratifions du nom de races. Ainsi, lorsqu'une particularité d'organisation ou d'aptitude, qui mérite d'être propagée, vient à se montrer parmi les animaux qu'il exploite, l'éleveur judicieux met à part les sujets qui en sont dotés; il les accouple exclusivement entre eux et, en spéculant sur les chances d'hérédité, réussit souvent à fixer ce trait insolite qu'un caprice de la nature, comme on dit, a fait naître. S'il persiste pendant une suite de générations dans cette sélection méthodique des reproducteurs, il lui est possible d'augmenter encore, d'accuser fortement, de pousser jusqu'à l'exagération des caractères exceptionnels à peine sensibles au début. C'est de la sorte que l'homme a perfectionné, à son point de vue, les espèces domestiques. Il a développé telle ou telle de leurs aptitudes et modelé à son gré leur conformation ; il a obtenu des races factices de chevaux, de bœufs, de moutons, de chiens, d'oiseaux de basse-cour..., mieux appropriées que les types primitifs à ses besoins ou à ses convenances. Tel est le point de départ de Darwin, au sujet duquel on ne saurait trop insister sur un élément dominateur et décisif, la volonté, le but, l'intelligence directrice de l'homme.

Quant aux animaux sauvages ou libres, Darwin lui-même constate qu'ils sont beaucoup plus semblables entre eux que ceux que nous soumettons au régime anormal et morbifique de la domesticité, et que les variations individuelles y sont beaucoup plus rares et moins accentuées ; mais il enseigne que si, tout en restant dans leur état de nature, ils éprouvent quelque changement accidentel dans leurs conditions d'existence, ils deviennent sujets à varier, et que la variabilité subsiste pendant de nombreuses générations (pp. 15, 124, etc.) (1). Ici, d'ailleurs, et suivant une habitube dialectique qui lui est propre, Darwin ne se borne pas à une explication unique et précise, il y associe une autre vue fort différente : les dissemblances entre les animaux sauvages pourraient être extrêmement minimes, mais les variations les plus faibles, en se répétant et s'accumulant pendant une longue suite de générations, se traduiraient finalement par des contrastes très accusés (pp. 57, 63, 118, etc.). Il y aurait beaucoup à dire sur la différence de ces deux systèmes, et, en y regardant de près, on découvrirait aisément l'un des principaux défauts de la doctrine darwinienne; cependant nous ne pouvons pas nous y arrêter : passons donc.

(1) Toutes les citations que nous avons faites des opinions de Darwin ont été tirées de la troisième édition française de son principal ouvrage : *De l'origine des espèces par sélection naturelle*. Paris, Victor Masson. — La théorie darwinienne s'applique à tout l'ensemble du règne organique; mais, pour simplifier notre analyse, nous ne la considérons ici que dans son application au règne animal. — Il y a, dans notre dissertation, des idées originales et personnelles qui ont été critiquées pour ce motif dominant qu'on nous a cru incompétent pour les émettre, étant censé adonné à la science astronomique; or, nous ne sommes point astronome, et nos études spéciales nous ont mis en état de parler, avec connaissance de cause, du système du transformisme.

Parmi les variations infiniment nombreuses qui peuvent avoir lieu dans les organes et les instincts des animaux sauvages, il en est qui sont profitables à l'individu chez lequel elles se produisent et qui, étant propres à améliorer son sort, mériteraient, à ce titre, d'être imprimées à sa postérité, en prenant rang parmi les caractères de son espèce. Il ne s'agit que de trouver dans la nature quelque mécanisme quasi providentiel qui remplisse le même office que nos habiles éleveurs d'animaux, qui opère une *sélection naturelle* en propageant spécialement ces heureuses particularités, les accroissant jusqu'au degré le plus convenable, et jusqu'à ce que d'autres variations utiles surgissent pour être fixées et augmentées à leur tour. Ce mécanisme pseudo-intelligent, Darwin croit qu'il s'exerce en effet, et il en a trouvé le principe dans ce qu'il a appelé la *concurrence vitale* ou la *lutte pour l'existence*.

La concurrence vitale provient elle-même de l'activité exubérante de la fonction de reproduction. En mettant au monde, dans chaque espèce, plus d'individus qu'il n'en peut vivre, elle détermine entre eux une sorte de concours permanent où chacun dispute sa place au banquet de la vie, et déploie tous ses efforts pour satisfaire ses besoins, au détriment de ses semblables. D'une manière générale, le monde des êtres vivants est le théâtre d'une lutte incessante, où les espèces qui vivent dans un même milieu s'efforcent respectivement de l'occuper tout entier, à l'exclusion de leurs rivales. La concurrence est plus vive encore entre les variétés d'une même espèce, parce que leurs instincts et leurs besoins sont presque identiques ; mais elle est à son maximum d'intensité entre tous les individus de chacune d'elles, dont les tendances portent toujours sur les mêmes objets. Naturellement, dit-on, ce sont les espèces et les variétés les mieux organisées pour cette lutte qui restent en possession du champ de bataille ; ce sont les individus qui ont en partage le plus de force, de santé, de perfection dans les instincts, ce sont les mieux appropriés à leurs conditions d'existence qui prennent possession de tous les bénéfices de la vie. Parmi les avantages, dont ils jouissent, *s'ils appartiennent au sexe mâle*, ils ont surtout celui d'opérer la reproduction de l'espèce et, par suite, d'imprimer au type commun les caractères précieux qui les distinguent ; en sorte qu'il y a constamment une sélection des *reproducteurs masculins* les mieux doués et les plus parfaits. Ce n'est pas Darwin qui fait la distinction que nous venons de *souligner :* il dit tout généralement que, quel que soit son sexe, quand un animal vient au monde avec une particularité de conformation ou d'aptitude qui lui confère une certaine supériorité sur ses rivaux, cette particularité a chance d'être transmise et propagée par hérédité, en donnant lieu à une variété d'individus plus ou moins distincte du type commun de l'espèce, variété qui pourra s'accentuer et se distinguer de plus en plus dans la suite ; et c'est ainsi qu'a dû se produire, suivant lui, au sein d'un groupe primitivement uniforme, une première division qui contenait le principe d'une nouvelle espèce.

Faisons halte ici pour placer quelques observations. Il fallait qu'il existât dans la nature des conditions propres à maintenir les espèces dans leur état normal et à prévenir leur dégénérescence ; il était bon que les individus mal nés s'éteignissent, par l'effet de la concurrence, avant d'arriver à l'état adulte ; il fallait au moins que les mâles avortés, maladifs, disgraciés sous quelque rapport, fussent exclus ordinairement de la reproduction, afin que la beauté et la validité du type fussent sauvegardées. Tel est le but auquel tendent les influences que Darwin a supérieurement analysées. Elles seraient capables de conduire l'espèce sauvage à sa perfection spéciale si elle ne l'eût possédée dès l'origine ; mais prétendre qu'elles doivent aussi occasionner sa transformation, c'est réellement s'échapper par la tangente.

De quelque nature que soit une déviation organique ou fonctionnelle qu'on suppose s'être produite par hasard, elle a toute chance, en l'absence d'une sélection véritable et persévérante, de s'anéantir promptement. Car l'infidélité de transmission des caractères insolites, l'influence neutralisante du reproducteur conjoint, l'atavisme ou la tendance de la fonction reproductrice à reproduire les caractères des ancêtres, sont là pour lutter contre elle et pour assurer la permanence du type. L'espèce entière, représentée par tant d'individus, pesant en quelque sorte de tout son poids sur cette variation d'un seul, ne manque pas de la faire disparaître, ainsi que Darwin sait le reconnaître quand l'intérêt de sa cause l'exige. « Toute forme, dit-il (p. 212), représentée par un petit nombre d'individus, doit courir une grande chance d'extinction. » C'est assez dire le sort qui écherra à une particularité venant à surgir isolément dans une immense collection d'animaux.

Établissons solidement ce point important. Si tout animal était hermaphrodite et se fécondait lui-même, une particularité de constitution, qui serait née avec lui, aurait de grandes chances de se perpétuer par hérédité dans sa descendance. Mais le cas des organismes inférieurs nous intéresse peu ; nous envisageons spécialement celui des êtres supérieurs, qui se reproduisent toujours par le concours de deux individus, et nous soutenons que toute anomalie accidentelle de l'un sera inévitablement corrigée par la fixité de l'autre : les reproducteurs qui représenteront la constitution régulière de l'espèce feront prévaloir leur propre force d'hérédité sur celle de leurs conjoints anormalement organisés. Que la particularité nouvelle soit avantageuse ou non aux individus qui la possèdent, n'importe ; il faudra toujours qu'elle disparaisse plus ou moins promptement.

En voulez-vous la preuve ? Quoique nous laissions provisoirement hors de cause l'espèce humaine, c'est chez elle que nous allons prendre nos exemples, parce qu'ils vous paraîtront plus expressifs. Vers 1717, naquit, en Angleterre, un certain homme, Édouard Lambert, qui avait une singulière organisation de la peau. Tout son corps était revêtu d'une sorte de carapace cornée, hérissée d'écailles et de piquants de deux à trois centimètres de longueur ; aussi l'appelait-on *l'homme porc-épic*. Cette monstruosité se montra héréditaire : il la transmit à ses six fils ; deux de ses petits-enfants en héritèrent aussi, mais elle s'éteignit avec eux. Elle disparut parce que les femmes auxquelles s'allièrent ces sortes de monstres firent prédominer, sur l'hérédité particulière de cette anomalie, l'hérédité bien autrement puissante de l'organisation normale.

Autre exemple. Une déviation moins exceptionnelle est celle qui porte sur le nombre des doigts de nos mains et de nos pieds. Il y a des hommes qui possèdent plus ou moins que nos cinq doigts normaux ; et, de tous les écarts de ce genre, celui qui se voit le plus souvent est la *sexdigitation*. Cette particularité est héréditaire, car, dans la famille du célèbre calculateur Colburn, quatre générations qui avaient commencé avec sa grand'mère en furent affectées. On cite de même un ménage espagnol dont le mari, étant sexdigité, transmit cette polydactylie à tous ses enfants, hormis à son dernier né ; et cette exception paraissait, à cet homme, si étrange qu'il était tenté de désavouer sa paternité à l'égard de ce rejeton. Dans une autre famille de cette même contrée, on compta jusqu'à quatorze personnes polydactyles. En ce cas, on pouvait croire que cette légère modification de notre type se conserverait indéfiniment : c'est ce qui n'eut pas lieu, car elle ne tarda pas à disparaître comme toutes les anomalies possibles. Nos adversaires nous disent qu'elle se fût conservée et étendue si les individus sexdigités avaient pu s'allier entre eux ; nous l'accordons volontiers, mais qu'en faut-il inférer, sinon que cette condition est absolument nécessaire ? Pour qu'un caractère nouveau se perpétue, il ne faut pas moins que la persévérance de l'éleveur choisissant toujours avec soin les deux reproducteurs qu'il associe. Il est trop clair que la sélection naturelle de Darwin ne fait pas cela, et qu'elle ne saura jamais choisir précisément, et accoupler ensemble, les deux sujets qui sont aptes à reproduire une particularité nouvelle.

Sans doute, il pourra arriver, par hasard, qu'un animal, affecté d'une modification particulière, s'allie avec l'un de ses pareils qui se trouve propre à la reproduction de cette anomalie. Mais, pour que le caractère insolite se fixe définitivement dans sa descendance, il ne suffit pas que cette rencontre opportune se réalise une fois, il faut qu'elle se répète constamment, c'est-à-dire à tous les accouplements des générations suivantes, sans quoi le trait nouveau ne manquera pas d'être emporté par l'hérédité de la forme régulière. D'ailleurs, toute espèce se caractérise, relativement à celle dont elle semblerait descendre, par plus d'une différence spécifique ; conséquemment, à l'apparition de chacun de ces caractères distinctifs, il aura fallu, pour qu'il s'établisse irrévocablement, la même sélection prolongée des reproducteurs. Ainsi, quand il s'agit des animaux bisexués, nous ne comprenons pas qu'une seule espèce ait pu se former par hasard; comment croirions-nous qu'il s'en est produit une infinité?

Vous devez déjà conclure ceci : Si l'on tenait à conserver la première partie de la théorie de Darwin, dans laquelle les variations accidentelles sont considérées comme le point de départ des nouvelles espèces, il faudrait pour le moins, au lieu de sa sélection naturelle, il faudrait admettre l'exercice d'un Agent réel, surnaturel, intelligent, qui tirerait parti de ces déviations par une sélection véritable, et opérerait à son gré la transformation des types de la vie. Que si l'on écarte l'idée de cette ingérence invraisemblable, on ne conçoit de variations susceptibles de se perpétuer naturellement que celles qui se produiraient en même temps sur beaucoup d'individus et qui procéderaient d'une cause générale; encore les modifications qui s'ensuivraient seraient-elles de peu d'importance (1).

La théorie de Darwin a un défaut plus grave encore que celui que je viens de signaler : elle contient d'évidentes contradictions. Son auteur établit tout d'abord un principe qui lui est nécessaire au début de son exposition doctrinale; mais, quand ce même principe vient à lui faire obstacle sous quelque rapport, il n'hésite pas à l'écarter pour introduire une proposition contraire. Suivant les besoins de sa cause, il exalte ou rabaisse l'influence

(1) Supposons, par exemple, que les conditions biologiques d'une contrée viennent à se modifier pour une certaine espèce animale, ou qu'un groupe d'individus de cette espèce se trouve assujetti à une émigration accidentelle : alors l'ensemble des influences hygiéniques nouvelles produira, sur ces organismes ébranlés, un effet modificateur tendant à les adapter à leur milieu actuel. Ceux d'entre eux qui s'accommoderont bien de ce nouveau régime se multiplieront, et perpétueront les *légères* modifications qu'ils auront acquises, tandis que les autres disparaîtront plus ou moins promptement. C'est là — avec le triomphe des meilleurs producteurs mâles — tout l'office qu'on peut, selon nous, attribuer à la sélection naturelle.

de l'hérédité. Il l'exalte, lorsqu'il veut expliquer la transmission indéfinie d'une anomalie qui vient de naître avec un individu animal; il la rabaisse, lorsqu'elle tendrait à perpétuer de vrais caractères spécifiques qui ont traversé d'innombrables générations! Il pose en fait que la concurrence est très vive entre les variétés d'une espèce, et presque aussi vive qu'entre les individus eux-mêmes (pp. 89, 128, etc.); et il en conclut avec logique qu'une variété naissante détermine l'extinction de sa souche mère, assertion qui joue dans sa doctrine un rôle majeur, en prévenant l'objection capitale qu'on ne manquerait pas de tirer de l'absence de formes intermédiaires entre tous les types existants. Mais il arrive plus loin que cet argument a trop de portée, et ne va pas à moins qu'à infirmer la visée essentielle du darwinisme, c'est-à-dire le dédoublement successif des espèces et l'augmentation continuelle de leur nombre à partir de l'origine de la vie ; car il est évident que, si chaque race naissante extermine sa souche mère, le nombre des espèces ne pourra jamais s'accroître. Acculé ainsi dans une sorte d'impasse, notre auteur en sort en faisant brèche à son propre système. Il voit que le principe de la concurrence vitale le gêne; il a besoin d'une suspension prolongée de cette loi inflexible de la lutte pour l'existence : il réclame alors le bénéfice d'une exception qui se sera reproduite, d'une manière toute naturelle, aussi souvent qu'auront surgi de nouvelles espèces. Il tâche donc de démontrer, contrairement à toutes ses prémisses, que deux variétés voisines peuvent coexister dans le même habitat sans lutter ensemble et sans se confondre; une variété nouvelle vivra de longs siècles auprès de sa mère, de façon à lui laisser le temps de pousser un second rameau qui sera l'origine effective d'une espèce nouvelle; elle ne lui disputera sa place (p. 362) qu'après s'être considérablement modifiée, et elle l'exterminera, inconséquence manifeste, quand elle sera venue à en différer très fortement, et quand sa concurrence avec elle sera amoindrie ou n'existera plus !

Les limites dans lesquelles doit se renfermer ma discussion ne me permettraient pas de suivre votre novateur dans les considérations embarrassées par lesquelles il s'efforce de concilier ces assertions contradictoires ; j'affirme seulement qu'elles ne résisteraient pas à un examen attentif. Quel devrait être, en effet, son objectif précis ? D'un certain type d'animaux, il sortirait un jour deux ou plusieurs individus exceptionnels, supérieurs à leurs parents, semblables entre eux, ne s'alliant qu'ensemble, et réalisant tout d'abord la caractéristique d'une espèce distincte ; eh bien, c'est ce qui n'a certes pas pu avoir lieu, *tout naturellement,* à l'origine de chacun des innombrables types de la vie tellurique. Cette supposition étant écartée, les adeptes, même les plus déterminés, du transformisme, conviennent que la doctrine naturiste du maître ne résout pas d'une manière irréprochable le mystère qui couvre le point de départ de l'espèce organique. Il est vrai que chacun d'eux se flatte de corriger ce défaut, et de parfaire définitivement la solution du problème ; mais que d'hypothèses gratuites, excessives, déraisonnables, pour évincer la Puissance surnaturelle, qui seule est suffisante et nécessaire !

VINGT-NEUVIÈME LETTRE

EXPOSÉ CRITIQUE DU DARWINISME (SUITE)

Je viens d'expliquer, d'après Darwin, le dédoublement d'un type spécifique en deux espèces distinctes, Camille ;

c'est là le nœud de tout le système, et j'ai peu de chose à ajouter pour en achever la courte exposition. De nouvelles variations ne manquent pas de se produire, dans la suite des temps, sur les organismes qui composent chacune de ces deux séries divergentes; celles qui leur sont avantageuses se fixent définitivement parmi les caractères du type, s'accroissent, augmentent ses dissemblances par rapport à l'autre rameau, ou donnent lieu à d'autres bifurcations telles que celle dont je viens de décrire la formation. Ces nouveaux bourgeons de l'arbre de vie, ces rudiments d'espèces se développent encore; ces formes naissantes vont en s'accusant davantage; elles s'écartent de plus en plus de leur manière d'être originelle, se dédoublent, se ramifient à leur tour. Les types de récente formation, étant les mieux appropriés aux conditions biologiques dernières, occasionnent toujours l'extinction de leurs devanciers, avec lesquels ils sont en vive concurrence. Dans la lutte exterminatrice qui règne entre toutes les espèces voisines, les formes spécifiques les plus tranchées et les plus parfaites sont les seules qui survivent; en sorte que le règne animal se découpe, par l'effet de la concurrence vitale, et présente toujours, entre toutes les pièces qui le composent, des lacunes plus ou moins amples qu'occupaient jadis les formes intermédiaires. Lorsque de longues périodes géologiques se sont écoulées, les types nombreux qui sont issus d'une même souche ne représentent plus simplement des variétés et des espèces voisines; par la communauté de leur descendance et de certains caractères qui ont persisté, plusieurs espèces se groupent ensemble et figurent des genres; de la même manière ceux-ci constituent des tribus qui sont distinctes les unes des autres, ces dernières des familles, des ordres, etc., entre lesquels les formes conjonctives ont plus ou moins complètement disparu.

En rétrogradant par la pensée jusqu'au point d'origine de chacune des espèces qui, dans le cours des âges, se sont détachées de leurs tiges respectives, on verrait les ramuscules et les rameaux de tous les degrés converger vers des branches de plus en plus inférieures et, finalement, se réunir sur un petit nombre de troncs primordiaux qui sont les souches de tout le règne animal. Darwin suppose que quatre ou cinq types, tout au plus, moyennant une infinité de transformations, ont engendré l'animalité tout entière ; et le règne végétal serait sorti pareillement d'un petit nombre de protophytes. Cependant, il ajoute que l'analogie le conduirait plus loin encore, s'il n'était retenu par une philosophique réserve.

Sans s'occuper de l'origine même de la vie, il ne fait pas difficulté de l'attribuer à un souffle du Créateur. Mais la Puissance créatrice, selon lui, dès qu'elle eut accompli cet acte génésiaque, s'est désintéressée de son œuvre. Une fois mis au monde, les premiers types se sont transformés et ont évolué d'eux-mêmes, en dehors de toute influence ordonnatrice ou divine. Il n'est pas même question, dans la pensée de Darwin, de causes secondes instituées pour en tenir lieu. La vie, par sa force propre, par ses deux lois innées et nécessaires d'hérédité et de variation, et la sélection naturelle par son jeu inconscient et fatal, ont seules produit ce flux intarissable d'organismes à structure si belle et si variée, qui a rempli de ses espèces innombrables les âges géologiques, et qui ornera *sans fin* (p. 591) la face de ce monde (1).

Toutes ces considérations vous montrent que Darwin, dans la conception de son système, a su garder une certaine mesure et en restreindre la portée subversive. Il a établi des principes généraux de naturalisme, mais il

---

(1) Voir la note I à la fin de cette lettre.

s'est abstenu d'en poursuivre l'application jusqu'au bout. Il n'a point tenté de dresser le tableau généalogique des êtres, et s'est maintenu dans une nuageuse indécision à l'endroit du début de la vie tellurique, tout en faisant une concession très importante à l'idée spiritualiste. Aussi, la plupart de ses disciples l'ont-ils blâmé de sa timidité, voire de son défaut de logique. Faisant bon marché de sa prudence, ils ont embrassé généralement les opinions radicales qu'implique vraiment sa doctrine. Ils enseignent notamment qu'il n'exista qu'un seul prototype qui fut la source des deux règnes organisés; ils affirment que ce premier être vivant ne fut pas l'œuvre d'une Puissance créatrice, et qu'il est sorti spontanément du monde minéral.

Parmi les plus considérables de ses adeptes s'est trouvé le docteur allemand Haeckel, dont nous avons déjà signalé les travaux. Ce savant continuateur de l'entreprise darwinienne est de ceux qui ont rejeté absolument l'hypothèse d'un Créateur, et posé nettement le fondement monistique ou matérialiste que l'ensemble de la théorie exige. Il a voulu préciser les débuts du règne organique que Darwin n'avait que si vaguement indiqués; il a essayé de restaurer, sous une forme nouvelle, la doctrine de la génération spontanée; il a surtout entrepris la tâche immense d'esquisser tout le tableau généalogique des êtres vivants; en un mot, il a complété le darwinisme et l'a assis sur sa véritable base naturiste. Nous devons maintenant le considérer sous l'aspect spécial qu'il lui a donné, non seulement parce qu'il s'est montré conséquent en le présentant de la sorte, mais aussi parce que Darwin n'a nullement désavoué les vues particulières de son disciple.

Or, le point de départ ou la base de tout l'échafaudage de M. Haeckel, c'est cet infime organisme qu'il a découvert, la monère, dont nous avons déjà parlé. Je vous ai averti que nous reprendrions la suite de son histoire : montrons-la donc dans ses rapports avec la doctrine du transformisme. Certes, nous ne croyons nullement que les premiers êtres vivants de notre monde aient été des monères, puisque nous avons établi que la vie de ce globe a dû commencer par un grand déploiement de végétation ; cependant, nous nous emparons de cette conjecture, qui nous fournit un moyen facile de mettre en évidence les difficultés et les contradictions d'une théorie génésiaque fondée sur l'athéisme.

Quand on admet que des monères, c'est-à-dire des êtres dont le type existe encore, ont été le point de départ de la vie tellurique, on contredit l'un des principes du darwinisme, celui d'après lequel toute espèce nouvelle exterminerait sa souche mère. Si la monère avait produit tout l'empire organique, ou si elle avait seulement fourni une autre espèce supérieure à la sienne, elle devrait avoir disparu. Celles que nous connaissons aujourd'hui sont tellement simples de leur nature, dit M. Haeckel, qu'on ne peut concevoir des êtres vivants qui le soient davantage : il s'ensuit qu'elles ne manifestent aucun progrès relativement aux monères primitives, et que celles-ci étaient absolument telles que les nôtres. Si donc ce type s'est si bien conservé en traversant des myriades de siècles, qu'elle autre preuve voulez-vous de la fixité essentielle et indéfinie des formes de la vie ? Que penser de votre loi du progrès spontané et fatal du règne organique ? L'existence actuelle des monères, loin d'être profitable à l'enseignement du transformisme, plaide, au contraire, contre lui.

Mais, dira-t-on, une insigne exception s'est produite, et l'une de ces anciennes monères a échappé à la loi commune : rompant avec l'éternelle stabilité de ses pareilles, elle s'est modifiée et transformée ; sa descendance a fait comme elle, se modifiant et se transformant indéfiniment ; et c'est ainsi qu'un individu de ce groupe, élu parmi des millions d'individus qui le composaient, a produit tout l'arbre de la vie. — Soit ; mais alors ne serait-ce pas une merveille qu'une monère donnée se fût si fort distinguée de ses congénères? Ne fallait-il pas qu'elle eût été gratifiée d'une vertu toute particulière ou qu'elle fût poussée et dirigée dans cette voie étrange ? Toutes les monères primitives et celles de tous les temps n'auraient fourni que de simples chaînes aux anneaux toujours semblables, des files uniformes qui se seraient prolongées invariablement jusqu'à nos jours : c'est là un fait que nous acceptons comme naturel ; mais voici que l'une d'elles, par une exception étourdissante, a produit tout l'ensemble du règne organique, plantes et animaux; et vous croyez que c'est encore chose toute naturelle ? Vous ajoutez foi à ce récit sans crier avec nous : O prodige, ô miracle !

Pour avoir raison de cette immuabilité si embarrassante, on nous fait entendre qu'aucune des files anciennes, aboutissant à nos monères actuelles, ne remonte jusqu'à l'origine de la vie tellurique, et que les monères primordiales, loin de se propager sans variations jusqu'à notre époque, se sont transformées suivant la loi du progrès : leur type aurait réellement péri dans sa concurrence avec ses descendants perfectionnés, mais il se serait constamment reproduit, dans le cours des temps, par autant de générations spontanées.

Ce raisonnement a le grand tort de nous ramener à une hypothèse dont nous avons établi la fausseté ; mais la meilleure réfutation que nous en puissions faire consistera à vous présenter un autre fait d'immuabilité, dans lequel cette supposition génésiaque serait encore moins recevable que dans le cas des monères.

Au-dessus des bas-fonds de la mer Méditerranée nage un petit poisson, l'*Amphyoxus lanceolatus* (Yarrel), qui a fait la joie de M. Haeckel par les particularités de sa structure anatomique. Son organisation le place au dernier rang des animaux de sa classe. Il ne possède ni crâne, ni cerveau ; il n'a pas de colonne vertébrale, mais simplement une tige cartilagineuse qui en tient lieu, et le long de laquelle s'étend un gros cordon nerveux, qui représente la moelle épinière et se termine en pointe à ses deux extrémités. On suppose que ce type d'animal est extrêmement ancien, et qu'il existait déjà dans les mers de l'âge primitif. Il est vrai qu'il n'a pas laissé de vestiges parmi les fossiles de cette période ni d'aucune autre ; mais on n'a pas lieu de s'en étonner, vu la mollesse de toutes ses parties, qui ne lui permettait guère de se fossiliser. Puisque cette constitution très remarquable de la charpente et du système nerveux d'un animal se serait conservée intégralement depuis cette époque si reculée, nous voilà de nouveau frappés d'admiration devant la stabilité de l'organisation zoologique. Mais alors on vient nous soutenir que, à partir de l'un de ces anciens individus qui représentaient ce type si fixe, cette structure s'est modifiée profondément durant toutes les périodes géologiques qui ont suivi l'âge primaire ; que la pointe antérieure du cordon nerveux s'est pourvue d'un renflement qui est devenu un véritable cerveau autour duquel s'est formée une boîte crânienne.; que la tige cartilagineuse s'est façonnée en une colonne vertébrale enchâssant une vraie moelle épinière, et que, de ce prototype de poisson ainsi transformé, sont descendus tous les animaux crâniens et vertébrés, les poissons, les reptiles, les oiseaux, les mammifères et l'homme ! Après ce récit, nous répéterons la question que nous posions à l'égard des monères : Si c'est un fait naturel que la conservation intégrale du type amphyoxus, en est-il de même pour sa différenciation et sa transmutation indéfinies? Or, dans ce cas, on ne peut pas alléguer que ce type de poisson a péri et qu'il s'est plusieurs fois reproduit, d'une manière toute spontanée, avec sa même constitution complexe et singulière.

Pour atténuer l'excessive étrangeté de ce contraste d'un type de monère ou d'amphyoxus qui se diversifie indéfiniment pendant que tous ses congénères restent immuables, on nous propose une variante de l'enseignement transformiste. Ce n'est plus un individu pur et simple, mais bien un groupe d'individus, et peut-être même une espèce entière de ces sortes d'animaux qui se serait modifiée pendant que les collatérales demeuraient sans changement. Ainsi, dans l'infime espèce qu'on nous donne comme le fondement des deux règnes organisés, une certaine monère aurait produit à elle seule un arbre de vie, et d'autres auraient donné naissance à des productions analogues, mais la plupart n'auraient fourni que des arbres minuscules, des pousses avortées, qui se seraient arrêtées à des degrés divers de leur développement; et le règne organique, selon M. Haeckel, serait le produit de toutes ces évolutions indépendantes qui procéderaient d'autant de monères distinctes.

Je ne m'arrête pas à démontrer que cette nouvelle version laisse subsister notre critique précédente : le contraste qui nous étonnait existe toujours, et demeure aussi incompréhensible, quand on parle d'une espèce particulière qui se distingue de toutes les espèces voisines, que quand il s'agit d'un simple individu se distinguant de tous ses semblables. Mais je constate surtout que cette seconde explication, à laquelle nos adversaires sont à peu près obligés de se rallier, donne un aspect tout différent à la doctrine du transformisme : elle implique une concession très considérable à nos vues spiritualistes, et je la saisis avec empressement, parce qu'elle fait entrer notre discussion dans une voie qui tend vers notre but essentiel.

Rappelons, d'abord, touchant la simplicité d'origine de tout le règne organique, l'opinion radicale des darwinistes les plus autorisés. Il est certain que la pluralité des souches originelles serait un fait qui s'accorderait mal avec le principe génésiaque du matérialisme; l'unicité du point de départ se concilie infiniment mieux avec l'idée du hasard créateur, qui est au fond de toute cosmogonie athée. Aussi, Darwin, comme je l'ai dit plus haut, inclinait déjà dans ce sens, et M. Haeckel surtout exprima d'abord sa préférence pour le système *monophylétique*, d'après lequel tout ce qui possède la vie serait sorti d'une souche unique, ou d'un seul individu primitif. Par là, en effet, s'expliquent tout naturellement les traits de ressemblance que présente l'organisation des différents groupes zoologiques, et spécialement ceux qu'on constate si bien dans leur développement embryonnaire : ils seraient le fait d'une parenté réelle, et se produiraient en vertu de la loi d'hérédité, qu'on nous donne comme fatale, nécessaire, incréée.

Mais voici donc que, au lieu de cette simplicité initiale qui conviendrait si bien aux partisans de la création et de l'évolution spontanées, les darwinistes se voient entraînés vers la doctrine de la multiplicité des tiges primitives. Car cette croyance *polyphylétique* se manifeste de tous côtés, depuis M. Gaudry, transformiste pénétré de spiritualisme, qui admet plusieurs enchaînements zoologiques distincts, jusqu'à Carl Vogt, l'un de vos guides les plus avancés, suivant lequel il y aurait eu plusieurs arbres généalogiques indépendants dont la réunion donnerait l'idée d'un petit *bois*, ou au moins d'un *bosquet*, suivant l'expression de Quatrefages ; et jusqu'à M. Haeckel lui-même qui, nonobstant toutes ses tentatives de généalogie monophylétique, est amené à reconnaître la coexistence de plusieurs souches mères, et même d'un grand nombre de souches issues d'autant d'individus primordiaux !

Et maintenant, comment concilier, avec le système du hasard ordonnateur de la nature, cette conception de *plusieurs séries animales nées isolément*, indépendantes et semblables, qui évolueraient d'abord de la même manière se différencieraient ensuite plus ou moins en s'épanouissant chacune à sa façon, et conserveraient assez de rapports de conformité pour qu'on ait pu les comparer à des rameaux sortis d'un tronc commun et composant un seul arbre de vie ? N'est-il pas certain qu'au-dessus de toute cette levée de pousses particulières il y a un plan général qui préexista à l'évolution de leur ensemble, et sans lequel la pluralité des formation soriginelles, la communauté, la diversité même de leurs caractères ne se comprennent plus ?

Il y aurait donc un plan dans la création organisée, un plan impliquant une pensée, une intelligence créatrice et dirigeante. Le matérialisme doctrinaire vient se heurter à ce principe qui le condamne. Pour être rationnel et acceptable, il faut que le darwinisme se sépare de l'athéisme ; il faut qu'il se complète ou se couronne en intronisant formellement le dogme essentiel du spiritualisme. C'est du propre système de nos adversaires que nous déduisons la nécessité d'une direction supérieure ou divine de la nature ; mais ce principe est absolument vrai et ne réclame l'appui d'aucune hypothèse naturaliste ; sa démonstration, d'ailleurs, est pour nous d'une importance sans égale, puisqu'elle constitue le fond de notre thèse : aussi devons-nous lui donner une tout autre base que celle du darwinisme. Je vais donc essayer de vous démontrer qu'il y a, dans le règne organique, des harmonies et des concordances qui ne résultent pas de la parenté des êtres ou de la simple loi de l'hérédité, et qui ne peuvent être que providentielles, ayant été préméditées et établies par une intelligence souveraine.

Note. I — *Sur la genèse des organes nouveaux d'après Darwin.*

Pour achever de faire comprendre l'économie de la théorie darwinienne, et donner une idée des difficultés de détail qu'elle rencontre, nous ferons voir, par un exemple, comment son auteur l'applique à la formation des organes en particulier.

L'organe dont il s'agira est celui de la vision. Si l'on pouvait démontrer, dit Darwin (p. 233), « qu'il existe un organe si compliqué qu'il ne puisse avoir été formé par une série de modifications légères, nombreuses et successives, ma théorie s'écroulerait tout entière ». C'est dans cet esprit qu'il s'efforce de faire à l'appareil visuel un début aussi humble et des développements aussi gradués que possible. Son explication peut se résumer comme il suit.

Sur un individu d'une espèce animale inférieure, il arriva un jour, sans aucune cause ou par hasard, qu'un filet nerveux devint sensible à la lumière et se fit nerf optique. Tout l'appareil de la vision ne se composait alors que de ce simple nerf, qui était séparé du dehors par une certaine épaisseur de tissus quelque peu transparents, et permettait tout au plus à l'animal de distinguer la lumière de l'obscurité. Mais, dans la multitude infinie des modifications de toute sorte qui affectèrent sa postérité dotée de ce même avantage, il y en eut qui se produisirent au sein des tissus adjacents à ce nerf visuel, et se trouvèrent favorables à l'exercice de la fonction naissante. C'est de la sorte que se sont formées petit à petit toutes les pièces, tant essentielles qu'accessoires, qui composent l'œil le plus compliqué qui existe. Chaque fois qu'une particularité heureuse, si minime fût-elle, s'établissait sur les yeux d'un animal, elle lui donnait assez de supériorité pour exterminer, par sa descendance, tous ses congénères ; elle se généralisait donc, et la nouvelle race voyante, élevée ainsi d'un faible degré sur l'échelle du progrès, se trouvait supplantée plus tard par une autre génération douée d'un appareil visuel un peu plus parfait...

Que d'objections s'élèvent contre cette explication ! A cette série de perfectionnements presque insensibles, qui a abouti à la formation d'un œil complet, il faut un point de départ précis : il faut *qu'un nerf devienne un jour sensible à la lumière*, et que ce rudiment d'appareil se constitue d'emblée à un degré qui le rende utile à l'animal, en lui donnant une supériorité certaine sur tous ses pareils. Cette première sensation de la vue est assurément un phénomène considérable et une merveilleuse innovation de la *nature*; c'est un véritable bond comme la pure théorie du transformisme n'en comporte pas, et Darwin a bien raison de le rapprocher de l'origine première de la vie elle-même qui, dans sa pensée, nécessita un acte créateur. De plus, ce phénomène d'organogénie n'avait rien de nécessaire, puisque la plupart des zoophytes et des mollusques se passent fort bien du sens de la vue ; et, néanmoins, il se serait produit au moins une fois dans ces deux embranchements du règne animal, dans celui des articulés et à la souche de tous les vertébrés ; il se serait toujours manifesté sur une même partie du corps, sur un nerf de la région céphalique et au voisinage de l'ouverture supérieure du tube digestif : une telle répétition et une telle corrélation peuvent-elles être fortuites et n'attestent-elles pas la préméditation d'une Puissance créatrice ? — Si, comme le suppose Darwin, l'appareil visuel s'était formé progressivement et s'était perfectionné en traversant l'immensité des âges, on devrait croire que la vision est bien plus parfaite chez les animaux d'aujourd'hui qu'elle ne l'était chez ceux des premiers temps. On a trouvé, dans des dépôts géologiques très anciens, des vestiges d'animaux qui avaient été doués du sens de la vue, tels que des crustacés qui peuplaient les océans primaires, des poissons de la famille des requins qui s'y livraient à la chasse, des scorpions qui couraient sur les terres émergées...; il faudrait croire que ces animaux si antiques voyaient beaucoup moins clair que leurs représentants de l'âge présent. Cependant, l'organisation générale de ces espèces était tout aussi admirable que celle de leurs homologues actuelles ; il semble donc qu'il devait en être de même pour tous leurs organes et spécialement pour leurs yeux.

Comme les tissus mous n'ont pu se fossiliser, il est difficile de démontrer positivement, par les pièces paléontologiques, l'erreur de l'explication de Darwin ; toutefois, en examinant très minutieusement les yeux pétrifiés des *trilobites*, ordre de crustacés des temps primitifs, le savant naturaliste Bukland n'hésita pas à déclarer que ces organes avaient la même structure que ceux des crustacés de nos jours ; ils auraient été construits dès le commencement d'une manière accomplie, comme s'ils procédaient d'une création véritable.

Nous soutenons donc, à l'encontre des vues darwiniennes, que les organes des animaux n'ont pas dû se former et se perfectionner petit à petit à travers les générations successives. Nous reviendrons plus loin sur ce point en parlant de l'appareil mammaire. — Darwin explique de la même manière la genèse des instincts : nous démontrerons dans la note J que son système est tout aussi inadmissible à leur endroit.

TRENTIÈME LETTRE

INDICES D'UNE CONCORDANCE D'UN PLAN OU D'UNE DIRECTION DANS L'ÉVOLUTION DE LA VIE TELLURIQUE

Faisons ensemble, Camille, une expérience de physiologie qui va être cruelle, quoique non sanglante.

Enfermons un troupeau de bétail dans une étable hermétiquement close ; ou bien, et mieux encore, introduisons quelques poissons dans un bocal dont l'eau ne sera jamais renouvelée ; et bientôt le milieu vital. aérien ou aqueux, dans lequel seront séquestrés ces êtres vivants, se trouvera vicié et empoisonné par leurs excrétions de tout genre. Avec nos sujets aquatiques, l'expérimentation est des plus faciles et peut être poussée aisément jusqu'à ses extrêmes conséquences. En peu de temps, le liquide de notre aquarium improvisé devient trouble, malsain, impropre à entretenir la vie de ses habitants, qui ne tardent pas à s'alanguir et à expirer ; puis, leurs corps privés de vie entrent en putréfaction, se dissolvent lentement dans leur véhicule liquide, qu'ils transformentbientôt en un affreux macératum roussâtre, infect, meurtrier pour tous les êtres de leur espèce et de toutes les espèces supérieures, et où ne pourraient subsister que les plus misérables animalcules.

Or, depuis l'origine de la vie animale jusqu'à ce jour, l'Océan a vu naître et mourir une quantité extrêmement grande d'animaux de toute sorte, quantité tellement grande que leurs dépouilles mortelles et leurs déjections accumulées représenteraient une masse totale bien supérieure à la masse même de ses eaux ; et cependant il s'en faut bien qu'il soit devenu un immonde foyer de décomposition cadavérique et stercorale, un pestilensiel cloaque rempli des seuls infusoires de la fermentation putride. Il a conservé intégralement sa transparence et sa pureté originelles, et tous les animaux qu'il contient sont en état de s'y maintenir indéfiniment. — Ce qui est vrai pour le milieu maritime l'est également pour le milieu aérien. Notre atmosphère gazeuse, beaucoup moins considérable, sous le rapport de sa masse, que tout le fluide marin, — puisque son poids n'équivaut qu'à celui d'une couche d'eau de trente-deux pieds d'épaisseur, — notre atmosphère a été incessamment souillée par la respiration des animaux, par la décomposition de toutes les matières dépossédées de la vie ; et cependant, loin d'être devenue fétide et dangereuse à respirer, elle s'est conservée pure, salubre, vivifiante pour les êtres supérieurs, et toujours favorable à ce progrès du règne organique que vous supposez être sans fin.

Certes, il y a là une merveille qu'on ne saurait trop admirer, quoique nous en connaissions le secret. Nous savons en effet que l'ensemble de la création organique, animale et végétale, est composé d'êtres vivants qui fonctionnent chimiquement de deux manières différentes et inverses ; que l'exercice de la fonction nutritive, dans les végétaux, a pour effet de détruire les principes matériels qui seraient nuisibles aux animaux, et que les dépouilles putrescibles, les exhalaisons méphitiques de ceux-ci, pernicieuses pour eux-mêmes, sont justement ce qui sert à entretenir la vitalité des plantes avec leur précieuse activité dépurative. Il ne me reste qu'à vous demander si cette économie harmonieuse, fondée sur l'antagonisme fonctionnel des deux règnes de la vie, résulte de la sélection naturelle, où plutôt si elle a pu s'établir d'elle-même, en dehors de tout plan préconçu et de toute initiative créatrice. Je ne crains pas que vous songiez à invoquer ici un coup du hasard, parce qu'il serait absolument incompréhensible, et parce que vous croyez à la multiplicité des mondes vivants, c'est-à-dire à la reproduction d'une semblable merveille en mille et mille lieux sidéraux.

Cependant, j'exposerai moi-même, dans la troisième partie de cet ouvrage, et relativement à la nature végétative de vos mondes célestes, certaines vues qui sont susceptibles de diminuer la portée de l'expérience que je viens de citer ; au lieu de m'attarder à en corroborer la légitime conclusion, je préfère passer à d'autres considérations contre lesquelles vous n'aurez aucune objection à élever.

Omne vivum ex ovo, a dit Harvey ; tout être vivant, animal ou végétal, vient d'un œuf. Si ce principe n'est pas absolument vrai, peu nous importe en ce moment ; ce que je tiens à noter ici, c'est que l'œuf des êtres inférieurs, tant de l'un que de l'autre règne de la vie, est d'une constitution toute simple et ne contient pas autre chose que le germe du nouvel organisme. Il en est autrement pour celui des animaux plus élevés, tels que les oiseaux. Leur germe, fort petit, est accompagné d'une énorme provision de substance nutritive, qui forme tout le blanc de l'œuf et la presque totalité de son jaune. Il empruntera tout d'abord à ce dernier les matériaux nécessaires pour opérer son évolution et passer à l'état d'embryon; puis, le petit individu étant constitué, commencera à se nourrir en absorbant peu à peu, par l'ombilic et l'intestin, le reste de la double matière plastique qui l'entoure, laquelle représente un aliment parfait, peu différent, par sa composition, du lait des mammifères. Encore enfermé dans sa coquille, le futur oiseau reste soumis à cette sorte de régime lacté jusqu'à ce qu'il soit assez fort pour prendre une autre nourriture par la bouche et l'estomac, c'est-à-dire jusqu'au moment de sa naissance. — Avant l'explosion de l'athéisme darwinien, on considérait comme un effet de la prévoyance de la nature la provision de matière alimentaire qui se trouve accompagner le germe des œufs, et nous soutenons encore que ce jugement est bien fondé.

Il est, en effet, confirmé par ce qui s'observe dans le règne végétal. Dans les végétaux supérieurs, la graine est l'analogue de l'œuf de nos ovipares, mais il y a entre les deux une certaine différence. La graine, lorsqu'elle est mûre et qu'elle se détache de la plante qui l'a produite, est arrivée à un stade de son évolution plus avancé que n'est l'œuf qui vient d'être pondu. Tandis que celui-ci ne nous laisse voir qu'un germe presque imperceptible, la graine nous montre déjà un embryon bien formé, une plante en miniature qui n'attend, pour se développer, que l'introduction de l'eau dont elle est privée. A part cette dissemblance principale, l'analogie est évidente ; car on trouve aussi dans la graine une provision de matière nutritive qui servira à sustenter le le fœtus végétal, jusqu'à ce qu'il soit capable de puiser sa nourriture dans le monde environnant. Cette substance alibile est contenue dans une annexe de l'embryon, souvent très volumineuse, appelée *cotylédon*, sorte de sac dont l'ouverture rétrécie est soudée au corps du petit végétal. Cet organe cotylédonaire, ou ce sac, est rempli d'une matière solide, capable de rester inaltérable aussi longtemps qu'elle sera à l'abri de l'humidité, mais destinée à se liquéfier pour s'introduire peu à peu dans la jeune plantule quand la graine, ayant absorbé un peu d'eau du sol, entrera en germination. La matière alimentaire que reçoit alors la petite plante correspond à la substance nutritive de l'œuf de l'oiseau et, par conséquent aussi, au lait des animaux vivipares, si bien que le naturaliste philosophe Ch. Bonnet appelait les cotylédons des *mamelles végétales*. Leur existence dénote, selon nous, une finalité réelle, une intention de pourvoir, par leur moyen, à l'alimentation première de la nouvelle plante.

Voici d'ailleurs ce qui confirme cette opinion. Ces remarquables organes étant susceptibles d'affecter, dans les différentes familles végétales, une grande diversité de forme et de grosseur, se réduisent, dans plusieurs d'entre elles, à une extrême petitesse, de sorte que leur office nutritif devient à peu près nul. Mais alors il a été formé, à côté de l'embryon, un autre appareil nourricier, l'*endosperme* ou *périsperme*, qui est appelé à remplacer le corps cotylédonaire avorté, étant constitué de manière à remplir exactement le même rôle. Nous pourrions donc répéter que la précaution intelligente et providentielle est bien claire ; mais telle n'est pas la considération précise que nous avons à faire ressortir en ce moment.

Rappelez-vous, en effet, que les êtres vivants des premiers âges de la vie tellurique ayant été, selon nos adversaires du moins, d'une extrême simplicité d'organisation, ne produisaient que des germes tout simples, dépourvus de cette réserve alimentaire que nous venons de signaler dans la graine et dans l'œuf; songez que cette remarquable innovation, — qui n'avait rien de nécessaire, puisque la fonction reproductrice s'en était bien passée pendant une très longue suite de siècles, — s'est produite séparément et concurremment dans les animaux et les végétaux; et convenez avec nous qu'une telle correspondance ne peut se comprendre que comme une combinaison ordonnée d'en Haut, comme une idée créatrice qui a été appliquée parallèlement dans le monde animal et dans celui des plantes.

Citons un autre exemple de la concordance qui fut établie entre les deux règnes. Il nous sera encore fourni par la fonction de reproduction, qui porte tout particulièrement, avons-nous dit, le sceau de l'Auteur de la vie, comme étant l'intermédiaire par lequel sa puissance génésique continue à s'exercer sur la terre.

J'ai fait entendre plus haut que la célèbre sentence d'Harvey n'est pas d'une vérité absolue. Il y a des créatures vivantes qui ne sont pas sorties d'un œuf, pas même d'un œuf éclos à l'intérieur du corps, comme celui des animaux vivipares. Beaucoup d'êtres inférieurs, appartenant surtout au règne animal, proviennent du sectionnement spontané de leurs parents et sont engendrés par *scissiparité*. Une infinité d'êtres multiplient par bourgeonnement; il en est ainsi non seulement chez les végétaux, mais encore chez beaucoup de zoophytes. Alors les bourgeons producteurs des nouveaux individus peuvent se former aussi à l'intérieur du corps, ce qui réalise déjà une sorte d'enfantement. Tels furent les procédés de multiplication qu'employa la nature durant les premiers âges de la vie tellurique.

Plus tard, au lieu de ces bourgeons internes, il se forma, chez les animaux, de véritables œufs prêts à éclore, et, chez les végétaux, des spores ou graines qui procédaient d'une génération virginale ou parthénogenèse. Ce nouveau mode avait ceci de commun avec les précédents que tous les sujets d'une espèce donnée étaient pourvus du même appareil générateur, et que la fonction procréatrice n'exigeait pas le concours de deux individus différents; et la reproduction s'opéra de la sorte, dans les animaux et les végétaux, jusqu'à une époque *avancée* de la vie du globe ; c'est du moins ce qui nous est affirmé, avec un peu d'exagération, par M. Haeckel (p. 175) dont je ne fais que reproduire ici les idées évolutionnistes.

Mais il vint un temps où l'on eût pu constater, dans le règne animal notamment, un fait bien inattendu : les ovules ou les œufs, générés par un organe spécial, n'étaient pas viables ou capables d'éclore; leurs germes incomplets avaient besoin d'être imprégnés par une certaine substance préparée dans un autre organe : il fallait qu'ils fussent fécondés. Qui se chargera de nous expliquer, par les seules forces d'une nature aveugle, l'établissement de cette modalité étrange, de cette division malheureuse du travail procréateur? Quoi qu'il en soit, ce fut d'abord un même individu qui fut porteur des deux appareils nécessaires à la fonction de reproduction, il était hermaphrodite et fécondait lui-même ses ovules ; mais, dans la suite, et par un autre progrès à rebours, les deux organes générateurs se trouvèrent établis sur deux individus distincts ; et, chose encore bien surprenante, ce nouveau mode de reproduction, si défectueux en apparence, se répandit de telle sorte qu'il est devenu très commun dans les classes inférieurs du règne animal, et tout à fait général chez les animaux supérieurs.

Ce phénomène fort singulier de la fécondation, et surtout ce dédoublement du travail génésique, qui s'est constitué en dépit de tous ses désavantages et qui, ayant abouti à la fondation des sexes, a nécessité l'apparition d'un instinct tout nouveau et d'une force magique, — l'attraction mutuelle de deux individus ou l'amour sexuel, — toute cette évolution, dirons-nous, a dû être conçue et dirigée par une Intelligence, attendu qu'elle était contraire au progrès soi-disant naturel et spontané, et il nous semble qu'un peu de réflexion dissiperait ici tous les doutes. Or, nos darwinistes athées restent inféodés à l'opinion opposée; mais ce qui leur inflige un éclatant démenti, c'est la conformité que nous retrouvons à cet égard dans le règne végétal.

La fonction physiologique de la fécondation n'était nullement nécessaire chez les plantes : par la diversité de ses formes, le bourgeonnement suffisait à l'entretien de toutes leurs espèces. Il y a des bourgeons appelés bulbilles, qui se détachent de la tige de certains végétaux, du lis bulbifère, par exemple, pour se développer comme de véritables graines. Il en est qui s'en vont, au moyen de rejets rampants, comme ceux du fraisier, s'épanouir à distance et y pousser des souches et des tiges nouvelles. D'autres, comme on le voit pour l'acacia, surgissent des racines d'un arbre et drageonnent autour de lui. Certains végétaux, tels que la jacinthe, laissent après eux un ou plusieurs gros bourgeons appelés bulbes ou oignons. D'autres encore, à l'exemple de la pomme de terre, fournissent par leurs racines des renflements tubéreux qui bourgeonnent en quelques points pour engendrer de nouveaux individus... Ces divers modes de germination se sont conservés dans tout le règne des plantes, si bien qu'il en est beaucoup qui ne se reproduisent presque jamais par leurs graines. Le monde végétal eût donc pu se passer de ces derniers organes, ou du moins leur formation pouvait s'opérer, comme celle des bourgeons eux-mêmes, par une sorte de parthénogenèse excluant la sexualité.

Eh bien ! il en a été autrement ; l'étonnante fonction de la fécondation s'est établie chez lui comme chez les animaux. Il s'est formé des organes qui produisent des ovules, et d'autres qui élaborent une substance pour les féconder. Les plantes possèdent ce qui caractérise les sexes des animaux ; et un ensemble de dispositions, qu'on a souvent admirées, s'est constitué pour assurer l'imprégnation des germes, malgré toutes les difficultés apparentes. L'évolution complète de cette innovation superflue ou luxueuse a été couronnée par le chef-d'œuvre et le joyau de la création végétale, par la fleur, qui avait été inconnue à la vie tellurique pendant la plus grande partie de sa durée, et qui est devenue la partie essentielle et caractéristique de la plante, en sorte que le phénomène de la fécondation ou de l'amour végétal a été mis en relief : il a été entouré d'une auréole ostensible. Par un insigne contraste, il est advenu que l'hermaphrodisme, disposition organique peu répandue dans l'animalité actuelle, a été la règle commune chez les végétaux ; inversion bien rationnelle d'ailleurs, car la fécondation est mieux assurée quand les organes entre lesquels elle s'opère sont réunis sur une même plante, et surtout dans la même fleur. Toutefois, la *nature végétale* n'a pas reculé devant un tour de force pour compléter l'analogie avec le règne animal et réaliser pleinement la distinction des sexes ; il y a en effet des végétaux, comme le chanvre, le houblon... où les organes sexuels, de même que chez les animaux supérieurs, sont tout à fait séparés ou fixés sur des individus différents.

Ainsi, le monde végétal, qui a suivi l'exemple du monde animal dans la constitution de la graine, l'a encore imité par la fécondation de ses germes ; et malgré les différences ou les inversions qu'on constate à cet égard, comme sur d'autres points de l'économie des deux règnes, on peut dire qu'il a fidèlement copié son modèle jusque dans certains détails intimes de cette singulière opération. Parlons mieux ou sans figures : ce sont les mêmes idées créatrices qui ont été appliquées de part et d'autre (1).

Ajoutons encore une considération d'une haute importance pour ceux qui veulent bien se placer au point de vue de l'évolution darwinienne, ainsi que nous le faisons présentement.

Ce n'est pas une fois seulement, mais au moins plusieurs fois, que cette création de la sexualité se serait produite dans chacun des deux règnes. Car les quatre classes des animaux vertébrés, comme aussi les insectes, les arachnides, les crustacés et une partie des vers et des mollusques, sont sexués ; or, tous ces types si différents ne sont certes pas descendus d'un seul et même ancêtre commun ; si déterminé transformiste qu'on soit, on est bien obligé de leur attribuer des souches distinctes, quitte à rattacher ensuite tous ces rameaux divers à un même tronc, si l'on peut. Il en est de même pour les plantes : il est impossible que toutes celles qui ont des

(1) Si les botanistes nous objectaient que des indices de sexualité et des actes de fécondation se manifestent déjà parmi les plantes inférieures ou cryptogamiques, nous leur répondrions que les genres de cryptogames où on les observe ne sont peut-être pas d'une création bien ancienne. Mais, quand même il en serait autrement, et quand encore la fonction de fécondation se serait produite en premier lieu dans le règne végétal, il est clair que cette priorité n'infirmerait pas notre démonstration relative à la similitude des deux règnes.

fleurs, c'est-à-dire des étamines et des pistils, proviennent d'un unique et lointain végétal ; on ne peut faire moins que d'admettre plus d'un type générateur pour la formation de toutes les familles phanérogames ou fleurissantes. Le sexualité aurait donc commencé avec des animaux et des végétaux très différents. Elle résulterait de créations analogues qui se seraient un jour produites de tous côtés sur la terre, indépendamment les unes des autres, et qui auraient apparu, comme des pousses nombreuses, au sein du double règne organique qui la recouvrait. Cette multiplicité de ses origines prouve bien qu'elle ne fut pas un fait forfuit ou spontané, et qu'elle a dû être réellement suscitée et dirigée d'après un plan prémédité. Il s'ensuit évidemment qu'il en fut de même pour toute la nature organisée.

TRENTE ET UNIÈME LETTRE

INDICES D'UNE CONCORDANCE, D'UN PLAN OU D'UNE DIRECTION DANS L'ÉVOLUTION DE LA VIE TELLURIQUE
(SUITE ET FIN)

J'ai maintenant à vous dire quelques mots, Camille, sur la reproduction d'une même idée créatrice dans les deux milieux vitaux, aérien et maritime.

On trouve dans la mer des animaux qui ont toute l'apparence des plantes. Ces zoophytes sont bien des animaux, car ils respirent et se nourrissent comme tels : ils mangent, c'est tout dire. Ils ressemblent bien aussi à des végétaux, car ils se présentent sous la forme de tiges ramifiées, quelquefois munies de véritables racines, d'un feuillage élégant et même d'autres organes plus caractéristiques encore, comme je le dirai dans le paragraphe suivant. Ayant souvent le port de nos plus gracieux arbustes, ils rappellent plutôt la conformation de nos végétaux terrestres que celle des plantes marines. Cependant personne ne s'avisera de supposer que les animaux-plantes de l'Océan se rattachent à notre flore sous-aérienne ou continentale; il est trop évident qu'ils en ont toujours été distincts; conséquemment leur formation doit être mise sur le compte d'une sorte de réminiscence créatrice, laquelle se serait vraisemblablement reproduite plusieurs fois, c'est-à-dire sur plusieurs types de zoophytes marins qui paraissent bien indépendants les uns des autres.

C'est ce qui est plus vraisemblable encore à l'égard des *fleurs* de la mer. — Vous savez que les végétaux de l'Océan, étant cryptogames, sont dépourvus de ces ornements; et pourtant il arrive souvent que des algues, des polypiers figurant des abrisseaux sont couverts de parasites conformés de telle sorte et si richement colorés qu'on les prendrait pour leurs fleurs. D'ailleurs, les polypes étoilés qui terminent les rameaux de ces pseudo-plantes simulent fort bien calice et corolle, tellement qu'on ne doutait pas, à une certaine époque, que le corail ne fût un végétal en pleine floraison. D'autres zoophytes poussent plus loin encore la ressemblance, et rivalisent avec les plus belles fleurs de nos jardins par la beauté des formes et l'éclat des couleurs; aussi, ont-ils été précisément comparés, qui à des anémones, qui à des œillets, etc., et dénommés en conséquence. Comme les fleurs terrestres, celles-ci ont souvent un pédoncule qui leur permet de s'attacher au sol marin ou de s'insérer en certain nombre sur une tige commune; comme elles aussi, et même beaucoup mieux qu'elles, on les voit s'ouvrir et se fermer sous des excitations extérieures. Toutefois, étant de nature animale, elles contrastent singulièrement, par leurs mœurs, avec leurs homologues aériennes : tandis que les innocentes fleurs de nos prairies appellent les insectes ailés pour leur offrir une délicieuse pâture sucrée et parfumée, les cruelles fleurs marines, par leurs charmes trompeurs, attirent les petits habitants de l'abîme pour les saisir et les dévorer. Leur séduisante beauté a donc une première fin semblable et préméditée, une fin d'attraction ; mais il y a des zoophytes où l'analogie avec le règne végétal est mieux établie encore ; car les prétendues corolles, ou les élégants calices floraux dont ils sont ornés, ne sont autre chose que leurs organes de reproduction.

Il n'est guère besoin de dire que les deux groupes d'objets, aériens et marins, que nous mettons en parallèle, sont trop distants et trop indépendants l'un de l'autre pour qu'on puisse attribuer leurs rapports de similitude à une commune descendance. Qui ne comprendra qu'il y a eu, dans la formation des fleurs animales de la mer, une intention précise d'imiter les fleurs terrestres, et que la Cause intelligente de la vie tellurique songeait à celles-ci en donnant naissance à celles-là? Il faut, de plus, qu'elle ait conçu cette même idée créatrice avec persistance ou à plusieurs reprises, car, comme nous l'avancions plus haut, l'apparence d'une fleur a été reproduite par des types nombreux et divers de la classe des zoophytes.

Vous avez sans doute compris pour quels motifs j'ai tenu à chercher des traits de conformité dans des groupes organiques aussi disparates ou aussi éloignés l'un de l'autre que possible. Cependant, il est bien certain qu'il y a, entre des types beaucoup moins espacés, des rapports d'analogie tout aussi significatifs, qui ne s'expliquent que par notre Cause finale, et non par un effet de l'hérédité. Jugez-en par quelques exemples.

Parmi les fossiles animaux les plus anciens et les mieux caractérisés, se trouvent des coquilles de mollusques bivalves. Quand de tels coquillages sont vivants, leurs deux valves ou battants, réunis par une charnière, s'ouvrent par le jeu d'un ligament élastique, et se ferment par la contraction d'un muscle volontaire, moyennant quoi l'animal se trouve en sûreté dans cette sorte de boîte. On ne cite pas de type fossile préparatoire de ce simple et ingénieux mécanisme, et l'on ne comprend guère comment il aurait pu se former progressivement. Il semble donc qu'il a dû être réalisé de toutes pièces, comme d'autres formes fossiles auxquelles on ne connaît pas de devancières. Pour nos darwinistes, au contraire, il serait le lent produit de l'aveugle sélection naturelle, et les espèces extrêmement diverses qui nous le présentent seraient toutes descendues d'un type unique, et même d'un seul individu. Nous croyons, nous, qu'il y a eu plusieurs créations indépendantes, et nous trouvons dans ce groupe animal au moins deux sections originairement distinctes. On plaçait autrefois l'une près de l'autre la classe des mollusques acéphales et celle des brachiopodes, parce qu'elles ont de grands traits de ressemblance et qu'elles sont pourvues toutes les deux de coquilles bivalves. Or, l'étude comparative que l'on a faite des larves de ces invertébrés a fait reconnaître qu'elles sont fort différentes, tellement que les brachiopodes n'appartiendraient pas même à l'embranchement des mollusques, et devraient être placés dans celui des vers. Ce n'est donc pas l'hérédité qui a pu doter de ce même appareil protecteur toute la grande et hétérogène catégorie de coquillages bivalves ; et cet excellent bouclier, ce boîtier souvent si parfait, figure bien [une idée créatrice qui a été réappliquée, et qui même a dû être reproduite un grand nombre de fois.

Ce mode de protection du corps d'un animal me fait penser à un autre qui est presque aussi efficace. Ce ne peut être par l'effet de la parenté que la tortue, qui appartient à la classe des reptiles, a pour analogue, dans celle des mammifères, le *glyptodon*, genre d'édenté fossile de la famille des tatous, qui était pareillement pourvu d'une carapace, sous laquelle l'animal faisait rentrer à volonté sa tête et ses membres. Ce n'est pas non plus la parenté du hérisson, ce petit insectivore bien connu, avec l'*échidné*, l'un des derniers représentants des mammifères à cloaque, qui les a dotés tous les deux d'un tégument défensif hérissé de piquants, avec des mœurs à peu près semblables. Au reste, bien d'autres animaux, non moins distants les uns des autres, sont protégés par ce même artifice de la nature.

Après ces particularités de l'appareil tégumentaire, je pourrais signaler des types animaux qui se ressemblent par l'adaptation de leurs membres à un même et exceptionnel usage. Faut-il vous citer ces mammifères volants, les chauves-souris ou chéiroptères, qui correspondent si bien aux ptérodactyles ou reptiles volants des temps secondaires? — Une espèce de gerboise, petit quadrupède de l'ordre des rongeurs, a ses deux paires de membres si disproportionnés, et le bipède postérieur si bien disposé pour sauter, qu'elle rappelle la conformation et les allures du kangourou, et qu'on lui en a donné le surnom, bien que ce dernier animal appartienne à la division des marsupiaux. Et puisque je suis amené à faire ce rapprochement, je vous rappellerai que les lambeaux qui nous restent de cette ancienne sous-classe des quadrupèdes à poche, ou didelphes, donnent à penser qu'elle était composée et partagée comme celle des animaux monodelphes ; du moins Cuvier et Is. Geoffroy Saint-Hilaire se sont attachés à faire ressortir le parallélisme qui aurait existé entre ces deux sections de la classe des mammifères.

J'ai pris à peu près au hasard ces quelques exemples. On n'en finirait pas si l'on voulait relever toutes les dispositions similaires qui se présenteraient au naturaliste engagé dans cette recherche. Il est pourtant une citation très importante que je ne puis omettre ici, quoique nous n'ayons pas encore à nous occuper de l'application du darwinisme à la formation de notre propre race pensante. Nous verrons plus loin que la théorie darwinienne, bien comprise et supposée vraie, ne permet pas de faire descendre l'espèce humaine, comme on le croit communément, de nos genres de singes anthropomorphes, ni même d'aucun autre type simien ; elle ne permettrait que de la rattacher à quelque souche plus lointaine de quadrupèdes, de laquelle seraient sortis, indépendamment l'un de l'autre, et notre rameau bimane, et la branche entière des quadrumanes. Cependant il existe, entre l'homme et les singes, des points de ressemblance assez nombreux et assez frappants pour en imposer aux esprits prévenus, et soutenir leur croyance à notre proche parenté avec ces animaux ; comment s'expliquer ces raits de similitude, si l'hérédité n'en est pas la cause ? Tout simplement comme nous venons de le faire : par des vues, des idées, des images créatrices qui furent rééditées, ou qui ont été appliquées séparément dans ces deux séries parallèles de créatures.

Tel est notre système, qui se traduit par l'affirmation d'un plan, méthodiquement ordonné, de la Création vivante. Quelle doctrine lui opposez-vous ? Quand vous ne pouvez invoquer l'influence fatale de l'hérédité pour expliquer les concordances qui se manifestent entre certains groupes très écartés, et jusque dans les deux embranchements animal et végétal du règne de la vie, vous êtes réduit à accuser des coïncidences fortuites, de simples jeux du hasard, des faits qui n'auraient point de cause et qui seraient pourtant très importants et très nombreux... Laquelle de ces deux explications est rationnelle et vraisemblable, sinon celle qui appartient au spiritualisme ? Laquelle est absurde et ridicule, si ce n'est celle que le matérialisme doctrinaire a la prétention de nous imposer? Laissez-nous donc conclure qu'il y a, au-dessus de ce monde, un œil immatériel, immense, qui embrasse la nature dans son ensemble et la pénètre dans ses détails ; il y a un Pouvoir infini, joint à une intelligence que nous aurons à caractériser plus tard, qui suscite et conduit l'évolution harmonieuse du grand œuvre de la vie tellurique.

Un Agent surnaturel, disons-nous, a ordonné avec intelligence tout le règne de la vie : notre étude de la nature ne saurait comporter une conclusion plus importante, et, tout ce que nous pouvons désirer, c'est de la fortifier et de l'accentuer plus encore. Nous resterons donc dans la même voie, mais en essayant d'y faire un pas de plus. C'est à quoi nous parviendrions s'il nous était donné de découvrir la manière de procéder de cette puissance vivifiante, et si nous pouvions apercevoir, dans l'exercice de son activité, quelque chose qui ressemble à de véritables actes de création.

Car le transformisme darwinien, dans sa formule primitive, dans son expression la plus pure et la plus conséquente, fait dériver les uns des autres, *par une gradation insensible,* tous les types d'être organisés : toutes les séries organiques, depuis l'origine de la vie jusqu'à nos jours, auraient constitué des files régulières et continues, où les changements progressifs auraient été imperceptibles, et où les coupes naturelles n'existeraient pas ; eh bien, c'est ce que nous ne saurions admettre, même au cas où l'on donnerait à ce système le couronnement spiritualiste que nous déclarons nécessaire ; nous ne pouvons concéder que les types de créatures sont à ce point dépendants les uns des autres, et indépendants de leur Cause première. Nous continuerons donc à soutenir notre thèse antidarwinienne en y ajoutant un chapitre nouveau, tendant à restituer à la Puissance créatrice sa pleine et permanente initiative, et à montrer son intervention active et fréquemment répétée dans l'évolution de la nature vivante.

Si l'on pouvait démontrer, dit Darwin (p. 233), qu'il existe un organe « qui ne peut avoir été formé par une série de modifications légères, nombreuses et successives, ma théorie s'écroulerait tout entière ». Nous avons déjà quelque peu répondu à ce *desideratum ;* mais nous allons maintenant vous citer un véritable et grand organe qui nous paraît être pleinement dans le cas requis ; après quoi nous considérerons à ce même point de vue des organismes tout entiers. Il s'agira, pour le moment, d'un appareil physiologique très important qui a servi à caractériser la classe la plus élevée du règne animal : je veux parler des mamelles.

Ces glandes nourricières n'existaient pas chez les anciens vertébrés, poissons et reptiles; elles n'ont pris naissance qu'à une époque assez avancée de la vie tellurique ; c'est dans les couches supérieures du Trias qu'on a trouvé les premiers restes fossiles des mammifères.

Quoique nous envisagions la question mammaire d'une manière générale, nous avons surtout en vue les espèces animales les plus communes, et voici ce que nous dirons :

Sur la fin de la gestation, le sang qui gorge les vaisseaux utérins, et qui s'emploie à la nutrition du fœtus, s'en retire pour se porter aux mamelles et s'y transformer en lait. Cette sécrétion fort singulière, qui n'est pas permanente comme toutes les autres, s'éveille, s'établit, se tarit avec une admirable opportunité. A la différence de toutes les glandes de l'organisme, qui fournissent seulement certains principes appropriés à l'exercice de quelque fonction spéciale, celles-ci composent un aliment complet et parfait. Les organes de lactation, multiples chez les femelles multipares, sont en proportion du nombre possible des rejetons. Ils occupent telle région du corps, pelvienne, abdominale ou pectorale, qui se prête le mieux à leur office. Leur produit s'accumule dans des cavités extensibles, hermétiquement closes, d'où le nourrisson sait l'extraire à son gré... Un tel concours de dispositions si justement accommodées sembla toujours avoir été conçu et ordonné par une providentielle Intelligence : n'a-t-on pas eu raison d'en juger ainsi? Voilà pour le premier des deux points que nous devions établir.

Voici maintenant pour le second, c'est-à-dire pour l'idée d'une soudaine et véritable création. La théorie darwinienne voudrait que la fonction d'allaitement, ainsi que toutes les innovations qui se sont produites au sein du règne organique, eût eu un point de départ si humble qu'il n'y ait pas lieu de s'en occuper, et qu'elle se fût ensuite développée et perfectionnée peu à peu dans le cours des âges, de génération en génération. Cette supposition est évidemment inadmissible à l'égard de la liqueur lactée, qui n'a pu commencer par être un aliment incomplet, inutile ou nuisible ; elle l'est également pour les organes qui la produisent.

Quand même ces organes et leur fonction n'eussent

été d'abord que de la plus mince importance, ils n'auraient pas moins eu un commencement précis, une origine intentionnelle, qu'il ne faudrait pas chercher à se dissimuler ou à *escamoter* en raison de leur prétendue insignifiance. C'est à grand tort, redirons-nous avec le matérialiste J. Tyndall lui-même, qu'on se figure qu'un organisme minime, un simple corpuscule organisé, a pu se former spontanément ou sans cause, pour ce seul motif qu'il est petit... Mais nous devons dire plus contre cette captieuse hypothèse ; elle n'a pas même la chance de s'appliquer au cas qui nous occupe, car l'appareil mammaire n'a pas eu un début si chétif, bien au contraire.

Vous savez, en effet, que la classe des mammifères se partage en deux sections ou sous-classes : la section des *placentaires* et celle des *aplacentaires*. Les femelles de la première catégorie, ayant l'utérus pourvu de cette expansion vasculaire appelée *placenta*, sont en état de fournir au fœtus une nutrition abondante et prolongée. Celui-ci prend alors un grand développement dans le sein maternel, de sorte qu'après sa naissance il pourrait, à l'extrême rigueur, se passer de l'alimentation spéciale que lui ménagent les mamelles. Il en est tout autrement chez les aplacentaires, où la nutrition utérine a peu d'activité et de durée. Chez l'un des derniers représentants de cette antique sous-classe, le grand kangourou, dont la corpulence égale presque celle de l'homme, les petits viennent au monde après une gestation qui ne dépasse guère un mois, et ne sont pas plus gros que notre petit doigt. En cet état presque embryonnaire, ils ont besoin de trouver un asile dans une sorte de seconde matrice ou poche sous-pelvienne de leur mère, et surtout de s'y nourrir longtemps encore à ses dépens, non plus par la tranfusion de son sang, mais par le produit de ses mamelles, auxquelles ils se tiennent presque constamment attachés.

Mais les aplacentaires ne sont que des mammifères inférieurs, et ont été les premiers créés de toute la classe. C'est chez eux que la lactation a pris naissance, et c'est aussi chez eux, je le répète, qu'elle est le plus nécessaire. Par conséquent, il est impossible qu'elle y ait commencé petitement, pour se développer et se perfectionner chez les mammifères placentaires ou supérieurs qui n'en ont qu'un moindre besoin : on ne pourrait concevoir cet humble commencement que si l'évolution de toute la classe des mammifères avait été *inverse*. Il s'ensuit que l'appareil mammaire a dû être, dès le début, pleinement approprié à son usage.

Songez, d'ailleurs, qu'il représente un déplacement de la nutrition maternelle qui se transporte, tout entière et par une sorte de saut, du dedans au dehors, comme le jeune rejeton lui-même : qu'on nous signale donc ici ces étapes intermédiaires et progressives dont la doctrine du transformisme pur a besoin pour se soutenir! A l'époque reculée où cette insigne et prompte mutation s'est accomplie sur une première femelle en état de gestation, ou même sur plusieurs femelles à la fois, il a bien fallu qu'il y eût formation préalable de ces organes nourriciers, assez amplement constitués pour remplir immédiatement toute leur fonction ; en d'autres termes, il y a eu alors une importante et complexe innovation organique, qui a été exécutée, non pas lentement et progressivement, mais tout d'un coup, comme un acte intelligent de la Puissance créatrice, et qui, selon ce que Darwin avait lui-même avancé, doit être regardée comme suffisante pour renverser tout son système.

Nous pourrions maintenant faire comprendre que la création des glandes lactifères n'a pas été une œuvre toute simple, et qu'elle a sans doute fait partie d'une grande opération génésiaque composée d'espèces nombreuses, qui devaient se répandre sur toute la terre et dans tout l'Océan ; mais, pour ne pas anticiper sur nos conclusions principales, nous nous contenterons de finir par une considération semblable à celle qui termine la première moitié de cette lettre.

Constatons donc simplement que cette grande classe des animaux à mamelles comprend des types zoologiques très différents les uns des autres, depuis ceux qui fendent les airs, comme les chauves-souris, jusqu'à ceux qui s'ébattent dans les eaux, comme les phoques, et depuis les plus petits rongeurs, tels que la souris commune ou la musaraigne de Toscane, jusqu'à des colosses tels que l'éléphant ou la baleine. Après cela, est-il croyable que tous les animaux composant les innombrables espèces mammifères qui ont vécu dans les temps géologiques ou qui vivent encore ont été frères ou cousins, comme étant descendus tout naturellement d'un ancêtre commun, c'est-à-dire d'un certain individu reptile qui, par un simple coup du hasard, serait venu au monde avec des mamelles, et avec toutes les dispositions physiologiques nécessaires à leur fonction ? N'est-il pas plus vraisemblable qu'ils sont sortis de souches multiples, qui ont reproduit respectivement un même caractère typique, une idée ingénieuse de l'Intelligence créatrice

Note J. — *Complément de la dernière démonstration.*

L'idée générale qui se dégage de la soudaineté de formation de l'appareil mammaire serait mise en lumière plus complètement, si nous considérions la première apparition des organes sexuels proprement dits, qui, chez les animaux supérieurs ou vertébrés, ne sont devenus apparents au dehors que dans la classe des mammifères. Il nous serait facile d'établir que *l'extériorisation* de ces organes jusque-là cachés ne fut pas le résultat d'une simple déviation accidentelle ou tératologique, mais a été voulue et exécutée par une intelligence organisatrice; qu'elle a dû être accomplie un jour sur plusieurs individus indépendants les uns des autres, moyennant une ingérence créatrice ou modificatrice précise, qui a porté, tout au moins, sur les germes fournis par des espèces existantes, et pendant leur évolution embryonnaire. Cependant, on comprendra bien que nous ne pouvons, dans ce livre, descendre à un sujet si bas, tout en n'ayant en vue que des animaux; mais nous avons fait cette démonstration dans un article spécial, intitulé : *La théorie darwinienne et l'apparition externe des organes sexuels des Mammifères*, article que nous avons présenté au Congrès scientifique des catholiques de 1897, à Fribourg, et auquel nous nous permettons de renvoyer nos lecteurs. C'est à regret que nous nous abstenons de le résumer ici, et notamment un certain fait de physiologie relaté dans son *paragraphe troisième*, duquel se peut tirer un aperçu spiritualiste qui figurerait avec avantage parmi les meilleurs de ceux que nous avons émis dans ce volume.

TRENTE-DEUXIÈME LETTRE

LA FORMATION DES TYPES ANIMAUX S'EST OPÉRÉE PAR UNE SUITE DE SAUTS DE LA NATURE OU D'INNOVATIONS CRÉATRICES

Vous connaissez, Camille, la célèbre sentence de Linné : *Natura non facit saltus*, la nature ne fait pas de sauts. Cette proposition spécieuse, qui convient si bien au système darwinien, devient un paradoxe dès qu'on la veut prendre dans son sens littéral ou absolu; car il est évident que toutes les classifications du règne organique supposent la séparation réelle des types dont il est composé (1).

En fait, ce que nous avons dit, dans la seconde moitié de la lettre précédente, relativement à la genèse des mamelles et à l'apparition externe des autres organes sexuels des mammifères, vous prouve déjà qu'il y a eu des sauts bien accusés dans la formation du règne de la vie. Remarquez une seconde fois que cette classe animale se distingue encore par d'autres caractères généraux, tels que le tégument pilifère, le système dentaire... si bien que l'écart d'organisation qui exista dès le début entre elle et sa devancière, la classe des reptiles, a peut-être été très accentué. Eh bien! vous allez voir qu'il n'y a pas eu là un événement exceptionnel, et que des écarts ou des bonds analogues ont été le principal mode suivi par la nature pour multiplier les formes de la vie. A l'appui de cette proposition, je ne veux pas vous citer certains types qui semblent isolés dans leur classe, c'est-à-dire sans précédents de leur sorte, et je crois la mieux justifier en choisissant, au contraire, l'une des séries zoologiques qui paraissent les plus favorables au système du transformisme ; je vous proposerai donc de considérer la genèse d'un autre groupe de vertébrés, le groupe des ophidiens ou serpents que je trouve très propre à nous servir d'exemple.

Malgré leur forme toute simple, ces animaux ne représentent pas le type fondamental ou primordial de la

---

(1) Notons que la sentence que nous critiquons n'impliquait nullement, dans l'esprit du grand naturaliste suédois, une tendance vers l'idée du transformisme, et surtout du transformisme athée. Il était d'un sentiment tout contraire à l'athéisme ; témoin cette courte réflexion qui termine l'un de ses principaux ouvrages : « J'ai vu Dieu en passant, je l'ai vu et je suis demeuré ravi dans une muette extase. J'ai su reconnaître la trace de ses pas dans les œuvres de sa Création... » Nous sera-t-il permis d'ajouter, aussi humblement que possible, que nous avons partagé un jour cette impression ?

classe des reptiles; car c'est dans les terrains tertiaires qu'on a trouvé leurs plus anciens restes fossiles (1), tandis, que les reliques des sauriens, ou reptiles quadrupèdes, se rencontrent à tous les étages des formations secondaires. Les transformistes ont donc fait sortir les reptiles vrais, ou apodes, de ceux qui sont pourvus de membres, et spécialement de ceux qui composent la famille des lacertiens ou lézards. Ils se croient d'autant plus fondés à leur attribuer cette descendance, qu'il existe encore des groupes de sauriens dont les pattes sont fort petites et peu capables de servir à la locomotion; certains genres, même, n'ont plus qu'une seule paire de ces membres amoindris, et d'autres n'en ont conservé que des moignons inutiles. Il y a enfin des reptiles qui sont considérés comme de vrais serpents et chez lesquels on ne retrouve plus, à la place des membres, que quelques pièces osseuses complètement cachées sous les téguments. Ainsi, un certain rameau de l'ordre des sauriens, dont les membres se seraient oblitérés, et dont le corps se serait allongé par l'extrême multiplication des vertèbres costales, aurait fourni une évolution qui devait aboutir à la formation de l'ordre des ophidiens.

A cet enseignement de la doctrine transformiste, nous voudrions appliquer nos vues correctrices et nos deux assertions capitales : nous aurions donc à vous faire voir que la transformation dont il s'agit ne s'est pas faite d'elle-même, ni suivant une progression continue et insensible. Soyez indulgent pour cette démonstration que je ne puis qu'ébaucher, désirant vous épargner des développements et des détails un peu arides. D'ailleurs, je

---

(1) On a découvert récemment des ossements de serpents dans des terrains plus anciens que ceux que nous indiquons ici; mais la création de ce type de reptiles reste toujours postérieure à celle des sauriens.

vais l'abréger encore en la commençant par un rapprochement fort simple.

Si vous vouliez passer en revue les animaux les plus disgraciés de la Création, vous en trouveriez peu qui le fussent autant que le *lombric* ou ver de terre, dont la misère est proverbiale. Étroitement enfoui dans le sol, il vit presque perpétuellement dans l'obscurité de son humide retraite, dont il est périlleux à lui de sortir. Il n'a pas de membres, et traîne péniblement un corps si long qu'il lui est difficile de le protéger et de le mettre en sûreté. N'ayant pas d'autre organe que sa bouche pour s'ouvrir un asile souterrain, il est réduit à dévorer la terre devant lui pour la rejeter par l'autre extrémité de son tube digestif, et peut se passer d'une autre nourriture. C'est de cet être malheureux que se rapprochent les serpents, si bien que quelques-uns d'entre eux se confondent, pour le commun des hommes, avec ce triste annélide, d'autant mieux qu'il en existe des espèces très petites tandis qu'il y a, dans les Indes et en Australie, des lombrics longs de plus d'un mètre et demi, avec une grosseur proportionnée. Comment donc voudriez-vous que le type ophidien descendît tout naturellement de celui des lézards, et qu'il fût le produit de votre sélection naturelle, dont le fait serait d'améliorer et de perfectionner toutes les formes de la vie ?

A la vérité, il y a des serpents qui rampent aussi bien que certains reptiles quadrupèdes peuvent marcher, et qui sont même au-dessus d'eux sous d'autres rapports ; mais, pour que la sélection naturelle formât ces types supérieurs, elle eût dû produire une suite continue d'intermédiaires, et voilà ce que nous ne saurions admettre.

C'est ici que je recule devant les longueurs et les redites de l'analyse qui ferait ressortir son insuffisance ; mais, veuillez prendre la peine d'appliquer le principe darwinien de la concurrence vitale et vous reconnaîtrez que, si des individus d'un certain type saurien avaient tendu à devenir mauvais marcheurs et à s'adonner péniblement à la reptation, cette déviation les eût aussitôt mis en état d'infériorité dans la lutte pour l'existence ; ils n'eussent pu constituer une souche nouvelle qu'à une condition : c'est qu'ils auraient subi quelque brusque changement dans leur conformation, dans leurs mœurs et leurs instincts, pour se trouver soustraits à la concurrence de leurs congénères bons marcheurs, et être astreints à ne s'allier qu'entre eux. En d'autres termes, il aura été nécessaire qu'il se produisît tout d'un coup une séparation, un écart notoire entre eux et leur parenté; il a fallu que la *nature créatrice* fît un saut à leur égard, un saut intelligent et raisonné comme celui qu'elle a exécuté en formant les premiers mammifères. Et si c'est en plusieurs temps que s'est opérée la transformation finale en vrais serpents, il y aura eu plusieurs de ces sauts évolutionnistes dont les membres avortés des sauriens sont peut-être les témoins persistants.

Plaçons encore ici, contre l'enseignement matérialiste, l'un de nos arguments habituels que nous accommoderons comme il suit :

Les serpents ont de nombreuses espèces sur toute la surface du globe, y compris le plus grand nombre des îles. Puisque leur apparition ne remonte pas à une époque géologique extrêmement éloignée, on ne peut s'expliquer leur ubiquité et leur diversité en leur attribuant une seule source génératrice, ou une genèse unique. D'ailleurs, une grande section de cet ordre de reptiles se distingue par la possession de ce curieux appareil à venin, dont la fin est si claire; les espèces qui en sont pourvues sont encore répandues sur toute la terre, et les dispositions très différentes qu'affecte chez elles cet instrument meurtrier donnent à penser qu'il y a eu, pour la seule division des serpents venimeux, au moins deux formations distinctes. Je soutiens donc qu'en se plaçant au point de vue du transformisme on est obligé de concevoir plus d'une souche de reptiles quadrupèdes qui aurait évolué vers la forme ophidienne; du reste, je citerai un fait qui tranche cette question.

On trouve, dans l'Amérique du Sud, de petits serpents, formant le genre *cécilie*, qui sont incontestablement différents de tous les autres par leur origine. Il en est d'eux comme des animaux *batraciens* : dans leur premier âge ils sont aquatiques et respirent par des branchies; à l'état adulte, ils ont une respiration pulmonaire ou aérienne. De même que nos transformistes font dériver tous les vrais serpents d'un dragon saurien, ils sont obligés de faire descendre les cécilies d'un amphibie pourvu de quatre membres, d'autant qu'il subsiste encore quelques vestiges de formes animales intermédiaires. Voilà donc une transformation telle que celle que je viens de décrire et qui en est absolument indépendante. Ainsi, il est certain qu'il y a eu reproduction multiple de cette évolution contre nature, de cette sorte de rétrogradation du type quadrupède au type serpent.

Représentez-vous donc cette étrange marche évolutive de la création des ophidiens s'opérant en différents lieux de la terre, *par plusieurs processus distincts :* n'est-il pas clair qu'elle ne fut pas un effet du hasard; qu'elle était ordonnée et dirigée par une intelligence qui avait son dessein ou son plan arrêté, et qui tenait d'une manière particulière à cette forme de la vie, l'ayant reproduite encore dans d'autres classes zoologiques? — J'ajoute, maintenant et surtout, que cette Intelligence n'a pas procédé, pour la réalisation de cette idée génésiaque, par la lente et insensible progression que fait concevoir le système du transformisme : elle a opéré cette transmutation par une suite de sauts gradués ; peut-être même l'a-t-elle exécutée, au moins une fois, par un bond unique et énorme : supposition qui n'est nullement gratuite, ainsi que vous allez en juger (1).

Nous venons de signaler une suite de modifications organiques dont quelques-unes au moins ont pu être assez restreintes dans leur étendue : arrivons maintenant à d'autres qui sont bien plus considérables. Vous savez que la carrière vitale de certains animaux est coupée par un événement fort étonnant : leur organisation est sujette à une transformation rapide, à une métamorphose qui semble en faire des espèces toutes différentes ; eh bien ! les mutations de cette sorte ne peuvent être regardées que comme des sauts de la nature. Jusqu'ici, d'ailleurs, je ne vous ai présenté ces derniers phénomènes que d'une façon théorique, en les déduisant de considérations simplement rationnelles ; à présent, je ferai plus, je vais vous les faire voir de vos propres yeux.

Sans aller bien loin chercher nos exemples, rendons-nous ensemble au bord de quelque fossé voisin de votre maison de campagne, où nous ne manquerons pas de trouver une sorte de petits poissons très communs, nageant dans l'eau dormante. Les têtards de grenouilles sont bien des poissons, car ils ont les caractères essentiels de cette classe : ils sont pisciformes, dépourvus de membres, et respirent par des branchies qu'on aperçoit de chaque côté de leur grosse tête. Ils sont herbivores, et se fixent à leur pâture au moyen d'un petit bec corné qui termine leur museau.

Si vous les observez à l'époque où ils ont atteint le

(1) Voir la note K à la fin de cette lettre. Voir la note L, *ibid.*

terme de leur accroissement, vous verrez apparaître, en avant de leur longue queue charnue, deux rudiments de pattes qui vont se développer et deviendront de robustes organes de locomotion. Bientôt il se produira encore deux pattes de devant, parfaitement organisées pour faire office de rames. Vers la même époque, toute la peau de la tête vous paraîtra se dessécher ; puis elle se détachera d'une seule pièce, tombera comme un masque qui entraînera avec lui le bec corné, et mettra à découvert une énorme gueule aux puissantes mâchoires. Plus tard enfin, vous verrez la queue disparaître. En même temps des changements non moins notables se seront produits dans leur organisation intérieure. Le tube intestinal, qui était long, étroit, contourné, s'est raccourci et dilaté pour former l'estomac et le colon, de sorte que nos ci-devant herbivores sont devenus de voraces carnassiers. Les branchies, qui servaient à respirer dans l'eau, sont remplacées par d'amples poumons qui ne sont propres qu'à la respiration aérienne : les pseudo-poissons sont maintenant des grenouilles. On peut dire qu'ils ont totalement changé de type : exécutant un saut immense, ils sont sortis de la classe des poissons et sont passés dans celle des reptiles.

Ce petit fait d'histoire naturelle est gros d'enseignements. Nos darwinistes déclarent que tous les reptiles sont descendus des poissons ; mais ils veulent que cette transformation se soit accomplie d'une manière graduelle et infiniment lente à travers les âges géologiques : pourquoi pas aussi d'une manière rapide, puisque nous en avons cet exemple ? Dans ce dernier cas il est évident qu'elle a été voulue et dirigée par une intelligence. Que si les deux modes ont été réalisés concurremment, et si le résultat final, qui fut l'élévation d'un animal aquatique à la respiration et à la vie aériennes, a été atteint par deux voies différentes, nous conclurons plus fortement encore qu'il y a eu direction véritable dans l'évolution du monde organique. Cependant il en est de cette transmutation graduelle comme de celle du reptile saurien, et nous avons lieu de croire qu'elle ne se sera jamais accomplie par une progression insensible, mais au moins par une série de bonds successifs et bien mesurés.

Comme les vertébrés se placent au-dessus de tous les groupes zoologiques, les batraciens sont les plus élevés des animaux sujets à métamorphose ; mais vous savez combien ce phénomène est fréquent dans les autres embranchements du règne animal. Personne n'ignore ce qui s'observe si facilement dans la classe des insectes. Une hideuse chenille rampante, une larve immonde qui vit dans les ordures ou dans les viscères de quelque grand animal, n'étant qu'une créature incomplète et dénuée du pouvoir de se reproduire, suspendra sa misérable existence pour s'isoler dans une retraite sûre, ou même dans une enveloppe soyeuse par elle préparée. Plongée dans un sommeil léthargique, elle semblera morte et enfermée dans son tombeau ; mais bientôt on la verra déchirer son linceul et s'échapper transfigurée. Elle s'est, en effet, transformée sous tous les rapports : elle a revêtu une parure quelquefois magnifique ; elle a acquis de nouveaux instincts ; elle est douée de la faculté de reproduction ; elle vivra désormais sur les fleurs, son image, qu'elle égale en beauté, et, s'élevant dans les airs, son nouveau domaine, elle va

S'enivrer de parfums, de lumière et d'azur.

Voilà assurément un saut très considérable, plus considérable que celui qui a marqué l'origine de la classe des mammifères, quoiqu'il ne se produise que sur des êtres de petite taille et d'une organisation inférieure. Vous en apprécierez mieux la valeur significative si vous vous reportez à l'époque lointaine où les premiers de ces organismes articulés, étant sortis de leur œuf sous la forme larvaire, et ayant vécu assez longtemps en cet état, se sont endormis un jour pour se prêter à cette régénération ; si vous considérez, de plus, qu'il a existé des milliers de ces larves d'espèces différentes, qui se réveillèrent ainsi en fournissant des milliers de types entomologiques encore plus dissemblables entre eux ; si vous songez enfin que, quand ces faits presque fantastiques ont eu leur premier épanouissement — peut-être sur des genres nombreux et sur des millions d'individus à la fois — les insectes étaient plus volumineux qu'ils ne le sont aujourd'hui, de sorte que ces phénomènes se montrèrent d'autant plus amples et plus remarquables. Si donc vous les envisagez de cette manière, vous conviendrez sans doute qu'ils constituèrent alors une nouveauté merveilleuse, une insigne manifestation de la Puissance créatrice.

A la vérité, l'explication que les naturalistes s'accordent à en donner tend à atténuer ces prodiges et à les faire rentrer dans l'ordre des choses plus naturelles. Les métamorphoses, nous dit-on, représentent certaines phases de la formation embryonnaire qui ne s'accomplissent plus dans l'œuf, mais en dehors de lui. Nous acceptons cette interprétation, d'ailleurs justifiée et peu contestable, mais nous nous empressons de la présenter à l'appui de notre thèse sur l'édification du règne animal par une suite d'interruptions, de reprises ou de sauts de la Main organisatrice.

Étant donné, en effet, que les chenilles ou les larves d'insectes, qui viennent de sortir de l'œuf maternel, ne sont que des embryons destinés à rentrer dans une sorte d'œuf secondaire pour y reprendre et achever leur évolution interrompue ; étant admis que les têtards ne sont que des fœtus animés et mis en liberté à l'état de poissons, qui s'élèveront au type de reptiles batraciens sans être assujettis à une nouvelle réclusion... on constate par là même que les sauts de la nature, les transformations rapides, le opérations évolutionnistes peuvent s'effectuer dans la vie embryonnaire ou fœtale. Cette constatation nous suffit : ce que la science embryologique ne pouvait que soupçonner, les métamorphoses ainsi comprises les mettent en évidence avec amplification. Et puisque celles-ci s'accomplissent encore aujourd'hui dans l'évolution des organismes individuels, il est certain qu'il s'est produit des mutations de ce genre, généralement moins accentuées sans doute, dans la genèse et l'évolution de leurs types d'organisation, c'est-à-dire dans la filiation généalogique qu'on leur suppose. Au reste, je pourrais rendre cette conclusion plus claire encore et même incontestable ; mais il me faudrait développer des considérations théoriques que j'aime mieux vous épargner.

Ainsi que je l'ai dit plus haut, rien n'est plus commun que les métamorphoses animales, puisqu'on les trouve non seulement chez les vertébrés amphibies, mais dans presque toutes les divisions des invertébrés, et notamment dans des myriades d'espèces d'insectes et de crustacés. Mais c'est surtout dans les organismes les plus inférieurs, c'est-à-dire chez les zoophytes, qu'on en relève des exemples nombreux et remarquables ; et c'est aussi dans cet embranchement qu'on observe les faits de la *génération alternante*, qui sont plus étonnants encore. On pourrait vous présenter deux de ces êtres marins dont la conformation vous semblerait tellement différente que vous croiriez devoir les placer dans deux classes zoologiques distinctes; et pourtant l'un des deux est le descendant immédiat de l'autre, et émettra à son tour des rejetons qui ne seront semblables ni à lui, ni à son père, mais à l'un de ses ascendants.

Quelle est la signification générale de ces faits indubitables qui ont reçu une si grande extension? Selon nous, ils sont les indices persistants de la façon dont s'est opérée l'évolution du règne organique par une suite de brusques mutations. Ils ont d'ailleurs une fin manifeste: ils servent à diversifier les êtres vivants, d'autant mieux qu'un même individu, comme je vous l'ai fait remarquer tout à l'heure, change presque toujours de mœurs ou de manière de vivre en se métamorphosant. Eu égard à la multitude d'exemples qu'ils fournissent — multitude prodigieuse, puisque c'est la plus grande partie des espèces animales qui est sujette à des métamorphoses et à la génération alternante — on peut dire que ces phénomènes contribuent, pour une très large part, à la multiplication des formes de la vie. Je n'hésite pas à élargir encore cette proposition : les sauts que la nature a exécutés, dirai-je, sont le mode général qu'elle a pratiqué pour passer d'un type organique à un autre, depuis la base du règne animal jusqu'à son sommet. Car, si elle a procédé de la sorte pour diversifier les formes des animaux inférieurs ou invertébrés, ainsi que celles des vertébrés batraciens ; si elle a opéré semblablement la formation de l'ordre des serpents, et passé par un saut évident à la fondation de la classe même des mammifères, n'est-il pas clair qu'elle a dû en user de même dans l'évolution du règne animal tout entier?

Au lieu des *sauts de la nature*, mettez *les actes successifs de la Puissance créatrice*, et vous aurez notre conclusion. Quant à l'objection facile à prévoir qu'elle peut soulever dans votre esprit, j'espère y répondre avec succès dans la lettre suivante.

Note K. — *Sur les sauts de la nature dans la formation du pied des solipèdes.*

A l'appui de notre assertion — que les membres de plus en plus réduits des reptiles sauriens marqueraient les sauts successifs de la nature, ou les étapes du travail transformiste qui devait conduire au type serpent — nous allons citer des indices d'organes disparus que chacun peut voir sur les jambes des animaux du genre cheval; et nous achèverons, par cet exemple particulier, de faire comprendre notre système général.

Dans le type primitif des mammifères, de même que dans les ordres de reptiles dont ils sont censés descendre, les organes locomoteurs sont terminés par cinq doigts qui tendent à s'étaler pour donner au pied plus de prise et d'élasticité. Mais il y a des quadrupèdes où leur nombre se réduit à quatre, à trois, à deux et à un seul. Il semble que l'Intelligence directrice de la structure animale a voulu faire un chef-d'œuvre et un tour de force à l'endroit de ces derniers, c'est-à-dire des monodactyles ou du genre cheval, d'autant plus que l'appui de leurs membres sur le sol ne se fait que par l'extrémité ou la dernière phalange de ce doigt unique, emboîtée dans un sabot de corne.

Écartons cette considération théiste, et appliquons surtout notre second thème antidarwinien, en soutenant que cette évolution simplifiante ne fut pas effectuée suivant une progression insensible et continue, mais en trois temps très espacés ou trois opérations modificatrices bien distinctes.

La paléontologie ne connaît pas, et ne connaîtra peut-être jamais, certain type de quadrupède qui vivait à l'époque tertiaire éocène, et se distinguait de ses prédécesseurs par l'absence de l'un des cinq doigts, celui qui correspondait à notre pouce. En témoignage de son existence passée, l'organe retranché avait dû laisser une excroissance cornée, telle que la *châtaigne* que nous voyons sur les quatre membres de nos équidés. Cette suppression, avec bien d'autres traits différentiels sans doute, a caractérisé la première des trois opérations évolutionnistes que nous avons à citer.

Le second acte de simplification, qui s'exécuta donc sur un type tétradactyle, opéra la soudure des deux doigts médians et des deux os correspondants du canon (os métacarpiens ou métatarsiens) qui en ont gardé les traces ; de sorte que ces deux doigts, avec leurs onglons, se trouvèrent fondus en un seul très fort. Il est évident qu'une telle soudure, et spécialement celle des deux petits sabots, n'a pu s'opérer lentement et insensiblement dans une suite de générations : elle a dû apparaître un jour toute faite, si bien que l'extrémité des quatre membres a été amenée tout d'un coup à l'état tridactyle.

Nous trouverions juste et avantageux de faire voir ici que cette modification considérable ne fut point un effet du hasard, et qu'elle a été voulue, combinée et exécutée avec intelligence, de même que la création des organes et de la fonction mammaires ; cependant nous sommes forcé de renoncer à cette démonstration, qui serait certainement convaincante mais s'appuierait sur des données anatomiques trop spéciales : peut-être en ferons-nous le sujet d'un article séparé.

Le résultat de cet acte organisateur fut donc un type de quadrupède tridactyle, dont le doigt médian servait seul à l'appui, et dont les deux latéraux, minces et courts, ne touchaient le sol que dans l'allure du grand galop. Il forma le genre paléontologique des *hipparions*, qui apparut vivant vers le milieu de l'âge tertiaire, et couvrit la terre d'espèces et de variétés nombreuses.

Longtemps après, c'est-à-dire sur la fin de ce même âge géologique, s'accomplit la troisième et dernière opération simplifiante, qui supprima d'un seul coup et aux quatre pieds ces deux doigts peu utiles, en laissant à la place une autre production cornée, l'*ergot* situé derrière l'articulation du boulet, et inaugura ainsi le genre monodactyle, non sans y ajouter, bien entendu, diverses autres particularités d'organisation.

On nous dira peut-être que toute cette évolution décroissante a pu s'effectuer par voie de descendance et dans la formation embryonnaire des nouveaux types : nous partageons volontiers cette opinion, mais en y joignant d'autres vues que nous indiquerons plus loin. En ce cas, ce qui se serait produit successivement sur trois embryons choisis, et même sur trois couples ou trois groupes de ces embryons prédestinés, serait réellement trois sauts de la nature exécutés pendant la vie intra-utérine ; ce seraient trois actes opératoires de la Puissance organisante qui tendaient à la création du genre cheval, et à celle de divers genres collatéraux.

De tout ce qui précède, voici la conséquence capitale. On sait quels rapports constants existent, chez les mammifères, entre l'ensemble de l'organisme et la conformation des extrémités des membres; ils sont tels qu'on a pu fonder, sur la seule considération de ces organes terminaux, une classification naturelle de cette grande section zoologique. Donc les changements brusques qui se sont produits dans la structure de ces extrémités ont été accompagnés de modifications organiques générales. En d'autres termes, il y a eu alors des opérations créatrices qui ont modifié tout d'un coup l'organisation entière et constitué des types tout nouveaux.

NOTE L. — *Sur la formation et le changement brusques des instincts animaux.*

Notre thèse relative aux sauts intelligents de la nature, ou aux innovations créatrices soudaines, aurait pu être fondée sur une base tout autre, et peut-être meilleure que celle qui est fournie par la constitution corporelle ou organique. Nous avons embrassé ce dernier sujet, parce que l'attention des esprits s'y porte de préférence; mais il nous semble que les mutations brusques qui ont dû se produire dans les instincts des animaux sont plus précises et plus faciles à mettre en évidence que celles qui ont eu lieu dans leur organisation.

Nos adversaires sont loin de méconnaître l'importance de ces mutations; ils estiment même qu'elles ont précédé et décidé les modifications organiques. Ainsi, dans le cas précité de la genèse du type ophidien, ils seraient disposés à se représenter deux reptiles sauriens dont l'un aurait conservé l'habitude de marcher, tandis que l'autre aurait pris *peu à peu* celle de ramper, habitude qui serait devenue héréditaire, et aurait amené progressivement l'allongement du corps et l'atrophie des membres. D'après cela, la question que nous soulevons dans cette note est celle-ci : Les instincts se sont-ils formés insensiblement, suivant l'idée transformiste, ou leur genèse accuse-t-elle un saut de la nature, commandé par notre Puissance providentielle et créatrice?

Pour abréger notre réponse, nous nous contenterons de faire observer que la soudaineté des innovations créatrices est parfaitement claire quand on considère les opérations instinctives toutes simples, celles qui se traduisent par un acte presque instantané. La plupart des instincts les plus originaux sont dans ce cas ; les exemples qu'on en pourrait présenter seraient innombrables et ne nous laisseraient que l'embarras du choix ; aussi est-ce à peu près au hasard que nous prenons celui qui suit.

Qui ne connaît certaines excroissances arrondies, semblables à des pommes en miniature, qu'on rencontre souvent attachées aux feuilles de notre chêne rouvre ? C'est le berceau d'un insecte qui appartient au genre *cynips*. Cet insecte est pourvu d'une tarière dentée dont il se sert pour pratiquer, sur le trajet d'un vaisseau de la feuille, un petit trou dans lequel il dépose un œuf. L'excitation spéciale causée par sa piqûre envenimée détermine la formation de cette tumeur, au centre de laquelle l'ovule se trouve logé. De cet œuf sortira bientôt un petit ver, qui se nourrira de la substance de la *galle* sans en arrêter l'accroissement. Cette larve y subira sa métamorphose, et s'en échappera un jour à l'état d'insecte ailé ou parfait. Le nouveau cynips aura le même instinct nidificateur que sa mère, mais l'appliquera (selon M. Adler) avec une variante par laquelle on prouverait, au besoin, que la seule loi d'hérédité ne suffit pas à expliquer sa transmission.

Nous ne nous arrêterons pas à faire ressortir ce qu'il y a eu de providentiel dans la mutuelle accommodation qui dut exister tout d'abord entre notre insecte, sa tarière, son venin, son opération... et le bienfaisant végétal qui a réagi d'une manière si opportune contre son attaque, en fournissant à sa progéniture un nid et un aliment parfaitement appropriés : ce que nous tenons à noter par-dessus tout, c'est qu'il s'est produit nécessairement un saut de la nature, un saut intelligent, dans la première manifestation de l'instinct qui nous occupe. Nous demanderons toutefois s'il est probable que ce soit simplement une ancienne espèce de cynips qui ait changé tout à coup son mode de nidification, et s'il n'est pas bien plus vraisemblable qu'un insecte nouveau est venu au monde organisé et dressé *ad hoc ;* et alors ledit saut, portant à la fois sur le physique et sur le *spirituel* de l'animal, aurait été complet et considérable.

Quant à expliquer la genèse de cet instinct par un coup du hasard, comme nos darwinistes sont réduits à le faire, c'est chose doublement impossible, et notre principal argument théiste trouve encore ici son application ; car il existe de nombreuses espèces de cynips qui sont répandues sur toute la terre et s'attaquent respectivement à des essences végétales très diverses : il ne peut donc y avoir là qu'une ingénieuse idée créatrice, qui aura été bien des fois mise en pratique, et même pour d'autres insectes encore que les cynips.

TRENTE-TROISIÈME LETTRE

SUITE ET FIN DE L'ÉTUDE GÉNÉRALE DU DARWINISME

Darwin avait d'abord méconnu, Camille, les lacunes ou les sauts qui interrompent la continuité de ses files progressives, comprenant bien, d'ailleurs, que ces disjonctions auraient infirmé tout son système ; mais quand sa doctrine eut fait fortune, il crut pouvoir y introduire une addition que réclamait l'opinion des meilleurs juges. Dans les dernières éditions de son principal ouvrage, il admit la réalité des changements brusques dans les formes de la vie, et avoua qu'il avait eu tort de n'en pas tenir compte jusque-là. Mais, s'il les avait acceptés dans la vraie mesure, s'il les avait crus prémédités, réglés par une intelligence ordonnatrice, que serait-il resté de sa théorie naturiste, et comment se justifierait le titre de son livre : L'origine des espèces *par la sélection naturelle?*

Darwin reconnaît donc les sauts de la nature ; mais il ne cesse pas de croire surtout à la transformation des types par une progression insensible, et c'est là le véritable champ d'exercice de la sélection naturelle ; voyons donc si l'on peut encore, sur ce second chef, opérer quelque rapprochement avec lui.

Quant à des modifications plus ou moins lentes, il est

certain que tous les types vivants y sont sujets. Toutes les espèces animales, depuis les plus inférieures jusqu'à l'homme, se modifient et fournissent des variétés ou des races locales, quand elles se répandent au delà de leur habitat pour aller vers l'équateur ou les pôles. Tout en demeurant dans la même partie du globe, elles éprouvent aussi des variations dans le cours des temps. Quand nous retirons leurs reliques fossiles des dépôts géologiques les plus récents, elles nous apparaissent, relativement à ce qu'elles sont aujourd'hui, quelque peu différentes par la taille ou par les formes; elles ont donc été sensiblement changées.

Quelle est la cause de ces modifications? Selon nous, la sélection darwinienne n'y aurait qu'une part bien mince : les espèces subiraient simplement l'influence directe des milieux et de toutes les conditions physiologiques auxquelles elles sont soumises.

On en a un exemple sensible dans les effets de l'un des plus faibles agents hygiéniques. Des animaux habitués à vivre à la clarté du jour, s'ils viennent à se fixer dans les lieux obscurs, comme les parties basses de la mer ou les profondeurs des cavernes, se modifient pour s'adapter à cette condition nouvelle; et l'on ne peut guère invoquer ici la concurrence vitale et la sélection naturelle; tout, ou presque tout, y est l'effet direct du milieu.

Cela étant, jusqu'où peuvent aller les changements organiques lorsqu'ils s'accomplissent sous l'empire de toutes les influences hygiéniques réunies ? Nous n'avons pas la simplicité de supposer, avec certains transformistes, que ces agents sont suffisants pour transmuer radicalement les types animaux; nous demandons seulement s'ils sont capables de les modifier au point d'en faire de nouvelles espèces bien caractérisées, dont les individus ne s'allieraient qu'entre eux et à l'exclusion de leurs anciens congénères.

Il semble, d'après ce qui se passe sous nos yeux, que leur concours le plus complet ne saurait produire que des variétés et des races nouvelles, dont les plus extrêmes se prêteraient toujours à des unions fécondes. Mais ce n'est là qu'une présomption peut-être trompeuse : nul n'oserait affirmer que telle ou telle variété ne deviendra pas un jour assez distincte pour constituer une espèce ; et, puisque le peu de durée de nos observations et de notre expérience nous met hors d'état de trancher ce point, nous laisserons indécise la question de savoir si de véritables types spécifiques se sont constitués à la longue, ou s'ils n'ont pas été constamment différenciés par quelqu'un de ces légers sauts de la nature ou de ces innovations créatrices dont nous avons parlé.

Cependant, quand même des espèces pourraient réellement se former d'une manière très lente, il faudrait noter que cette genèse ne serait pas encore aussi spontanée ou aussi naturelle qu'il vous le semble. Revenant à l'exemple, si simple en apparence, de l'agent physique que nous avons mis en cause tout à l'heure, nous demandons qui est-ce qui pousse un animal, jouissant du sens de la vue, à déserter les couches éclairées de la mer pour émigrer dans ses régions ténébreuses. Ses yeux vont peut-être s'y affaiblir et se fermer pour toujours ; peut-être aussi vont-ils se fortifier et s'agrandir démesurément ; une même cause physique suffirait-elle à fournir ces deux effets contraires ? Il se peut même qu'il se produise, dans cette sombre nuit, un merveilleux phénomène, et qu'une lumière animale vienne suppléer à l'absence de la lumière solaire : qui donc excitera la formation si opportune de cette phosphorescence, d'autant moins explicable par la sélection naturelle que le premier animal qui l'aurait reçue par hasard n'en aurait pas profité lui-même, et n'aurait été qu'une proie fatalement désignée aux monstres dévorants des abîmes?

En supposant donc qu'il se soit produit de vraies espèces par l'effet prolongé des milieux vitaux, il faudrait compter aussi, après toutes les causes physiques, avec une puissance providentielle, qui aurait opéré alors sous une forme lente et occulte, et qui, peut-être, exerce encore un reste de cette même influence dans la formation actuelle des variétés et des races; mais, de tous les moyens ou facteurs secondaires qu'on peut attribuer à cette création persistante, celui qui me paraît avoir le rôle le plus restreint, c'est la sélection naturelle.

Si ce théorique instrument de Darwin n'est pas la cause efficiente des espèces, rien ne prouve qu'il soit davantage la cause de leur extinction.

Il y a en effet des types vivants qui sont en train de disparaître, et il en est qui ont disparu depuis la venue de l'homme. On dit que, sur le petit continent australien, le plus important des mammifères indigènes, le kangourou, est menacé dans son existence par l'extrême multiplication des lapins, qui lui disputent de plus en plus sa nourriture. C'est bien là une concurrence meurtrière, mais ce n'est pas la concurrence darwinienne s'exerçant entre des espèces ou des variétés voisines. — L'éléphant était jadis répandu sur toute la terre, et ne se trouve plus que dans une partie de l'Afrique et des Indes; son type est en voie d'extinction, mais la cause n'en est pas dans la concurrence d'une espèce ou d'une variété proboscidienne supérieure. — On connaissait naguère, dans l'hémisphère austral, plusieurs espèces d'oiseaux gigantesques, dont l'aire d'habitation était devenue extrêmement étroite; elles ont fini par s'éteindre entièrement, c'est-à-dire d'une autre manière que par l'effet de la sélection naturelle.

Sans doute, la lutte pour l'existence, entendue dans le sens le plus large, a dû contribuer à de telles disparitions; mais on y doit reconnaître surtout une cause majeure, une cause prédisposante et intrinsèque. Les espèces sont condamnées à dépérir quand elles ont parcouru une certaine carrière plus ou moins longue; elles meurent quand elles ont épuisé leur fécondité, leur vitalité, leur résistance aux influences morbides, aux invasions parasitaires ou microbiennes, et comme périra l'espèce humaine elle-même, si quelque autre mode de destruction ne lui est pas réservé : elles ont une terminaison réelle comme leur origine, et ni l'une ni l'autre ne reconnaît pour cause la sélection darwinienne.

Parce que nous rejetons l'instrument spécial dont Darwin s'est servi pour édifier théoriquement le règne organique et remplacer le Créateur, s'ensuit-il que l'enseignement spiritualiste et orthodoxe n'ait rien à retenir de son œuvre?

On doit accepter sa grande idée d'une marche évolutive de la nature vivante, et d'une sorte d'enchaînement de tous les types qui la composent. Seulement, il ne s'agit pas, pour nous, d'une évolution spontanée ou abandonnée à elle-même; il s'agit d'une évolution suscitée, dirigée d'en Haut et exécutée généralement par des sauts brusques ou des innovations successives; il s'agit d'une évolution qui ne s'est opérée ici-bas que parce qu'elle s'était accomplie au préalable dans une souveraine Intelligence, où avait eu lieu la seule filiation certaine des types organiques, la filiation des idées créatrices qui leur correspondent respectivement. Darwin a méconnu cette

Pensée et cette Influence dirigeantes ; son immense savoir et ses admirables facultés ne l'ont pas empêché de renouveler la ridicule aventure de ce plaisant bateleur qui, en exhibant un curieux appareil d'optique, avait oublié d'y introduire l'objet essentiel, l'indispensable foyer de lumière : nous devions, tout au moins, nous empresser de corriger cette grande erreur.

On peut approuver aussi la pittoresque comparaison qu'a précisée M. Haeckel, lorsqu'il a assimilé tout l'ensemble du règne organique à une réunion de deux ou plusieurs grands arbres très ramifiés, accompagnés de touffes nombreuses qui se détachent de leurs pieds ou qui se dressent séparément autour d'eux, jusqu'à se réduire à des tigelles minimes et au simple gazon d'une sorte de prairie naturelle ; plantureuse végétation où chaque brin d'herbe, chaque pousse herbacée, chaque rameau, ramuscule ou bourgeon de ces arbres branchus représenterait une famille, un genre, une espèce ou une variété d'espèce. Au lieu de ce paysage réel, nous pouvons nous imaginer aussi bien son image fidèlement reproduite par la peinture ; mais nous n'acceptons cette double figure qu'après avoir salué l'Artiste divin qui a conçu cette belle œuvre fantaisiste, ou qui a exécuté ce tableau harmonieux en le composant d'une infinité de pièces ou de coups de pinceau distincts.

L'ancien positivisme scientifique, appliqué à l'étude de toute la nature, présente et passée, ne nous la montrait que par l'une de ses faces quand il déroulait sous nos yeux un flux désordonné de créatures indépendantes les unes des autres. La genèse de cette multitude infinie de formes vivantes, qui n'étaient unies par aucun lien, nous donnait l'impression pénible d'un chaos étourdissant ou d'une forêt vierge impénétrable. Mais l'idée d'une évolution progressive, depuis qu'elle a été formulée avec précision, a substitué un ordre parfait à cette confusion fantastique; elle nous a fourni une magnifique synthèse de la Création organique, que nous nous empressons d'adopter comme l'expression d'un plan admirable, digne de la céleste Intelligence.

L'idée d'une évolution progressive donne lieu toutefois à deux conceptions génésiaques bien différentes : celle de la descendance effective des types et celle de leur création directe, lesquelles reconnaîtraient également l'initiative et la gérance d'un divin Ordonnateur.

Il ne serait pas impossible, en effet, que ce souverain Auteur de la vie tellurique eût fait sortir la presque totalité de ses productions d'un petit nombre de fondations primordiales, et qu'il eût réalisé la plupart de ses idées créatrices par l'intermédiaire de ses créations antérieures. En ce sens, nous n'avons pas repoussé, d'une manière absolue, l'hypothèse des transformations lentes aboutissant à des espèces nouvelles, mais nous avons regardé comme beaucoup plus probable et plus général le procédé des mutations brusques ou rapidement exécutées.

Il se peut donc que, au cours de la vie des êtres, leur suprême Arbitre ait transformé promptement leur type, comme nous le voyons pour ces semblants de petits poissons ou têtards dont il a fait des reptiles amphibies. — Il est possible aussi qu'à la faveur d'un profond sommeil, par lui imposé à des espèces particulières, il ait complété leur organisation ou exécuté leur transmutation totale, comme on le voit dans les métamorphoses des insectes. Il se peut surtout, *quoique nous nous soyons abstenu d'en fournir les exemples les plus probants* (V. note J), qu'il ait porté son action modificatrice sur les germes eux-mêmes, dès l'instant de leur formation ; qu'il ait arrangé autrement leur évolution embryonnaire ; qu'il y ait effectué des sauts, des innovations organiques et physiologiques, de façon à en faire sortir des types nouveaux.

Tels pourraient être, dans le système de la descendance des espèces, les procédés opératoires de la Puissance vivifiante. Tous les esprits qui, sans vouloir l'annuler, sont préoccupés de restreindre les témoignages de son activité, et qui sont enclins à croire qu'elle n'a jamais rempli son rôle créateur que de la manière la plus occulte possible, tous ceux-là ont à leur discrétion l'hypothèse de ces modifications échelonnées, qui semblent sortir naturellement les unes des autres. Il leur est permis de faire fond d'une certaine façon sur les faits de la génération alternante : un type d'animal inférieur, comme on en trouve surtout dans la classe des zoophytes, est engagé dans une série circulaire de transmutations où l'on voit les descendants revenir à des formes par lesquelles les ascendants avaient passé; ces cycles de métamorphoses qu'ils parcourent indéfiniment, on peut concevoir qu'ils aient été rompus et redressés, qu'ils se développent en lignes droites, en formant des chaînes de transformations toujours nouvelles ; et alors l'ensemble de ces séries progressives figurerait l'évolution même du règne animal.

Si donc on peut souscrire à une conception de ce genre, on ne doit jamais perdre de vue que les métamorphoses animales qui lui servent de base, en tant qu'elles se sont produites pour la première fois, ont été des phénomènes surnaturels ou procédant de la Cause même de la vie, et qu'il en a été de même des séries rotatives où s'accomplit la génération alternante : à plus forte raison faut-il le dire de la rupture de ce régime cycloïde, et de sa transformation définitive en une véritable évolution ascendante et indéfinie : en d'autres termes, on doit concevoir qu'une telle économie du règne organique est sous la dépendance étroite, sous la direction constante, sous la main intelligente de la Puissance créatrice.

Mais nous qui n'avons pas la préoccupation de rapetisser ou de dissimuler l'action du Créateur, nous pouvons donner place à une bien plus large supposition.

Il se pourrait, dirons-nous d'abord, qu'il se fût produit des accidents géologiques ou cosmiques qui aient détruit entièrement certains types d'animaux, et que des espèces supérieures leur eussent succédé d'une autre façon que par la voie de la descendance. Même en faisant abstraction de cette éventualité, nous pouvons bien admettre qu'il y a eu des créations immédiates, semblables en cela aux créations initiales, et ayant émané aussi, sans intermédiaires, de l'Auteur de la vie. Si les manifestations de son activité vivifiante ont été inégales, — tantôt lentes et tantôt brusques, tantôt restreintes et tantôt très amples, — n'a-t-il pas pu aller, dans ces pulsations génésiaques, jusqu'à écarter les causes secondes pour agir tout directement et exécuter des fondations de toutes pièces? N'est-il pas possible que, dans la trame du règne organique, il existe des mailles maîtresses qui aient été formées de cette sorte, sans que rien les distingue des autres, et sans que nous puissions dire si elles ont été nombreuses ou rares?

Cette conception n'a rien d'improbable : la même Puissance qui a pu, par exemple, faire apparaître subitement les crustacés trilobites des temps primitifs, pouvait aussi bien faire surgir tout d'un coup des éléphants dans les temps tertiaires. Vainement on alléguerait qu'une telle création a fait suite à quelque autre, dont elle se rapprocherait beaucoup par certaines particularités de structure, et même par la possession de quelques organes atrophiés et inutiles : l'objection est sans valeur pour qui se place à notre point de vue théiste. Car, de quelque manière qu'un type organique ait été formé, — qu'il provienne d'une création immédiate ou qu'il soit le résultat d'une évolution, — ses rapports de similitude avec ceux de sa classe ont toujours été réglés par la même Intelligence organisatrice, et l'on n'a pas lieu d'être plus étonné de leur existence dans un cas que de l'autre. Sans doute, il faut se garder d'en appeler légèrement à l'intervention immédiate, éclatante ou toute surnaturelle de Dieu; mais, après avoir reconnu la nécessité primitive des créations directes, on ne pourrait, sans inconséquence et sans absurdité, soutenir l'impossibilité de leur reproduction, au moins au début de certaines phases nouvelles de la vie tellurique.

Quant à l'accord que tout croyant du christianisme désire trouver entre les données de la Genèse biblique et les enseignements de la science, vous devez constater qu'il est suffisamment établi par ce qui précède. Il est manifeste que le récit mosaïque de la formation des êtres vivants contient l'idée formelle d'une évolution progressive, d'une évolution opérée par une suite de créations de plus en plus élevées. Si, sous le rapport scientifique, elle nous paraît imparfaite ou telle qu'une simple esquisse, il ne faut pas oublier qu'elle fut rédigée par un interprète qui n'avait aucune notion de notre Histoire naturelle et ne concevait l'ordonnance du règne animal que d'une façon tout élémentaire et primitive; qui n'a dû traduire la révélation divine que comme lui-même et ses contemporains la pouvaient comprendre, et qui, surtout, ne songeait à présenter le travail de la Création qu'au point de vue spécial et *pratique* du genre humain.

Voici, d'ailleurs, ce que l'un de ses plus ardents adversaires, M. Haeckel, y veut bien reconnaître avec nous: « On y découvre la belle idée d'une évolution progressive... Nous pouvons donc payer, à la grandiose idée renfermée dans la cosmogonie mosaïque, un juste et sincère tribut d'admiration sans pour cela... *renoncer à notre système* » (*loc. cit.*, p. 36).

Mais de ce que l'historien sacré ne nous parle que de quelques journées ou périodes répondant à toute la fondation du règne organique, il ne faudrait pas inférer que les actes créateurs ont été en si petit nombre ; malgré son extrême brièveté, l'exposé de Moïse donne à penser que les opérations créatrices ont été plus multipliées. C'est ce qui ressort clairement du travail du sixième jour, où ont été formées les principales espèces terrestres, c'est-à-dire les *animaux domestiques*, les *reptiles*, les *bêtes sauvages*, l'*homme* et enfin la *femme*, créations fort différentes et qui ont été certainement exécutées en plusieurs temps distincts. Nous croyons donc interpréter légitimement le texte sacré en disant que les reprises génésiaques ont eu lieu comme à des heures diverses ou à des moments successifs de quelques journées ou périodes consécutives ; et nous nous contentons d'énoncer vaguement *quelques journées*, parce que la Bible n'en précise pas bien le nombre ; elle passe sous silence le travail qui fut accompli sur la terre le quatrième jour, quoiqu'il soit très vraisemblable qu'il y a été créé des êtres vivants, au moins tels que des végétaux ou des zoophytes.

TRENTE-QUATRIÈME LETTRE

LE DARWINISME APPLIQUÉ A L'ESPÈCE HUMAINE

Considérons maintenant, Camille, la doctrine darwinienne dans son application à la genèse de l'espèce humaine. Malgré notre démonstration relative à la séparation réelle des types animaux, il convient de mettre en discussion l'origine de l'homme, parce qu'elle est la visée principale de tout le système du transformisme, et parce que c'est surtout une population analogue à l'humanité que vous tenez à implanter sur toutes vos terres célestes. Est-il donc sorti insensiblement et spontanément du règne organique terrestre, cet être singulier qui se montre, quant au physique, le plus dénué et le plus disgracié de sa classe animale, tandis qu'il est si riche et si supérieur sous le rapport de l'esprit? Un tel contraste n'a-t-il point été voulu, intentionnel, et ne vous donne-t-il pas au moins l'idée d'un juste dédommagement, d'une ample compensation dont l'aveugle sélection naturelle était absolument incapable?

Avant de scinder cette étude et de traiter séparément des deux parties constituantes de l'homme, — de son type physique et de son être spirituel, — donnons place à l'opinion dissidente d'une des autorités de l'école transformiste: Russel Wallace mérite bien cet égard, car ce serait lui qui aurait attaché son nom à la célèbre théorie de l'évolution, s'il n'eût été devancé par son compatriote Darwin dans l'exposition de ce système, que tous les deux avaient imaginé à l'insu l'un de l'autre.

Ce savant naturaliste persiste à soutenir que l'exercice tout spontané de la sélection naturelle a suffi pour édifier l'ensemble du règne organique, jusqu'aux animaux les plus voisins de notre type corporel ; mais, relativement à ce terme ultime de la Création, il a jugé, après y avoir longtemps réfléchi, que la même cause génératrice eût été insuffisante. La sélection naturelle, pense-t-il, n'étant pas un agent doué d'intelligence, est évidemment incapable de prévision ; elle ne saurait développer que des organes ou des facultés d'une utilité immédiate ; il est impossible qu'elle détermine des modifications qui seraient inutiles ou nuisibles aux individus qui les recevraient et ne devraient profiter qu'à leur descendance éloignée. Si des innovations de cette sorte se sont produites dans la formation du type humain, il a fallu qu'une puissance surnaturelle et prévoyante intervînt dans la lutte de la vie, pour les faire prévaloir malgré leur inutilité ou leur nocivité primitive, et en considération d'un avenir où elles deviendraient profitables.

Parmi les exemples cités par Wallace, contentons-nous de relever d'abord l'un de ceux qui se rapportent à notre nature physique. — Notre peau est nue, tandis que celle des mammifères dont nous serions descendus est pourvue d'un revêtement pileux plus ou moins épais. Il convenait que nous fussions rendus de la sorte sensibles et délicats, parce que le besoin de protéger notre corps contre les intempéries a excité notre génie industrieux ; mais cette dénudation toute spéciale, loin d'être utile aux premiers individus qu'elle aurait atteints, n'eût constitué pour eux qu'un désavantage funeste. Wallace soutient cette proposition avec une science et une logique remarquables ; il fait sentir que la sélection naturelle ne pouvait, d'une souche d'animaux velus, tirer le corps dénudé de l'homme, et qu'elle n'aurait pu fonctionner que dans le sens tout contraire.

Mais c'est surtout au sujet de notre constitution spirituelle que sa pénétration d'esprit lui fait saisir l'inefficacité de la lutte pour l'existence. Il démontre que celle-ci n'eût pu faire triompher les premiers individus capables d'idées abstraites, de conceptions métaphysiques, d'œuvres artistiques..., car, pendant la première phase de l'existence de l'humanité, ces nobles privilèges de notre âme ne pouvaient conférer aucun avantage dans la concurrence vitale, et s'ils s'étaient développés aux dépens des aptitudes nécessaires à la vie, ils eussent tourné au préjudice de leurs possesseurs.

Wallace s'applique à faire voir qu'il en eût été de même pour notre sens moral. Cependant, son argumentation, sur ce point si important, n'est pas assez radicale. Il croit que la sélection naturelle a pu favoriser le développement des sentiments de bienveillance et de justice, parce que la pratique de ces vertus, dans une certaine société animale, lui eût donné une supériorité immédiate sur les associations bestiales concurrentes. On peut l'admettre ou du moins le concevoir; mais ce qui ne se conçoit pas du tout, c'est le commencement précis de cette évolution, c'est que ces heureuses dispositions aient spontanément surgi et grandi dans une famille d'animaux. Car l'individu anthropoïde dans lequel viendrait à germer, par exemple, un principe de justice qui le porterait à respecter les droits de ses semblables sans qu'il y eût réciprocité de leur part, n'avantagerait que ses égoïstes rivaux, au profit desquels il se condamnerait à disparaître, lui et sa progéniture, avec ses tendances généreuses. Il en serait ainsi de toutes les facultés morales : au lieu d'en exciter et d'en soutenir la formation, la concurrence vitale ne pouvait que les extirper dès leur naissance.

En résumé, de l'ensemble des difficultés qu'il envisage, Wallace infère qu'il y a eu, pour la formation de l'espèce humaine, une *sélection surnaturelle*, qui aurait été exercée par des intelligences étrangères et supérieures à ce monde, lesquelles auraient opéré avec sagacité sur les éléments constitutifs de notre être, comme d'habiles éleveurs opèrent sur nos races domestiques.

Tout en approuvant le fond des raisonnements de Wallace, on ne peut accepter sa solution, qui a le défaut de compliquer inutilement l'explication du travail créateur. D'ailleurs, si nous comprenons bien peu la Cause première de la vie, nous comprendrions encore moins ses prétendus agents secondaires. Nous avons fait voir qu'une même pensée créatrice, attestant une Intelligence souveraine et unique, couvre toute la nature organisée, animale et végétale, maritime et terrestre ; nous savons que cette puissance vivifiante a poursuivi son œuvre en gardant son identité depuis des millions d'années ; enfin, nous avons démontré qu'elle a conduit l'évolution du règne organique en ménageant, entre les divers types, certaines lacunes plus ou moins amples ; ou encore que sa main a exécuté des sauts brusques dont chacun a marqué une reprise nouvelle de son activité : eh bien ! nous avons maintenant à soutenir qu'il y a eu, dans la formation de l'espèce humaine, *au moins* quelque événement analogue, qui fut accentué d'une manière toute particulière, et c'est à ce point de vue que nous poursuivrons cette étude.

Tout le monde sait que Darwin et la plupart de ses disciples ont rattaché l'espèce humaine au rameau des singes catarrhiniens anthropomorphes, lequel se compose des genres Orang, Chimpanzé, Gorille et Gibbon. A première vue, il est vrai, un animal de ce groupe, surtout quand on le considère dans l'attitude dressée, semble très voisin de l'homme, et nous avons déjà donné, dans un sens tout spiritualiste, l'explication de cette similitude ; mais si l'on examine comparativement tous ses organes et les nôtres, on constate sur chacun d'eux des différences très notoires. Ainsi qu'en a convenu l'un de vos maîtres les plus autorisés, Huxley, « loin que les dissemblances entre l'homme et le singe soient petites et insignifiantes, elles sont considérables et significatives ».

Pour en avoir une idée, il suffit de faire porter la comparaison sur le plus important de tous les organes, le cerveau, considéré simplement sous le rapport de son volume. Quoique la stature des animaux dont nous parlons soit susceptible de dépasser celle de l'homme, leur boite crânienne n'a que le tiers de la capacité de la nôtre. Comme il en est ainsi pour les quatre genres d'anthropomorphes, il est clair qu'il en a été de même pour leur prétendue souche commune, de laquelle est censé s'être détaché le rameau humain. D'ailleurs, la paléontologie n'a pas découvert d'anthropoïdes fossiles mieux partagés sous le rapport cérébral ; et, d'autre part, aussi loin qu'on plonge dans le passé, — même quand on considère des ossements humains si anciens qu'on les a crus de l'âge tertiaire, — la cavité crânienne a la même ampleur, ou à peu près, que chez l'homme d'aujourd'hui. La différence qui nous occupe est donc constante et décisive ; elle accuse entre les singes et nous l'existence d'une lacune énorme ; si c'était avec ces animaux qu'existassent nos plus grandes affinités zoologiques, le saut de la nature à notre égard eût été évident. Au reste, des dissemblances presque aussi manifestes ont été constatées sur l'ensemble du squelette des types vivants et des fossiles, si bien qu'à ce seul point de vue on peut déjà dire, avec un autre anatomiste qui n'est pas non plus suspect de prévention orthodoxe, M. Wirchow, que « chaque progrès positif accompli dans le domaine de la science préhistorique nous a particulièrement et de plus en plus éloignés de la preuve de la parenté de l'homme avec les singes ».

Tous les singes connus, y compris les anthropomorphes, sont à la fois quadrupèdes et quadrumanes ; ils ne peuvent que peu de temps se soutenir et marcher sur leurs seuls membres postérieurs. L'homme est parfaitement différencié comme bipède et bimane ; seul il est fait pour se tenir et marcher indéfiniment dans l'attitude dressée. Tout voisins qu'ils paraissent, les deux types que nous comparons sont si bien spécialisés que le premier des deux ne pouvait passer à l'autre par une filiation naturelle.

En effet, en tant qu'il est bipède, l'homme n'a pu descendre d'un quadrupède, car on marche et on court mieux avec quatre membres, ou avec le corps entier, qu'avec deux membres ou la moitié du corps ; et il était extrêmement utile à notre prétendue souche sauvage de courir vite pour fuir un ennemi ou poursuivre une proie. Si la condition bipède, une fois perfectionnée, a réellement quelque avantage pour la locomotion, il est certain qu'elle ne le possédait pas à son début ; et alors cette fantaisie ou cette déviation de la nature n'eût pas manqué de succomber dans la concurrence avec le type quadrupède générateur.

Pareillement, en tant qu'il est bimane, l'homme n'a pu sortir d'un quadrumane. Sans doute, les mains du singe sont moins parfaites que les nôtres, mais elles étaient bien suffisantes pour tous les besoins de notre industrie primitive ; et même, quel avantage la possession de quatre mains ne nous eût-elle pas donné pour l'exécution de divers ouvrages ? Dans la lutte pour l'existence, l'ancien quadrumane aurait sûrement exterminé le type bimane naissant.

Les quatre extrémités préhensiles du singe le rendent apte à grimper ; or, l'homme, comme bimane et bipède, n'a pu descendre d'un grimpeur. Ce qui eût pu provenir de ce type, ce sont des grimpeurs plus parfaits encore, tels que seraient, par exemple, des grimpeurs sauteurs, pourvus d'un parachute membraneux pour se soutenir quelque peu dans l'air ; mais il n'en pouvait pas sortir des marcheurs, et surtout des marcheurs bipèdes ; ceux-ci n'eussent pas manqué de succomber, dès le début, dans la lutte avec leur souche grimpeuse.

On ne pourrait comprendre leur triomphe qu'en admettant ce que nous n'avons cessé de revendiquer d'une manière générale : un événement surnaturel, une intervention de la Puissance créatrice qui aurait, pour le moins, développé et complété tout d'un coup les facultés psychiques de la bête, modifié brusquement toutes les parties de son corps, changé à la fois ses besoins et ses aptitudes, et qui même aurait pris un ou plusieurs couples ainsi préparés, pour les multiplier à l'écart et les soustraire à une concurrence encore dangereuse, sinon fatale (1). Le souverain Arbitre de la vie a certainement exercé son ingérence, ainsi que nous l'avons démontré, dans le passage du type reptile au type mammifère le plus voisin : comment ne serait-il pas intervenu de quelque manière pour faire sortir l'homme du singe ?

Cependant, est-ce assez de dire que l'homme n'eût pas descendu naturellement d'une souche simienne ? Un éminent anthropologiste, Quatrefages, a fait voir que la doctrine transformiste, bien appliquée, ne permet aucu-

---

(1) Si l'on peut citer des types de quadrumanes qui ne grimpent que peu ou point du tout, il n'y a pas lieu d'en faire les ancêtres de l'homme, mais il faut leur appliquer les raisonnements ci-dessus, et en induire qu'eux-mêmes ne sont pas descendus *tout naturellement* des singes grimpeurs.

nement de rattacher l'espèce humaine à la famille des singes, précisément parce que ces hôtes des forêts sont grimpeurs, tandis que l'homme, ayant à se répandre sur toute l'étendue du globe sans s'arrêter devant les steppes et les déserts, devait être spécialement marcheur, ce qui est une condition bien différente.

Car si, avec les transformistes, on se reportait en imagination jusqu'à une certaine souche lointaine de mammifères, on concevrait qu'elle eût donné naissance à divers rameaux caractérisés par des aptitudes bien distinctes. Par exemple, deux d'entre eux au moins, représentés par quelque forme de cétacé ou de phoque, se seraient trouvés organisés pour la vie aquatique et la natation; un autre aurait pris possession des airs, ayant ses pattes et ses doigts réunis par une membrane qui fît l'office de l'aile des oiseaux; un autre encore, qui nous occupe en ce moment, et dont tous les appendices sont disposés pour la préhension et l'escalade, aurait eu pour domaine la ramure des grands arbres et les rochers escarpés...; ainsi de tous les bourgeons qui seraient sortis de cette tige féconde. L'homme, de son côté, ou son représentant ancestral, aurait pris à la souche commune et développé l'aptitude spéciale d'un type marcheur. Vouloir le faire descendre des animaux grimpeurs est aussi inconséquent, aussi contraire aux principes obligés du darwinisme, que si l'on songeait à le faire dériver d'un de ces quadrupèdes aériens aux pattes spécialisées pour le vol, ou d'un de ces mammifères marins aux membres déjà transformés en nageoires.

Je placerai ici une réflexion qui ne fait que répéter, sous une forme un peu différente, deux des idées qui précèdent, mais qui les accentue d'une manière particulière.

Non seulement la doctrine relative à notre descendance

simienne méconnaît ou applique illogiquement les principes essentiels du darwinisme, mais elle méconnaît aussi le bon sens ou la raison même des premiers humains, et leur attribue une véritable déraison pour règle de conduite.

Qu'un type de quadrupède peu favorisé de la nature s'habitue à grimper aux arbres pour y chercher pâture et asile, c'est un progrès conforme à la pensée dominante de Darwin, c'est un agissement que nous qualifierons presque de sensé et de rationnel, encore qu'il ne soit que le fait d'un simple animal. Mais descendre des arbres et cesser d'y remonter quand on y trouve sa nourriture accoutumée ; se déshabituer de grimper quand on n'est encore qu'imparfait marcheur, quand on est aussi dépourvu que possible de moyens de défense et de protection et quand il faudrait, au contraire, conserver ou acquérir à tout prix une si précieuse ressource, ce ne serait pas seulement aller à l'encontre du progrès darwinien, ce serait se comporter de la manière la plus déraisonnable, la plus insensée qui se puisse concevoir : comment imputer une telle conduite à l'être qui se serait distingué de tous les autres par un principe de raison ? Évidemment il y a là une contradiction, une absurdité, une impossibilité effective.

Mais de toutes les considérations qui militent contre notre descendance simienne, la plus positive est la suivante, qui résulte surtout de données organogéniques très sûres.

Dans une catégorie animale quelconque, le développement des divers appareils organiques, depuis le commencement ou le germe de l'individu jusqu'à la fin de sa vie, s'accomplit toujours dans le même ordre, qui est caractéristique de ce groupe zoologique. Aussi, quand deux formes animales appartiennent à la même famille naturelle, leur évolution embryonnaire s'effectue avec une parfaite similitude jusqu'à une certaine période, où l'on voit s'établir la divergence et la spécialisation de ces deux types. Pour ce qui est de l'homme et des singes, si l'on considère la marche évolutive de quelques organes importants, on n'observe pas la concordance à laquelle on devrait s'attendre d'après la parenté qu'on leur suppose; on constate même que les discordances sont plus accusées, pendant une phase de la vie fœtale, qu'elles ne le seront au moment de la naissance. C'est que, relativement à plusieurs parties du corps, l'organisme humain opère son développement à l'inverse de tous les singes.

Quand nous n'appliquons ce jugement qu'à *plusieurs parties du corps*, nous n'exprimons peut-être pas la vérité tout entière; car, selon un savant anthropologiste, M. Pruner-Bey, « le singe diffère anatomiquement de l'homme par un contraste évident en tout, par une modalité opposée, *dans tout son développement*, à tout ce qui s'observe dans l'homme ». (Tome IV du *Bulletin de la Société d'anthropologie*, 1869.)

Quoi qu'il en soit, le défaut de similitude dans l'évolution des organes essentiels montre bien que l'homme n'appartient pas à la famille simienne; mais l'inversion qui s'observe dans leur développement prouve en outre qu'il n'y a jamais eu, entre lui et les singes anthropomorphes, de types intermédiaires ou conjonctifs.

Ce n'est donc pas, vous le voyez, par le rameau des singes qu'il faudrait rattacher l'espèce humaine au grand arbre de la vie terrestre.

Cette conclusion n'a pas rallié tous ceux qui s'occupent de cette question; il reste encore, pour ajouter foi à notre origine simienne, des doctrinaires inféodés à leur opinion préconçue, et surtout des ignorants qui sont dupes des apparences toutes superficielles; mais les plus impartiaux et les plus sensés des transformistes en sont venus à reconnaitre, avec le célèbre anatomiste Wirchow, que « cette doctrine n'est qu'une fable, qui n'a aucun rapport avec l'état actuel de la science ». (Congrès anthropologique allemand de Francfort, 1882)(1). Le système naturiste nouveau, qui mérite assurément plus de créance, c'est que l'homme et tous les singes appartiendraient à deux séries distinctes, c'est-à-dire à deux bourgeons qui seraient sortis séparément du tronc commun des mammifères, sans avoir ensemble d'autres rapports généalogiques.

Quelle serait donc cette autre forme animale qui aurait été le point de départ de tout le rameau humain ? — Si ce fut un type marcheur, ayant les membres inférieurs plus développés que les supérieurs, s'il était bipède et bimane, à grand cerveau, à peau nue... il ressemblait singulièrement à l'homme; et dès lors, quelles que soient les affinités organiques qu'il aurait conservées avec sa prétendue souche animale, on serait forcé de concevoir entre elle et lui un grand intervalle, une brèche énorme, qui exclurait la possibilité d'une filiation naturelle, et qui impliquerait sûrement une intervention éclatante de la Puissance créatrice. C'est bien

---

(1) A. — Plus récemment (en 1892), le même savant a reproduit très fortement son opinion, au Congrès international d'Archéologie préhistorique de Moscou.
B. — Il est clair que nous devrions réformer les vues théoriques qui précèdent, toutes rationnelles qu'elles nous paraissent, si elles venaient à être contredites par les enseignements formels de la paléontologie; mais jusqu'à présent cette contradiction n'existe point, et les diverses reliques des prétendus anthropopithèques, qu'on a exhumées à Java ou ailleurs, ne justifient pas l'hypothèse relative à l'homme singe.

alors que l'arbre zoologique, loin d'accuser une évolution continue et spontanée, se montrerait formé de pièces distinctes, suscitées ou greffées par l'Auteur de la vie.

Que si, au contraire, notre souche primitive se trouvait encore très éloignée de la forme humaine, elle aurait dû fournir, dans la suite des âges, une lignée de types de plus en plus semblables au nôtre, et émettre diverses branches divergentes offrant quelques-uns de nos caractères physiques. Or, vous savez qu'il n'existe rien de tel, ni parmi les espèces vivantes, ni parmi les animaux fossiles. Faut-il croire que tous nos ancêtres directs et tous leurs collatéraux ont vécu confinés, par exemple, dans cette région du centre de l'Asie où l'on a placé le berceau du genre humain? Faut-il, pour rencontrer leurs reliques osseuses, que nous allions relever, aussi bien ou mieux qu'on ne l'a fait dans notre Europe occidentale, la paléontologie de ces contrées peu connues? Le travail serait difficile, et peut-être le but serait-il doublement chimérique; car des savants très perspicaces supposent aujourd'hui que notre espèce n'est pas née sur ce massif central asiatique, autour duquel paraissent s'être formées les grandes races anthropologiques et les grands types linguistiques; ils soupçonnent qu'elle y était venue des régions boréales du même continent, où se serait trouvé son vrai centre d'apparition, quand le climat en était encore doux et tempéré. Suivant d'autres naturalistes, au contraire, elle serait originaire d'une ancienne contrée insulaire située au sud de l'Asie, qu'ils ont gratifiée du nom de Lémurie, et qui aurait été engloutie sous les eaux de la mer des Indes. Avec de pareilles données, comment irions-nous rechercher les restes de nos ancêtres animaux, quels qu'ils aient pu être?

Cependant, n'intervertissons pas les rôles. C'est à nos adversaires à produire les pièces justificatives de leur système : à eux incombe la tâche de retourner les sédiments, exondés ou submergés, de la moitié du globe. Quant à nous, voici ce qu'il nous reste à faire. Ce que nous avons dit relativement à la famille des singes, en déclarant qu'elle contraste avec la nôtre par des traits d'organisation opposés, nous l'étendrons maintenant à tout l'ensemble du règne animal. La bête et l'homme n'ont jamais été reliés par des chaînons intermédiaires, parce qu'ils ont été établis sur deux plans différents et contraires; leur constitution comparée manifeste une inversion, telle que celle qui existe entre les deux formes de nos mains droite et gauche, lesquelles ne comportent pas de moyen terme et ne pourraient, par aucune modification graduelle, se transformer l'une en l'autre.

Il serait possible de soutenir cette thèse en restant au point de vue de notre organisation physique; mais ce seraient encore l'appareil et la fonction de génération qui nous fourniraient les enseignements les plus décisifs, et alors les considérations que nous aurions à développer seraient par trop inconvenantes dans un ouvrage du genre de ces Lettres. C'est pourquoi je vais me placer sur un tout autre terrain, sur le terrain de la psychologie comparée : je vous montrerai qu'il n'y a pas de conjonction entre les animaux et l'homme, parce que notre constitution spirituelle est toute différente de celle de la bête. Aussi bien, nous avons rabaissé jusqu'ici la créature humaine en la traitant à peu près comme une simple espèce zoologique ; il est juste de la relever ou de la remettre à sa place en l'envisageant dans ses nobles attributs, qui sont aussi ses caractères les plus distinctifs ; donc, *paulo majora canamus*.

TRENTE-CINQUIÈME LETTRE

LA CONSTITUTION PSYCHIQUE DE L'HOMME EST INVERSE DE CELLE DES ANIMAUX

J'écris ces lignes, Camille, assis au pied d'un arbre qui s'élève, avec quelques autres, sur un monticule isolé au milieu des champs. Sous mes yeux vient à passer, se rendant à un pacage voisin, un petit troupeau de bêtes bovines parmi lesquelles bondit un tout jeune élève de leur espèce, que je reconnais pour l'avoir longuement observé, il y a quelques semaines, dans l'étable où il est venu au monde ; c'est sur lui que s'arrêtent en ce moment mes regards et ma pensée.

Quand il m'arriva de le voir cette première fois, sa situation était critique, il venait de naître. L'indolente femelle qui l'avait mis au jour, après avoir pourvu elle-même aux suites immédiates de sa délivrance, donnait ses soins à son rejeton frissonnant. Primipare et novice, elle semblait posséder le savoir-faire d'une matrone expérimentée. A ce moment d'extrême malaise du jeune animal où sa fonction respiratoire, de laquelle dépendaient toutes les autres, essayait de se mettre en branle, j'ai vu la nouvelle mère exécuter longuement sur lui, de sa langue rugueuse, une friction énergique dont elle ignorait certainement l'efficacité stimulante. A la faveur de cette bienfaisante excitation, le nouveau-né s'éveilla tout à fait ; secouant l'impuissance qui pèse si longtemps sur la frêle et plaintive progéniture de l'homme, il se leva ; il ne montra guère d'hésitation pour mettre tout son corps en équilibre ; il coordonna d'emblée les mouvements de ses membres, il marcha et eût su courir, s'il l'eût fallu.
— Où alla-t-il ? Déjà il éprouvait la première sensation

de la faim, et, comme s'il eût été averti de la délicate attention de la nature, il se dirigea de lui-même vers l'organe maternel qui devait le sustenter; il le reconnut et se mit à l'exploiter habilement.

Depuis lors trois mois ont passé; le jeune veau a grandi, et maintenant on le conduit avec sa mère à la prairie où je le vois arriver. En y entrant, il semble se retrouver dans un domaine connu; pas n'est besoin qu'il examine et qu'il goûte ces plantes variées qu'il voit pour la première fois sur pied; sans balancer, il se met à les paître à la façon de ses compagnons adultes. L'herbage, il est vrai, est parsemé de végétaux nuisibles, mais sa mère ni personne n'a lieu de s'en inquiéter pour lui, car il est prémuni contre ce danger. C'est à l'homme à trembler pour son enfant s'il se trouve en présence des fruits trompeurs de la morelle ou de la belladone; et lui aussi, s'il n'a été soigneusement renseigné, risque fort de s'empoisonner avec les champignons vénéneux; quant à ce jeune animal, dont l'inexpérience est complète, il saura se garder du colchique, de l'euphorbe et de la ciguë. — Au reste, vous pouvez l'observer dans toutes les circonstances de sa vie, et vous ne le trouverez jamais en défaut; vous le verrez constamment accomplir au mieux tous les actes qui tendent à la conservation de lui-même et de son espèce; en toute occurrence, aidé d'une faculté divinatoire toujours présente, il se conformera fidèlement et sûrement à sa règle de conduite.

— De cette même place où je suis, j'aperçois maintenant quelques oiseaux qui traversent le champ du ciel d'un vol régulier, et bientôt se perdent dans l'étendue; sans avoir pu distinguer de quelle espèce ils sont, je m'imagine qu'ils effectuent un long voyage, et mon esprit les accompagne après qu'ils ont disparu. N'avez-vous pas quelquefois médité sur la merveille que nous offrent les habitants des airs lorsque, partant à jour fixe pour opérer leur migration périodique, il passent d'un hémisphère à l'autre, et parviennent exactement en un certain lieu, comme si un guide surnaturel les prenait à sa remorque? L'homme aussi connaît l'émigration, et quand même le premier couple humain eût été déposé sur une île écartée, toute la terre n'eût pas manqué d'être peuplée de son espèce, comme si elle eût été capable de voler ou de nager. Lui donc aussi, à plusieurs mille lieues de distance, s'en va retrouver quelque rocher qui ne figure que comme un point sur la face du Grand Océan ; mais nul ne pourrait dire ce que la science nautique que nous possédons a coûté d'essais et de victim , à nos ancêtres, et nos pilotes savent bien ce qu'il leur faut déployer d'attention et de soin pour atteindre leur but, tandis que l'oiseau voyageur, qui n'a rien appris, prend son essor quand l'heure en est venue et se confie insouciant à sa destinée ; il vole longtemps, en face de l'immensité uniforme de la mer et des déserts, à travers l'orage et la tempête comme à travers l'obscurité de la nuit ; il arrive, et, dans les profondeurs de la forêt sans repère, retrouve l'humble buisson qui reçut son premier nid.

— Mais voici qu'un autre fait beaucoup plus complexe, quoique tout circonscrit, attire mon attention. Une jeune arachnide fileuse, venant je ne sais d'où, a commencé sous mes yeux une entreprise fantastique. Désormais elle aura son séjour au sein de l'atmosphère : suspendue dans l'espace au centre d'un vaste filet de soie qu'elle attachera, par de longs câbles fortement tendus, à deux troncs d'arbre écartés, elle pêchera les insectes de l'air. Si nous devions exécuter, à une hauteur relativement aussi grande, entre deux collines, par exemple, quelque travail analogue à ce singulier réseau, que de difficultés n'y rencontreraient pas nos acrobates les plus hardis, nos meilleurs tisserands, nos plus habiles ingénieurs, disposant d'une cohorte d'auxiliaires, avec maint équipage de matériaux et de machines préalablement fabriqués? Pour notre jeune ouvrière, dont le bagage est nul, et qui n'a aucune expérience spéciale, attendu qu'elle a mené jusqu'ici une existence tout autre, il n'y a rien que de facile dans son travail, et elle ne s'exposera à aucun danger; elle reproduira exactement le modèle de trame soyeuse qui fut tracé à son espèce, et bientôt je la trouverai installée dans son embuscade aérienne. Je ne m'arrête pas aux détails de ses opérations, quoiqu'ils soient fort étonnants; je ne recherche pas où elle a appris à connaître l'abeille, armée d'un dard empoisonné, qui viendra se prendre à son piège; je ne dis pas quel artifice infaillible elle met en pratique pour s'en rendre maîtresse sans péril pour sa vie, ni comment elle sait, en habile anatomiste, découvrir et inciser le vaisseau dorsal de sa victime pour s'abreuver de son sang...

— Cependant, que se passe-t-il donc à quelques pas de moi sur l'emplacement nivelé d'une taupinière? L'habitante de ce logis souterrain, étant sortie imprudemment de sa galerie, aura été étranglée par quelque chien de chasseur qui a laissé là son corps inanimé. Certainement elle est bien morte; et pourtant je la vois remuer et basculer, se soulevant et s'abaissant alternativement, et si j'avais la patience de demeurer assez longtemps en observation, je verrais le petit cadavre s'enfoncer profondément dans le sol; je verrais enfin sa fosse se fermer et se combler de terre. Qu'est-ce à dire? Se serait-il donné lui-même la sépulture?... Mais ne dépassons pas notre but; je voulais citer quelques faits relatifs aux instincts animaux, et ceux que je viens d'indiquer sont suffisants pour le moment; nous reviendrons plus loin sur le dernier cas qui s'est présenté à mes regards.

Les précédents exemples de l'activité animale, les plus simples et les plus vulgaires qu'on puisse citer, nous obligent à reconnaître qu'il y a, dans les instincts des bêtes, quelque chose d'incompréhensible, de merveilleux et, si j'ajoutais de *divin*, je ne ferais que reproduire le sentiment d'un Newton. Songez donc au remarquable contraste de cette science infuse, prime-sautière, qui appartient à l'animal, avec l'ignorance innée de l'homme, chez qui les notions les plus usuelles et l'industrie la plus indispensable sont le fruit d'une expérience souvent laborieuse; mais considérez surtout les actes qui relèvent de l'instinct dans ce qu'ils ont de machinal et de fatal, par opposition à notre esprit de combinaison et à notre liberté d'action.

La divination, l'habileté instinctive de l'animal n'est pas une faculté dérivée de son entendement; elle n'est pas non plus une fonction de son système nerveux : elle est liée à l'exercice de sa vie fondamentale ou végétative. Des choses parfaitement analogues aux œuvres de l'instinct s'observent dans le règne végétal lui-même, qui est dépourvu d'intelligence et de nerfs. Vous trouveriez, en effet, dans la physiologie des plantes, et notamment dans leur fonction de reproduction, des phénomènes, je devrais dire des actes, qui, par la précision et l'opportunité de leur exécution, sont tout à fait comparables aux actes instinctifs des animaux. D'ailleurs, sur les frontières communes des deux règnes organiques, chez les zoophytes marins, l'instinct animal se confond avec les phénomènes de la vie végétative; et, d'autre part, il y a de véritables végétaux qui imitent les zoophytes dans leurs fonctions les plus animales, puisqu'ils sont constitués de manière à saisir les insectes et à se nourrir de leur substance, du moins à ce qu'on croit encore pour plusieurs d'entre eux : qui ne connaît le cas des plantes dites carnivores, et notamment celui de la *dionée attrape-mouches* ? L'instinct n'est donc pas une forme de l'intelligence ; il en est distinct, indépendant ; il est de la même nature machinale que la propriété inhérente à chaque viscère, à chaque tissu organique, d'effectuer son office particulier de contraction ou de sécrétion, et d'exécuter à propos, sous certaines excitations, sa tâche et comme son industrie spéciale.

S'il fallait établir quelques rapprochements pour compléter cet aperçu, nous dirions, par exemple : c'est une seule et même force organisatrice qui, dans l'intimité du corps d'un insecte à l'état de larve, prépare sa prochaine métamorphose en insecte parfait et, venant à s'emparer aussi de tout son individu, le met lui-même en œuvre pour constituer un gîte protecteur, tel qu'un cocon de soie, c'est-à-dire pour effectuer un travail qui ne procède pas plus de son intelligence que les changements qui s'opèrent dans son organisation. C'est la même force mystérieuse qui, dans une femelle fécondée, façonne l'embryon suivant un type déterminé, pourvoit d'avance à tous les besoins du nouvel être et, se saisissant enfin de la future mère, se sert d'elle pour organiser une couche, un nid bien approprié à un usage qu'elle ne saurait comprendre, et dont la formation est souvent aussi spéciale que la progéniture elle-même.

Ainsi, du fond de l'organisme, où elle règne sur tous les appareils de la vie végétative, la force modératrice de l'instinct étend son influence au dehors en maîtrisant aussi les organes de relation ; elle asservit tout l'animal, l'entraîne et le dirige en toute circonstance. Avec l'augmentation de la corpulence des bêtes, il est vrai qu'on voit assez généralement les manifestations de l'intelligence devenir plus claires et les œuvres industrieuses de l'instinct plus bornées ; mais alors la faculté qui nous occupe ne perd rien de sa sûreté divinatrice ni de sa souveraineté dirigeante. Assurément ce n'est pas avec toute justice que les animaux ont été assimilés à des automates puisqu'ils sont doués de sensibilité, d'intelligence et de mémoire; si l'on voulait voir dans sa pureté l'automatisme vivant de Descartes, on le trouverait dans les plantes, où d'ailleurs les mouvements et les actes n'ont d'autre cause qu'une force identique avec l'instinct animal. Car, comme les deux règnes organiques se relient ensemble par des types intermédiaires ou mixtes, l'agent moteur et directeur est le même pour tous les deux; dans un cas comme dans l'autre, il n'est pas plus intelligent, plus conscient ou plus raisonnable que le moteur d'une machine, et il est de la même nature. La faculté d'entendement de la bête est subordonnée à sa machine ou à son instinct; elle n'est à ce dernier qu'une vassale, une auxiliaire qui fonctionne en éclaireur, avec le concours des sens, devant sa puissance souveraine. L'intelligence de l'animal, à quelque degré qu'il en soit doué, n'a pas à lutter contre cette force machinale, et sa volonté ne cesse pas d'être instinctive, c'est-à-dire indélibérée, imposée par l'instinct. C'est toujours une fatalité qui le conduit, mais une fatalité tutélaire et providentielle.

Cette même puissance intime et conservatrice se retrouve aussi chez nous; elle y préside pareillement à la nutrition de nos tissus, au jeu inconscient de nos viscères et à toute l'harmonie de notre machine corporelle; dans notre enfance elle s'élève, du fond des entrailles, jusqu'aux organes extérieurs, car c'est elle qui fait contracter les lèvres du nouveau-né quand il exécute, pour la première fois, l'acte nourricier de la succion. Mais ce n'est pas elle qui se charge de la conduite et des œuvres de l'homme; elle fut astreinte à ne régner que sur la partie inférieure de son être en abandonnant l'individu à tous les périls de sa vie; elle s'amoindrit, se rapetisse, pour laisser s'épanouir au-dessus d'elle le magnifique développement d'une essence bien supérieure, une intelligence consciente, raisonnable, douée d'initiative et de liberté (1).

Par opposition à la puissance directrice qui maintient l'animal dans une servitude absolue, nous trouvons donc dans l'homme le glorieux privilège d'une volonté libre : ce sont là deux manières d'être bien distinctes, comme ce qui est passif se trouve distinct de ce qui est actif. Cependant, afin d'en mieux accentuer la séparation, voici ce que nous répéterons encore : Outre que l'instinct des animaux est une force inéluctable et despotique, il nous apparaît, quant à ses effets, merveilleux, illimité, quasi divin; et il se trouve associé chez eux à des facultés intellectuelles très simples, toutes bornées, stériles par elles-mêmes. Chez nous, au contraire, les instincts propres à nous diriger, assujettis à notre volonté intelligente, sont comme avortés, obtus et ineptes, tandis que notre intelligence est d'une capacité et d'une fécondité merveilleuses, infinie d'une certaine manière et quasi-divine; ce qui est principal ou dominateur dans tous les animaux n'est que secondaire ou subordonné dans l'espèce humaine : n'avions-nous pas raison d'avancer que les deux systèmes psychiques, celui de la bête et celui de l'homme, sont non seulement distincts, mais opposés, inverses l'un de l'autre, comme le *verso* de la page que vous lisez est inverse de son *recto*, comme la main droite l'est de la main gauche?

Cela compris, il est impossible de nous relier spirituellement au règne animal par une filiation naturelle : à elle seule déjà cette inversion s'y oppose et ne permet pas l'existence des degrés ou des êtres qui formeraient

---

(1) Voir la note M à la fin de cette lettre.

la transition. On ne citera jamais une espèce bestiale où les deux moteurs contraires que nous comparons coexistent et se balancent : cette singulière opposition ne se rencontre que dans l'homme seul, au premier âge de sa vie ou dans quelque état anormal ; et elle n'a pu se produire en lui que grâce à une innovation créatrice extraordinaire, à une insigne opération ou addition génésiaque que je préciserai dans la lettre suivante.

Note M. — *Sur l'instinct et le libre arbitre.*

Nous revenons ici sur l'un des attributs caractéristiques de l'être humain, parce que nous avons toujours pensé, relativement à notre libre arbitre, que la meilleure manière de répondre aux objections qu'on ne cesse d'élever à son sujet est de le considérer par rapport au principe dirigeant de l'animal. Nous soutenons, en effet, que les instincts susceptibles de nous suggérer les actes de notre conduite sont sous la dépendance de notre volonté ; et nous le montrerons en prenant pour exemple l'un de ceux qui nous sont communs avec toute l'animalité, l'instinct par lequel l'être vivant est poussé à accomplir la plus haute des fonctions biologiques, la fonction capitale qui consiste à transmettre la vie et à perpétuer sur la terre l'œuvre génésiaque du Créateur. Nous constaterons donc que l'homme fut laissé maître de sa reproduction : à la différence de l'animal, il est libre de se prêter ou de se refuser à l'accomplissement de la loi impérative de la nature, touchant la conservation de son espèce. La preuve en est qu'il a été exceptionnellement affranchi d'une *certaine disposition physiologique* qui s'établit périodiquement sur les animaux, comme pour les forcer à se reproduire : évidemment cette exemption, qui est l'un de nos caractères distinctifs, sauvegarde et atteste déjà notre liberté. De plus, nous noterons que chez les bêtes, considérées maintenant à un point de vue moins particulier et même très général, toute impulsion instinctive et toute action qui s'ensuit sont si intimement liées ensemble qu'entre l'un et l'autre il n'y a rien qui se puisse concevoir d'immanent ; tandis que, chez l'homme, il y a quelque chose de réel, de spécial et de décisif, sa volonté, qui est capable de lutter contre ses tendances naturelles : pour mieux dire, il y a le faisceau de nos facultés spirituelles et morales, l'âme humaine, apte à maîtriser tous nos instincts, et dont cette simple analyse suffirait à faire admettre l'existence.

Déduisons de cette note qu'il y a réellement deux constitutions psychiques essentiellement distinctes : l'une, instinctive ou dénuée de liberté, est celle de la bête; l'autre, raisonnable ou libre, appartient à l'homme; et, entre elles deux, il n'y a d'autre fusion ou transition possible que celle qui sera indiquée dans la lettre prochaine, comme nécessitant un grand acte spécial de la Puissance créatrice. Ajoutons encore cet enseignement qui résume nos vues sur la trilogie psychique des animaux : elle est représentée par une intelligence et une sensibilité inférieures, dominées par la puissance fatale de l'instinct, qui décide de tous leurs actes et tient lieu de cette activité volontaire, attribut souverain de l'âme humaine.

TRENTE-SIXIÈME LETTRE

LE LANGAGE DE L'HOMME LE SÉPARE RÉELLEMENT DE TOUT LE MONDE ANIMAL. — LA VÉRITABLE GENÈSE DE L'ESPÈCE HUMAINE

Reprenant la pensée finale de la lettre précédente, Camille, je soutiens qu'on constate suffisamment la nécessité d'une ingérence créatrice à l'origine de l'espèce humaine quand on relève en elle certains attributs qui lui sont tout à fait spéciaux. Par exemple : je vous ai représenté l'homme, comparé à tous les animaux, comme étant doué de *raison*, *de conscience* et *d'activité libre*; pour justifier ma proposition présente, je n'aurais qu'à mettre en pleine évidence ces trois points distinctifs. Mais j'aime encore mieux fixer votre attention sur un quatrième caractère qui est le plus apparent de tous, et qui fut toujours aussi bien apprécié par les philosophes que par le vulgaire : vous comprenez sans doute qu'il s'agit de notre langage articulé, analytique, conventionnel, susceptible de se compléter d'une représentation graphique.

Nous aurions plus d'un motif de le considérer assez longuement dans cette discussion. Premièrement, il nous fournirait la solution des plus graves questions que soulève l'histoire générale de l'humanité (1). — Secondement, la parole est la principale cause de notre immense supériorité pratique sur tout le règne animal. C'est par elle que le genre humain est comparable à un seul homme qui vivrait toujours en se développant perpétuellement, suivant une pensée de Pascal. Elle est la plus grande puissance de ce monde. Son œuvre a déjà été prodigieuse, et de quelles autres n'est-elle pas capable ? Fixée par l'écriture, elle ne cessera d'élever des monuments impérissables. A la faveur des forces naturelles que nous avons asservies, elle traverse en un instant les continents et les mers, elle voyage autour de la planète entière et l'enveloppe d'un réseau de circulation qui sera bientôt extrêmement serré. Vous rêvez même de la lancer à travers les espaces, pour réunir vos mondes célestes dans un concert triomphal, par lequel serait remplacé l'Esprit divin qui remplit l'univers. Comme l'instrument de tous nos progrès, elle fournit à l'homme aveuglé l'échelle sans fin avec laquelle il pense exécuter cette escalade titanesque et détrôner la Divinité. C'est elle qui fut toujours l'expression de notre orgueil sacrilège, et c'est bien elle qui mérita un jour d'être frappée et confondue. — Troisièmement enfin, elle attesterait devant vous la réalité de nos autres facultés distinctives, si nous voulions

---

(1) Voir la note N à la fin de cette lettre.

la considérer dans ses rapports avec les trois attributs spirituels que j'ai indiqués plus haut.

On avait presque généralement jugé jusqu'ici qu'elle nous sépare nettement de tous les animaux, parce qu'on ne croyait pas qu'il y eût des modes d'expression intermédiaires entre les cris les plus significatifs des bêtes et nos idiomes les plus simples. On ne s'était guère avisé de regarder comme un acheminement vers le parler de l'homme l'imitation qu'en font plusieurs genres d'oiseaux ; car, quoiqu'ils saisissent étonnamment certaines bribes de nos paroles et apprennent à les répéter bien plus facilement que nos enfants ; quoiqu'ils soient assez intelligents pour deviner le sens de quelques-unes d'entre elles qui se rapportent à leurs besoins, et qu'ils soient capables de les employer à propos, on savait très bien que leur inertie spirituelle leur interdit de les modifier au gré des circonstances ; et l'on ne doutait pas qu'étant rendus à leur vie de nature ils oubliassent bientôt ce fantôme de langage humain dont ils n'auraient que faire, étant dépourvus des facultés psychiques qui y correspondent. Certainement donc, ce ne serait pas là qu'il faudrait chercher les termes de transition que requiert toujour l'hypothèse de l'évolution naturelle du règne animal.

Est-il vrai qu'on les ait trouvés ailleurs, ces chaînons conjonctifs, et seraient-ils fournis — ce qui aurait une importance extrême — par les types d'animaux qui sont les plus rapprochés de la constitution organique de l'homme(1)? C'est la piquante et assez bruyante annonce

---

(1) Il semble que nous ne devrions pas discuter cette question après avoir soutenu que l'homme n'a pu descendre d'un type de singe ; mais les raisonnements que nous présentons ici s'appliqueront aussi à cet autre rameau animal, inconnu, hypothétique et non simien, auquel il serait plus rationnel de rattacher l'espèce humaine.

qu'a faite, en 1891, le professeur Garner, de Cincinnati (États-Unis). Dans un travail qui ne manque pas d'affirmations aventurées et même contradictoires, ce naturaliste s'est appliqué à établir que les singes font usage d'un certain nombre de signes vocaux qui leur permettent, à l'instar de nous, de converser entre eux ; ils seraient capables, par exemple, de s'entretenir *du temps qu'il fait, des incidents qui se produisent dans leur entourage, des travers ou des méfaits de leurs compagnons...* De là résulterait, tout au moins, que notre attribut le plus manifeste ne serait plus un criterium de séparation.

Certes, il ne serait pas très étonnant que des créatures animales qui ont été constituées de manière à affecter une ressemblance si singulière avec l'homme dans leur organisation générale, dans leur port, leurs gestes, et jusque dans les détails de leur facies, eussent été gratifiées aussi d'une ombre de similitude dans leur moyen d'entente mutuelle ; mais la question est de savoir si l'on trouve, dans ces espèces bestiales, de quoi restreindre et annuler progressivement le grand hiatus qui existe, sous ce rapport, entre le monde des bêtes et celui de l'humanité.

Je ne crois pas nécessaire de faire ressortir la hardiesse et l'invraisemblance des suppositions que j'ai *soulignées* ci-dessus. Ce qui est certain, c'est que, comme beaucoup d'oiseaux et de quadrupèdes qui sont aptes à s'associer pour quelque œuvre commune, ceux dont il s'agit savent donner à leur voix des modulations variées, répondant aux diverses impressions qu'ils reçoivent et aux différentes suggestions qu'ils ont à provoquer chez leurs semblables. Y aurait-il plus que cela, et, malgré l'insuffisance manifeste de leur appareil de phonation, pourrait-on vraiment discerner, dans leurs inflexions vocales, jusqu'à deux ou trois douzaines de sons ou de cris distincts, analogues à des syllabes ou à des mots? En analysant leurs accents expressifs, serait-il possible d'en trouver qui fussent comparables non seulement à de simples interjections, mais à des substantifs, à des termes qualificatifs, voire à quelques verbes exprimant une action naturelle et fréquente? Veut-on, enfin, que leur soi-disant langage articulé ne soit pas nul ou égal à *zéro*, et qu'on puisse le représenter par une certaine quantité telle que *l'unité*? — Ne pouvant contrôler les assertions fondamentales de ce système, nous ne chercherons pas à les contredire, nous concéderons le tout généreusement, et c'est de ces données que partira notre opposition. Nous soutiendrons donc que ce rudiment d'idiome, qui n'a rien de conventionnel ni d'artificiel puisqu'il est instinctif et inné, demeurera immuable et improgressif comme tout ce qui appartient à l'instinct; il serait toujours mesuré par cette *unité*, quand même une des espèces simiennes ne s'éteindrait jamais; de sorte que les singes actuels, ainsi que leurs descendants, n'auraient pas d'autres signes phonétiques que leurs ancêtres les plus éloignés. Sans doute, cette opinion classique est démentie par les vues hypothétiques de Darwin, mais qui nous démontrera qu'elle est erronée?

Or, ce qui est incontestable, c'est qu'il en est tout autrement pour notre langage humain, surtout depuis qu'il est devenu de pure convention. Il n'est pas limité et enchaîné par l'instinct, il est libre ainsi que l'homme. Comme s'il subissait encore l'effet prolongé d'un accident d'ordre supérieur ayant révolutionné sa manière d'être originelle, il continuera de varier et de multiplier ses dialectes, puisque de telles mutations se produisent même chez les populations sauvages des petites contrées insulaires. De plus, et en conséquence des variations de nos besoins ou des caprices de notre esprit, on ne cessera jamais de voir surgir, chez tous les peuples, des locutions nouvelles. Enfin et surtout, l'un des offices particuliers de notre langage étant de servir d'expression au savoir général des humains, lequel change et s'accroît à chaque instant sur toute la terre habitée, il s'ensuit que nous serons toujours conduits à donner un ou plusieurs noms à tous les êtres, à tous les objets matériels ou métaphysiques que nous saurons distinguer : conséquemment, nos nomenclatures, nos vocabulaires, les formules et les expressions de nos sciences et de nos innombrables spécialités de toute sorte s'accroîtront sans cesse en suivant les progrès de nos connaissances et de nos œuvres générales, auxquelles ils sont nécessairement correspondants ; et il en sera ainsi pour toutes nos races civilisées et pour leurs divers rameaux linguistiques. En sorte que, après une succession de temps supposée interminable, le rapport d'extension ou de quantité, entre le langage de toute espèce simienne et celui de notre humanité entière, serait *comme un est à l'infini*. L'instrument de relation des singes, qu'on nous représente comme un degré intermédiaire ou conjonctif, serait donc presque infiniment plus rapproché de celui des autres bêtes que du nôtre : il resterait toujours du genre bestial.

Après cela, si l'on croit que le parler de notre souche humaine, de notre prétendue souche animale, pithécoïde ou autre, a été d'abord de cette première sorte, c'est-à-dire tout simple, immuable ou non susceptible d'accroissement, et qu'il s'est ensuite modifié, compliqué et diversifié comme nous le voyons à présent, on ne peut comprendre que cette merveilleuse évolution se soit accomplie naturellement et fatalement, d'autant qu'elle ne s'est produite dans aucune espèce simienne ; et l'on est encore obligé d'admettre que notre type ancestral a, *pour le moins*, éprouvé l'effet d'une dernière et incomparable innovation génésiaque, qui aurait perfectionné sa structure organique et son appareil vocal, surélevé ou transformé sa nature spirituelle, et décidé le prodigieux développement de son infime jargon primitif (1).

Je finirai cette lettre en complétant brièvement notre étude comparative de la créature humaine.

L'enfant nouveau-né n'est pas encore pourvu de notre langage qui n'existe en lui qu'en puissance et se réalisera, se développera par imitation, conjointement avec nos autres facultés spécifiques, la raison, la conscience, l'activité libre et pensante... D'autre part, nous répéterons encore une fois qu'on trouve, dans la partie supérieure du règne de la vie, deux types ou deux principes psychiques bien différents : un type d'intelligence instinctive ou machinale, et un type d'intelligence consciente ou libre. L'animal le plus intelligent n'a jamais que le premier de ces deux principes, tandis que l'homme les possède l'un et l'autre. En naissant, tout individu de notre espèce est dépositaire de ces deux puissances intimes qui doivent le mouvoir et le diriger. Celle des deux qui appartient aussi à la bête prédomine en nous pendant notre premier âge, mais l'autre, en se développant, la balance et enfin la subjugue. Il s'ensuit, d'abord, que *c'est dans l'humanité seule que se fait l'évolution*

---

(1) Afin de ne pas allonger cette lettre, nous avons dû n'en présenter le sujet que par un petit côté, au lieu de nous placer à un point de vue général. Nous aurions pourtant tenu à démontrer que le langage de l'homme est la manifestation de ses facultés spirituelles les plus distinctives, qu'il est l'expression ou la saillie apparente de l'âme humaine, et qu'ainsi il nous sépare aussi profondément que clairement de toute l'animalité. Nous avons fait cette démonstration dans un mémoire communiqué au Congrès scientifique des catholiques; qui s'est tenu à Bruxelles en 1894.

spirituelle que vous attribuez à une certaine série zoologique progressante; elle s'accomplit dans chacun de nous et l'on ne peut la concevoir s'opérant d'un individu à un autre: elle ne s'appliquerait donc pas au passage d'une espèce bestiale à l'espèce souveraine. De plus, quels seraient le point de départ et la cause de cette évolution qui nous est particulière, s'il n'existait pas en nous, ainsi que nous l'avons avancé avec insistance, un principe ou agent psychique propre à l'être humain? Le progressif épanouissement de nos facultés spéciales nécessite et démontre l'éclosion d'un germe immatériel qui est absent dans la bête, et qui fut surajouté chez nous à la nature animale pour y dominer le moteur dirigeant ou l'instinct. En constatant simplement que ce germe comporte les quatre attributs que nous avons cités, nous ne définissons pas complètement l'âme humaine, mais nous la présentons sous l'un de ses grands aspects. Il suffit que nous y voyions une essence raisonnable et consciente, c'est-à-dire religieuse et morale, une essence douée de liberté, qui nous rend responsables de nous-mêmes devant l'éternelle justice, et dignes de toute récompense comme de tout châtiment.

Il ne nous reste plus qu'à dire d'où vient ce germe spirituel et d'où vient l'homme tout entier. — Nous avons établi, d'une manière générale, que les différences qui signalent tous les échelons du règne organique sont le résultat d'autant d'innovations de la Puissance créatrice; nous appliquerons surtout cette doctrine à la création de l'homme et de ses insignes facultés, puisque nous soutenons qu'il n'a pu sortir naturellement du monde animal, dont il diffère tant par toute sa constitution.

L'un des plus sensés de nos adversaires, Darwin, s'est cru obligé d'expliquer la fondation de la *vie tellurique* par un *souffle* du Créateur. Cette hypothèse ne convient, selon nous, ni à l'origine, ni à l'évolution du monde inconscient des plantes et des animaux, et nous estimons que la seule expression de la volonté divine, bien des fois répétée sans doute, y fut nécessaire et suffisante ; mais nous l'acceptons sans hésiter pour la genèse du monde supérieur de la raison et de la liberté ; nous croyons que l'âme humaine possède quelque chose de la propre substance de Dieu. — Quant à notre corps, qui n'a pas dû surgir non plus d'une souche bestiale, nous avons déjà fait pressentir sa vraie provenance : les premiers types de la vie terrestre, et peut-être beaucoup d'autres qui leur ont succédé pendant les temps géologiques, ont été les produits d'une création directe et immédiate ; si donc nous admettons que des formes animales de tout genre ont été composées surnaturellement ou de toutes pièces, à plus forte raison penserons-nous qu'il en fut ainsi pour le corps de l'homme.

Ayant reconnu notre absolue impuissance à pénétrer l'intimité des œuvres créatrices, nous ne pourrions définir avec plus de précision celle qui nous occupe, ni sous le rapport spirituel, ni sous le rapport corporel. D'ailleurs, quand il nous arrive de parler, dans notre esprit de rationalisme scientifique, d'une *étincelle* divine, d'un *germe* ou d'un *souffle* divin, nous n'ignorons pas que nous nous servons de simples images. Personne ne saurait soutenir qu'il ne s'en trouve pas, pareillement, dans le récit anthropogénique de Moïse, auquel nous aquiesçons avec respect : ne pouvant donc y discerner ce qui doit être pris dans le sens propre de ce qui peut s'y mêler de figuré, nous sommes hors d'état de l'interpréter scientifiquement. Mais ce que nous y voyons de bien clair, et ce que les vues les plus légitimes de la science ne peuvent que confirmer, c'est que la formation de notre type humain a été un fait surnaturel ou divin ; ça été un acte si considérable, que nous n'osons plus lui appliquer notre simple formule des *sauts de la nature;* ce fut ensuite d'une opération toute spéciale et tout extraordinaire du Créateur, qu'est apparue ici-bas cette essence singulière de l'humanité, inverse, antagoniste et dominatrice de tout le règne organique terrestre.

Note N. — *Sur l'origine et la diversité du langage.*

La question du langage porte avec elle la solution des principaux problèmes que soulève l'histoire générale de l'humanité ; elle s'accorde bien avec la tradition religieuse, tandis qu'elle est, pour le matérialisme doctrinaire, une source de difficultés, de contradictions et même d'absurdités que cette note fera brièvement ressortir.

§ I. — On demande si les hommes auraient pu inventer ou créer leur langage. Il est au moins certain qu'ils n'y seraient parvenus qu'avec beaucoup de peine. Mais les croyants chrétiens, qui joignent les lumières de la Révélation à celles de la raison, ne sauraient admettre que l'homme ait été abandonné sans préparation et sans assistance sur cette terre ennemie; et, parmi les secours qu'il aurait reçus d'en Haut, on n'en voit pas de plus utile et de plus probable que celui qui aurait consisté, tout au moins, à l'aider d'une manière surnaturelle dans la fondation d'une langue.

Quant à nos adversaires, ils sont naturellement rivés à une opinion aussi opposée que possible à celle-là. Afin de mieux établir notre prétendue fusion avec le monde animal, ils n'ont pas craint de ravaler certaines races humaines au-dessous même des bêtes. Nécessairement, ces types d'hommes si pauvres d'esprits ont eu des ancêtres qui leur étaient encore inférieurs. Ceux-ci possédaient pourtant un langage ; bien plus, ils l'auraient spontanément créé, nous dit-on, ce qui est une œuvre bien plus grande encore que de le recevoir et de le transmettre. Ainsi, ce serait par des brutes qu'aurait été effectuée cette création merveilleuse, pleine de difficultés que de grands esprits ont jugées excessives pour leurs semblables eux-mêmes ; création qui fut la plus admirable et la plus féconde qui se soit faite sur la terre, puisqu'on peut dire qu'elle contenait en elle toutes les autres, toutes celles qui ont fait la gloire de l'esprit humain. — Nous aurions cru, nous, comme nous l'avons dit plus haut, qu'elle serait au moins sortie d'un principe spécial, d'un germe psychique ; pour les athées, elle serait née ou sortie de rien ; et, ce qui est plus fort, cette incompréhensible, cette absurde évolution se serait reproduite, d'après eux, en plusieurs lieux de la terre, comme on va le voir par ce qui suit.

§ II. — Ainsi on ne peut douter, selon nous, qu'il n'y ait eu du surnaturel dans la fondation de notre langage ; mais il faut croire aussi qu'il y a eu un prodige dans sa *diversification;* de ce dernier fait, nos matérialistes fournissent forcément une explication tout autre.

Parce que les types fondamentaux auxquels se rapportent tous les groupes de langues n'ont pu encore être ramenés, par les linguistes, à un seul idiome primordial, ils enseignent que le langage a pris naissance en divers lieux de ce monde, dans des races d'hommes indépendantes les unes des autres ; et ils trouvent, dans la linguistique, le principal fondement du *polygénisme,* c'est-à-dire de la croyance à la pluralité des races primitives ou des prétendues espèces humaines.

Cette question du polygénisme nous fournit l'occasion de reproduire, contre l'enseignement matérialiste, un argument que nous avons déjà présenté plusieurs fois relativement à la genèse des diverses sortes de créatures.

Toutes les races anthropologiques se réunissent en une seule espèce par la possession des mêmes attributs spirituels de moralité et de religiosité, des mêmes facultés psychiques, et notamment de celle qui leur sert de commune expression, la faculté de parler. Elles sont très rapprochées aussi par leurs caractères physiques, si bien qu'elles sont parfaitement fécondes dans leurs croisements, qu'elles ont la même durée de gestation, etc. Conséquemment, il est légitime de les rattacher à une seule souche originelle.

Si donc on devait croire, avec les anthropologistes opposés à cette opinion orthodoxe, que l'humanité a eu plusieurs centres de formation et qu'elle est sortie de plusieurs branches animales différentes, il faudrait reconnaître, en même temps, qu'il y a eu une direction supérieure précise, une manifeste ingérence de Dieu dans l'évolution qui aurait abouti à donner à ces productions distinctes une telle conformité finale. Il est inconcevable que le matérialisme raisonnant, qui sait si bien découvrir les difficultés que comportent les enseignements de la Révélation, ne s'aperçoive pas de la contradiction dans laquelle il tombe lorsqu'il nie l'existence d'un plan dans la fondation et l'enchaînement de la vie terrestre, et qu'en même temps il professe la pluralité des origines humaines ou simplement celle des types linguistiques. Il est vrai qu'alors il est mû par le désir de renverser l'un de nos dogmes fondamentaux, le dogme de l'unité de l'espèce humaine ; mais les hommes de foi ne seraient pas ébranlés par l'apparente pluralité des langues mères. Si elles étaient réellement irréductibles à un idiome unique, — ce qui n'est nullement démontré, — ils en seraient quittes pour croire que le miracle de la confusion des langues fut complet ou radical, et que l'opération divine a été alors aussi accentuée et aussi profonde que dans la formation même du langage primitif.

§ III. — La considération du langage fournit aussi une solution de cette question capitale dans l'histoire de l'humanité : nos frères sauvages sont-ils, comme on l'admet d'après la foi religieuse, des hommes dégradés, provenant des races humaines supérieures ? Ou bien, comme le veulent les théories transformistes, seraient-ils sortis des animaux par l'effet d'une évolution qui s'est arrêtée en route, ou qui est plus longue à s'accomplir que ne l'a été la nôtre ?

Cette alternative n'est pas discutée en ce qui concerne les sauvages des contrées hyperboréennes ; tout abaissés et amoindris qu'ils sont par les rigueurs de leur climat, on les croit descendus des belles races qui peuplent les zones adjacentes. Mais la descendance des sauvages des climats chauds est moins claire. On a trouvé dans quelques-uns de leurs habitats, — dans diverses parties de l'Amérique et dans certaines îles de l'Océanie, — des restes d'anciennes et importantes constructions, et même des monuments considérables que les populations contemporaines de ces découvertes archéologiques eussent été incapables d'élever. On a même rencontré des inscriptions gravées, en caractères inconnus, dans des contrées où l'usage de l'écriture s'est entièrement perdu. Comme ces indices de la dégradation intellectuelle des sauvages des climats chauds n'ont été relevés que dans quelques localités, on peut s'imaginer qu'ils sont l'œuvre de certaines colonies accidentelles, qui auraient fait apparaître en ces lieux des produits d'une civilisation étrangère. On pourrait en dire autant de quelques lueurs de la Révélation biblique, qu'on a aperçues dans les traditions religieuses de ces populations ignorantes. Mais les observations linguistiques font justice de ces explications, et démontrent bien que les sauvages du Sud, de même que ceux du Nord, descendent de peuples civilisés ou de types humains qui leur étaient supérieurs.

Il semble, en effet, que les peuplades humaines qu'on jugerait assez proches parentes des bêtes ne devraient posséder que des langues très simples, et de ce genre *monosyllabique* qu'on a considéré comme le type linguistique primordial; or, tandis que le peuple chinois, qui a traversé une longue période de progrès et de civilisation, en est encore à un langage de cette sorte, il se trouve que presque toutes les fractions de la race nègre ont des langues d'un mode plus élevé ou du genre *agglutinatif*. Il y a plus, chez les populations les plus disgraciées de la terre, chez les indigènes des extrémités méridionales des trois continents, américain, africain et australien, les linguistes ont trouvé des dialectes relativement distingués, dont le riche vocabulaire et la grammaire compliquée décelaient une ancienne civilisation; ils y ont vu des restes d'idiomes perfectionnés, qui seraient comparables aux ruines architecturales de l'Amérique centrale; c'est du moins la comparaison dont s'est servi Max Muller touchant le langage des Fuégiens ou habitants de la Terre de Feu. Il serait évidemment absurde de soutenir que ces belles langues sont l'œuvre d'anciennes races plus inférieures encore et plus voisines des animaux que celles d'aujourd'hui. Les observations de la linguistique nous amènent donc à reconnaître, d'une manière générale, que les sauvages sont vraiment des hommes en dégénérescence, et non en progression lente et avortée, comme s'ils étaient descendus des bêtes.

TRENTE-SEPTIÈME LETTRE

LA CAUSE DE LA VIE ET LA PLURALITÉ DES MONDES

Avant de clore notre étude générale de la vie tellurique, Camille, nous avons à revenir sur une considération qui nous servira de transition à celle qui doit suivre, c'est-à-dire à la recherche de ce qui a pu s'accomplir d'analogue sur les autres mondes. Il s'agit d'un argument qui s'est présenté plus d'une fois au cours de la seconde partie de ces Lettres ; nous aurions même pu le reproduire à chaque point saillant de notre discussion, tant il est inhérent à notre thèse ; mais, afin de ne pas nous exposer à des redites fastidieuses, nous l'avons presque toujours négligé, en nous réservant de le reprendre et de le développer ici une fois pour toutes.

Nous avons démontré que les premières productions de la vie, toutes simples qu'il vous plaît de les supposer, n'ont pas surgi d'elles-mêmes sur la terre, et que la matière inorganique de ce monde, étant incapable de leur donner naissance, avait dû être préparée, organisée, animée par une puissance vivifiante extérieure. Cependant, en dépit de nos raisonnements, un doute ou un vague soupçon subsiste toujours dans votre esprit : ce qui ne se produit pas actuellement n'a-t-il pas pu s'opérer un jour dans des conditions toutes naturelles et qui nous seraient inconnues ? La durée des temps qui ont précédé l'apparition de la vie a été si considérable, et le théâtre sur lequel elle pouvait se manifester était si vaste et si varié ! Qui sait si les forces physiques qui s'y exercent sans relâche n'ont pas rencontré, d'aventure, un concours de circonstances favorables à l'accomplissement d'une génération spontanée tout exceptionnelle ?

De telles suppositions sont bien vagues, sans doute, mais elles suffisent à influencer les partisans d'un système préconçu. L'*ultima ratio* des matérialistes, le hasard, est toujours au fond de leurs croyances génésiaques ; c'est donc de ce mythe trompeur qu'il faudrait faire une dernière fois justice, et c'est pourquoi, aux aperçus spéciaux que nous avons déjà présentés sur l'impossibilité des genèses fortuites, nous ajouterons maintenant celui qui se tire de votre affirmation de la pluralité des mondes.

Vous dites, en effet, qu'il doit y avoir beaucoup de globes célestes qui se trouvent constitués physiquement comme notre planète, et qui sont pareillement propices à l'existence d'une nature animée; vous déclarez ne pas concevoir qu'elle y soit absente, et, dès lors, partout où elle est possible, vous n'hésitez pas à l'y implanter en imagination. Nous ne vous opposons pas un démenti radical, et nous trouvons seulement que cette doctrine nous est présentée d'une manière trop absolue; mais nous demandons sous quelle influence générale la vie aurait fait son apparition sur tant de points de l'espace céleste; pour qu'elle réalise cette sorte d'ubiquité, ne faut-il pas qu'elle ait son principe permanent quelque part, d'où elle s'épancherait sur tous vos mondes viables comme d'un inépuisable foyer? Se pourrait-il que partout et toujours cette merveille ne reconnût d'autre cause efficiente qu'un inconcevable hasard? La production fortuite d'une seule génération spontanée nous avait paru inadmissible; mais sa prétendue reproduction en des myriades de lieux de l'univers astral est d'une invraisemblance qui va jusqu'à la pleine absurdité.

Il ne s'agit là que de la vie en général, ou plutôt de la vie simplement rudimentaire; mais vous affirmez qu'elle ne serait pas restée en cet état et que, partout où elle eût surgi, elle aurait été suivie de manifestations de plus en plus élevées. Vous croyez qu'elle a fourni à toutes les sphères habitables, comme elle l'a fait à notre globe terrestre, un revêtement magnifique, et que chaque planète est un théâtre plein d'activité où l'on aurait vu naître, se perfectionner, s'embellir, une infinie variété d'êtres, végétaux et animaux, admirablement organisés.

Nous ne discutons pas encore cette conception ainsi généralisée ; mais ce que nous avons à en dire ici, c'est qu'elle ne serait conciliable qu'avec notre foi spiritualiste et nullement avec le principe du matérialisme.

Car, s'il en est comme vous le supposez, il faut qu'il y ait eu des influences ou des causes ayant agi sur la vie primitive pour déterminer l'évolution que vous concevez ; ces causes ou ces influences, selon vous et d'après Darwin, auraient été découvertes sur la terre ; mais s'exerceraient-elles aussi en dehors de ce monde ou dans tous les lieux sidéraux ? Y a-t-il partout cette exubérance de vitalité à laquelle on attribue la concurrence vitale, ce grand facteur de l'évolution darwinienne ? Ici-bas, par exemple, les êtres vivants sont doués du pouvoir de se reproduire ; à leur mort, ils laissent après eux plus d'un rejeton pour prendre leur place ; vous croyez qu'il en est absolument de même sur tous vos mondes : c'est ce qui n'est nullement certain ou fatalement obligé. La grande fonction de reproduction pourrait bien n'avoir pas partout la même activité, et ce qui se passe sur la terre elle-même le donne à penser. Tandis que nos oiseaux de basse-cour nous fournissent un œuf presque chaque jour, un certain oiseau palmipède des plages boréales, le *pétrel gris*, ne pond qu'un seul œuf dans la bonne saison : avec une si faible fécondité, la lutte pour l'existence se trouve fort restreinte. — Une autre cause de votre mécanisme évolutif aurait été la variabilité des types organisés : or, il y en a qui n'y sont guère sujets, et vous devez croire qu'il en est ainsi pour ceux qui ont traversé intégralement d'immenses périodes géologiques ; on en pourrait citer plusieurs qui sont extrêmement remarquables sous ce rapport. Il est clair que des êtres qui ne sont pas susceptibles de variations, ou chez lesquels l'influence de l'hérédité est toute-puissante, ne se prêtent pas au progrès évolutionniste de Darwin.

Ainsi, en transportant son système à tous vos autres mondes habitables, nous dirons : pour qu'une poussée unique d'organismes élémentaires, qu'une cause quelconque a fait éclore, développe des richesses vivantes qui rivalisent avec notre somptueuse nature, il faut un ensemble de conditions ou de lois biologiques dont nous venons de rappeler les deux principales. Ces conditions sont indispensables pour le perfectionnement et la multiplication des types; à défaut de l'une d'elles, l'évolution naturelle du règne organique deviendrait impossible. Elles se sont trouvées rassemblées sur notre planète, et vous affirmez que cet heureux concours, facteur inconscient de la beauté et de la diversité de la vie terrestre, n'a été qu'un simple effet du hasard! Mais une telle explication, fût-elle suffisante, ne serait concevable que dans le cas où il n'existerait qu'un seul monde pour tout l'univers. Que si, au contraire, il y en a un grand nombre, et si les circonstances physiologiques nécessaires ont été pareillement réunies sur chacune de ces sphères sidérales pour les orner à l'égal de la nôtre, est-il permis de prétendre que leur coexistence a encore été fortuite, et non ordonnée par une puissance providentielle?

Au surplus, nous avons fermement combattu la théorie transformiste à ce point de vue, et nous lui avons opposé des faits qui démontrent la réalité d'une direction intelligente dans l'économie de la nature. On y pourrait relever tant de dispositions concordantes et harmonieuses que l'idée de leur production spontanée paraîtrait de la dernière invraisemblance à qui s'en tiendrait à la considération de ce seul monde tellurique; que sera-ce si vous admettez que des dispositions et des faits analogues se sont reproduits sur mille et mille autres sphères? Ne pourrons-nous pas dire alors que le système génésiaque du matérialisme est mille et mille fois absurde?

Enfin et par-dessus tout vous [avancez que, sur tous les globes des cieux où se développerait un monde végétal et animal, on verrait apparaître une population d'êtres raisonnables analogue à notre terrestre humanité. Nous ne devons pas discuter en ce moment la vraisemblance de ce système, et nous vous demanderons seulement sous quelle influence ou par quelle cause efficiente il pourrait être réalisé. L'homme appartient à la classe zoologique des mammifères; mais nous constatons qu'à l'extrémité des autres branches de cette classe, non plus qu'au sommet de la classe des oiseaux ni d'aucune autre du règne animal, on ne trouve rien de semblable à l'espèce pensante. D'ailleurs, nous avons démontré qu'il y a dans la constitution de l'homme, par comparaison avec toutes les bêtes, des différences originales, d'où nous avons conclu qu'il n'est pas la continuation naturelle d'un type bestial, et que son existence découle directement de la source même de la vie. Nous serions-nous trompés? Ce qui nous semble naturellement impossible et ce qui exigea, selon nous, un acte surnaturel, aurait-il pu se produire par un concours d'influences fortuites? Contre une telle explication nous ne cesserions de protester dans le cas même où il n'existerait qu'un monde humain dans l'univers; mais quand vous ne craignez pas d'admettre, avec l'une des écoles matérialistes ou déistes, que notre type a surgi en *plusieurs lieux de la terre* ou par plusieurs têtes distinctes; quand, relativement aux autres planètes habitables, vous affirmez qu'il y naîtra toujours des espèces royales comme la nôtre, s'échappant aussi de l'animalité antécédente; quand vous prétendez ainsi qu'il y aura partout des êtres de notre sorte qui se confondront en une même famille, au moins par la similitude de leurs caractères psychiques, laquelle implique une commune tendance à reconnaître un Esprit créateur ; et quand enfin vous soutenez que ce sera partout et toujours votre aveugle hasard qui décidera cette admirable genèse, oh ! alors, pour ne pas manquer de respect à votre raison, je vous avoue que la mienne est entièrement confondue.

Avons-nous lieu d'insister? N'est-il pas évident que rien n'est plus contraire au principe du matérialisme que la doctrine de la pluralité des mondes ? La poésie sacrée et profane, la philosophie vulgaire, se sont plu à nous traduire le langage religieux que tient à l'âme de l'homme le firmament constellé ; et les étoiles, quand elles ne semblaient être qu'une simple poussière lumineuse, annonçaient déjà aux humains des temps passés l'existence et la gloire d'un souverain Être. Si donc, au lieu de constituer de vains luminaires, elles éclairaient ces mondes innombrables qu'entrevoit votre imagination ; si, par l'effet d'une évolution progressive, d'apparence même aussi spontanée qu'il vous plaît de la concevoir, une substance organisée et vivante se constituait sur tous les globes refroidis, pour se développer en une végétation magnifique, infiniment diversifiée, accompagnée d'une immense variété d'espèces animales, et toujours couronnée d'une certaine catégorie d'êtres pensants qui fissent monter vers un centre mystérieux de création leurs hommages et leurs aspirations ; si ce fantastique épanouissement de la vie se reproduisait de toutes parts dans les cieux, qui pourrait se défendre de lui attribuer une cause générale et substantielle, un agent excitateur occulte? Qui ne sentirait l'existence de la Divinité cachée derrière cet universel et merveilleux panorama vivant? Qui oserait encore faire profession d'athéisme ?

Remarquez que nous n'affirmons rien relativement aux prémisses de ce raisonnement; mais, si vous dites qu'elles sont vraies, nous en tirons simplement la conséquence obligée, comme exprimant l'idée mère de tout cet ouvrage. Lorsqu'on croyait que le nature terrestre, avec tous les êtres vivants qu'elle comporte, représente la partie essentielle de la Création, on trouvait déjà exorbitante la supposition d'après laquelle ce monde unique serait né d'un concours d'influences accidentelles, et, si elle a pu se produire parmi les humains, c'est que, comme l'a dit Cicéron, il n'est pas d'extravagance qui ne soit sortie du cerveau des philosophes; mais, dès qu'on admet le système de la pluralité des mondes analogues à celui-ci, on doit évidemment briser avec elle; aucun homme, en possession de son bon sens, n'oserait soutenir que chacun d'eux doit encore son existence au hasard.

TRENTE-HUITIÈME LETTRE

LA CAUSE DE LA VIE EST ESSENTIELLEMENT INTELLIGENTE

Si donc vous tenez toujours, Camille, à l'idée de la multiplicité des mondes habités, il ne vous est plus permis de mettre en doute l'existence du Créateur, et nous devons considérer ce dogme capital comme définitivement acquis. Cependant, cette base si large, nous l'avons assez fait comprendre, ne nous est nullement nécessaire pour soutenir notre foi spiritualiste, et il nous sera bien permis de la restreindre, si l'étude que nous avons à faire de cette question nous y conduit. Assurément, nous croyons que la Puissance vivifiante, qui orna si bien notre terre et qui couvre de son regard toutes les terres possibles des espaces célestes, est capable de les parer toutes avec une égale richesse, et de couronner son œuvre, comme elle l'a fait ici, en y installant une population d'êtres raisonnables ; mais, avant de nous demander si elle l'a fait réellement, nous avons à nous mettre d'accord au sujet de l'un de ses attributs essentiels, duquel dépend, d'une manière absolue, l'exercice de son activité.

Tout être doué de la vie, comme l'est nécessairement l'Agent suprême qui en est la source, appartient à l'une ou à l'autre des deux catégories que nous avons distinguées dans la trente-cinquième lettre. Ou il se rapporte à un type qui ne se connaît pas lui-même, qui n'exécute que des œuvres dont il ne saurait concevoir le plan, à un type régi par la loi de l'instinct et tel qu'une plante ou un animal ; ou bien il constitue une essence consciente d'elle-même, concevant ou créant le plan de ses ouvrages, tendant toujours, dans l'exercice de son activité, vers quelque but qu'elle se pose sciemment : en deux mots, une essence tout intelligente et douée d'une volonté libre, telle que l'homme. Cela convenu, je vous soumets une question dont la légitimité vous apparaîtra surtout au moment où nous discuterons une grande erreur religieuse de nos contemporains, le Déisme ; je vous demande dans laquelle de ces deux classes vous placez la Cause première des créatures. Dites-nous donc si l'Être des êtres possède une volonté intelligente, ou s'il opère sans aucune délibération, en obéissant à des suggestions instinctives et fatales, comme un pur animal, ou plutôt comme une plante *agissante* ou une simple machine.

Pourquoi faut-il que je sois amené à vous poser un semblable dilemme? N'est-ce pas faire trop peu de cas de la raison de mon contradicteur? Et quelle discussion nouvelle pourrai-je engager pour ajouter à la clarté de la solution?

Le premier des deux types que nous venons de distinguer n'est pas foncièrement doué d'intelligence, car il peut n'en avoir pas du tout. Or, le plus borné des hommes jugerait sans hésiter que les créatures vivantes, en raison de leur admirable organisation et de leur merveilleux mécanisme, ne peuvent procéder que d'une cause parfaitement intelligente. Cependant, il n'y a pas à se le dissimuler, on pourrait vous citer celui de nos organes dont la structure et la fonction seraient les plus dignes d'admiration, le viscère, par exemple, que Descartes s'est appliqué à décrire dans son *Discours sur la Méthode;* on pourrait faire passer cette incomparable machine du cœur des animaux supérieurs sous les yeux de la plupart des matérialistes sans ébranler leur croyance athée. Nous n'avons pas à rechercher ici la cause de cet aveuglement; il suffit de constater que les merveilles de l'organisation nous parlent encore trop implicitement du Créateur, tandis qu'il semble, au contraire, que les actes instinctifs des animaux ont quelque chose de plus directement en rapport avec la souveraine Intelligence, et de plus rebelle aux explications du matérialisme. Déjà nous avons puisé à cette source des éléments de démonstration spiritualiste; nous allons y revenir encore pour compléter nos précédents aperçus et en tirer un enseignement final.

L'instinct, avons-nous dit, en maîtrisant et dirigeant toujours l'animal, le constitue à l'état de passivité psychique: cette manière d'être implique donc l'existence, en dehors de lui, d'un principe actif qui le domine et le conduit. Nous ne dirons pas, quoique de grands esprits n'aient pas craint de se prononcer en ce sens, que les instincts sont *divins* ou que les animaux sont dirigés par Dieu même; car les bêtes ne sont pas infaillibles dans l'exécution de leurs faits et gestes et, conséquemment, ne peuvent être supposées sous la direction immédiate de la Puissance divine. Entre celle-ci et le monde bestial, il faut qu'il y ait au moins quelque principe ou agent intermédiaire, qui fonctionne comme une cause seconde, et dont je m'abstiens de parler par ce que je ne saurais le définir, mais qui dérive nécessairement d'une parfaite intelligence. Cette qualité suréminente du souverain Modérateur de la nature ressortirait de tous les exemples que nous avons cités: tous les actes instinctifs des animaux, étant soumis à l'analyse, montreraient le caractère essentiellement intelligent de leur suprême instigateur, et nous achèverons de le démontrer en continuant le récit fort simple que nous avons commencé dans la trente-cinquième lettre.

Il s'agissait du cadavre d'un petit quadrupède des champs qui semblait s'enfoncer lui-même dans la terre pour s'y ensevelir; en réalité, il nous cachait un insecte de taille moyenne, le *nécrophore fossoyeur*, que nous aurions trouvé travaillant au-dessous de lui, si nous avions eu la curiosité de le soulever. Que de peine devra se donner ce chétif terrassier pour enfouir assez profondément un corps relativement si volumineux! Il est vrai qu'il saura économiser au mieux ses efforts; de plus, il s'associera, pour l'accomplissement de cette tâche, avec deux ou quatre de ses pareils; mais l'entente parfaite qui s'établit entre ces humbles travailleurs n'est pas le trait le moins étonnant de l'œuvre instinctive qui nous occupe. Deux d'entre eux, se glissant sous l'énorme épave et redressant leurs membres, parviendront à la soulever quelque peu pour donner aux autres la facilité de déblayer la terre sous-jacente; c'est en répétant un grand nombre de fois cette manœuvre qu'ils la font descendre jusqu'à la profondeur convenable. Cela fait, ils déposent des œufs dans son intérieur; puis ils s'évertuent à combler la fosse avec les matériaux sablonneux qu'ils avaient rejetés sur les bords. Enfin, ils se retirent et s'envolent pour se livrer aux joies de la vie, et pour se remettre bientôt à la recherche d'un autre cadavre que l'extrême finesse de leurs sens leur fera découvrir.

Vous avez déjà compris l'utilité générale de ce travail herculéen. Tous les animaux, grands et petits, doivent livrer au monde végétal leur dépouille corporelle ou ses éléments dissociés. La nature a des moyens divers de disperser la matière morte pour la faire rentrer dans le tourbillon de la vie végétative, mais tous ces moyens ne sont pas également plausibles. Ce n'est pas, notamment, un idéal satisfaisant que celui d'un corps en décomposition où fourmillent les vers, et d'où s'échappent des produits pestilentiels, ainsi que des mouches envenimées : l'insecte dont nous parlons sert à nous épargner ce tableau repoussant et à nous préserver des dangers de la putréfaction; le procédé qu'il pratique, pour dérober la matière cadavérique et en ménager la dissolution est le plus parfait de tous. Vous en comprendrez mieux encore l'importance si j'ajoute qu'il y a, dans d'autres contrées, des nécrophores de plus grande taille qui se chargent d'enterrer des cadavres plus volumineux.

L'opération qu'exécute notre patient fouisseur a une seconde fin toute particulière. Car les œufs qu'il a déposés ne tardent pas à éclore, et les vers ou futurs insectes qui en sortent se nourrissent de la chair morte qui les entoure. Si le cadavre était resté à la surface du sol, il se fût décomposé trop vite pour leur être utile, ou bien il aurait pu être la proie d'autres carnassiers plus dévorants. Autant il est certain qu'il y a un dessein et un plan dans le travail de notre bestiole, autant il est sûr que ce n'est pas elle-même qui les a formés. Si elle était assez avisée pour les concevoir, elle ne serait pas assez folle pour se donner la peine de les exécuter. Que lui importe, à elle, le sort de sa progéniture qu'elle ne reconnaîtra même pas? Quel souci peut-elle avoir de la soustraction de ce cadavre, de la salubrité de l'air, de la propreté ou de la décence de la nature? A-t-elle le moindre intérêt à interrompre son existence de vagabondage et de plaisir pour, se condamner à ce grand labeur? Cependant, sa conduite n'est ni folle ni sage, elle est simplement machinale : cet insecte obéit, au moins médiatement, à une puissance surnaturelle qui a conçu ce plan et qui se sert de lui, comme d'une machine parfaite, pour l'exécuter. Dans son œuvre instinctive, nous avons relevé deux traits de finalité, c'est-à-dire d'intelligence ; en étudiant ses mœurs, nous en apercevrions d'autres encore qui, à la vérité, ne seraient pas si spéciaux. Il n'y a pas d'espèce vivante où l'on n'en puisse découvrir ainsi de particuliers et de généraux ; l'ensemble du règne organique nous en offrirait une infinité : est-il possible de les expliquer autrement que par l'exercice d'une véritable et immense Intelligence ?

En concluant donc qu'il y a, au-dessus de la nature bestiale, une Intelligence souveraine qui la gouverne et l'inspire incessamment, nous avons tout dit, et nous ne pourrions guère développer ce thème sans nous exposer à des répétitions oiseuses et à des explications d'une simplicité puérile. Cependant, vu l'extrême importance du sujet, nous ne nous arrêterons pas devant cette juste considération, et nous tâcherons de rendre plus indiscutable encore l'existence de cette suprême Sagesse dirigeante, en isolant et envisageant à part l'un de ses modes d'expression les plus probants. La *prévision*, dirons-nous, est un acte intellectuel d'un ordre bien plus élevé que la simple vision physique ; la prévoyance indique un degré de l'intelligence supérieur à la simple compréhension des faits patents. Or, la nature animée nous offre à chaque pas des phénomènes de prévision ; les animaux et tous les êtres vivants se comportent comme s'ils étaient doués de prévoyance, et ils le font dans des conditions telles qu'il est évident que ce ne sont pas eux qui sont doués de cette faculté : c'est une Puissance qui est au-dessus d'eux et qui les fait agir conformément à sa propre prescience.

D'après cela, le plus grand problème que puisse se poser l'esprit humain, celui qui a trait à l'existence et aux attributs de Dieu, peut se ramener à deux questions toutes simples, pour la solution desquelles nous en appelons au bon sens et à la bonne foi de nos adversaires.

La première est celle-ci : Y a-t-il de la prévoyance dans la nature? — Nous avons envisagé ensemble un certain nombre de faits qui en témoignent; il serait facile de multiplier extrêmement les citations de ce genre, mais c'est ce que nous ne pouvons faire ici, et nous devons nous contenter de les résumer tous en un simple et dernier exemple qui me semble propre à servir de type.

Il y a des insectes, de la même famille que les abeilles, qui construisent avec de la cire, ou creusent dans la terre une loge où ils déposeront leurs œufs; ils l'approvisionnent d'une pâture appropriée au goût de leurs futures larves; et se retirent pour toujours, après avoir fermé cette cellule de telle sorte que leur progéniture y sera en sûreté, et qu'elle pourra, étant devenue adulte, l'ouvrir pour se répandre au dehors. Voilà, selon nous, un fait de prévoyance qui n'est pas contestable ; il l'est d'autant moins que le règne organique le reproduit de mille manières différentes pour la conservation des espèces et des individus.

La seconde question est tout aussi facile à résoudre : A qui appartient cette bienfaisante faculté? est-ce à l'animal qui en fait preuve, ou à une intelligence étrangère et supérieure? — Un second fait nous fournira la réponse. Nous nous reportons à l'exemple que nous venons de citer, mais nous précisons mieux le sujet de notre observation. C'est une espèce d'apiaire appelée *anthophore*. Elle a construit la cellule dont j'ai parlé, l'a remplie de miel, et l'a fermée en y laissant un œuf. Naturellement, ce qui s'en échappera un jour sera un jeune anthophore; mais il arrive parfois que c'est un tout autre insecte, un coléoptère du genre *sitaris*. Quelle étrange substitution s'est donc opérée dans cette loge bien murée? C'est ce que nous a appris un très habile observateur, M. Henri Fabre, dans ses *Souvenirs entomologiques*.

La femelle du sitaris a reçu l'instinct clairvoyant de déposer sa couvée à la porte d'une de ces cellules d'où doivent sortir des insectes producteurs de miel, de sorte qu'une de ses larves trouvera le moyen de s'installer sur le dos d'une jeune anthophore femelle, qui lui servira comme de monture permanente. Elle y demeurera cramponnée jusqu'au temps où cette sorte d'abeille, ayant préparé sa loge nourricière et l'ayant pourvue de sa matière nutritive, y déposera son œuf. A ce moment, elle descendra se fixer sur cet œuf flottant, qui la soutiendra comme un radeau au-dessus du liquide sucré, et se laissera enfermer avec lui dans la cellule. Elle commencera par attaquer son support vivant pour en absorber le contenu; puis, ayant changé de forme et de régime, elle se repaîtra du miel lui-même, se développera, subira sa métamorphose dernière, enfoncera enfin la porte de sa prison et en sortira insecte parfait. — Considérée dans ses détails, cette histoire du sitaris dénoterait une combinaison très ingénieuse; mais nous n'avons pas à nous en occuper davantage et ne devons discuter que la conduite de notre anthophore femelle, qui a été si habilement trompée.

Elle se prête bénévolement à cette aventure de parasitisme ; en travaillant à clore sa cellule, elle ne s'aperçoit pas qu'elle enferme le loup dans la bergerie ; elle ne songe pas à chasser ce perfide intrus qui va détruire sa postérité : c'est qu'elle ne comprend pas ce qu'elle voit, elle n'entend rien à ce qu'elle fait, et ne l'exécute que d'une manière machinale ou passive. Etant si peu intelligente, comment serait-elle capable d'une admirable prévoyance ?

Il est donc évident que ce n'est pas en conséquence de sa propre prévision qu'elle a creusé sa niche et l'a remplie de miel : en dehors et au-dessus d'elle est l'immense Sagesse qui la dirige, qui tient aussi à faire réussir l'évolution de son parasite, qui fait servir le travail de son espèce à deux fins ou à deux sortes d'êtres ; et, à cet Esprit souverain, il faut et il suffit que notre abeille soit toute docile : il lui convient qu'elle soit aveuglée, inintelligente et imprévoyante, parce qu'il possède lui-même l'intelligence et la prévoyance infinies.

N'oubliez pas que ce n'est plus précisément l'existence de Dieu qui est en cause entre nous : ayant distingué ici-bas deux types d'êtres vivants, l'instinctif et l'intelligent, nous recherchons simplement auquel des deux ressemble l'Auteur de toutes les créatures. Que si, ayant reconnu qu'il est doué d'un véritable et parfait entendedement, vous étiez encore tenté d'associer en lui cette noble faculté avec une nature psychique inconsciente et machinale qui la dominerait ; si vous imaginiez une Providence engrenée dans une sorte de railway circulaire, ou menée en lisières et assujettie à reproduire toujours les mêmes actes dans les mêmes circonstances, votre divinité d'essence purement animale nous apparaîtrait aussitôt comme subordonnée à une autre ; dès lors, et d'après notre sentiment déjà exprimé, nous chercherions au-dessus d'elle ce pouvoir supérieur qui la dirigerait ou lui aurait imposé sa route, et nous ne nous reposerions que dans une Intelligence complète, parfaite et indépendante, seule capable d'initiative et de puissance créatrices.

Au surplus, l'opinion que je repousse ici n'a jamais été soutenue formellement par personne, et ce n'est qu'implicitement qu'elle est admise par les déistes. Quel esprit recueilli pourrait se persuader qu'une intelligence percevant tout ce qui a l'existence sur la terre entière et dans les abîmes ténébreux de la mer ; embrassant toutes les manifestations de la vie tellurique depuis des millions d'années ; réglant avec suite et harmonie les transformations brusques et progressives des innombrables types de créatures ; couvrant du même regard et régissant pareillement toutes les créations analogues de vos mondes sidéraux ; qui se persuadera, dis-je, que cette Intelligence effrayante, infinie, pourrait être en même temps inconsciente, instinctive, imparfaite et dépendante comme celle de la bête ?

TRENTE-NEUVIÈME LETTRE

LA CAUSE DE LA VIE EST ESSENTIELLEMENT LIBRE ; CONSÉQUENCE COSMOLOGIQUE DE CE PRINCIPE

Le monde inconscient des plantes et des animaux atteste déjà, vous venez d'en juger, Camille, la parfaite intelligence du Créateur ; mais l'existence de l'homme en témoigne plus formellement encore.

S'il n'était, comme toutes les créatures qui l'ont précédé sur la terre, qu'une œuvre tout extrinsèque de Dieu, il n'eût déjà pu être doté de raison, de conscience et de liberté par un agent qui n'aurait pas joui de ces hautes facultés, et qui n'aurait possédé qu'une activité instinctive, c'est-à-dire indélibérée et fatale. « Quelle plus grande absurdité, » a dit Montesquieu, « qu'une fatalité aveugle produisant des êtres qui ne le sont pas ? »

Mais si la nature de l'homme était plus noble que cela, s'il figurait un composé intermédiaire et mixte, une alliance de l'essence animale de la terre avec une essence surnaturelle ou divine, assujetties toutes les deux à une dépendance réciproque et soudées merveilleusement ensemble, ne pourrait-on pas dire que sa formation a été non un acte créateur comme un autre, mais une sorte d'infusion ou d'incarnation de la substance créatrice elle-même? Donc, de quelque manière que l'homme soit sorti de Dieu, ses attributs distinctifs doivent se retrouver dans sa source ou son auteur.

Nos adversaires critiquent notre conception de la Divinité comme ayant le défaut de l'*anthropomorphisme;* ils nous reprochent d'édifier notre Dieu à notre image: mais, à moins de le concevoir, comme ils le préféreraient sans doute, à l'image de la bête, nous ne pouvons faire autrement que de lui attribuer les facultés les plus excellentes qui nous distinguent. Non pas que nous méconnaissions la disproportion des deux natures ; l'infini leur est commun, mais tandis que l'infinitude divine est comparable à un cercle dont le centre est partout et la circonférence au delà de tout, la nôtre est comme celle d'un angle dont les côtés sont sans fin.

Il y a donc, entre les deux, des traits de similitude et de grandes différences : ce sont les premiers de ces rapports que nous devons relever ici. — Par notre intelligence, dirai-je, nous comprenons tout ouvrage que nous exécutons : l'Intelligence divine doit comprendre aussi le sien, c'est-à-dire la Création tout entière dans son essence, sa constitution et son mécanisme. La nôtre est bornée dans certains sens : à chaque instant, nous nous heurtons contre ses limites comme sur un mur de fer; mais l'esprit humain a l'idée innée d'une intelligence qui perçoit ce qui est au delà de toutes nos bornes. Le matérialiste lui-même, quand le sombre nuage qui couvre sa raison vient à lui montrer quelque éclaircie, entrevoit la nécessité d'une intelligence supérieure à la sienne. « Je me suis souvent demandé, » dit J. Tyndall, « s'il n'y avait pas dans l'univers quelque puissance, quelque être, quoi que ce soit, qui connaisse ce que j'ignore si complètement. Je me suis dit : Se peut-il que la science de l'homme soit la science suprême; que la vie de l'homme soit la plus haute vie ? »

L'âme humaine est consciente d'elle-même, ajouterai-je ; mais notre conscience est imparfaite, sujette à défaillir sous le poids de notre partie bestiale; nous en concevons une autre qui est indéfectible, n'étant nullement dépendante de la matière. Cependant, par cette conscience instable, ou, plus précisément, par notre sens intime, nous avons la connaissance de notre être : se pourrait-il que l'Intelligence créatrice, qui perçoit et pénètre tout ce qui existe, ne se connût pas elle-même qui existerait seule et serait tout, si elle n'avait encore rien créé? La conscience est donc, si l'on peut ainsi dire, l'attribut le plus essentiel du Créateur, celui sans lequel il n'existerait pas.

Enfin une intelligence consciente est en même temps douée de liberté. Nous reconnaissons que notre libre arbitre, de même que notre conscience, n'est pas absolu ou permanent; mais l'Être qui possède la plénitude et l'indéfectibilité de la conscience doit avoir aussi la perfection et la permanence de la liberté. Nous avons d'ailleurs admis au nom de la raison elle-même, confirmant une donnée précise de la Révélation, que son moyen de création n'est autre que sa parole ; et puisque nous avons reconnu que notre parole à nous procède de notre principe d'activité libre, ne devons-nous pas dire aussi que la Parole par excellence, le Verbe par lequel Dieu a tout créé, est le témoignage de son activité toute volontaire et de sa liberté parfaite ?

Telle est la proposition que nous devions établir dans cette lettre : un Être qui jouit de nos attributs suprêmes, l'intelligence consciente, la volonté libre, est l'auteur et l'arbitre de toute existence et de toute vie possible. En considérant l'économie de son ouvrage tellurique, nous fûmes conduits à admettre que ce fut à des époques successives qu'il exerça sur ce globe son pouvoir vivifiant, y suscitant toujours, avec une libéralité extrême, de nouvelles créatures organisées qui se rattachaient plus ou moins étroitement à la trame de ses créations antérieures. Et, toutes les fois qu'il suspendit son travail pour rentrer dans son repos, il laissa planer sur ce monde je ne sais quelle vertu dérivée de sa toute-puissance, qui soutenait son œuvre et continuait une création toute restreinte, en attendant le retour de sa pleine et éclatante activité. Ne jugez-vous pas que cette façon d'agir discontinue, ces interruptions et ces reprises ne s'accordent bien qu'avec l'idée d'un pouvoir arbitraire ou d'une volonté libre, et non avec celle d'un mécanisme inconscient et fatal ?

Nous avions établi, dans la première partie de ces Lettres, qu'une Puissance éternelle et infinie a formé la terre et tous les astres des cieux : nous avons montré, dans cette seconde partie, que son action fut nécessaire pour décider l'apparition de la vie à leur surface; et nous finissons en soutenant que ses créations de toute sorte, — vos mondes innombrables et l'ensemble de leurs créatures organisées, — tout est créé, conservé, régi par Elle avec une immense et parfaite intelligence. Une parfaite intelligence!... De toutes les conséquences qui découlent de notre principe spiritualiste, voilà celle que nous aurions le plus à cœur de défendre, parce que c'est contre elle que le matérialisme proteste avec le plus d'énergie; c'est pourtant un sujet que nous pouvons à peine effleurer.

Fermant les yeux à tout ce qui témoigne des plus sages combinaisons dans la constitution et la marche de la nature, les vôtres se plaisent aujourd'hui à ne considérer toutes choses, et surtout les choses et les faits qui les touchent directement, que sous le rapport des défectuosités apparentes ou réelles qu'ils y peuvent observer! J'avoue sans hésiter que la Création n'est pas parfaite; le Créateur est sans imperfection, mais il n'en pouvait être ainsi de ses œuvres, ni des lois qu'il a imposées aux créatures. Ce qui est d'autre nature que lui-même, ce qui est dépendant du temps, de l'espace et de la matière, est nécessairement imparfait. Tout ce qui fut créé dut être borné en quelque sens, défectueux sous quelque rapport. Pour que la Création fût sans reproche, et pour qu'elle possédât l'attribut divin de la perfection, il faudrait qu'elle se confondît avec le Créateur, qu'elle fût éternelle ou incréée, qu'elle cessât d'être la Création. De là une des raisons pour lesquelles nous n'accordons ni créance ni examen au système du Panthéisme.

Notre patrie terrestre, dites-vous, a de nombreux défauts et de graves incommodités; notre société humaine est loin d'offrir le spectacle de l'harmonie et du bonheur dont le sentiment est inné chez tous ses membres; mais l'argument que vous prétendez en tirer contre la sagesse de Dieu ne serait fondé que dans le cas où ce monde devrait durer toujours, et où son auteur n'aurait pas su nous ménager un autre asile tel que nous le souhaitons, définitif, parfait, se confondant avec sa propre substance. Si rien ne marche d'une manière irréprochable, ni dans le règne de la nature inconsciente, ni dans celui de l'humanité; si nous n'observons pas, dans la succession des événements qui nous touchent, une direction continue, régulière, portant le sceau de l'infaillibilité divine, les aperçus génésiaques auxquels nous avons été conduits vous en indiquent suffisamment la cause : l'action immédiate et entière de la Divinité n'est qu'intermittente; dans les intervalles de ses opérations percevables, la conduite de toutes choses dépend des causes secondes, des mécanismes créés, et partant imparfaits; et, du moment où nous reconnaissons que l'activité de l'Arbitre souverain n'est pas continue, nous n'avons pas à nous étonner qu'elle ne se manifeste pas à nous, durant notre existence éphémère. Vous avez d'ailleurs à votre usage, au sujet de son inaction actuelle, une donnée qui vous est particulière; moins que nous encore vous avez besoin, pour vous rendre compte de son éclipse présente, de recourir à des figures de langage et d'imaginer qu'il est sujet à défaillir ou à s'endormir; car il vous est tout loisible de supposer, quand son activité surnaturelle s'est retirée de ce globe, qu'elle s'est reportée plus ou moins amplement sur vos autres mondes.

Au surplus, l'impossibilité, où nous sommes si souvent, de démêler un plan supérieur dans la trame des événements qui s'accomplissent sous nos yeux, est notre condition nécessaire; tout le tableau d'apparence désordonnée que présente la scène terrestre est la vraie perspective qui convenait à des êtres intelligents, condamnés à y subir une épreuve capitale et de peu de durée. Une main providentielle pourvoyant manifestement à leurs besoins, arrangeant ostensiblement toutes leurs affaires, eût dirigé aussi leur propre conduite et confisqué leur liberté méritante ; il fallait qu'elle reculât et se contînt pour faire place à l'activité libre de l'homme ; il fallait tout ce qui est, c'est-à-dire qu'elle se dérobât à nos regards et qu'elle parût ne pas exister. C'est encore beaucoup que le Maître de notre sort, par une infraction généreuse de sa bonté aux exigences de sa justice, veuille bien parfois se départir de son impassible réserve, et déroger à sa loi d'expectation silencieuse par certains coups de sa Providence, qu'il a accomplis dans tous les temps à la face des peuples, et même sur la route particulière de chacun de nous, pour ceux qui savent ouvrir les yeux de leur intelligence ; comme aussi ç'a été une chose conséquente et sage, dans ses manifestations libérales à la terre, qu'il ait produit ses actes surnaturels d'une manière d'autant plus directe, plus sensible et plus fréquente, que les hommes étaient plus dociles et moins éclairés.

Dois-je enfin vous dénoncer une cause précise des imperfections de ce monde et de tous ses désordres apparents ou véritables, parmi lesquels il n'en est pas de plus regrettables que ceux qui proviennent de nos errements mal inspirés ? C'est que les influences supérieures qui s'exercent ici-bas ne relèvent pas d'un seul et même Agent surnaturel ; il en existe un autre auquel on est obligé de croire pour interpréter les faits malheureux qui sont en opposition avec la perfection et la bénignité divines. L'Être tout-puissant et parfait est bien réellement le premier principe de toutes choses, mais il ne s'est pas constitué le maître absolu de la terre, et ce n'est pas lui qui s'appelle le *Prince de ce monde*. Ne faut-il pas, en effet, qu'il existe une puissance malfaisante qui nous abuse, et par laquelle s'explique notre prodigieux aveuglement lorsque nous ne savons reconnaître aucun indice d'une Providence dans l'univers, et que nous nous tenons comme assurés qu'il n'y a point de Dieu ; lorsque, voyant monter rapidement le flot de la démoralisation, nous pensons être dans la voie du progrès moral; lorsque, étant de plus en plus menacés des discordes et des révolutions sociales, nous croyons tendre vers le règne de la félicité et de l'harmonie universelles, et lorsqu'enfin nous courons avec tant d'entrain en tournant le dos au but que nous nous flattons d'atteindre ?

Quant à la conclusion spéciale que nous devons tirer de cette discussion, je suppose que vous l'avez déjà pressentie. La question de l'habitation des astres comporte une solution très différente, selon qu'on se place à l'un ou à l'autre des trois points de vue génésiaques que nous avons signalés. Si l'on est partisan des systèmes matérialistes, on n'est pas fondé à croire à la multiplicité des mondes analogues à celui-ci ; c'est assez que le hasard ait produit une fois cette merveille : il serait par trop absurde de supposer qu'il l'a renouvelée et répétée : et surtout on ne peut admettre qu'il ait effectué de rechef une évolution qui aurait une *humanité* pour couronnement final.

Si l'on croit à l'existence d'un Dieu créateur, mais si l'on se figure, avec les déistes, qu'il est d'une nature spirituelle inférieure à notre être humain en ce sens que son activité est inconsciente et fatale, on est conduit à soutenir que ce qu'il a exécuté sur notre globe doit être reproduit en tout lieu de l'espace céleste où les circonstances physiques sont les mêmes. On ne comprendrait pas pourquoi il en serait autrement; il faut alors qu'il y ait autant de mondes couverts de plantes, d'animaux et d'êtres raisonnables, qu'il existe de planètes réunissant les conditions de la vie telles que nous les avons indiquées.

Que si, au contraire, on partage notre croyance touchant la nature essentiellement consciente et libre du Créateur, on n'est plus en état de se prononcer dans aucun sens. Il peut se faire qu'il y ait, sur tous les globes semblables à notre terre, des mondes organisés à l'instar du nôtre; il se peut même qu'il y en ait sur des astres tout autrement constitués, et dans des milieux où nous ne saurions les comprendre; il serait également possible que le nôtre fût le seul qui existât, et qu'on n'en trouvât nul autre ailleurs, même sur les planètes dont le régime nous semblerait le plus favorable ; il se peut aussi bien qu'il y en ait un grand nombre, mais qu'ils soient tous peuplés d'êtres inconscients, c'est-à-dire très différents de l'espèce humaine, comme aussi ils pourraient être en possession de créatures spirituellement supérieures. En pareil cas, le champ des conjectures est illimité, mais aucune d'elles ne s'appuierait sur un fondement véritable et ne saurait revendiquer la moindre probabilité.

Ce qui nous préoccupe tout spécialement, c'est de savoir si les autres sphères sont habitées par des êtres analogues à l'espèce humaine. Or, la Puissance créatrice étant telle que nous la concevons en ce moment, et notre intelligence étant bien disproportionnée à cette immense intelligence qui embrasse l'universalité des choses visibles et invisibles, pouvons-nous espérer de pénétrer ce qu'il y a en Elle, comme en nous, de plus intime et de plus insondable, la volonté, quand il s'agit surtout de ses actes les plus relevés et de ses créations principales ? Ayant donc reconnu à cet Esprit souverain la jouissance d'une liberté absolue, la faculté de souffler où il veut et dans la mesure qui lui plaît ; sachant, de plus, combien nous sommes sujets à nous égarer dans l'étude même de ses œuvres communes, quand nous rejetons le fil conducteur de l'expérience et de l'observation directe pour laisser à notre imagination la charge de présumer ses décisions, et combien souvent alors la découverte de la vérité transforme nos perspectives, ne devons-nous pas confesser que le problème qui nous occupe est réellement insoluble pour nous ?

Je pourrais regarder ma tâche comme terminée, d'autant que la science positive est toujours restée étrangère à nos rêveries sur les habitants des sphères astrales ; mais je ne dois pas vous laisser avec la pensée que la doctrine que je viens de présenter a pour effet de réprimer, dans un certain sens, l'essor investigateur de l'esprit humain, ou simplement de couper les ailes à votre imagination. Dès lors, au risque de me perdre dans les divagations de la mienne, je m'engagerai avec vous dans le domaine des suppositions cosmologiques, et je demanderai à notre commune raison ses impressions divinatoires sur les secrets du plan divin, étant convaincu que le grand œuvre de l'univers réalise une conception sage, harmonieuse et simple.

Je reprendrai donc mon sujet au point où je l'ai laissé quand j'ai ouvert la grande parenthèse qui contient toute la seconde partie de cet ouvrage ; et je pose maintenant cette question principale, dont les lettres suivantes présenteront le développement et la discussion : Y a-t-il apparence que l'Intelligence souveraine ait voulu placer des êtres tels que nous sur tous les globes semblables à la terre? Est-ce là la fin présumable de la Création sidérale?

TROISIÈME PARTIE

APPLICATIONS COSMOLOGIQUES ET DÉDUCTIONS PRATIQUES

QUARANTIÈME LETTRE

RÉSUMÉ DES PRINCIPALES DIFFICULTÉS RELATIVES A L'HABITATION DES ASTRES — LES MONDES MINÉRAUX

En commençant cette troisième partie de notre discussion, Camille, je résumerai certaines considérations générales qui se dégagent de la première section de ces Lettres.

Vous y avez vu que nous ne concevons pas comment les étoiles, même quand elles seraient refroidies, pourraient réaliser les conditions requises pour constituer de véritables mondes, et nous en avons dit presque autant de vos très grandes planètes, réelles ou possibles. A en juger par l'exemple de notre système solaire, il n'y aurait qu'une bien faible partie de la matière cosmique qui aurait été utilisée dans le sens que vous supposez ; et, en étudiant les données astronomiques relatives à l'ensemble des étoiles, nous sommes arrivés à présumer que cette petite fraction serait à réduire encore. Notre but actuel est de faire voir qu'il ne faut pas même s'en tenir à cette dernière réduction, et nous le montrerons en faisant ressortir les défauts constants qu'offrent les globes habitables les mieux constitués en apparence; de la sorte nous trouverons peu vraisemblable qu'ils aient été généralement gratifiés de la vie, et surtout de la vie supérieure des êtres doués de raison.

Il y a tant de siècles que notre globe s'est condensé, tant de siècles qu'il nous paraît graviter sans encombre, que vous croyez à la continuation indéfinie de son existence et de sa course régulière. Cependant, nous avons, dans notre système solaire, l'exemple d'une planète qui a été détruite et dont les débris se sont disséminés de chaque côté de son orbite; ses fragments, projetés dans l'espace, auraient pu atteindre un autre globe et renouveler sur lui cette catastrophe. De semblables chocs peuvent se produire avec les comètes (1), qui viennent si souvent côtoyer les corps sidéraux ; c'est peut-être l'un de ces astres, doué d'une certaine masse, qui a déterminé l'accident cosmique que je viens de rappeler, et donné naissance à un si grand nombre d'astéroïdes planétaires. Si l'un de ces astéroïdes, ou une comète massive, venait à se précipiter sur une planète telle que la terre et n'avait point la force de la mettre en pièces, elle pourrait du moins enfoncer sa coque fragile pour se noyer et se dissoudre dans ses profondeurs embrasées, en entraînant avec elle une partie de son élément aquatique. Il y aurait de quoi déplacer son axe de rotation, briser de toutes parts son enveloppe pierreuse, faire jaillir à grands

---

(1) Ayant soumis au calcul des probabilités la question d'une rencontre entre les comètes et la terre, Arago n'avait trouvé qu'*une* chance, pour cette éventualité, sur plus de *deux cent millions* de chances contraires. En supposant que ce calcul tienne bien compte du grand nombre des comètes et des astéroïdes errants, nous n'aurions pas encore à nous arrêter devant une pareille donnée, parce que nous n'avons point égard ici à la terre seule, mais à l'ensemble des planètes, et parce qu'il ne s'agit pas pour nous d'un court espace de temps tel que celui de la vie de l'homme, mais bien de l'immense période qui répondrait à la durée de tout le système solaire.

flots le liquide igné de son intérieur, soulever du fond de ses mers de nouveaux massifs de montagnes et bouleverser son Océan en causant un double déluge d'eau et de feu. Que deviendraient alors tous les êtres vivants d'un tel monde ? Rien ne nous prouve que des perturbations si considérables se soient produites jusqu'à présent sur le nôtre, *mais nous ignorons ce que lui réserve l'avenir* (1). Car il se peut qu'il y en ait eu d'aussi profondes sur d'autres planètes, telles que Mercure et Vénus, dont les très hautes saillies montagneuses dénotent la grandeur des révolutions géologiques passées ; et Mars en a peut-être été menacé par deux petits astres égarés qu'un heureux concours d'influences attractives aura fait dévier dans leur chute, pour les enrouler autour de lui à titre de satellites. Quoi qu'il en soit, il suffit que de tels événements soient possibles pour que nous en tirions argument contre le système de l'habitation universelle des corps planétaires.

Outre les astéroïdes et les comètes, il y a encore de longues traînées de matériaux cosmiques qui sont susceptibles d'aborder les planètes. Ces essaims de corpuscules peuvent traverser tangentiellement leur atmosphère et s'y consumer en tout ou en partie, ou bien se précipiter sur le corps de l'astre et le bombarder. Quant à notre monde tellurique, de quelque manière que les uranolithes le rencontrent, ils ne lui font courir que peu de dangers ; cependant, vous savez qu'on en a compté jusqu'à des *centaines de mille* sillonnant le ciel dans certaines nuits, et vous pouvez concevoir que tout cela vienne à tomber sur la terre ; c'est ce qui aurait lieu, notamment, si elle était douée d'une plus forte masse ou d'une plus puissante attraction. Alors nous verrions souvent s'abattre

(1) Voir la note O a la fin de cette lettre.

sur nos têtes une grêle de pierres métalliques bien autrement dangereuse que nos fusillades ou mitraillades les plus vives. Aussi ces pluies météoriques rendraient-elles très périlleux le séjour de nos grosses planètes, et vous trouveriez ici une suffisante raison de préférer notre petit globe à ces grandes sphères, lors même qu'elles ne comporteraient pas d'autres imperfections plus graves encore.

Les débris erratiques dont il s'agit peuvent être à l'état gazeux ou constituer des corps solides, quelquefois volumineux, quelquefois très menus ; dans les cas où ils seraient en très grande abondance et de nature combustible, non seulement ils s'enflammeraient en entrant dans une atmosphère comburante comme la nôtre, mais ils risqueraient de détruire par le feu tout ce qui serait vivant à la surface des planètes. Comme ils sont formés de tous les éléments constitutifs des astres, on conçoit encore qu'ils pourraient bien, durant une période à venir, nous livrer des blocs de métaux précieux ; mais on doit s'imaginer aussi qu'ils seraient capables de verser des produits méphitiques et vénéneux, des composés métalliques ou métalloïdes toxiques, tels que ceux qui sont si abondants dans l'intérieur de notre globe. Qu'il y ait, dans l'espace céleste, des comètes et des essaims météoriques formés de pareilles substances, c'est ce qui n'est pas douteux. Il se peut que notre terre ait essuyé de semblables rencontres qui, à la vérité, ont dû être rares, ou ne lui ont apporté qu'une faible quantité de principes nuisibles ; cependant, une plus forte proportion de certains éléments insolites, dissous de la sorte dans l'atmosphère, aurait causé des épidémies fatales aux hommes et aux animaux, puisqu'il suffirait de quelque substance propre à absorber l'un de ses principes accessoires, l'ozone, pour en faire naître de très meurtrières. Si de tels accidents ne se produisent pas, c'est peut être que quelque disposition providentielle et toute spéciale nous protège pour nous permettre de vivre. Mais la seule possibilité de leur accomplissement, dirai-je encore, nous fournit une nouvelle présomption contre le système de l'habitation générale des planètes.

Ce n'est pas seulement de l'espace qui s'étend sur leurs têtes que les habitants de tous vos mondes ont à se méfier : ils ont plus à craindre encore du feu central, toujours prêt à s'agiter sous leurs pieds. Excepté dans certains lieux où s'ouvrent les évents naturels de la terre, les hommes s'inquiètent peu des phénomènes volcaniques, parce que les désastres qu'ils causent sont très circonscrits ; mais il serait possible que leurs effets funestes s'étendissent beaucoup plus loin et se fissent sentir sur de vastes contrées. Car, avec leurs émanations gazeuses, qui ne sont dangereuses que pour leur voisinage, les volcans vomissent d'énormes quantités de cendres, qui se sont souvent répandues jusqu'à de grandes distances en demeurant longtemps en suspension dans l'atmosphère : ces nébulosités poudreuses se montrent inoffensives parce qu'elles ne sont formées que d'éléments siliceux, mais elles pourraient aussi bien être composées d'oxydes métalliques vénéneux : un affouillement plus profond des foyers volcaniques aurait sans doute ce résultat ; il se peut donc que l'innocuité que nous constatons ici soit encore particulière à notre monde, ou qu'elle y cesse un jour d'exister.

Les autres manifestations du feu central, je veux dire les tremblements de terre, nous émeuvent davantage, par la raison qu'aucune contrée n'est assurée contre leurs atteintes. Cependant, tout homme qui n'en a pas lui-même souffert est encore peu porté à les craindre, estimant que le plus grand nombre des trépidations du sol sont à peine sensibles, et que celles qui causent de grands dommages sont rares. C'est une opinion dont il conviendrait de rabattre. Nous oublions vite les catastrophes que nous n'avons connues que par de simples récits, et pourtant il s'en est produit de nombreuses et de terribles durant les temps les plus rapprochés de nous. Pour ne parler que de notre siècle, je remplirais aisément plusieurs pages, si je voulais citer tous ceux de ces accidents géologiques qui ont ébranlé de vastes régions, et détruit des villes entières en y faisant des milliers de victimes humaines.

Au surplus, pour apprécier justement, sous le rapport de leurs effets dévastateurs, l'importance de ces événements, il faut tenir compte d'une considération que nous avons déjà fait valoir.

Notre sphère tellurique, en raison de la phase géologique à laquelle elle est parvenue, ne nous offre pas un spécimen tout à fait exact de vos terres sidérales. Cette enveloppe pierreuse, qui nous sépare de ses abîmes ardents, toute mince qu'elle est encore en comparaison de la mer ignée qu'elle nous cache, a acquis une puissance considérable relativement à ce qu'elle fut dans les premiers âges de la vie. Aussi les chocs et les ébranlements qu'elle subit par le jeu des forces internes s'épuisent dans son épaisseur; ils retentissent sur une certaine étendue de la sphère, mais ne produisent le plus souvent que peu d'effet à sa surface. L'épaississement actuel de la croûte terrestre est donc pour nous bien avantageux, mais il a aussi des inconvénients graves. Nous voudrions tirer parti de toutes les forces de la nature : or, le calorique propre de la terre est la plus importante de toutes, et il est devenu très difficile à utiliser; de plus, et surtout, notre monde est privé de son influence vivifiante et réduit à ce mode d'échauffement, par un foyer extérieur, qui nous a déjà paru très imparfait, et sur les imperfections duquel nous aurons encore à revenir. Sous ce rapport, le meilleur temps de la vie tellurique était celui où les effluves du foyer central, traversant une écorce encore mince, venaient transpirer au dehors; alors une température plus uniforme et plus constante régnait sur toute la périphérie du globe, aux pôles plus encore qu'à l'équateur; et la vie végétale ou fondamentale y développait toute sa puissance, d'autant mieux qu'elle était favorisée par l'abondance de l'acide carbonique de l'atmosphère.

Il est incontestable que ce système calorifique est le plus rationnel, le plus favorable à l'exercice de la vie sur tous vos mondes possibles, et surtout sur ceux qui sont les plus éloignés de leur centre stellaire; mais il est clair aussi que les effets dangereux du feu central sont alors beaucoup plus à craindre; c'est ce qui avait lieu pour notre terre avant l'existence de l'homme. Aussi un savant Anglais, sir G. Airy, a-t-il pu dire, en comparant le temps présent aux anciens temps géologiques : « L'étendue de l'action volcanique est presque perdue sur la terre... Quand on examine les roches anciennes, on reconnaît qu'il y a eu presque en tous lieux une action volcanique. On trouve presque partout, dans nos roches calcaires par exemple, des veines basaltiques, des courants volcaniques qui se sont introduits entre tous les terrains... Il y a eu autrefois un grand déploiement de volcans... » En d'autres termes, les effets du feu central, c'est-à-dire les volcans et les tremblements de terre, étaient jadis incomparablement plus fréquents et plus redoutables qu'ils ne le sont aujourd'hui; aussi n'était-ce pas alors, mais seulement dans la période actuelle et finale, que la sagesse divine pouvait installer ici-bas l'espèce humaine.

D'après cela, qu'est-ce donc qu'un monde planétaire

dans le temps de sa pleine vitalité? C'est un petit soleil en voie d'extinction profonde, un globe presque entièrement en fusion, ou recouvert d'un tégument rocheux si mince qu'il ne représente qu'une sorte de pellicule sur les plus grosses planètes, que vous avez en si grande considération. Et non seulement celles-ci ne sont pourvues que d'une croûte d'une minceur singulière, mais encore, ainsi que je vous l'ai expliqué, elles auront leur atmosphère totalement dépouillée de leur principal élément nutritif, longtemps avant que cette croûte ait acquis une certaine épaisseur. Ce frêle plancher des êtres vivants se tourmente et se disloque de toutes parts pour suivre la sphère fluide dans son interminable concentration. Peut-être s'en sépare-t-il sur de vastes espaces en formant des poches, des boursouflures qui le tiennent suspendu et prêt à s'effondrer tout d'un coup. De plus, il est le théâtre d'une lutte incessante entre le liquide aqueux du dehors et le liquide igné du dedans; en conséquence de leurs violents conflits, il est encore sujet à se soulever ou à s'affaisser brusquement pour laisser l'un ou l'autre fluide s'épancher à sa surface, au grand dommage de tous ses habitants possibles. Ainsi, l'instabilité du sol, les crises volcaniques, les cataclysmes marins constituent le régime obligé de toutes les planètes, et surtout des plus grandes, *durant la période où elles sont le plus propres à l'existence de la vie* par leur température intrinsèque, et par l'abondance de la matière carbonée de leur atmosphère.

Des habitacles si périlleux vous paraîtraient-ils réaliser une conception toute rationnelle de l'Auteur de la nature, en sorte qu'il ait pu établir, dans de telles conditions, une multitude indéfinie de mondes, avec ce couronnement d'êtres humains qui vous préoccupe spécialement? Et, après ce que nous avons dit des défauts particuliers et majeurs des autres planètes, n'est-il pas vraisemblable que notre petit globe terrestre, portant sur son écorce passablement consolidée une population d'êtres raisonnables qui s'y trouve assez généralement en sûreté, constitue un fait exceptionnel ou rare dans l'univers astral ? Telle est la question qui s'est dégagée de nos études et que je devais vous reproduire ici.

Supposez qu'il ait été institué des mondes complets, c'est-à-dire des mondes complétés par la fondation d'une espèce humaine, sur une infinité de globes affectés d'imperfections plus accentuées que celles de la terre : ces graves défauts pèseraient tout particulièrement sur nos malheureux semblables, sur des êtres qui auraient au plus haut degré le désir et le besoin du régime cosmologique le plus parfait. Quelle inconséquence ce serait de la part de leur souverain Auteur ! Si, au contraire, on n'y trouvait à peu près généralement que des essences végétales ou purement animales, qui pourrait juger qu'elles n'y seraient point à leur place ? Qu'importerait à leur nature inconsciente la menace des dangers quelconques qu'elles auraient à courir ! Une telle création est irréprochable, elle est digne de l'Intelligence créatrice si elle remplit sa fin, qui est, selon nous, de servir d'ornement, de décoration vivante aux terres astrales susceptibles de la recevoir. C'est dans ce sens que nous résoudrons le problème relatif à l'existence de la vie dans l'univers sidéral.

Puisque nous arrivons à ce point de vue d'une simple ornementation de vos sphères célestes, nous sommes amenés à concevoir qu'elles peuvent aussi être ornées et décorées par elles-mêmes, c'est-à-dire par les seuls agréments de leur matière toute minérale ou inorganique. Mais, avant de développer ce thème, j'ai à répondre à une objection qui se présente tout d'abord à votre esprit.

Du moment où vous attribuez à vos planètes inconnues une constitution analogue à celle de la terre, vous ne manquez pas de vous y figurer un sol arable naturellement fécond comme l'est le nôtre; dès lors, et d'après tout ce que nous observons ici-bas, vous répugnez à croire que celui-là soit voué à une perpétuelle stérilité. Vous vous avisez même d'ériger en tous ces lieux une nature ingrate et insignifiante au possible, simplement composée d'un fonds arénacé, pierreux, parsemé d'âpres rochers amoncelés en désordre, c'est-à-dire quelque chose qui rappelle les solitudes les plus désolées de l'Arabie Pétrée ou la Géhenne idéale de Klopstock; vous nous demandez victorieusement si c'est là une création digne de la sagesse divine, au point de mériter d'être reproduite de toutes parts, et si une telle conception ne confond pas notre système des astres dépourvus de toute manifestation de vitalité.

Nous verrons plus loin si l'existence d'un vrai sol arable est aussi certaine que vous le supposez; en ce moment, je vous ferai observer que le raisonnement qui précède méconnaît les véritables données de l'analogie. Telle serait sans doute la figure de nos continents s'ils venaient à être dépouillés de la vie végétative qui les recouvre; mais il ne faut pas oublier qu'ils ne représentent guère plus du quart de la superficie de la terre, et que cette manière d'être inélégante ne leur est pas essentielle. L'aspect de notre globe serait tout différent s'il n'eût pas possédé sa double enveloppe aérienne et aqueuse, qui a tant modifié sa surface, ou si, dès l'époque de sa consolidation superficielle, toute sa substance atmosphérique s'était trouvée absorbée de l'une des façons que nous avons fait connaître. A la vérité, il vous est permis de concevoir aussi des mondes plus copieusement pourvus de cette matière vitale que ne l'a été la terre elle-même, mais vous en apercevez de suite la conséquence : si notre planète eut d'abord un régime presque tout aquatique, il est clair que des mondes où l'eau se trouvera plus abondante seront tout à fait marins ; c'est même dans cet état que vous devez vous représenter beaucoup de globes planétaires. Or, l'eau est réellement la plus admirable des créations matérielles, tant par la distinction de ses propriétés physiques que par la richesse et la variété des apparences qu'elle revêt en présence de la lumière. Elle est belle à l'état liquide, formant la nappe miroitante de la mer, souvent plus éblouissante que les métaux les plus précieux. Elle est belle à l'état solide, quand elle fournit à de vastes régions de la terre un manteau d'une éclatante blancheur, ou quand elle couronne nos montagnes de ces superbes diadèmes qui resplendissent sous les feux du couchant ou de l'aurore, ou enfin quand elle dresse ces fantastiques décors de nos océans polaires, qui enchantent les navigateurs, et qui sont peut-être toute la beauté des grandes et lointaines planètes. Elle est belle à l'état de vapeurs dans cette teinte si douce dont elle colore l'atmosphère, où elle simule si bien l'expansion d'une voûte d'azur ; dans ces changeantes nuées qui se parent de tous les tons du spectre solaire et d'où surgit la splendeur terrible des éclairs et de la foudre. C'est l'eau, pour tout dire, qui donne au globe terrestre sa parure la plus générale ; et, au milieu de la scène grandiose qu'elle y dessine, combien sont chétifs les acteurs ! Combien sont humbles les traits qu'y figurent les êtres organisés !

Elle n'existera pas toujours, il est vrai, à l'extérieur de notre sphère, bien qu'elle y doive subsister plus longtemps que la vie elle-même ; mais, quand elle pénétrera plus profondément sous son écorce, elle ouvrira une ère de volcans gigantesques tels que ceux qui hérissent notre satellite lunaire ; elle fera ruisseler sur tous les points du sol terrestre des flots d'une lave inconnue émanant des profondeurs ; elle amènera le dépôt, sur tous nos terrains d'alluvion, d'une immense formation plutonienne qui renouvellera la face entière du globe, et lui restituera définitivement l'apparence qu'elle offrit à son premier âge, laquelle caractérise surtout les astres dépourvus d'atmosphère, dont je parlerai dans la lettre suivante.

Note O. — *Sur les futures et dernières catastrophes de notre monde.*

Certains accidents cosmiques, indiqués dans quelques paragraphes de cette lettre, font songer aux prédictions relatées par les trois évangélistes qui nous ont fait connaître les signes précurseurs de la fin du monde. « Il se produira des phénomènes célestes épouvantables... les forces harmonieuses qui s'exercent dans les cieux seront ébranlées, troublées... des étoiles (*bolides, astéroïdes*) tomberont du ciel... il y aura en divers lieux de grands tremblements de terre... les hommes seront dans la consternation par la crainte que leur causera le bruit de la mer et des flots... » Ajoutons que tous ces désordres de la nature, s'il s'agissait de les expliquer scientifiquement, auraient commencé par une grande perturbation du soleil, ensuite de laquelle cet astre se serait obscurci, de manière à nous plonger au moins dans une demi-obscurité et à nous rendre aussi la lune invisible ; ils seraient, d'ailleurs, assez prolongés pour occasionner des *pestes* et des *famines*, comme s'ils devaient servir à amener à résipiscence la dernière et la plus coupable des générations humaines. Quoique ces événements ultimes soient de cause supérieure ou divine, nous les envisageons ici dans leur apparence purement naturelle, parce qu'il ne nous serait pas possible, sans cela, d'entrer les conséquences générales ou cosmologiques que nous avons en vue dans ce chapitre.

QUARANTE ET UNIÈME LETTRE

LES MONDES MINÉRAUX (SUITE)

En poursuivant notre étude présente, Camille, ne perdons pas de vue une considération qui doit la dominer : le peu d'importance matérielle des planètes par rapport à la masse immense des étoiles, le peu de place que tiennent, dans l'univers sidéral, celles qui sont les plus aptes à constituer des mondes. Cela dit, continuons l'examen de cette question que nous avons soulevée à la fin de la lettre précédente : quel peut être l'aspect des globes planétaires qui ne sont point habités ? — Nous venons de considérer le cas des planètes qui possèdent plus d'air et d'eau que n'en a reçu la terre ; nous examinerons maintenant la figure de celles qui n'ont que peu ou point de cette double substance atmosphérique ; car, ainsi que je vous l'ai fait comprendre, il doit exister des sphères astrales qui se sont condensées sans conserver une enveloppe fluide, et dont la croûte, conséquemment, n'aura pas été modifiée par son action corrosive.

Or, en sortant de son état de fusion ignée pour prendre sa consistance définitive, la partie superficielle de toute sphère massive doit nécessairement acquérir une certaine structure très accusée. Soit qu'elle se dilate en se solidifiant, comme le font quelques rares substances, et que, par suite, elle se soulève, se contourne et se plisse ; soit que, suivant la règle la plus commune, elle se contracte, se crispe sur le liquide sous-jacent de manière à se rompre devant sa résistance et à lui livrer passage par ses fissures, dans tous les cas, dis-je, cette surface tégumentaire, après sa consolidation complète, doit se montrer accidentée par tout un réseau de rides et de bourrelets qui ont pu être façonnés ou découpés eux-mêmes, dans toutes leurs parties, par quelque travail physique secondaire.

La disposition de ce façonnement du tégument planétaire doit varier avec la nature des éléments qui le subissent ; mais, à cause de la forme sphéroïdale ou essentiellement régulière des astres, elle tend à affecter une régularité géométrique, qui se montre dans toute sa perfection là où la matière solidifiable s'est trouvée le plus homogène ; et elle offre des modifications diverses dans tous les lieux où la présence de certains matériaux exceptionnels a dérangé la symétrie générale du travail de solidification.

Songez qu'en raison de l'énorme volume de ces culots de matière fondue que représentent les astres, les reliefs et les cavités que je signale à leur surface doivent offrir des dimensions considérables. Ne pouvant décrire la configuration précise de ces accidents de la croûte planétaire, je n'essayerai pas de définir l'impression qu'ils produiraient sur l'esprit d'un spectateur humain qui les contemplerait dans leurs proportions réelles ; peut-être que rien de ce que nous observons sur notre terre ne saurait nous donner une idée de la grandeur et de la beauté de leur aspect, et j'ose à peine citer pour exemple, même en ce qu'ils ont de plus remarquable et de plus pittoresque, les effets de découpement qui se sont produits dans nos formations trappéennes et basaltiques.

De quelle substance minérale est composée cette enveloppe corticale des planètes ainsi sculptées par la main fantastique de la nature ? — Sur notre globe terrestre, la couche superficielle ou primordiale fut représentée généralement par le *gneiss*, roche d'un faciès peu agréable, formée d'un mélange confus de matériaux imparfaitement cristallisés. Bien que sa composition élémentaire se traduise simplement par une combinaison d'oxygène, de silicium, de métaux alcalins et terreux, cette roche granitoïde est une agrégation assez complexe pour avoir exigé, au moment de sa formation, des proportions déterminées de ses principes constituants. Il est peu probable que ces circonstances précises se soient trouvées pareillement réunies sur tous les globes célestes, à en juger par les grandes différences qu'ils nous présentent sous le rapport de leur densité. Aucune pierre tombée du ciel n'est de constitution granitique. D'ailleurs, dans le grand creuset de la nature, il suffit de l'introduction très mesurée de quelque principe insolite, et même d'une légère variation dans les quantités relatives des mêmes éléments, pour qu'il en résulte des composés minéraux très distincts par l'ensemble de leurs caractères et spécialement par leur apparence. Je n'ai donc besoin de recourir à aucune hypothèse forcée pour concevoir sur tel ou tel globe, à la place du vil et terne gneiss, une roche primordiale aussi blanche que le marbre ou l'albâtre, ou aussi richement colorée que la malachite ou la fluorine, aussi agréablement veinée et décorée que le jaspe ou l'agate ; et telle peut être, en effet, la matière première mise en œuvre, par la puissance créatrice, pour ciseler les harmonieuses arabesques dont j'ai parlé plus haut, ornement essentiel de ces mondes qui ne connaîtront jamais la vie.

Je puis faire une supposition qui vous paraîtra plus singulière encore. Il y a sans doute des globes dont la substance est très dense, car tel est le cas de notre planète Mercure, dont le poids spécifique est plus considérable que celui de la terre. Cette planète, il est vrai, n'est point à mettre en cause dans cet article, puisqu'elle parait entourée d'une ample atmosphère, mais elle nous donne le droit de penser qu'il existe, autour de certaines étoiles, des astres formés comme elle de matériaux très lourds, c'est-à-dire des métaux auxquels nous attachons le plus de prix. Il n'est donc nullement invraisemblable, qu'il y ait, sous d'autres cieux, de vastes territoires, des massifs de montagnes formés d'argent, d'or, de platine ou de leurs alliages. Rappelez-vous aussi que nous avons démontré ailleurs comment, par le simple jeu de la force centrifuge, un tel fait a pu se produire sur des sphères beaucoup plus légères que la nôtre. Et comme nous voyons, dans les opérations de notre industrie métallurgique, les coulées de nos creusets s'orner de figures variées simulant des végétations aux formes capricieuses, ainsi, dans le grand atelier de la nature céleste, ce peut être sur de grandes surfaces resplendissantes que se façonnent tous les accidents possibles de la solidification ; on y verrait des vallées métalliques toutes splendides, des colonnades étincelantes d'argent ou d'or, qui resteraient inaltérables dans le cas même où il existerait une atmosphère. En partant de ces données, quelles fantaisies d'imagination ne nous serait-il pas permis de vous offrir sans sortir de la vraisemblance scientifique ?

On pourrait même vous présenter ces images féeriques sans motiver aucunement votre incrédulité ; car les éléments matériels les plus vils, ceux qui sont très communs sur la terre et dont, pour cette raison, vous ne songez à contester l'existence nulle part, les corps les plus vulgaires, dis-je, savent jouer l'effet des métaux les plus somptueux. En ce sens, le fer oligiste et la galène argentifère égalent en beauté le platine et l'argent; les pyrites martiales ou cuivreuses, ainsi que certains arséniures, le disputent à l'or lui-même par la vivacité de leur éclat. Tous les éléments métalliques, dont la chimie ne connaît pas encore le nombre, tous leurs composés plus ou moins complexes — dont plusieurs sont, pour la nature minérale, de magnifiques substances colorantes, — en venant affleurer à la superficie de ces globes comme autant d'incrustations distinctes, font de toute leur surface une sorte de mosaïque grandiose, sculptée et façonnée comme je l'ai dit plus haut, et ajoutant, aux charmes de cette matière éclatante et de cette structure harmonieuse, la beauté des formes cristallines qui s'y prodiguent de toutes parts.

Je viens de citer les *formes cristallines*, et par là je signale, en effet, l'un des traits dominants de la nature minérale. Toute substance fluide, qui se concrète ou se dépose librement, donne naissance à des cristaux, c'est-à-dire à des corps admirablement taillés, dont les dimensions sont en rapport avec la quantité des matériaux qui les fournissent. Quand je songe à ces énormes globes, qui passent lentement de l'état liquide ou gazeux à l'état solide, je me représente leur surface toute cristallisée, et j'aperçois surtout de magnifiques géodes dans les inévitables déchirures de leur enveloppe corticale, dans leurs vallées ou vallécules, et dans toutes leurs cavités entr'ouvertes ou béantes. Tel ne fut pas le cas de notre sphère terrestre, qui était spécialement propre à recevoir une parure de vie; la nature de ses roches primordiales, et sans doute aussi les conditions dans lesquelles elles se sont condensées, furent peu favorables à une cristallisation régulière, et, néanmoins, de magnifiques formations de cette sorte se sont constituées dans leur sein; presque toutes les pierres gemmes que nous recherchons avec tant d'empressement se rencontrent dans leurs débris; leurs surfaces primitives étaient peut-être étincelantes de cristaux avant que l'action destructive des eaux atmosphériques n'eût tout corrodé, broyé et dispersé.

Or, la cristallisation, avec les innombrables variations qu'elle peut offrir dans chacun de ses types ou systèmes, est la première beauté de la nature minérale, non seulement à cause de la régularité, de la perfection des formes géométriques qu'elle produit, mais aussi par les effets lumineux qui se manifestent dans certaines substances vitreuses ou transparentes : magnifiques quand ils sont richement colorés, les cristaux de cette sorte ont des reflets plus splendides encore quand ils sont incolores et limpides. Aussi, quels bijoux princiers, quels trésors matériels les hommes de tous les temps ont-ils plus estimés que ceux qu'exhibent les lapidaires?

Ce ne peut être sans raison que ces propriétés si belles ont été attachées à la matière, et je m'imagine qu'elles constituent l'un des ornements les plus constants des globes inhabités. Nous constatons que nos formations primordiales, quand elles étaient à l'état fluide, ont été des sortes d'officines de pierres gemmes; mais ce n'est pas tout dire, car il y avait dans leur âpre substance, moyennant un autre arrangement de leurs éléments, de quoi produire infiniment plus que ce qu'elles nous ont donné; il y avait de quoi composer de véritables roches de pierres précieuses. Nous pouvons donc concevoir, sur d'autres planètes, des résultats de la cristallisation beaucoup plus importants que ce qui exista ici-bas à l'origine; je ne m'y représente pas seulement des pierreries d'une petitesse insignifiante comme les nôtres, mais des corps d'un certain volume et tels que ces blocs de quartz hyalin que nous rencontrons encore en plusieurs lieux de la terre. Je conçois des mondes tout parsemés de ces gigantesques joyaux, des mondes étincelants de diamants, de corindons, de spinelles, de topazes, d'émeraudes, etc.

etc., qui émaillent leur sol, déjà très beau par lui-même, comme le font les étoiles pour la voûte céleste, ou comme les fleurs printanières qui se détachent sur les tapis verdoyants de nos prairies. — Enfin, si je voulais traiter plus amplement ce sujet, je devrais vous citer les singularités d'association et de dégénérescence que fournissent les cristaux, les élégantes curiosités que nous offrent souvent certaines espèces minérales, par leur structure fibreuse, soyeuse, dendritique, etc.

Elle est donc belle, la substance minérale des mondes, quand une solidification régulière a mis en ordre le chaos de ses éléments fluidifiés. Tous ces corps simples, ces métaux rares que, naguère encore nous isolions à grand'peine, en quantité minime et à l'état amorphe, s'y montrent agglomérés en monceaux volumineux, cristallisés, inaltérables; ou bien ils sont associés ensemble, formant de nombreux alliages, d'innombrables et superbes combinaisons. C'est une collection de tous les produits chimiques de la nature inanimée, un incomparable muséum de minéralogie aux échantillons très variés, une éblouissante exposition de toutes les richesses de l'orfèvrerie et de la joaillerie naturelles.

La beauté de cette nature inorganique ne le cède guère à celle de la nature organisée ; elle offrirait le même attrait et ménagerait les mêmes surprises au naturaliste spécialisé qui en poursuivrait l'étude dans une inspection savante. Cet ornement des mondes inanimés n'est pas absolument immuable : il y a, dans l'activité interne de chaque globe, une cause qui en fait varier la surface ; mais l'ensemble est bien autrement durable que celui que constituent les êtres vivants, car il subsistera jusqu'au dernier jour de l'astre qui en est paré. Il est, d'ailleurs, le seul qui puisse être réservé à ces sphères énormes, à ces radieuses étoiles qui ne réaliseront en aucun temps les conditions de la vie et ne deviendront jamais des mondes habitables. Après qu'elles auront accompli, durant les siècles sans nombre de leur premier âge, le plus éblouissant étalage de toutes leurs pompes; après qu'elles auront fait onduler, ruisseler, étinceler tous leurs matériaux en ignition et dispersé dans l'éther céleste le dissolvant fluide qui les agite et les brasse sans cesse, il faudra bien qu'elles voient enfin se séparer et cristalliser leurs éléments condensables, pour continuer, sous une forme nouvelle, leur brillante exhibition de toutes les richesses de la matière. Et, si tel est le sort final des gigantesques soleils, trouveriez-vous la même condition inadmissible et insuffisante pour ces misérables résidus stellaires que représentent les planètes? Insinuons, en passant, qu'ils sont peut-être d'une grandeur et d'une beauté inimaginables les résultats de la cristallisation sur les étoiles solidifiées.

Telle est donc, dans sa variété magnifique, la parure des astres qui ne connaîtront jamais la vitalité. Ainsi que je vous le disais en finissant la lettre précédente, il en sera de même pour les mondes où elle sera éteinte, quand leur atmosphère aura été absorbée et leur surface renouvelée. C'est ainsi que, s'il nous était possible d'aborder la lune pour y faire un voyage d'exploration, très probablement son sol volcanique ne se montrerait plus formé de laves telles que les nôtres : sorties de ses entrailles profondes, elles seraient sans doute d'une matière plus dense, plus pure et plus belle; il se pourrait qu'elles fussent toutes cristallines, et mêlées de filons ou de nappes de métaux plus ou moins précieux. Et, en gravissant ses abruptes montagnes, en descendant dans ses cirques et jusque dans ses vastes cratères, le voyageur minéralogiste ou joaillier apercevrait peut-être de toutes parts des merveilles inconnues de lui, des richesses minérales étourdissantes.

Je n'ai voulu répondre, dans cette lettre et dans la précédente, qu'à l'opinion d'après laquelle un globe privé de la vie serait une création inconcevable, une œuvre indigne du Créateur. Je sais bien que la description que je viens de vous offrir est incomplète, et que le spectacle que je vous ai signalé est vain, s'il n'existe pas un témoin qui en jouisse. L'heure n'est pas arrivée de vous l'indiquer, mais sur ce point n'ayez pas d'inquiétude : nous saurons le trouver quand le moment sera venu de vous le présenter.

QUARANTE-DEUXIÈME LETTRE

L'HABITACLE PRINCIPAL DES MONDES PLANÉTAIRES

Vous vous récriez, Camille, contre une supposition si contraire à votre rêverie astronomique ; vous vous refusez à croire que la vie, dont les formes abondent ici-bas, puisse être un phénomène rare ou exceptionnel dans l'univers sidéral : prenez patience, car il est encore possible de faire à votre croyance d'assez amples concessions. La pluralité des mondes, c'est-à-dire l'existence des êtres vivants sur les globes semblables à la terre, est l'un des arguments que nous avons fait valoir contre les hypothèses génésiaques du matérialisme ; c'est assez dire que nous ne la repoussons pas absolument. D'ailleurs, l'idée n'en est pas tout à fait gratuite : parmi les nombreux aérolithes ou débris d'astres qui sont tombés sur notre globe, on n'en a jamais vu, à la vérité, qui fussent mêlés de fossiles coquilliers tels que ceux qui incrustent tant de roches terrestres (1); mais on a analysé quelques météorites dans lesquels se trouvaient des parcelles de carbone isolé, et l'on a pensé que ce corps simple était le résidu de la destruction de quelque matière organique. Quoique cette conjecture soit assez hasardée, — attendu que le carbone cosmique pourrait bien s'être condensé en cet état, — nous l'accepterons comme ayant été goûtée par des savants sérieux. Nous admettrons donc que la Providence créatrice, à qui aucun travail ne coûte, n'aura pas laissé dans une perpétuelle jachère toutes les planètes que vous supposez pourvues de la même constitution physique que la nôtre; nous accordons qu'elle aura voulu exécuter, sur beaucoup de ces astres, le prodige d'une nature vivante; mais s'ensuit-il qu'on verra apparaître, sur chacun d'eux, des séries de créatures telles que toutes celles qui ont passé sur notre monde, avec le couronnement auguste qu'elles y ont reçu? Quand vous résolvez sommairement cette question par l'affirmative, vous vous décidez beaucoup trop vite en vous laissant aveugler par l'impression que vous recevez de cette création terrestre dont vous faites partie.

Continuons de considérer notre terre comme le type des astres habitables, duquel se rapprocheraient plus ou moins ceux dont nous ne pouvons scruter la constitution extérieure. — A sa superficie se déploient deux *éléments* très différents, l'eau et la terre ferme, que nous pouvons appeler les deux éléments d'habitation, en associant ensemble le sol résistant et la portion d'atmosphère aérienne qui le recouvre. Cela étant, une première question se

---

(1) Un savant estimable, M. Tardy, a avancé qu'on a découvert des traces d'ossements dans la célèbre météorite tombée à *Orgueil*: il n'est pas à notre connaissance que cette assertion si grave ait été confirmée jusqu'à présent.

pose : sur toutes les sphères où ils existent, ces deux éléments sont-ils distincts l'un de l'autre ? — Nous avons fait comprendre comment, sur des globes qui seraient formés d'une substance plus légère que l'eau, ce liquide ne pourrait se maintenir à la surface; il tendrait à s'introduire au-dessous d'elle, c'est-à-dire à détacher et à faire flotter des fragments qui se réduiraient en particules, formant une couche de boue plus ou moins épaisse. Toutefois, comme nous ne connaissons pas, avons-nous dit, de substance minérale et solide qui soit moins dense que l'eau et sans action chimique sur elle, nous avons dû nous rendre compte d'une autre manière de la légèreté apparente de certains astres; nous avons supposé qu'ils sont évidés dans leur partie centrale et remplis d'une matière gazeuse qui amoindrit leur masse : d'où il suivrait que leur périphérie pourrait être aussi dense que notre croûte terrestre, et capable de retenir au-dessus d'elle l'élément aqueux.

Si donc la terre et l'eau sont distinctes à la surface de toutes les planètes, nous posons cette autre demande que nous allons examiner longuement: De ces deux réceptacles des créatures vivantes, quel est le plus parfait, le plus important, le plus essentiel sur toutes vos sphères habitables ? Cette question est pour nous très utile à résoudre, car c'est surtout par sa solution qu'il nous sera permis de juger si les terres sidérales sont généralement faites pour la vie consciente et supérieure des êtres raisonnables, ou pour la simple et inférieure existence des plantes et des animaux.

Il est d'abord évident que le second de ces deux éléments de l'habitation, je veux dire l'élément aquatique, a une importance majeure, parce que non seulement il sert de support physique à ses hôtes animés, mais surtout il constitue la plus grande partie pondérale de tous les êtres organisés. Le liquide dont nos organes sont gorgés est notre premier principe matériel, pour lequel nous sommes sous la dépendance de l'Océan qui nous le fournit. Toute créature vivante, en quelque endroit qu'elle habite, — fût-ce au centre des plateaux les plus éloignés de la mer, — doit à ce grand réservoir aqueux la conservation de son existence. Mais c'est dans son sein même que la vie est assurée de ne manquer jamais d'aucun principe nécessaire; car dans l'eau marine se trouvent dissous des gaz aériens et des sels minéraux tels que ceux qui sont indispensables à tous les organismes. Aussi l'Océan est-il le plus naturel et le plus normal des deux habitacles; c'est celui que vous devez vous représenter en premier lieu sur tous vos mondes planétaires.

Ce qu'on a appelé l'*océan aérien* est beaucoup moins complet comme lieu de séjour; il ne contient pas constamment tous les éléments vitaux, et, par lui-même, il ne peut porter tous les animaux et encore moins les plantes. Tous les êtres non aquatiques ont besoin d'un support résistant, le sol terrestre, vrai théâtre de leur vie, dont l'étendue se réduit toujours à celle d'une surface inégale et accidentée. Ce n'est d'ailleurs que jusqu'à une faible hauteur que l'atmosphère aérienne, par sa température et sa densité, est accessible aux êtres vivants. Sur beaucoup plus des neuf dixièmes de son épaisseur, c'est-à-dire depuis la base des neiges éternelles jusqu'à ses limites supérieures, l'océan aérien se trouve dans cet état de détente et de froidure qui le rend impénétrable aux plus hardis volatiles. Quelle différence, sous ce rapport, entre l'habitat de la terre ferme et l'habitat aqueux! Non seulement la mer, par son fond très inégal et revêtu de toutes sortes d'êtres vivants, animaux et végétaux, est aussi propre que le sol des continents et que les massifs de leurs forêts à héberger mille et mille espèces mouvantes ou fixes; non seulement elle peut entretenir à sa superficie, comme on le voit dans quelques-unes de ses régions, un tapis de grands végétaux flottants analogues aux petites algues qui verdissent nos eaux dormantes, ainsi qu'une immense population d'oiseaux nageurs, mais encore elle offre, à toutes les couches de sa profonde nappe, un lieu de résidence et de passage à d'innombrables animaux de tout genre. De fond en comble elle est habitée ; elle l'était plus encore dans les temps antérieurs à l'homme, et peut-être qu'alors on n'eût pas trouvé une goutte d'eau qui ne renfermât des organismes, tandis qu'une grande étendue d'air des hautes régions ne contenait rien de vivant. Donc l'Océan maritime, avec son grand développement superficiel, représente un domaine de la vie bien plus ample et un séjour beaucoup plus peuplé que la surface terrestre avec l'atmosphère qui la surmonte.

En poursuivant cet examen comparatif des deux milieux vitaux, je vous ferai remarquer que le milieu marin a une constitution physique si simple qu'elle doit être presque identique sur tous les globes où la chaleur est assez mesurée pour entretenir l'eau à l'état liquide ; l'autre, au contraire, est d'une nature assez complexe pour qu'on doive se demander si les conditions les plus favorables qu'il réunit ici ont été pareillement réalisées sur toutes vos stations sidérales.

Il est vraiment admirable que l'habitacle terrestre ou continental soit propre à l'existence de la vie, et que des organismes gorgés d'un liquide aqueux puissent exister loin de l'Océan. Si cette merveille, ce tour de force de la Création se produit, c'est grâce aux propriétés qui ont été attachées à l'eau, et dont vous ne trouveriez l'heureux assemblage dans aucun autre corps connu. C'est, notamment, sa volatilité à des températures même très basses, la légèreté de ses vapeurs et leur faculté de constituer des nuages, de voyager en cet état sous l'impulsion des vents et de se condenser peu à peu en fournissant de la pluie, c'est tout cela qui la rend capable d'entretenir la vie à toute distance de la grande citerne océanique. Or, il se peut que le va-et-vient qu'elle accomplit en se rendant de l'Océan à la terre ferme et de la terre ferme à l'Océan, duquel résulte la fécondité de nos campagnes, ne s'effectue pas avec la même ampleur sur tous les globes planétaires ; nous l'avons déjà pressenti relativement à la planète Jupiter : pour des motifs différents, la même réserve serait applicable à d'autres planètes, ainsi que nous le montrerons dans la suite.

Mais il y a encore, pour l'existence de la vie en dehors de la mer, une condition presque indispensable et sur laquelle nous devons nous arrêter.

Il ne suffisait pas que les eaux charriées par l'atmosphère s'épanchassent sur l'élément aride, il était encore nécessaire qu'elles demeurassent là où elles s'abattraient, ou du moins qu'elles y fussent retenues en certaine quantité et durant un certain temps. Il fallait donc que l'écorce planétaire, primitivement compacte et imperméable, fût brisée, pulvérisée, réduite à l'état d'une substance spongieuse, qui absorbât le fluide aqueux et le maintînt longtemps à la disposition du règne végétal ; or, il y a probablement des planètes dont la surface s'est concrétée à l'état métallique, à l'état de fer, par exemple, tel que celui qui constitue beaucoup d'aérolithes ; un tel sol ne serait que très peu attaqué et divisé par les agents atmosphériques, et ne fournirait tout au plus qu'une couche de rouille pulvérulente ou agrégée. Bien autre a été le cas de notre sphère ; il se peut même qu'elle ait été très favorisée, parmi les globes planétaires, sous le rapport de cette préparation mécanique sans laquelle la vie continentale serait au moins très restreinte (1).

De plus, il ne faut pas que les détritus qui proviennent de l'oxydation et de la désagrégation de la matière primordiale soient d'une seule et même nature : du fer oxydé, de la rouille pure et simple, formerait un sol très imparfait de toute manière. Si ces détritus se trouvent, comme nous les voyons ici le plus souvent, de nature siliceuse, il faut qu'ils soient associés à quelque autre substance telle que l'alumine ou la craie pour constituer un sol vraiment spongieux et capable de retenir l'humidité. Il n'en est pas toujours ainsi sur la terre, mais il arrive souvent que le sous-sol est peu perméable, ou que, à peu de profondeur, s'étendent des lits de calcaire ou d'argile qui arrêtent les eaux d'infiltration et les amènent vers le penchant des coteaux, où elles reparaissent en formant des sources, des ruisseaux fort utiles à tous les êtres vivants. Quand le fluide aqueux ne revient pas au dehors pour retourner au grand réservoir marin, l'homme sait encore profiter de son accumulation souterraine, puisqu'il lui suffit ordinairement de forer la terre jusqu'à une faible profondeur pour ouvrir des puits, c'est-à-dire des mines inépuisables de ce précieux élément vital. De la sorte, le sol terrestre se

(1) De toutes les causes qui ont concouru à ce résultat, signalons ici la plus importante : c'est la présence d'une immense quantité de gaz oxygène dans notre petite nébuleuse tellurique. Ce corps simple, en se combinant avec les matériaux métalliques qui constituent la substance principale du globe, leur a fait perdre leur ténacité, et les a rendus cassants, faciles à triturer. Mais l'analyse spectrale donne à penser que cet élément gazeux, plus utile encore à la vie sous d'autres rapports, n'a été départi qu'en faible proportion à beaucoup d'autres mondes, tandis qu'il s'est trouvé si abondant, sur la terre, qu'il y forme chimiquement la moitié de tout ce que nous y connaissons, suivant la remarque de Berzélius.

montre propre à retenir la substance matérielle la plus nécessaire à la vie ; il est propre aussi à fournir aux plantes une alimentation minérale complète ; mais savez-vous si les conditions multiples dont dépend cet heureux résultat ont été pareillement réunies sur toutes vos terres astrales ?

Il s'en faut bien, d'ailleurs, qu'elles aient été parfaitement réalisées dans tous les lieux de notre monde lui-même. Souvent, une roche primitive non désagrégée, et même une couche sédimentaire compacte, crétacée ou argileuse, se déploie à la superficie même du sol, et s'y montre presque impénétrable à la grande végétation. De là ces plaines incultes et stériles, landes, steppes ou savanes, qui font la tristesse de bien des contrées. Ailleurs, au contraire, le sol terrestre est composé, jusqu'à une certaine profondeur, d'éléments purement sablonneux si peu liés ensemble que le vent les soulève et les tourmente comme il le fait pour la surface de la mer ; tel est le cas des vrais déserts qui occupent de si vastes espaces sur l'aire de notre globe. Puisque ces conditions défavorables à la vie s'observent souvent sur la terre, on peut concevoir des mondes où elles seraient si généralisées qu'elles y rendraient impossible l'existence de nos semblables.

Nous tirons de là une nouvelle réponse à cette question que nous nous sommes posée et dont nous devons continuer la discussion dans les lettres suivantes : il est démontré, disons-nous, par l'exemple de notre sphère, que l'habitacle sous-aérien ou sus-terrestre n'a pas été l'objet de tous les soins de l'Auteur de la nature, et cela parce que, à notre sens, il ne devait pas constituer le théâtre essentiel et constant de la vie planétaire.

Nous n'avons qu'à jeter un coup d'œil sur la mappemonde pour y trouver la confirmation de cette opinion. Eu égard à la vie purement inconsciente de la terre ferme, c'est-à-dire au simple monde des végétaux et des animaux, il eût été peut-être utile que tout l'empire terrestre fût d'un seul tenant, afin que les êtres organisés pussent se répandre et s'entremêler sur toute l'étendue de leur domaine. Relativement à l'espèce humaine, au contraire, il eût mieux valu que les terres émergées fussent fractionnées avec mesure, qu'elles alternassent avec l'élément maritime, de manière à former des îles d'une certaine grandeur, qui ne fussent nulle part réunies par des isthmes, mais plutôt séparées par des détroits laissant libres les grandes routes de la mer ; une telle distribution des territoires habitables nous eût été avantageuse sous beaucoup de rapports, et aurait eu aussi pour effet d'assurer la douceur et la constance des climats. Au lieu de ces deux dispositions, qu'observons-nous ? De nombreuses stations insulaires sont perdues dans l'immensité de l'Océan ; au loin s'étendent les vastes continents qui affectent des configurations toujours irrégulières et souvent malheureuses; ils ne se sont pas développés spécialement dans les meilleures zones de la sphère, mais aussi bien dans les régions déshéritées du soleil que dans celles qui sont torréfiées par son rayonnement vertical ; de telle sorte qu'ils se sont trouvés souvent n'être habitables qu'au voisinage de leurs côtes, et que leur centre est demeuré désert ou peu propre au règne de la vie ; et les rares populations humaines qui s'y rencontrent y sont plus isolées du monde entier qu'elles ne le seraient par les plus larges espaces maritimes. Vous verrez plus loin que l'habitacle marin a été beaucoup mieux aménagé pour la vie restreinte qu'il comporte, c'est-à-dire pour celle des plantes et des simples animaux. Quant à la vie supérieure ou pensante, si le partage des terres et des mers ne s'est pas exécuté autrement sur vos autres planètes, il en faut inférer que le dessein du Créateur n'est pas tel que vous le supposez : puisqu'il n'a pas accordé plus de soin à la préparation du domaine continental, c'est que, apparemment, le grand fait qui vous préoccupe surtout, le fait de la présence de l'homme, ne devait pas être indéfiniment reproduit dans l'univers.

QUARANTE-TROISIÈME LETTRE

L'HABITACLE PRINCIPAL DES GLOBES PLANÉTAIRES OU LES MONDES MARITIMES

Nous avons reconnu, Camille, que l'existence de créatures vivantes, sur la terre ferme de vos globes sidéraux, dépend de l'évaporation de l'eau, et de la résolution de ses vapeurs en pluies ou en rosées assez abondantes pour humecter le sol qui doit nourrir ces êtres organisés. De plus, nous avons avancé que la circulation de l'élément aqueux ne saurait s'opérer avec la même ampleur sur toutes les planètes, et que, pour ce motif, toutes vos sphères célestes ne pourraient être également propres à recevoir une population de notre sorte. Mais sur notre terre elle-même, qui se trouve dans les conditions favorables à l'exercice de ce grand phénomène, peut-on dire qu'il s'accomplit d'une manière toute satisfaisante ?

Nos continents et nos îles sont arrosés d'une manière très imparfaite par les vapeurs errantes de l'atmosphère, dont la répartition se produit au gré des vents. Parfois, les eaux qu'elles fournissent s'abattent obstinément en certains lieux, les inondent et les ravagent, tandis qu'ailleurs l'irrigation naturelle fera défaut durant un temps interminable. Une année, toutes nos cultures sont compromises par des pluies sans fin ; l'année suivante, elles ne le sont pas moins par la persistance de l'aridité. Aucune contrée n'est assurée d'une juste mesure ni d'une distribution opportune. Par suite de l'un ou de l'autre des deux excès contraires, combien de nos semblables, habitant les plus heureuses parties de ce monde, se sont vus dans le passé exposés à la famine, et combien le seraient encore de nos jours, sans les échanges commerciaux qui se sont établis entre les peuples civilisés ! Mais toutes les nations ne sont pas également engagées dans les voies de la civilisation ; d'ailleurs, il y a encore bien d'autres créatures que des humains sur la terre ferme ; et si vous vouliez avoir une idée des désastres que peuvent produire sur l'animalité en général les écarts du régime pluvial, je vous proposerais de vous reporter à ce qui avait lieu, par exemple, dans les immenses pâturages naturels de l'Amérique méridionale, quand des inondations très étendues, ou de longues périodes de sécheresse, faisaient périr par centaines de mille les plus puissants des herbivores, tels que les chevaux et les bœufs sauvages.

Il est évident que l'irrigation naturelle des continents est loin de s'effectuer d'une manière correcte et régulière. Personne ne l'ignore : dans une large zone de notre globe qui est très favorisée sous le rapport de la radiation solaire, et qui serait supérieurement propice au règne de la vie si elle était convenablement arrosée, les pluies sont réparties de la manière la plus vicieuse ; elles y sont excessivement fréquentes durant la saison appelée hivernage, à laquelle succède la période beaucoup plus longue de sécheresse et de stérilité. Vous savez aussi que, dans ces régions désolées par l'aridité, quand d'épais nuages viennent à se rassembler et à donner l'espoir d'une pluie ardemment désirée, il arrive souvent que des courants d'air, qui s'élèvent de la plaine torréfiée, repoussent vers la mer les nuées orageuses ; et, si l'on fait abstraction de certaines contrées montagneuses peu éloignées des côtes, il tombe probablement plus d'eau, à surface égale, sur l'Océan que sur la terre émergée.

Vous pouvez déplorer cette distribution, malheureuse pour nous, du premier élément vital ; mais gardez-vous bien d'en prendre sujet pour battre encore en brèche le dogme d'une Intelligence créatrice. Quand nous croyons découvrir dans la Création quelque erreur ou quelque inconséquence, c'est que nous sommes aveuglés par une prévention systématique, et que nous ne nous plaçons pas au point de vue du divin Ouvrier. Les incorrections dont nous avons à souffrir montrent simplement que vous vous trompez quand vous croyez que les demeures sous-aériennes, qui seules conviennent à nos semblables, forment les habitacles essentiels et constants des terres célestes ; ce serait réellement l'humble habitat sous-marin qui aurait ce sort universel, et qui se trouverait être le principal théâtre de la vie sidérale, laquelle serait ainsi, au moins presque généralement, d'une essence bien inférieure à celle que vous supposez. D'ailleurs, les phénomènes d'évaporation et de condensation de l'eau, dont nous relevons le fonctionnement vicieux par rapport à nous, ne servent pas seulement à la nature sus-terrestre, mais aussi à la nature maritime ; tellement qu'un liquide qui ne jouirait pas de ces propriétés, comme étant d'une constitution huileuse, ne fournirait qu'un milieu vital très imparfait. C'est ce que vous allez comprendre si vous voulez bien élargir vos vues cosmologiques, et envisager la vie planétaire dans sa pleine généralité.

Reportez-vous au temps lointain, où notre sphère, très

superficiellement consolidée, laissait transpirer sa chaleur propre, qui échauffait de bas en haut toutes les couches de l'Océan. Cet âge est fini, mais il a dû être extrêmement long, et mesura la plus grande partie du règne de la vie. Pour si peu que vous eussiez alors creusé la surface de la terre, vous n'auriez pas trouvé la fraîche température de nos caves et de nos puits ordinaires, mais la chaleur de nos mines profondes et de nos puits artésiens. C'est ce qui aura lieu surtout pour les planètes de plus grande taille. Durant tout leur temps de vitalité, elles seront pénétrées de leur propre calorique qui suffira peut-être jusqu'à la fin pour entretenir la tiédeur ou la liquidité de leur océan. Il m'est donc permis de soutenir que le régime météorique des mondes planétaires répond à cette phase calorifique si prolongée et surtout à sa période initiale, d'autant plus que ces ci-devant soleils ont pu être vivifiés dès que leur refroidissement l'a permis, et vivifiés surtout dans leur élément aquatique.

Or, ce qui est alors à craindre pour la vie sidérale, ce sont les excès accidentels de la température. Quand les forces volcaniques sont si souvent en jeu ; quand la croûte d'un tel globe, à cause de sa minceur, est très sujette à se rompre et à mettre en communication le liquide aquatique et le liquide igné, il doit arriver chaque jour que les parties adjacentes de l'Océan s'échauffent outre mesure et que les diverses productions de la vie y sont exposées à périr. Eh bien ! les heureuses propriétés physiques de l'élément aqueux parent à ce danger. Bien différente des liquides visqueux, l'eau est très volatile; elle s'évapore donc et refroidit toute la région surchauffée en lui enlevant une énorme quantité de calorique ; de plus, par son départ à l'état gazeux, elle appelle au lieu critique le liquide moins chaud des régions ambiantes; enfin, vous savez que les éruptions des volcans s'accompagnent parfois de violents orages, formés par la prompte condensation des vapeurs aqueuses qui en sont sorties ; pareillement, quand celles dont nous parlons redescendent bientôt en pluies *abondantes* sur ces mers peu profondes et sur ces hauts fonds volcaniques, elles y fournissent un complément de raffraîchissement, puisque, de tous les corps de la nature, celui qui a le plus grand pouvoir réfrigérant, c'est l'eau froide ; elle est même susceptible de retomber en glace, c'est-à-dire à l'état de grêle, météore tout bénin pour le monde maritime, tandis qu'il sera toujours un inconcevable fléau pour celui de la terre ferme.

N'oubliez pas, d'ailleurs, que la partie continentale ou exondée de notre globe fut d'abord très peu étendue ; qu'il y a probablement des planètes où elle demeurera encore plus restreinte durant tout leur âge de vitalité, et d'autres même où elle sera tout à fait absente ; en ce cas, serait-ce encore pour elle que se produiraient les nuages et la pluie?

Au reste, l'évaporation de l'eau est un phénomène si essentiel pour l'habitacle thalassique, qu'il s'y trouve encore nécessaire sur notre monde actuel, et qu'il doit l'être aussi sur d'autres planètes, à l'âge même où leur océan n'est plus échauffé que par un foyer extérieur.

Il est certain, par exemple, que, dans la zone équatoriale de notre globe, la chaleur du milieu maritime deviendrait excessive si elle n'y était pas abaissée par l'effet direct de l'évaporation, et par le mélange de l'eau froide appelée des hautes latitudes. Il peut y avoir, autour des autres soleils, des planètes moins éloignées que la nôtre de leur centre radieux, puisque notre propre système planétaire en a deux qui sont dans ce cas ; jugez combien devrait s'échauffer l'océan de ces mondes aussi rapprochés de leur foyer calorifique que le sont Vénus et

Mercure ! Et puis, il y a des globes stellaires qui sont capables d'accroître temporairement leur éclat et leur rayonnement de chaleur ; nous en avions tiré sommairement une induction contraire à l'existence des astres habitables autour de ces foyers inconstants ; mais, comme nous ignorons si notre soleil lui-même, à l'un de ses âges antérieurs, n'a pas éprouvé quelque variation de ce genre, nous devons supposer qu'une telle éventualité est toujours possible. Si donc une de ces fournaises venait à tripler, à décupler son pouvoir calorifique, que deviendraient les êtres vivants, dans les océans de son ressort, sans le refroidissement justement proportionné que causerait l'évaporation de leurs eaux superficielles ? Il est vrai qu'en ce cas tout le règne organique continental de ces planètes serait singulièrement éprouvé par les déluges de pluie qui fondraient sur lui ; mais si la vie essentielle, si la vie maritime est sauve, qu'importe le sort de la vie sus-terrestre, qui est bien loin de comporter toujours des humains, et ne doit être souvent que d'une importance minime, quand elle n'est pas tout à fait nulle ?

Je déduis de ces considérations que l'une des plus utiles propriétés du premier élément vital, celle de s'évaporer et de donner naissance aux nuages et aux pluies, ne se prête que subsidiairement et, par suite, imparfaitement à l'irrigation des surfaces émergées : elle intéresse premièrement le milieu maritime par son effet de réfrigération, et c'est pour ce milieu seulement que son office s'effectue d'une manière irréprochable.

Sur quoi l'on s'avisera peut-être de me dire que l'imperfection du régime des pluies est, sous un certain rapport, profitable à l'homme : qu'il nous était moralement utile de nous voir à la merci de l'unique Puissance qui soit capable de maîtriser et de diriger les éléments, afin que nous soyons portés à nous tourner vers Elle pour lui demander notre pain quotidien... Je n'ai garde de contredire cette opinion théiste ; mais, si l'on veut bien considérer encore une fois que l'espèce humaine n'est pas seule à occuper le plancher terrestre, qu'elle y fut précédée et y est encore accompagnée d'une infinité d'espèces inconscientes qui n'avaient nul profit à tirer des défauts de ce séjour, on conviendra que je suis fondé à soutenir l'objet précis de ma discussion, à savoir, que le domaine aquatique est réellement la partie capitale de vos mondes sidéraux et que l'autre habitacle a été relativement négligé ; c'est-à-dire que les conditions physiques de la vie, au lieu d'y être presque parfaites, comme nous ne cesserons de le voir pour l'élément liquide, n'y ont été qu'ébauchées ; et si tel a été son partage, c'est qu'il ne devait pas exister constamment sur les planètes, et qu'il ne s'y trouvera *ordinairement* qu'à titre accessoire.

Pour continuer cette démonstration, il conviendrait à présent de faire ressortir tous les défauts et les inconvénients de ce dernier habitat. — Quoique l'arrosement pluvial, par exemple, soit pour toutes nos espèces vivantes d'une utilité extrême, il ne laisse pas d'être aussi pour elles une cause sérieuse d'incommodités et de périls. J'ai déjà dit que les violents orages des tropiques sont quelquefois fatals à beaucoup de grands animaux ; mais il est évident qu'en tous lieux les pluies sont pernicieuses et désagréables à la plupart des hôtes de la terre ferme, depuis les plus grands quadrupèdes jusqu'aux plus chétifs insectes ailés ou rampants. Songez, d'ailleurs, que, pendant d'innombrables siècles, où la chaleur centrale du globe se joignait à celle du soleil pour échauffer l'Océan, elles durent être si abondantes et si fréquentes qu'il ne pouvait exister sur la terre que des animaux aux rudes téguments, des insectes énormes, des reptiles amphibies ou couverts d'une cuirasse d'écailles imbriquées comme les tuiles de nos toits. Sous cette orageuse atmosphère, qui fut celle de notre monde pendant la plus grande partie de sa durée, transportez donc par la pensée quelque type délicat tel que celui de notre royale espèce, et comparez alors les épreuves meurtrières qu'il aurait à endurer avec le bien-être permanent des habitants des eaux, qui n'ont jamais eu besoin de se préparer des abris, et ne connaissent aucune sorte d'injure de leur milieu vital.

C'est pareillement à une époque reculée qu'il faudrait remonter pour apprécier la gravité d'un autre météore qui dépend aussi de l'évaporation de l'eau, ainsi que de l'échauffement de l'air, et dont les manifestations sont encore fréquentes dans les climats de la terre les plus favorisés des radiations du soleil : je veux parler de l'électricité atmosphérique et de la foudre. Dans certaines parties de la zone équatoriale, a dit le savant voyageur Boussingault, il ne se passe pas un jour, et peut-être pas un instant, où ne se produisent dans l'atmosphère des décharges électriques... Si donc vous pouviez être présent à la fois sur tous les points de ces régions, vous entendriez gronder le tonnerre sans relâche ; en beaucoup de lieux différents, l'horizon serait embrasé par la succession des éclairs ; vous verriez tous les animaux d'un canton, les grands troupeaux d'herbivores et les bêtes féroces elles-mêmes, stupéfaits et affolés par la frayeur, et non sans raison, car la terre qui les porte est foudroyée çà et là cent fois par jour. Jugez donc ce que furent ces accidents météoriques à l'époque où l'excessive chaleur du globe décuplait la production de l'électricité atmosphérique ; et convenez que la foudre, dont les plus grands effets ne furent jamais, pour les habitants des eaux, que des phénomènes inoffensifs et magnifiques, constitue un défaut grave dans celui des deux milieux vitaux où se produisent ses jeux terribles ; défaut qui aurait dû, ce semble, être corrigé par l'infinie Sagesse, si ce milieu était le principal théâtre de la vie planétaire. Peut-être ne dis-je pas tout : nous voyons ici-bas les vapeurs aqueuses rassemblées en nuages qui sont suspendus au-dessus de nos têtes, et, à l'exception de quelques contrées souvent enveloppées de brumes, nous avons presque toujours le bonheur de vivre dans la partie transparente et limpide de l'atmosphère ; tel est du moins le régime actuel de la terre, mais il y a des raisons pour qu'il en soit autrement sur beaucoup de globes ; leurs éléments vaporeux doivent s'y trouver perpétuellement condensés à demi jusqu'à leur surface, et nos semblables y seraient condamnés à demeurer dans d'épais brouillards, ou au contact même des nuées orageuses et chargées d'électricité ; vous savez, d'ailleurs, qu'il en a été autrefois ainsi pour notre monde tout entier.

QUARANTE-QUATRIÈME LETTRE

L'HABITACLE PRINCIPAL DES GLOBES PLANÉTAIRES, OU LES MONDES MARITIMES (SUITE)

Les considérations qui terminent la dernière lettre, Camille, m'amèneraient naturellement à passer en revue les autres météores de notre atmosphère, et à faire ressortir leurs inconvénients spéciaux pour la vie sous-aérienne ; mais je me bornerai à en critiquer un troisième qui, à la différence des deux précédents, est peut-être plus redoutable de notre temps qu'il n'était aux âges reculés de notre monde.

Les *vents* ont pour cause principale le mode d'échauffement de la superficie du globe, dont toutes les régions ne peuvent être desservies en même temps par un seul foyer calorifique externe. Par ses parties froides, la surface terrestre attire à elle le fluide atmosphérique; par ses parties chaudes, elle le repousse, de sorte qu'elle semble se jouer de sa substance légère et de son extrême mobilité. Si cette matière invisible tombait plus directement sous nos sens, et s'il nous était possible, de quelque observatoire extérieur, d'embrasser ses déplacements de notre regard, nous constaterions avec surprise les convulsions dont elle est agitée. Nous la verrions çà et là s'enfler ou se déprimer, figurer des sillons et des vagues énormes, s'écouler sous la forme de courants sujets à s'enrouler en gigantesques tourbillons, qui se transportent et voyagent avec rapidité.

Je n'ai pas à relever ici l'utilité des vents, mais seulement à signaler leurs défauts. Je noterai plus loin leur inconstance; en ce moment, j'accuse leur impétuosité qui les rend si incommodes et parfois si dévastateurs. Que ne peut-on pas dire, en effet, de ces ouragans des régions intertropicales qui sont capables de renverser les édifices les plus solides, de briser ou de déraciner les géants du règne végétal, de soulever la mer et de la jeter sur les plaines basses des continents? Il est des contrées, et des meilleures de la terre, — certaines parties des États-Unis, par exemple, — où les désastres causés par les vents sont si graves que l'homme est conduit à se ménager, ainsi qu'à ses animaux domestiques, des refuges souterrains pour se mettre à l'abri de leurs dangers. Il suffira d'une seule citation pour vous faire juger que ces événements ne sont pas rares. Un certain jour de la fin d'octobre 1876, pendant qu'une grande perturbation atmosphérique régnait dans l'Amérique centrale et ravageait les Antilles, d'autres cyclones se produisaient dans la mer des Indes, et l'un d'eux causait d'immenses destructions sur les côtes du Bengale, où il faisait périr, en quelques heures, plus de deux cent mille personnes ! Par leur fréquence comme par leur gravité, de pareils fléaux ne montrent-ils pas l'imperfection de notre habitacle sus-terrestre ? Que serait-ce si nous nous préoccupions des effets du vent sur quelque autre planète plus volumineuse, pourvue d'une atmosphère plus abondante et plus dense ? Rappelez-vous que nous avons déjà touché cette question relativement au monde colossal de Jupiter.

L'Océan, ainsi que nous le dirons plus loin, a aussi des courants qui sont analogues à vos vents réguliers, mais ces grands fleuves de la mer ne coulent qu'avec une vitesse modérée et constante. Il a des tempêtes, qui ne sont que le contre-coup des tempêtes aériennes, et qui lui sont utiles pour le saturer d'air vital ; mais ses lourdes vagues restent bien minimes auprès des invisibles fluctuations de l'atmosphère : et, quand il nous paraît possédé de ses plus grandes fureurs, ses habitants animaux n'ont pas de peine à s'y soustraire, attendu qu'il leur suffit de s'enfoncer à une faible profondeur pour atteindre la région du calme permanent. Comme nous ne voyons de la mer que sa seule superficie, il nous semble qu'elle est vouée tout entière à l'agitation et aux tourmentes ; grande est notre erreur ; à l'exception de cette couche supérieure, que troublent les convulsions de l'enveloppe aérienne, rien n'est plus stable ni plus tranquille que le domaine aquatique. Ses flots mouvementés ne sont redoutables que pour nous, faibles humains, qui ne savons naviguer qu'à leur surface ; et s'ils nous causent tant de cruels dommages, c'est encore au météore atmosphérique qui nous occupe, c'est à son régime imparfait et violent qu'il faut les imputer.

Cependant, la presque perfection de l'habitacle aquatique, par rapport au milieu aérien, se manifeste surtout dans la distribution de l'un de nos quatre *éléments* nécessaires à la vie, le calorique, en tant qu'il est fourni par un foyer extérieur.

Même quand le chaud et le froid sont renfermés dans les limites qui nous conviennent, le brusque passage de l'un à l'autre est aussi dangereux que désagréable à la plupart des êtres sensibles. Bien des maladies du type aigu n'ont pas d'autre cause que cette transition, et il se peut que beaucoup d'affections chroniques en soient encore la conséquence; aussi, rien n'est-il plus propre à assurer à tous les animaux un bien-être salutaire qu'une juste et constante mesure de la chaleur qu'ils reçoivent. Eh bien, les variations de la température et ses oscillations dans les deux sens opposés sont le partage de la demeure aérienne; l'avantage contraire n'a été accordé qu'au séjour maritime.

Quand il vous arrive de gravir, en touriste hardi, les derniers versants de quelque montagne très élevée, vous avez à redouter une alternative dont les deux termes sont également incommodes. Si l'astre du jour verse ses feux sur votre route de glace, vous subissez le supplice d'une chaleur cuisante et presque insupportable; mais vient-il à cesser de darder ses rayons sur votre tête en se cachant derrière quelque pic ou derrière un nuage, vous ressentez aussitôt la pénible impression de la basse température habituelle à ces cimes glacées. C'est que l'air des hauteurs est si dilaté et si sec qu'il n'absorbe et ne retient qu'une faible quantité de la chaleur solaire qui le traverse; celui qui recouvre les plus basses régions, au contraire, étant plus condensé et plus humide, en conserve davantage et nous épargne de si brusques contrastes.

Disons, par parenthèse, qu'il doit y avoir des mondes planétaires où l'air qu'on trouverait au niveau de la mer serait bien plus raréfié que celui du sommet de nos montagnes, et d'autres mondes où il est beaucoup plus dense que celui qui existe à la surface de nos plaines, puisqu'il y serait presque liquéfié par son extrême abondance et par l'intensité de la pesanteur. Il en résulte, pour la vie sous-aérienne, des conditions physiologiques fort disparates, ne fût-ce qu'au point de vue de l'économie de la chaleur dans ces diverses atmosphères ; ce que l'on ne pourrait pas dire de l'habitacle aquatique, qui doit être le même sur tous vos mondes grands et petits, si ce n'est qu'il y serait plus ou moins chargé de gaz atmosphériques.

Mais je reviens à ce qui s'observe au niveau moyen de notre sol terrestre. Quoique nous ayons constaté tout à l'heure que les variations brusques de la température y sont moins sensibles qu'au sommet des montagnes, elles ne sont encore que trop fréquentes et trop accusées. Car il n'est pas rare de voir, dans nos climats, des journées du printemps et de l'automne où le thermomètre monte ou baisse de trente degrés en moins de douze heures : en aucun temps on n'observe rien de semblable dans la nappe de l'Océan ; même dans sa couche superficielle, qui est en contact avec l'atmosphère, le thermomètre varie à peine du jour à la nuit, quand l'air est calme et la mer tranquille.

La cause essentielle de cette constance de température de l'Océan, c'est la grande *capacité calorifique* de l'eau. Vous savez, en effet, que ce liquide absorbe plus de calorique, pour s'élever d'un degré thermométrique au degré suivant, que toutes les autres substances de la nature, d'où il résulte que l'eau chaude se refroidit plus lentement, c'est-à-dire en rendant plus de chaleur, qu'aucune matière minérale portée à la même température. Voilà pourquoi, contrairement à ce qui se produit pour l'air atmosphérique, le chaud et le froid qui viennent du dehors ont peu d'effet sur la mer. On ne saurait trop insister sur sur cette propriété de l'élément aqueux, qui suffirait seule à faire de lui le meilleur des deux milieux vitaux.

Après cette constatation différentielle, il faut noter les mouvements intestins de l'atmosphère comme exerçant une grande influence sur les variations accidentelles de la chaleur à la surface de la terre, et nous revenons de la sorte à la critique des vents.

Certes, ces météores nous sont fort utiles sous plus d'un rapport. Ils le sont, notamment, en ce qu'ils tendent à uniformiser la température de la couche atmosphérique qui nous enserre; car l'air échauffé de la zone torride, en s'élevant vers le ciel pour se déverser sur les zones tempérées et glaciales, appelle à l'équateur l'air froid des régions polaires. Mais chacun sait combien cette circulation est loin d'être régulière et bénigne, étant dérangée surtout par les accidents des parties émergées du globe; et personne n'ignore combien il arrive souvent aux courants aériens de nous infliger les désagréments de leurs variations inattendues, qui semblent renverser l'ordre des saisons et détruire l'harmonie des climats. Par leur effet direct, nous avons parfois des journées d'été qui sont plus froides que certaines journées de l'hiver. Pareillement, les observations météorologiques nous apprennent souvent que le point le plus froid de notre Europe se trouve être, en un jour donné, non à l'extrémité septentrionale de la Norwège, mais dans la partie méridionale de l'Espagne; et ce maximum de froidure semble se promener capricieusement d'une contrée à une autre, et sauter brusquement de l'est à l'ouest et du nord au sud.

Aussi, voyez ce qui s'observe chaque année dans les climats de la terre les plus tempérés et les plus favorables à l'existence de l'homme. Après le règne de la saison rigoureuse, voici que la nature est sortie de sa léthargie et déploie son activité printanière. De toutes parts on voit la vie végétale et animale éclore, s'épanouir, pulluler. Mais un revirement soudain s'effectue dans la température de l'air, et des courants partis des zones glaciales amènent le retour du froid sur une certaine circonscription de notre hémisphère. Il se peut alors qu'un épais manteau de neige vienne à s'étendre de nouveau sur toute l'étendue d'une contrée, et condamne aux plus cruelles épreuves toute l'animalité sauvage, grande et petite, rampante et ailée. Quand bien même, ce qui est assez fréquent, ce retour offensif de l'hiver est de peu de durée, chacun sait ce qu'il a de pernicieux pour beaucoup de nos semblables, et, à un point de vue plus général, quelles perturbations et quels désastres il occasionne dans l'ensemble du règne de la vie : tendres bourgeons, fleurs à peine ouvertes, frêles organismes hâtivement éclos, périssent dans l'espace d'une nuit. En suite de cette funeste reprise des frimas, causée par le caprice des vents, tels et tels charmes manqueront à la nature vivante, et l'absence de certaines productions végétales, nécessaires aux hommes et à divers animaux, réduira peut-être les uns et les autres aux plus dures extrémités. Je le répète, il n'y pas d'années où des désordres de ce genre ne se produisent sur des régions parfois étendues de nos continents. Eh bien ! quelque chose de semblable s'accomplit-il dans le monde de la mer ? Jamais. Ses couches glaciales sont-elles capables de venir troubler le régime de celles qui sont les plus propres au règne de la vie ? Nullement.

Dans la nappe de l'Océan, comme au sein de l'atmosphère, existent de grands courants qui tendent à égaliser la température. Les ondes tièdes des parages de l'équateur s'épanchent sur les deux hémisphères pour aller réchauffer les pôles, et les eaux glacées des régions polaires viennent rafraîchir les mers équinoxiales. Sur des mondes qui seraient tout aquatiques et dont le lit serait bien nivelé, ce mutuel échange qu'exécutent les climats marins extrêmes s'opérerait par un va-et-vient tout direct ou d'une symétrie parfaite ; mais la présence des terres émergées et l'inégalité de leur répartition ont modifié l'ordonnance de ce grand phénomène maritime : il a dû s'établir sous la forme d'immenses fleuves, qui promènent leurs cours tortueux à travers l'Océan en contournant les bas-fonds et les îles et s'infléchissant aux abords des continents. On n'observe pas de régularité géométrique dans les lignes que décrit cette circulation aqueuse ; mais il n'est pas moins vrai que, bien loin de participer de la fâcheuse versatilité des vents de nos climats, elle garde une fixité notoire ou ne se modifie généralement qu'avec lenteur, et qu'elle est d'une innocuité presque complète pour les êtres de la mer. Combien son régime est meilleur que celui des vents ! Il est vrai aussi qu'elle établit, au milieu du domaine aquatique, des sortes de barrières devant lesquelles s'arrêtent telles et telles espèces voyageuses, et qu'elle crée des habitats circonscrits pour certaines catégories de ses hôtes ; mais, sous ce rapport, elle ne fait que compléter une disposition générale qui est nécessaire dans l'Océan actuel, et que nous signalerons dans la lettre suivante (1).

(1) Nous ne pouvons nous dispenser de noter ici une vue particu-

QUARANTE-CINQUIÈME LETTRE

L'HABITACLE PRINCIPAL DES GLOBES PLANÉTAIRES, OU LES MONDES MARITIMES (SUITE)

Ne vous étonnez pas, Camille, que je donne tant de développements à ce parallèle des deux milieux habitables. Je suis pleinement dans mon sujet en recherchant quelle est la nature essentielle de la vie astrale, ou pour quelles sortes d'êtres vivants sont constitués les habitacles sidéraux : or, je crois que vos demeures planétaires ne recevront des hôtes raisonnables qu'à titre exceptionnel ; je tiens qu'elles sont principalement et simplement appropriées à l'existence de créatures inférieures ou inconscientes ; et l'un de mes moyens de le démontrer est de vous faire voir que le domaine aquatique, qui ne convient qu'à la vie végétative et purement animale, est toujours le principal, le mieux ordonné, le plus parfait.

Malgré les heureux effets de la capacité calorifique de

---

lière de Mgr Rougerie, vérifiée au moyen d'expériences et d'appareils qu'il a fait connaître à l'Académie des sciences (23 avril 1894), laquelle vue modifie beaucoup les notions classiques ci-dessus énoncées, en présentant le mouvement de rotation de la terre comme la cause principale des grands courants aériens et marins. Cette explication ne changerait rien à nos conclusions capitales, mais fournirait la confirmation de ces deux opinions que nous soutenons avec insistance : 1° Le petit globe qui nous porte serait plus propre à l'existence des humains que nos plus grosses planètes, pour ce motif nouveau que l'extrême vitesse de rotation de ces dernières y engendrerait des vents d'une force excessive, bien supérieure à celle qui rend inhospitalières et inhabitables certaines régions des îles de l'Océanie. 2° Les mouvements déterminés par cette cause mécanique dans l'élément marin, étant beaucoup moins rapides et violents que ceux des courants atmosphériques, n'empêcheraient nullement les grands globes dont il s'agit de constituer ces habitacles maritimes ou inférieurs, que nous regardons comme essentiels et tout à fait dominants dans la Création des mondes.

l'eau et malgré les courants marins qui tendent à uniformiser sa chaleur, l'Océan est loin d'avoir en tous lieux le même climat, puisqu'étant toujours tiède à l'équateur il se trouve congelé aux deux pôles de la terre. Mais il ne faut pas oublier que, dans son état primitif, il était échauffé par le feu central du globe; en ce temps-là donc, sa température était beaucoup plus uniforme, et nulle part il n'était couvert de glaces. Comme il est probable que la longueur de cet âge a dépassé de beaucoup la moitié de la durée totale de la vie tellurique, on peut dire que ce régime calorifique représente l'état normal et fondamental de l'habitacle aquatique. Ce qui fortifie cette assertion, c'est la manière dont se comporte l'élément aqueux dans ces deux conditions opposées : il est peu perméable à la chaleur extérieure envoyée par le soleil, tandis qu'il l'est bien plus à la chaleur de contact, telle que celle qui lui venait du fond de la mer. Il se chauffait donc mieux, et répartissait plus uniformément son calorique par l'ancien mode, que par celui qui subsiste seul aujourd'hui.

Il faut remarquer aussi que le décroissement de température qui s'observe de l'équateur aux deux pôles n'a pas les inconvénients physiologiques qu'on serait porté à lui attribuer. La diversité des climats marins ne fournirait matière à critique que si les hôtes de l'Océan étaient tous cosmopolites et condamnés à se répandre sous toutes ses latitudes; elle n'a plus rien de défectueux si chaque région marine a ses habitants propres qui y demeurent confinés. C'est ainsi que nous trouvons, dans les mers polaires, une immense population d'oiseaux nageurs qui se plaisent dans ces parages glacés et dont plusieurs espèces ne les quittent jamais. D'ailleurs, les changements de température que nous constatons d'une zone à l'autre s'opèrent d'une manière toute graduelle; et ceux mêmes qui résultent du renouvellement des saisons ne sauraient incommoder les êtres vivants, parce qu'ils s'effectuent toujours avec lenteur et régularité (1).

Enfin et surtout, il faut considérer que la congélation de la mer n'affecte que sa superficie, ou que ses glaces y sont toujours surnageantes, et je relèverai, à la fin de cette lettre, ce qu'il y a de providentiel dans cette disposition. Que si pourtant vous reprochez encore à l'ensemble de l'Océan d'avoir sa température mal réglée à la surface, du moins ce reproche ne s'adressera pas à son intérieur; car nous pouvons dire que, même sous ce régime imparfait d'un globe échauffé du dehors, la plus grande partie du domaine aquatique est encore, sous le rapport de la distribution de la chaleur, supérieurement ordonnée en comparaison du milieu vital aérien.

En principe, on doit se représenter le milieu maritime, entre l'équateur et les deux cercles polaires, comme constituant une succession de couches superposées qui sont d'autant plus froides qu'elles sont plus profondes. Emboîtées les unes dans les autres à la manière de ces anciens poids de balance dits *en godets*, toutes ces couches ont leur fond, ou partie basse, dans la région de l'équateur; et leurs bords relevés vont, en s'élargissant immensément, atteindre la surface de la mer aux diverses latitudes boréales et australes des deux hémisphères. Chacune de ces couches a la même température dans toute son étendue, sous l'équateur comme au delà des tropiques, et ce degré de chaleur y demeure constant, si ce n'est vers les bords de la tranche aqueuse, où se fait sentir, aussi régulièrement que nous l'avons dit, l'influence des saisons. Chacune d'elles représente donc

---

(1) Il arrive pourtant que des animaux marins périssent par l'effet du froid pendant les hivers les plus rigoureux de nos climats; mais ce sont seulement ceux qui vivent au voisinage des côtes, dans la couche superficielle de l'Océan.

son climat marin spécial, qui convient à certains genres d'habitants.

Hâtons-nous de reconnaître que cette belle symétrie est grandement altérée en beaucoup de lieux. Elle est modifiée par les courants superficiels, et surtout par les grands courants profonds qui mettent en mouvement presque toute la masse maritime. Mais cette universelle circulation des eaux est assez régulière pour ne pas détruire la constance des températures locales; si bien que l'Océan n'en reste pas moins comparable à un immense casier dans les divisions duquel se trouve établie sa population végétale et animale; et toutes les espèces vivantes qui habitent ses divers départements sont à peu près assurées d'y jouir de la chaleur précise qui leur est nécessaire.

Il est une de ces couches qui a plus d'importance que toutes les autres, et qui a fait l'objet des recherches persévérantes des physiciens marins : c'est la dernière ou la plus profonde, celle qui était censée répondre au climat de 4 degrés, et que nous désignerons plus justement comme étant à un degré voisin de zéro. Dans la région de l'équateur, au-dessous de toutes les nappes aqueuses à température décroissante, le thermomètre la signale à 2,200 mètres de profondeur, et elle s'étend de là jusqu'au fond de la mer. Lorsqu'on la suit, par des sondages thermométriques, en remontant vers l'un ou l'autre des tropiques, on constate qu'elle obéit à la règle susindiquée et qu'elle se relève de plus en plus ; elle va donc en se rapprochant de la surface de l'Océan, de telle sorte que, bien au delà des deux cercles tropicaux, vers le 60° degré de latitude, elle se trouve en contact avec l'atmosphère; après quoi, et à la différence de toutes les autres couches plus chaudes, elle replonge jusqu'au fond des mers polaires pour laisser au-dessus d'elle leurs eaux glacées. S'étendant ainsi sous les glaces des pôles comme sous les ondes tièdes de l'équateur, elle entoure toute la terre. Quoiqu'elle soit, elle aussi, sillonnée de courants plus chauds ou plus froids, elle est, de toutes les régions de l'Océan, celle où la température est le plus uniforme, n'étant troublée que par les éruptions volcaniques sous-marines ; elle constitue, d'ailleurs, le plus étendu des climats marins, et comprend la plus grande partie de l'empire aquatique.

Voici ce qui contribue encore à donner à cette couche profonde une importance spéciale. Comme elle repose sur le fond de la mer, elle baigne une infinité d'animaux inférieurs qui y sont plus ou moins fixés, ainsi que d'autres espèces mobiles qui se repaissent des premières. Nos engins d'exploration, nos chaluts ou filets dragueurs, en ramènent des zoophytes, des mollusques, des crustacés, des poissons même, mais ils ne remontent aucune sorte de plantes. Si les poissons, animaux d'une organisation assez élevée, se nourrissent des êtres inférieurs que j'ai cités, de quoi ces derniers vivent-ils ? Il est à remarquer que les plus nombreux d'entre eux, tels que les *étoiles de mer*, sont beaucoup plus gros que leurs congénères des couches supérieures, ce qui fait penser qu'ils trouvent à leur portée une pâture plus abondante. De plus, comment se fait la dépuration de leur milieu vital, c'est-à-dire la destruction des produits méphitiques de leur respiration et la régénération de l'air respirable dissous dans l'eau ? Qu'est-ce qui opère la décomposition de tous les résidus de la vie animale et leur transformation en matière alimentaire ? Vous savez que c'est là l'office du règne végétal ; mais, comme la végétation est absente dans ces régions privées de la lumière du soleil, il faut que sa fonction chimique soit remplie par des organismes capables de vivre dans les ténèbres. Ce ne peuvent être que des animaux inférieurs, lesquels respireraient et vivraient à la manière des plantes, de même qu'il y a des végétaux terrestres qui respirent comme les animaux. Négligez, si vous le voulez, cette explication, car il vous importe peu de savoir comment vivent les hôtes des régions profondes de la mer ; mais il faut que vous reteniez deux choses : la première est que plus des *quatre cinquièmes* de l'habitacle marin jouissent d'une température à peu près uniforme et constante ; la seconde, que j'aurai lieu de faire ressortir dans la suivante lettre, est que l'Océan a été très abondamment vivifié dans toute sa profondeur, et qu'il y a, jusque dans ses parties les plus ténébreuses, une admirable économie du règne de la vie.

On avait attribué à la couche océanique inférieure le climat de 4 degrés, parce qu'on l'avait assimilée à celle qui occupe le fond de nos lacs d'eau douce ; en réalité, elle atteint une température plus basse, à cause de la forte salure de l'eau de la mer. Son degré de chaleur approche de zéro sous les chaudes latitudes ; il descend même au-dessous dans les mers polaires, et néanmoins elle ne saurait jamais s'y prendre en glace, et suspendre ainsi l'exercice de la vie : c'est là le point très important sur lequel je voulais surtout fixer votre attention dans cette lettre.

J'ai à vous rappeler ici un des faits de la physique les plus élémentaires et les plus faciles à constater —. Quand de l'eau tiède est soumise au refroidissement dans un petit récipient de verre en forme de thermomètre, elle se contracte et abaisse son niveau jusqu'à ce que sa température soit descendue à un certain degré ; mais alors, et quoiqu'on continue de la refroidir, on la voit se dilater ou remonter dans son tube jusqu'à ce qu'elle soit passée à l'état de glace, phénomène contraire à ce qui s'observerait avec presque tous les liquides solidifiables. Le point jusqu'où son niveau s'est abaissé marque son maximum de contraction ou de densité; chacun sait qu'il a lieu à 4 degrés centigrades quand l'eau est distillée ou parfaitement pure; il se produit à une température plus basse quand elle est fortement salée. De là deux conséquences physiques. Comme l'équilibre d'une masse liquide exige que ses molécules les plus denses se tiennent dans sa partie inférieure, il s'ensuit, ainsi que nous le rappelions plus haut, que le fond des grands lacs est en tout temps à la température du maximum de densité de l'eau douce, et que la couche la plus basse de l'Océan possède constamment la température du maximum de densité de l'eau marine. L'autre conséquence est que la glace, plus légère que l'eau liquide, ne se fixe qu'à sa surface, et non sur la paroi profonde de son bassin.

Or, cette position est la plus avantageuse qu'elle puisse occuper. Si l'eau obéissait à la règle commune, et si la glace, plus lourde que son liquide générateur, se déposait sur le fond du réservoir marin, elle engloberait toutes les sortes d'animaux peu ou point mobiles qui y séjournent, et, si elle ne les faisait pas périr, du moins elle les tiendrait en séquestre par rapport aux espèces supérieures dont ils sont la pâture nécessaire. Elle contrarierait aussi l'accomplissement de la grande fonction restauratrice et dépurative que nous avons dit s'exercer dans ces demeures profondes. Notez encore que, comme l'eau est une substance athermane, ou peu perméable à la chaleur du soleil, la glace qui se serait déposée sur le lit de la mer ne se fondrait guère durant l'été; elle devrait même s'accumuler d'année en année, combler les mers polaires, et y rendre impossible la vie aquatique qui subsiste encore dans leurs profondeurs; et la congélation envahirait même toute la région des abîmes. Étant, au contraire, fixée à la surface de l'Océan, la glace des pôles se liquéfie ou se détache en partie dans la bonne saison; d'ailleurs, en s'étendant sur de vastes espaces, elle y forme un revêtement propre à ralentir le refroidissement de la masse liquide sous-jacente. L'avantage de la localisation qui nous occupe est surtout à relever au point de vue de la multiplicité possible des mondes, attendu que la plupart de vos globes planétaires sont probablement plus éloignés de leurs soleils respectifs que la terre ne l'est du sien; et, s'ils devaient pareillement vivre de leurs effluves calorifiques, ils seraient sujets à une congélation hibernale plus étendue et plus prolongée que notre Océan tellurique.

Elle est donc d'une importance extrême, cette singulière propriété qu'a le liquide aqueux de se dilater pour former une glace plus légère que lui. Mais, si elle est très heureuse pour les êtres organisés qui vivent au sein du milieu maritime, elle est, par contre, extrêmement fâcheuse pour la vie qui s'exerce en dehors de l'élément liquide ou au sein de l'air. Car c'est l'augmentation de volume de l'eau, solidifiée dans l'intimité des tissus organiques, qui rend si pernicieux les effets de congélation dont d'innombrables êtres terrestres sont victimes; et, quand elle occasionne simplement la destruction des organes les plus délicats des plantes, elle est préjudiciable aux plus grandes espèces animales qui ont besoin de leurs productions. La gelée, surtout quand elle est intempestive, est l'un des plus grands fléaux matériels que nous connaissions sur la terre.

On ne dira pas que l'accroissement de volume de la glace est une nécessité de la cristallisation, puisque la presque généralité des corps cristallisables se comporte autrement et que, d'ailleurs, l'eau qui se refroidit commence déjà sa dilatation à quelques degrés au-dessus de son point de congélation. Il semble donc bien que cette anomalie a été formée à dessein, pour le plus grand avantage du milieu vital maritime, et malgré les inconvénients qu'elle devait avoir pour l'autre théâtre de la vie. Et si le domaine aquatique, qui est impropre à recevoir une population d'êtres raisonnables, s'est trouvé foncièrement plus favorisé que notre séjour aérien, c'est sans doute parce que les simples créatures inférieures, végétatives et purement animales, auxquelles il convient parfaitement, devaient constituer le mode fondamental et essentiel de la vitalité sur les globes sidéraux.

Je raisonne ici en spiritualiste chrétien, croyant que toutes les lois et tous les phénomènes de la nature universelle ont été voulus par une Intelligence qui a conçu et réglé la vie planétaire dans tous ses détails, et dans le sens que je viens d'indiquer. Si vous n'en êtes pas encore là, si vous pensez qu'il peut y avoir, dans les propriétés des éléments matériels, quelque chose qui ne fut pas prémédité, quelque chose de fortuit, dont la sagesse du Créateur se serait simplement accommodée pour en tirer le meilleur parti possible, votre sentiment hétérodoxe ne change rien à ma conclusion. Que ce soit intentionnellement et divinement qu'ait été ménagé le phénomène physique qui nous occupe, ou qu'il se soit produit en quelque sorte par hasard, le résultat cosmologique est nécessairement le même: il faut toujours que la demeure aquatique soit la plus parfaite et la principale, et que celle de la terre ferme soit défectueuse et secondaire.

QUARANTE-SIXIÈME LETTRE

L'HABITACLE PRINCIPAL DES GLOBES PLANÉTAIRES, OU LES MONDES MARITIMES (SUITE)

Examinons maintenant, Camille, la création vivante de l'Océan, pour juger si les soins qu'elle a reçus de l'Auteur de la vie sont en rapport avec les avantages physiques de l'humide séjour. Nous allons voir que le monde aquatique n'est pas inférieur en beauté à notre nature sous-aérienne, et même qu'il lui est supérieur à certains égards.

Nous négligerons d'abord presque tous ses hôtes mobiles pour porter notre attention sur les êtres sédentaires ou fixes qui forment le fond de tous les tableaux sous-marins. Nos connaissances, à leur endroit, se sont fort augmentées dans ces derniers temps : nous avons fabriqué des filets avec lesquels nous pouvons draguer les extrêmes profondeurs de la mer et amener au jour tout ce qui s'y trouve ; même à sept mille mètres sous les vagues, aucun être marin ne saurait braver nos atteintes. Nous faisons plus encore dans un certain sens : le domaine intérieur de l'Océan était naguère fermé à nos regards; seuls, quelques hardis plongeurs y avaient pu jeter un coup d'œil furtif; mais aujourd'hui, grâce à l'emploi de l'appareil appelé scaphandre, le mystérieux empire est devenu plus accessible. De vrais et savants observateurs se sont livrés à cette exploration directe, et, bien qu'ils n'aient pu s'introduire que dans les couches superficielles, ils ont été parfois ravis des spectacles qui se sont offerts à leurs yeux. Enfin, des appareils photographiques particuliers ont été descendus assez loin de la surface, et ont permis de mesurer jusqu'à quelle profondeur, plus considérable qu'on ne l'avait cru, pénètre la lumière du jour ; et l'on est ainsi parvenu, mais dans une mesure encore trop restreinte et trop imparfaite, à obtenir des photographies sous-marines.

Ce qui surprend tout d'abord celui qui s'enfonce dans la mer, c'est l'aspect du milieu lui-même, c'est le charme de sa couleur. Le monde aquatique reflète de toutes parts une teinte bleue, qui change de ton avec la profondeur et s'irise par les ondulations de la surface. Ces modifications de la lumière naturelle ne font rien perdre aux êtres vivants de leur coloration propre ; elles n'altèrent nullement la transparence de l'élément liquide, laquelle est si parfaite qu'elle permet d'apercevoir les détails les plus délicats de la conformation extérieure des animaux et des plantes. Tel est le cadre magique qui entoure tous les êtres de la couche aqueuse pénétrée de la lumière du soleil.

Ceux qu'on découvre à première vue sur les bas-fonds sont des plantes marines, des algues. Toute personne qui a vu la mer en a rencontré sur ses plages. Il y en a de si communes qu'elles n'attirent pas plus l'attention que les graminées de nos champs. Mais il en existe d'autres qui sont extrêmement belles, malgré la simplicité de leur organisation. Leur beauté dépend de l'élégance de leur port, des découpures et des contournements réguliers de leurs feuilles, et surtout de leur richesse de coloration, qui passe du rouge vif et du rose tendre au violet, au vert et à d'autres nuances éclatantes. Il est telles de leurs espèces qu'on peut ranger parmi les joyaux de la Création, et qui mériteraient d'être exhibées, comme objets de curiosité, dans les aquariums de nos salons, de préférence aux plus gracieux poissons exotiques. Bien humble est l'effet de nos gazons naturels auprès de ces magnifiques herbages immergés. Que dire, après cela, des épaisses forêts sous-marines, formées par la réunion d'algues gigantesques, très diverses, très singulières, quelquefois très élégantes et superbement colorées ?

En d'autres lieux, on trouve une végétation de nature bien différente. Malgré toutes ses apparences, celle-ci appartient au règne animal. Parfois ce ne sont que d'uniformes et moelleux tapis formés de zoophytes de la classe des *éponges;* mais souvent ce sont ces productions si remarquables dont nous avons déjà dit un mot dans la seconde partie de cet ouvrage. Les gorgones, les ombellulaires, les crinoïdes ou lis de la mer sont peut-être les plus beaux types de ces polypiers. Comme les vrais végétaux, ces pseudo-arbustes sont fixés au sol par une tige qui se ramifie et se couvre d'une frondaison aux formes les plus diverses. Quand ils sont réunis en grand nombre, ils donnent aux vastes espaces qu'ils recouvrent l'aspect de forêts en réduction. Une ample collection de nos grandes et belles fougères tropicales n'en donnerait qu'une idée bien inférieure, car ils l'emportent beaucoup sur elles par la variété de leurs formes, par l'élégance et la délicatesse de leur feuillage et par la richesse de leurs teintes.

Ailleurs encore, dans la Méditerranée, par exemple, nous rencontrerions des polypiers d'une tout autre sorte, ce sont ceux qui produisent le corail. Leurs tiges rameuses, souvent réunies en buissons, sont formées de cette substance pierreuse, ordinairement colorée, que nous taillons pour en faire des objets de parure. Ils n'ont point de feuilles, mais leurs branches sont couvertes d'une multitude de polypes, c'est-à-dire de petites rosettes blanches composées de huit pétales frangés, sortes de fleurettes animales si impressionnables qu'on les voit se rétracter et se cacher toutes ensemble, quand se produit une légère agitation de leur milieu azuré.

Je viens de citer des fleurettes de nature animale: les vraies fleurs de nos plantes aériennes, avec leurs fonctions physiologiques et leurs senteurs délicates, seraient un non-sens dans la mer; mais il existe, ainsi que je l'ai dit encore, de nombreuses productions animales qui les simulent. Un certain type de ces polypes singuliers est largement représenté sur nos côtes. Il comprend deux genres principaux: le genre *actinie* nous offre une espèce qui porte, sur un assez long pédoncule, une grande et belle fleur double, d'un jaune orangé teinté d'un joli cercle rose; une autre espèce a ses pétales d'un beau pourpre tacheté de vert; une troisième a une fleur, assez semblable à un grand œillet bien épanoui, dont la corolle d'un blanc éclatant est agrémentée de petites déchiquetures. — Le genre *zoanthe* déploie des productions florales aussi belles que les précédentes, mais qui sont réunies en certain nombre sur une tige commune et rampante. Quand ces contrefaçons de fleurs sont rassemblées en grandes quantités sur un bas-fond voisin de la surface de la mer, elles s'ouvrent toutes sous les rayons du soleil et forment de merveilleux tapis aux couleurs les plus vives. Un jardinier amateur, a dit le naturaliste Boitard, « qui serait adonné avec passion à la culture des renoncules et des anémones, aurait honte de la pauvreté de ses parterres, s'il les comparait à ceux que composent ces brillantes filles de l'Océan ».

Tous ces éléments du règne organique sous-marin ne sont pas toujours groupés par catégories uniformes, comme les plantes d'une pépinière; on les trouve aussi entremêlés, formant des mélanges tels que ceux que nous admirons dans la nature sous-aérienne. Leur assemblage ne constitue pas simplement ce qu'on peut appeler des prairies sous-marines; çà et là s'élèvent, au-dessus de l'ensemble, des individus ou des groupes de grande taille, des sortes d'arbres tels que ceux de nos vergers, et l'on dirait alors de somptueux jardins. Le tout s'embellit de la présence d'une infinité de parasites divers; il y en a qui sont presque immobiles: coquillages richement colorés, zoophytes simulant encore de jolies fleurs; d'autres sont pleins de mouvement et d'agilité : petits crustacés aussi gracieux que nos papillons et se jouant dans les brillants feuillages, petits poissons pourvus d'une parure d'écailles pailletées comparable au plumage de nos oiseaux les plus coquets, et qui ont mérité d'être appelés les colibris de l'Océan. Enfin, la végétation maritime fournie par les deux règnes a d'inappréciables avantages sur celle de la terre ferme; elle connaît à peine les vicissitudes des saisons, et ne manque en aucun temps de son principal élément vital: toujours pénétrée d'eau, elle n'est jamais flétrie ni languissante; sa vitalité est invariable et perpétuelle.

La courte description que je viens de vous offrir est tirée surtout de nos régions tempérées; les tableaux sous-marins sont plus brillants encore au-delà des tropiques, où presque tous les éléments de décoration sont fournis par le règne animal. La végétation terrestre la plus admirée, dit Schleiden, « ne peut donner une plus grande richesse de formes, et sous le rapport de la variété et de l'éclat des couleurs, elle reste bien en arrière des magnifiques jardins de l'Océan, composés presque entièrement d'animaux ». C'est là aussi, lorsque la clarté du jour s'est éteinte et que la nuit s'est étendue sur la mer, qu'on voit la nature aquatique se parer d'une splendeur nouvelle, en s'illuminant d'une lumière vivante dont je parlerai tout à l'heure.

Nous n'avons eu égard jusqu'ici qu'aux couches superficielles de l'Océan, qu'il est possible à l'homme d'inspecter de ses yeux ; une partie des êtres organisés qu'elles renferment, je veux dire la partie purement végétale, qui a besoin des radiations lumineuses du soleil, ne pourrait exister à une certaine profondeur, où sa lumière ne pénètre pas. — C'est le cas de faire ressortir une heureuse propriété de l'eau, une propriété optique. Elle n'éteint d'abord que les rayons rouges et jaunes de la lumière solaire, et laisse passer plus loin les rayons bleus, violets et ultra-violets dont l'action chimique est propre à entretenir la vie végétale malgré le peu de clarté qu'ils fournissent. — Cependant, quand on a atteint la région où la nuit est permanente, toute végétation paraît avoir disparu, car on ne connaît pas dans l'Océan de plantes semblables à nos champignons et végétant comme eux dans l'obscurité complète, ou du moins on n'en pourrait citer que de très petits ou de microscopiques représentants.

On croyait autrefois que la vie animale elle-même ne pouvait que se raréfier, se rapetisser et finalement disparaître à une certaine profondeur : les grands sondages nous ont fait voir, au contraire, que les abîmes sont encore très peuplés d'animaux de toutes classes. De fait, le domaine abyssal a une économie toute spéciale et bien inattendue ; il constitue un monde à part, qui a ses beautés propres, et dont les hôtes grands et petits n'ont peut-être que des relations passagères et intermittentes avec le monde supérieur des eaux superficielles.

Il semblait *à priori* (que, dans les extrêmes profondeurs de l'Océan, les êtres organisés seraient écrasés par le poids immense de la masse liquide superposée ; et l'on en a retiré des animaux au corps mou et délicat qui y supportaient des pressions de plusieurs centaines d'atmosphères. Il est évident que les habitants des couches profondes ne sentent pas plus la pression de leur milieu que nous-mêmes qui vivons sous celle de notre simple atmosphère aérienne.

Une seconde question s'imposait pareillement à l'esprit du naturaliste : comment des animaux assez élevés pour posséder de puissants organes de locomotion se dirigent-ils dans cette nuit si complète ? — C'est que leurs sens de relation sont très développés : les antennes de certains crustacés sont d'une longueur extraordinaire ; chez d'autres, même, les pattes antérieures, démesurément allongées, sont devenues des organes de tact qui sondent l'espace tout autour d'eux ; d'autres animaux ont les yeux si agrandis qu'ils semblent avoir absorbé toute leur tête ; enfin, il en est beaucoup qui produisent eux-mêmes de la lumière pour s'éclairer.

Autre problème : qu'il y ait des organismes teints des plus belles couleurs dans les couches d'eau superficielles, nul ne peut s'en étonner, puisque la lumière solaire y abonde; mais comment se fait-il qu'il y en ait aussi dans les parties obscures de l'Océan ? Là, en effet, « habitent des animaux dont les teintes brillent d'un vif éclat : le rouge, le rose, le pourpre, le violet et le bleu y sont répandus avec profusion. La plupart des crevettes qui foisonnent au fond des eaux sont d'une riche teinte carminée ; des holothuries énormes ont l'aspect de l'améthyste, et une grande étoile de mer est une véritable merveille par l'élégance de ses formes et la vivacité de ses reflets orangés... Ce sont de vrais bijoux que ces animaux du fond de l'Océan.» (M. Alph. Milne Edwards.)

Cette singularité de coloration s'explique : il y a de la lumière dans les abîmes, de la lumière phosphorescente fournie par des organismes animaux. Cette lumière rend visibles toutes les couleurs. Étant généralement blanche, elle est apte à fournir par sa décomposition toutes les nuances du spectre solaire. L'appareil organique qui la produit est le plus souvent indistinct ; elle paraît alors liée à tout le tégument, à tous les tissus du corps, et même au mucus dont il est enduit. D'autres fois, elle est engendrée par des organes spéciaux qui sont constitués à peu près comme des yeux ; et ces appareils photogènes sont surtout remarquables chez les vrais habitants des abîmes, pour lesquels la lumière dont nous parlons est d'une si grande utilité.

Vous savez d'ailleurs que la surface de l'Océan, dans les belles nuits des régions intertropicales, est souvent si éclairée par la phosphorescence que les navires semblent portés sur une mer de feu aux vagues étincelantes : le même spectacle s'observe parfois aussi dans nos froides latitudes, après certaines journées chaudes et orageuses. Ce magnifique phénomène est dû à la présence d'animalcules lumineux qui occupent alors les couches superficielles de la mer, tandis qu'ils se tiennent d'ordinaire dans ses profondeurs, où ils fournissent sans doute leur lumière d'une manière constante, au sein de la permanente obscurité.

Avant d'aller plus loin dans ces considérations, présentons la courte esquisse qu'un savant écrivain, M. Frédol, a tracée du spectacle qu'il a pu observer *dans les couches supérieures* de l'habitat maritime.

« Les infusoires ne sont pas les seuls animaux producteurs de la phosphorescence : cet état brillant de la mer est encore déterminé par des méduses, des astéries, des mollusques, des néréides, des crustacés, et même des poissons. Ces animaux engendrent la lumière comme la torpille engendre l'électricité. Ils multiplient et diversifient les effets du phénomène. La lumière qu'ils produisent passe tantôt au verdâtre, tantôt au rougeâtre. A certains moments, on croit voir, dans le sombre royaume, des disques rayonnants, des plumets étoilés, des franges flamboyantes. Plusieurs animaux paraissent de loin comme des masses métalliques chauffées à blanc, ou comme des bouquets de feu lançant des étincelles. Il y a des festons de verres de couleur comparables aux guirlandes de nos illuminations publiques, et des météores incandescents, allongés ou globuleux, qui se poursuivent à travers les vagues, montent, descendent, s'atteignent, se confondent, se disjoignent, décrivent mille courbes capricieuses, et s'éteignent pour se rallumer et se poursuivre de nouveau. »

Chacun conçoit que ces phénomènes lumineux, déjà si beaux à la surface de l'Océan, doivent se produire plus largement et plus constamment dans ses couches profondes, car c'est là surtout qu'ils ont leur raison d'exister ; et d'ailleurs les animaux qu'on en extrait sont bien plus souvent doués de phosphorescence que ceux des couches supérieures. Cependant, il est vraisemblable que cette lumière animée n'y est pas uniformément répandue. Il doit y avoir de larges espaces où règne une obscurité complète, qui n'est interrompue que par le passage de quelque monstre portant sur lui un appareil brillant en guise de lanterne, pour éclairer les obstacles de sa route et lui faire voir sa proie. En beaucoup de lieux, le fond de la mer doit être couvert de zoophytes éclairants qui y produisent l'image de notre ciel étoilé. Nos filets de draguage en ont arraché des fragments de polypiers branchus dont les polypes étaient lumineux : de tels arbres ou buissons phosphorescents, rassemblés sur de vastes espaces, ou suspendus en grand nombre sur des parties saillantes et escarpées des grands fonds, y simuleraient des forêts scintillantes et enchantées; il résulterait même de leur ensemble une lumière diffuse, peut-être plus intense que celle que nous recevons de la pleine lune, et qui expliquerait l'existence de ces animaux colorés que nous citions il n'y a qu'un instant. De la sorte, on conçoit qu'il y ait, au fond des mers, des lieux constamment éclairés. Ces oasis de clarté permanente pourraient être dispersées sous toutes les latitudes, car elles seraient aussi indépendantes du soleil torréfiant de l'équateur qu'indifférentes aux glaces des pôles. Il serait possible que ces petits mondes isolés fussent alimentés en partie par les hôtes des demeures obscures environnantes, qu'ils arrêteraient au passage ou qu'ils attireraient à eux par un effet d'éblouissement. Il se pourrait enfin que ces foyers d'une vie exubérante émissent périodiquement des armées d'émigration qui se répandraient dans les régions ténébreuses et s'élèveraient jusqu'aux couches supérieures de l'Océan.

Quoiqu'il en soit de ces images fantastiques, il est certain que la phosphorescence est une merveille de la mer. Comme elle se rencontre dans toutes les classes animales qui l'habitent, depuis les infusoires jusqu'aux vertébrés, on ne s'avisera pas de dire qu'elle y a pris naissance par hasard : bien d'autres raisons pourraient être invoquées contre cette explication matérialiste, mais ce n'est plus le lieu de les exposer. Je me bornerai à vous rappeler combien peu la terre, et l'Océan surtout, se trouvaient éclairés par le soleil, quand notre atmosphère pleine de vapeurs était à peine perméable à ses rayons ; il se peut donc, dirai-je, que les premières espèces d'animaux, qui furent formées au sein des mers, aient été phosphorescentes. En ce cas, et contrairement à l'étroite conception génésiaque de nos athées, quel insigne acte de création fut accompli à cette époque, si, à ces premiers foyers mouvants de sensibilité et d'intelligence inférieure ou animale, ont été surajoutés des foyers d'une lumière vivante !

Après cela, il est permis de présumer que le Créateur a reproduit cette lumineuse fondation sur les terres célestes qui gravitent dans l'obscurité, loin de leurs soleils stellaires, comme les dernières planètes de notre système. Cette supposition est vraisemblable à l'égard de leurs océans, qui doivent être ténébreux à une très faible profondeur ; mais, de plus, je l'ai avancée timidement pour leurs habitacles sous-aériens eux-mêmes : en citant l'exemple de certains champignons terrestres qui sont phosphorescents, j'ai insinué qu'il en est peut-être ainsi pour toute la végétation de ces mondes lointains, depuis leurs productions les plus chétives jusqu'à leurs essences les plus gigantesques. Faudrait-il concéder le même attribut à leur animalité tout entière, petite et grande, rampante et volatile ? Devons-nous aussi nous représenter des créatures raisonnables telles que nous, resplendissantes de lumière au milieu de cette nature illuminée ? Je crois que ce serait dépasser excessivement les limites d'une induction légitime et sérieuse.

Sur la terre, en effet, la phosphorescence végétale est extrêmement restreinte. Celle que produisent les animaux aériens est peu commune, et l'on ne connaît, même dans les climats chauds, qu'un certain nombre d'espèces qui sont lumineuses. Elle est rare surtout dans les lieux où elle serait le plus nécessaire, dans les profondeurs des cavernes et dans les zones terrestres sujettes à de longues nuits, car elle ne brille guère dans les régions polaires, où elle serait si utile; et, si elle y avait été très répandue dans les temps où ces contrées étaient encore couvertes de végétation et de vie animale, elle n'aurait pas manqué de s'y conserver en partie. Il est donc vrai qu'elle n'est qu'un objet de curiosité dans la nature sous-aérienne, tandis qu'elle a été si prodiguée dans le domaine maritime qu'elle se montre jusque dans ses couches superficielles, toutes favorisées qu'elles sont, pendant le jour, de la lumière du soleil ; aussi semble-t-il bien qu'elle fut inventée spécialement pour ce milieu, qui a été par là singulièrement privilégié.

Nous n'avons aucune raison de croire qu'une disposition différente ou contraire a été pratiquée sur les autres sphères astrales. Comme le contraste que nous signalons s'accuse surtout sur nos planètes principales par leur taille, nous devons présumer qu'il est général ou qu'il a lieu sur tous les mondes célestes. Nous le retrouvons d'ailleurs sur notre terre même, quand nous comparons ensemble les régions extrêmes et correspondantes de ses deux milieux vitaux, je veux dire les sommets inanimés des montagnes et les gouffres de l'Océan, vivifiés jusque sous les glaces des pôles. Dès lors, ne sommes-nous pas fondés à tirer encore une fois cette conclusion : le simple domaine aquatique, quoiqu'il soit impropre à l'établissement d'une espèce souveraine ou pensante, a été traité et avantagé par le Fondateur de l'univers, comme s'il devait être le réceptacle essentiel de la vie sur tous les globes sidéraux.

QUARANTE-SEPTIÈME LETTRE

L'HABITACLE PRINCIPAL DES GLOBES PLANÉTAIRES OU LES MONDES MARITIMES (SUITE ET FIN)

Dans le tableau de la nature vivante de la mer, que nous venons d'esquisser, Camille, nous avions surtout en vue la partie végétative ou inférieure du règne organique sous-marin. Si nous devions considérer maintenant les espèces qui composent sa partie supérieure, vous ne manqueriez pas de nous faire observer qu'elles sont généralement moins élevées, dans la hiérarchie de la Création, que les types d'animaux de la terre ferme ; nous sommes loin de le méconnaître, et une telle réflexion ne fait que concorder avec la fin de la présente lettre. Cette infériorité n'empêche pas la faune de l'Océan d'être extrêmement riche par la diversité des types, aussi bien que par le grand nombre des individus. Toutes les classes zoologiques y figurent. Certaines de leurs divisions, celles des insectes et des arachnides, par exemple, y font presque entièrement défaut ; mais une autre section de la même classe, celle des crustacés, y a pris une grande extension. Les poissons y abondent, les reptiles n'y manquent pas, les genres d'oiseaux y sont nombreux, et les mammifères y sont représentés par plusieurs rameaux distincts. L'imagination créatrice s'y montre donc dans toute sa puissance. Si vous constatez que les espèces les plus volumineuses de la mer n'ont pas reçu la beauté en partage, c'est qu'une loi supérieure et générale de la nature le voulait ainsi. Si la plupart des animaux marins sont peu favorisés sous le rapport des instincts et de l'intelligence, c'est qu'ils n'en ont guère besoin ; mais, par une compensation surabondante, ils possèdent un avantage incomparable, ils sont les plus heureux des êtres.

Contrairement aux hôtes de la terre ferme, ils n'ont à craindre aucune sorte de rigueur de leur milieu vital. Leur subsistance est assurée, parce que nulle cause accidentelle ne peut entraver la reproduction de la partie inférieure du règne organique qui la leur fournit. Leur vie est commode ; ils ne sont pas condamnés à se traîner sur des surfaces couvertes d'obstacles ; ils sont portés par l'élément liquide beaucoup mieux que nos volatiles ne le sont par le fluide aérien. Plus aisément que ces derniers, ils peuvent changer de lieu et émigrer à leur guise; en montant ou en descendant, ils font varier à souhait la lumière, la chaleur, la pression, le régime alimentaire. Dans ce monde si beau qui les enserre, ils ont l'existence la plus douce que puissent mener des êtres périssables, et, pour tout dire d'un seul mot, leur félicité est proverbiale.

Cette félicité, il est vrai, n'est pas complète ou sans fin : il fallait bien que les habitants des eaux, comme toutes les créatures matérielles, fussent tributaires de la mort, mais je suis tenté d'ajouter que la leur, par sa rapidité foudroyante, est le plus souvent digne d'envie; la plupart ne font qu'entrevoir l'instrument de leur destruction : les petits sont engloutis par les grands, et tout est fini pour eux.

Il est vrai aussi que le monde maritime ne fut pas garanti contre les changements ou les remaniements de sa constitution géologique; mais si le fond et les contours des mers se sont modifiés, il s'est accommodé de toutes leurs mutations. Les inégalités du sol marin, la formation des bas-fonds et des îles, tout a eu son utilité pour lui. Telles espèces trouvent une patrie et un refuge au sein des eaux profondes; telles autres se plaisent au-dessus des bancs et des récifs, au milieu des vallées sous-marines et des grands courants chauds ou froids, dans les baies anfractueuses ou à la remonte des fleuves. Les plages de la côte conviennent aux animaux amphibies; les rochers et les flots sont des stations nécessaires aux oiseaux pélagiques. Donc, partout et toujours, la mer et sa population vivante sont bien adaptées l'une à l'autre.

C'est en vain, nous en sommes convenus, que vous

chercheriez la perfection dans les choses créées ; mais, s'il est une création qui en approche, c'est bien celle de l'Océan. Aussi, de par la Sagesse divine, nous n'hésitons pas à croire à la reproduction de cette œuvre si simple, si correcte et si belle, sur autant de stations astrales qu'il vous agrée d'en concevoir.

Pour terminer cette comparaison des deux habitacles aquatique et aérien, et pour vous permettre d'en tirer la conséquence finale que je vise, je vous rappellerai brièvement quelques aperçus qui ont été consignés dans les diverses parties de cet ouvrage.

La force de gravité, contre laquelle les êtres vivants ont à lutter pour se soutenir ou se mouvoir, est un grave inconvénient que nous avons bien des fois cité. Elle acquiert une intensité énorme sur les plus grands globes : mais c'est pour les organismes qui se meuvent dans une atmosphère gazeuze et légère, comme la nôtre, que se dresse cette difficulté ; elle n'existe pas au sein de l'élément liquide, où la force de poussée, engendrée par la pesanteur elle-même, fait perdre à tous les corps vivants la presque totalité de leur poids. Si donc les très grandes planètes, et même certaines étoiles refroidies, devaient recevoir des créatures animées, il semble qu'elles ne seraient propres à fournir que des mondes aquatiques. Après les considérations que nous avons présentées dans la lettre précédente, il n'y aurait pas à se préoccuper de l'absence de tout flambeau extérieur pour éclairer leurs hôtes, ni de l'immensité apparente des pressions qui s'exerceraient sur eux.

Nous avons longuement critiqué aussi, au point de vue de l'existence de la vie, le régime *géologique* de vos terres célestes, de ces brûlots très superficiellement refroidis dont la croûte si fragile porte le double monde aquatique et aérien. Assurément, les accidents majeurs, qui modifient brusquement l'assiette des mers, causent un grand trouble dans le domaine sous-marin; mais les cataclysmes qui s'ensuivent pour celui de la terre ferme sont bien autrement désastreux. D'ailleurs, de tels événements sont rares, et il se produit infiniment plus de simples tremblements de terre. Or, leurs effets sont souvent terribles pour la population principale de l'écorce terrestre, tandis que les trépidations du fond de l'Océan ne causent aucun dommage à ses habitants, qui les ressentent à peine. Ayant donc précédemment trouvé fort singulière l'installation de la vie, et surtout de la vie consciente, sur les frêles et instables planchers des planètes, nous percevrions une impression toute différente si ces soleils encroûtés ne devaient servir de supports qu'à des mondes thalassiques.

Le terme final de tous les accidents géologiques, avons-nous dit, sera le refroidissement complet de chaque globe et la disparition de son océan dans les profondeurs de son écorce. Mais, tout en diminuant lentement d'étendue, ce grand réservoir conservera son aptitude à entretenir la vie dans son sein aussi longtemps qu'une certaine quantité de gaz carboné subsistera dans l'atmosphère. Les continents, au contraire, iront sans cesse en s'agrandissant aux dépens des mers, et les surpasseront un jour en superficie, comme nous le voyons pour la planète Mars; mais le règne organique qui les recouvre s'atténuera et se restreindra incessamment par l'insuffisance de l'arrosement pluvial nécessaire à la végétation, et l'on verra s'étendre de plus en plus l'aride domaine des déserts. D'où il appert que la vie maritime, ayant été la mieux partagée dans les temps primitifs où il n'y avait que peu de sol émergé, demeurera encore la plus importante et la plus praticable jusqu'à la fin.

Nous avons aussi fait observer qu'il existe sans doute des globes habitables qui n'ont reçu d'élément liquide qu'une quantité modique relativement à celle qui fut attribuée à notre terre, à tel point qu'une sorte de mer Méditerranée y représenterait peut-être tout notre vaste Océan. Eh bien, sur de tels mondes, et malgré l'étendue très considérable de la terre ferme, la création vivante serait encore principalement aquatique ; car, comment voudriez-vous qu'une si faible provision d'eau suffît à préparer, à ameublir le sol de ces globes entiers et à l'arroser assez copieusement pour y entretenir une végétation comparable à la nôtre? Si ces astres étaient de très grande taille, ils seraient bien loin de constituer, comme vous le supposiez jusqu'ici, des terres célestes par excellence, avec de vastes surfaces continentales pourvues d'une exubérance de vie; ils ne vous montreraient peut-être qu'un certain nombre de ces mers distinctes, formant autant de mondes méditerranéens ou lacustres, isolés et indépendants les uns des autres.

Par contre, il a pu exister des sphères où la quantité d'eau initiale a été plus considérable que celle de la terre, de telle sorte qu'elles seraient totalement recouvertes par l'élément liquide; ou bien encore la surface consolidée de certains globes aura pu se maintenir assez nivelée pour qu'aucun continent ou grande île ne vînt à surgir en temps utile, c'est-à-dire avant l'entière absorption du principe carboné de leur atmosphère ; et, dans ces deux cas, la vie maritime serait toujours la seule possible, par la raison péremptoire de l'absence de terres émergées. Je m'imagine même que tel est l'état normal ou le plus ordinaire des planètes, à leur âge de pleine vitalité.

Quoi qu'il en soit, faites toutes les suppositions qu'il vous plaira sur l'étendue relative des deux milieux vitaux, et vous verrez que la vie au sein de l'élément aqueux sera toujours prédominante. Un monde sous-aérien ou sus-terrestre ne se trouve pas toujours sur vos sphères planétaires ; quand il y existe, il peut être d'une constitution très imparfaite ; dans les cas les meilleurs, il ne laisse pas d'être accessoire. S'il vous offrait, sur un globe donné, un règne organique luxuriant, il y aurait nécessairement place, sur le même globe, pour un règne aquatique plus ample et plus riche encore. Ainsi, dans tous les cas où la vie maritime n'est pas la seule existante, elle est toujours la principale. Un astre habitable représente donc le plus souvent, non une *terre*, mais une *mer* céleste. Sa partie essentielle et constante est une limpide couche d'eau qui attend, possède ou a possédé des créatures animées ; c'est une nappe fluide retenue, par la force de gravité, autour d'une sphère éteinte sur laquelle elle voyage dans les cieux. Telle est la première conclusion qui se dégage de toute cette série de lettres sur les mondes aquatiques, et qui s'y trouve d'ailleurs indiquée à chaque page.

J'ose à peine vous faire observer encore une fois à quelle sorte de créatures vivantes convient surtout l'habitat liquide. Il convient parfaitement au règne végétal et à cette partie du règne animal dont la vie est principalement végétative. Ainsi que nous l'avons reconnu tout à l'heure, ce n'est pas dans un tel séjour que nous chercherions les principales merveilles de l'instinct et de l'intelligence des animaux. A plus forte raison, nous n'y placerions jamais des homologues de notre espèce pensante : il est trop clair que l'homme n'y pourrait développer ses facultés distinctives, se servir d'un langage articulé, faire usage du feu et des métaux, et créer ses chefs-d'œuvre de l'industrie et des arts.

Certes, nous n'aurions pas raison de rabaisser à tous égards le milieu où il nous est donné de voir s'épanouir ainsi notre auguste essence, où nous respirons la matière subtile et souvent parfumée du fluide aérien, et où nous jouissons de ce beau ciel et de sa splendide lumière. Si nous concevons quelque part une demeure parfaite et bienheureuse, pas n'est besoin de dire que sa substance ne ressemble nullement à la lourde matière de l'Océan ; elle doit être bien autrement éthérée encore que notre résidence atmosphérique, qui en est l'image grossière. Mais nous avons dû constater que cette patrie terrestre est pleine de graves imperfections, et que l'habitat sous-aérien de ce globe ne fut qu'une œuvre assez négligée du Créateur. Au contraire, il nous a paru n'exister de simple, de presque parfait, et surtout de constant, sur ces globes matériels, que l'habitacle marin ; ne devez-vous pas juger maintenant que les êtres végétatifs et inconscients sont le mode essentiel et normal de la vie sur les chétifs amas cosmiques des planètes ?

En résumé, les globes sidéraux qui sont aptes à porter la vie forment essentiellement des mondes maritimes, et ce n'est peut-être qu'exceptionnellement qu'ils sont en état de constituer des demeures humaines. Durant leur période de vitalité, supposez-les tout couverts d'eau, comme le fut d'abord notre sphère tellurique, et il sera possible qu'ils demeurent tels jusqu'à la fin, ou qu'ils ne laissent sortir de la nappe azurée que des cônes volcaniques, des crêtes montagneuses, des écueils ou des flots escarpés...

Comment donc se formeront les habitacles planétaires qui conviennent à nos semblables ? Peut-être faut-il toujours, ainsi que l'enseigne la Genèse biblique, un acte créateur spécial, un commandement divin tel que celui qui se fit entendre sur la terre : *Appareat arida*, que le sol consistant paraisse... Il faudrait donc qu'il émergeât, *en temps opportun*, une véritable terre ferme. Ainsi que nous l'avons déjà noté, ce fut là, pour nous, la vraie création du monde. Mais ce n'est pas encore tout dire, car nous avons reconnu ensemble que cette œuvre génésiaque ne fut pas parfaite ici-bas, et vous avez compris qu'elle peut l'être moins encore sur d'autres planètes. Elle peut même s'y trouver tellement imparfaite qu'elle y devienne à peu près impropre à l'établissement de nos pareils, et c'est ce qui vous sera démontré dans la lettre suivante.

QUARANTE-HUITIÈME LETTRE

LES TERRES IMPARFAITES ; LES MONDES PALUDIQUES

Mettons-nous maintenant, Camille, en présence des globes pourvus d'assez larges surfaces exondées. — En considérant le régime général de notre demeure terrestre, nous y avons trouvé assez défectueuse l'économie de son indispensable élément aqueux ; mais je vous ai fait entendre qu'il y a des planètes où elle est plus vicieuse encore, et vous allez en juger.

Un sol habitable doit avoir un certain relief au-dessus de l'Océan, pour être préservé de ses hautes marées et de ses fortes tempêtes : il doit s'élever jusqu'à former des montagnes, mais il ne faut pas que la hauteur de ses parties culminantes soit trop considérable. C'est ce qui a lieu sur deux de nos planètes voisines, Mercure et Vénus, où nous apercevons des cîmes dont l'altitude dépasse deux ou trois fois celle des principales saillies de notre globe. De tels massifs montagneux condensent la plus grande partie des nuages pluvieux, soit en se couvrant de glaciers excessivement étendus qui rappellent ceux de nos calotes polaires, soit en déterminant, à leur voisinage, de plus fortes pluies que celles qu'on observe déjà aux abords de notre Himalaya, où elles sont vingt-cinq fois plus abondantes que sous le ciel de la France. Ces avalanches liquides ne serviraient plus à l'arrosement: en se précipitant vers le bassin des mers, elles ne feraient que ravager les régions surélevées, tandis qu'une constante sécheresse régnerait dans les plaines éloignées, et peut-être aussi à peu de distance de ces grands torrents dévastateurs, sur l'autre versant de la même chaîne, comme on le voit dans certaines parties de la Cordillère des Andes. Voilà l'un des inconvénients d'un relief trop saillant de la croûte planétaire.

Il se peut que, sur d'autres globes habitables, les terres continentales présentent un défaut tout autre, si nous en jugeons par ce qu'on découvre sur un troisième monde voisin, la planète Mars.

En étudiant les détails de ce qu'on croit être ses parties émergées, quelques observateurs avaient porté leur attention sur certains traits linéaires qui sillonnent leur surface. Un astronome que j'ai déjà cité, M. Schiaparelli, les a minutieusement observés et croit pouvoir les considérer comme des canaux traversant toute l'étendue des continents et se terminant à la mer par les deux bouts. Les sillons qu'ils figurent se croisent avec d'autres, et tout leur ensemble dessine une sorte de grand réseau. Ce seraient apparemment des rigoles pleines d'eau, à en juger par la couleur qu'elles reflètent et qui est la même que celle de l'océan martien. Pour que nous les apercevions de si loin, il faut qu'elles soient incomparablement plus larges que nos plus grands fleuves : cette raison et d'autres encore tendent à faire regarder comme chimérique l'opinion de ceux qui les supposent artificielles ou creusées par des êtres raisonnables. Peut-être sont-elles de longues passes maritimes résultant de certaines fractures de la croûte planétaire. Néanmoins elles recevraient sans doute les eaux pluviales des contrées qu'elles traversent, car on les voit s'amplifier périodiquement en même temps que leurs bords deviennent vagues et diffus, comme si leur contenu se répandait en dehors de leurs rives. On constate encore que leur cours est presque droit et non sinueux, comme le sont si souvent nos rivières; et ce caractère, joint à d'autres, donne lieu de penser que le pays qu'elles parcourent n'est point accidenté, mais au contraire tout plat ou peu élevé au-dessus de l'océan.

Le même savant a confirmé une autre observation relative au déplacement d'une certaine mer martienne désignée sous le nom de *Kaiser*; il a vu cette mer mobile s'étendre du côté de l'Occident pour se rapprocher d'une tache qu'on avait appelée lac *Mœris*, envahissant ainsi toute la contrée intermédiaire et y produisant de grandes inondations. D'autres faits de ce genre, constatés plus récemment par M. Perrotin, achèvent de démontrer que le sol de ce monde, malgré l'existence de quelques hauts plateaux, est très bas, très exposé à des cataclysmes marins, ainsi qu'à des accidents de submersion causés par les eaux météoriques. En traitant de notre globe terrestre, nous avons constaté que l'Océan s'est promené lentement sur toute sa superficie; nous devons maintenant concevoir des mondes où il se déplace rapidement et presque incessamment par l'effet des affaissements continus du sol. Ce sont donc des astres où le régime de l'élément aqueux est si imparfait que les eaux marines empiètent sur le domaine des terres émergées, en sorte que les deux habitacles ne semblent pas bien distincts. On doit penser que la vie maritime y jouirait de peu de sécurité; mais il est plus clair encore que la vie continentale y serait particulièrement en péril.

Sans perdre entièrement de vue la sphère de Mars, rabattons-nous maintenant sur notre propre globe, dont la conformation superficielle est intermédiaire aux deux types qui précèdent, et considérons-y certain aménagement des eaux pluviales qui est peut-être très commun sur les continents des meilleures planètes.

Je viens de parler de leur écoulement à la surface du sol; il vous semble qu'elles doivent toujours revenir à la mer, par le courant des rivières et des fleuves, pour s'y purifier par les moyens physico-chimiques que vous savez; mais il se peut que ces grands ruisseaux — qui, sur la terre elle-même, ne recueillent guère qu'*un cinquième* des eaux météoriques — ne soient pas nombreux sur vos autres mondes comme ils le sont sur celui-ci. Ce qui décide la formation d'un fleuve, ce n'est pas seulement l'existence d'une source ou le rassemblement des eaux de pluie, c'est aussi le relief du sol; il faut qu'il y trouve une pente assez sensible pour déterminer son cours et lui permettre de creuser son lit; il faut surtout que sa longue nappe puisse déboucher dans le réservoir maritime: c'est ce qui n'a peut-être pas lieu sur tous vos globes planétaires, et nous en pouvons juger par ce qui s'observe sur le nôtre.

Il existe, en effet, dans plusieurs parties de la terre, dans l'Amérique méridionale, par exemple, de vastes contrées où le sol n'a pas assez de pente pour causer le départ des eaux très abondantes qu'y versent les orages tropicaux; elles restent donc sur place, ou du moins ne ruissellent pas vers l'Océan, et ne peuvent que se réunir çà et là, dans les faibles enfoncements de ces larges plaines.

De plus, le déversement des eaux météoriques dans le lit des mers n'est pas toujours facile. Il se rencontre, sur certains rivages, des sortes de barrages naturels, des levées, des cordons littoraux, des dunes, qu'elles ne franchissent que dans leurs fortes crues. Dans notre vieux monde actuel, grâce à une déclivité suffisante du sol et aux travaux séculaires de l'homme, les fleuves endigués ramènent à la mer *une certaine* partie des eaux pluviales; mais il n'en a pas été ainsi de tout temps. C'est la formation des montagnes et des vallées, ce sont les affaissements et les soulèvements répétés de la croûte terrestre qui ont fourni les pentes et les voies nécessaires; sur le sol moins accidenté des anciens temps géologiques, il arrivait plutôt que les eaux continentales ne s'écoulaient pas, elles séjournaient en majeure partie dans les minimes dépressions de la surface, lesquelles devaient être souvent communiquantes entre elles.

Reportez-vous à l'âge éloigné où la plupart de nos grands courants fluviaux n'existaient pas encore; songez à l'énorme débit du Mississipi, du Nil, du fleuve Bleu et de tous les fleuves du monde; imaginez-vous la plus grande part de cette quantité immense de liquide retenue au milieu des continents, et vous jugerez combien la surface de la terre fut alors différente de ce qu'elle est aujourd'hui.

Elle dut être partout parsemée de nappes aquatiques petites ou grandes; c'étaient des chapelets très irréguliers de pièces d'eau stagnante, douce ou saumâtre; c'était un inextricable enchaînement de lacs peu profonds, d'étangs, de marais sinueux, délimitant des lambeaux de terre ferme aux bords indécis et souvent inondés. Nulle part, peut-être, et pas même dans les régions équatoriales du continent africain, vous n'eussiez trouvé de vrais et stériles déserts; car les fleuves qui traversent ces contrées, s'ils {retenaient et distribuaient dans leur bassin toute l'eau qu'ils fournissent à la mer dans la saison des pluies, donneraient un tout autre aspect à ces plaines desséchées, puisqu'il suffit d'une mince rivière ou d'un gros ruisseau pour former toute une chaîne d'étangs et de marécages; il se pourrait ainsi que des régions non moins arides que le Sahara eussent été pour nous autrefois aussi inclémentes, par leur excès d'humidité, qu'elles le sont aujourd'hui par leur sécheresse.

Il y eut donc un âge de notre globe où ses terres émergées étaient couvertes d'étangs et de marais qu'alimentaient largement des pluies beaucoup plus abondantes que celles de nos jours, et cet âge fut d'une durée extrêmement longue, si l'on en juge par l'épaisseur des dépôts sédimentaires où se rencontrent les restes des grands reptiles et des animaux amphibies qui peuplaient ces humides demeures.

Or, les marais, par l'humidité qu'ils entretiennent dans le sol qui les environne, sont éminemment favorables à la partie fondamentale du règne organique, c'est-à-dire aux végétaux. De grands arbres en pleine végétation émettent, par leur feuillage, une si grande quantité de vapeur d'eau qu'ils ont besoin, pour ne pas languir, d'être toujours abreuvés par leurs racines. Que l'excédent des pluies qui tombent à leurs pieds aille grossir les marais voisins pour s'y tenir en réserve et imbiber constamment le sol qui les entoure, c'est là pour eux et, conséquemment, pour la vie sous-aérienne tout entière, un système de nutrition bien autrement efficace que celui dans lequel une rivière encaissée est censée arroser les plaines et les coteaux. Un tel régime des eaux continentales est donc presque parfait pour la vie des plantes, et c'est probablement dans ces conditions de fertilité qu'ont végété les puissantes forêts dont les débris ont fourni nos grands dépôts de combustibles fossiles.

Considérez, d'ailleurs, que les plus beaux tableaux de la nature comportent toujours l'association de ces deux éléments physiques, la terre et l'eau. Quoi de plus gracieux et de plus pittoresque que les paysages où l'on voit les calmes miroirs liquides s'étaler au bord des grands bois ? Notez encore que la création organique des marais, tant végétale qu'animale, semble avoir été particulièrement soignée par l'Auteur de la vie. La flore des eaux dormantes n'est pas seulement luxuriante par sa perpétuelle verdure : à la différence de la végétation maritime, elle est ornée de fleurs éclatantes et magnifiques, qui sont gigantesques dans les climats chauds. On admire aussi la beauté de leur population volatile, échassière ou palmipède, si bien organisée pour le triple domaine de la terre, des airs et des eaux. Remarquez enfin que la faune spéciale à ces aqueux habitats n'est guère affectée par les fréquentes imperfections de vos mondes planétaires. Que l'hiver, par exemple, vienne à solidifier en partie leur milieu vital : reptiles et poissons ne craignent pas le froid qu'ils ont à subir; et, quant à la gent emplumée, elle émigre aisément dans l'hémisphère où le printemps a fluidifié son élément préféré. C'est là ce que nous observons aujourd'hui ; mais tout était bien mieux encore dans le véritable âge des marais, lorsque la surface de la terre, encore quelque peu échauffée par le feu central, ne voyait jamais l'eau se prendre en glace dans ses basses régions.

Telle a été longtemps la physionomie de nos continents avant l'apparition de nos semblables. Ce dut être aussi l'état de la planète Mars durant tout le temps où elle était propre à la vie. Il est probable qu'il existe des mondes où ce régime a reçu plus d'extension encore. Toute leur périphérie s'est maintenue assez nivelée pour que les dépressions et les saillies y soient peu sensibles, de sorte que la mer n'y a pas de lit circonscrit et que la terre ferme se montre à peine au-dessus des eaux. Les globes très grands ou de très forte masse seront tous dans ce cas, parce que leur nivellement est assuré par l'excessive puissance de la pesanteur : toute leur surface sera donc couverte de lacs et de marais salés, à moins que leur provision d'eau ne soit assez abondante pour les rendre tout à fait maritimes.

Ainsi, après les mondes tout aquatiques, ce sont ceux que nous envisageons ici qui sont les mieux constitués pour l'exercice de la vie en général, comme étant peu exposés à la disette de l'élément liquide. Cependant, une telle constitution, répétons-le, sera principalement profitable à la nature végétative; elle sera moins favorable au règne animal, en ce sens qu'il se trouvera plus restreint ou moins varié dans ses aptitudes que ne l'est notre faune actuelle; mais surtout, un domaine si aqueux et un territoire si morcelé seraient peu convenables pour le règne de l'homme. Je ne vous représenterai pas que notre race est plus sensible que toutes les espèces bestiales aux mauvais effets de l'humidité et à la malignité des miasmes paludéens, attendu qu'il eût été au pouvoir du Créateur de lui donner plus de rusticité; mais j'estime que les amas d'eau de provenance atmosphérique, — en raison des variations de leur niveau ou de l'extension considérable qu'ils acquièrent dans les saisons pluvieuses, — menaceraient gravement nos habitations, nos cultures, nos voies de communication, nos fouilles minières et nos autres travaux souterrains. Si toute la terre ferme était parsemée de nappes aquatiques aux limites indécises et variables, elle mettrait beaucoup plus d'empêchement à nos pérégrinations à travers ce monde que nous n'en trouvons dans la barrière de l'Océan. Aussi, quoique les hommes se soient quelquefois avisés de se ménager des habitations lacustres, presque toujours ils se sont surtout appliqués à restreindre, à endiguer ou à dessécher les étangs et les marais : cela étant, quelle tâche désespérante, impossible, leur serait infligée sur de tels mondes !

Arrivons à la conclusion de cette lettre. J'ai critiqué la structure de Mercure et de Vénus au sujet de leurs hautes montagnes, dont j'ai indiqué le principal inconvénient météorologique. J'aurais pu ajouter qu'elles impliquent des profondeurs océaniques équivalentes, avec de longues injections aqueuses sous-corticales, capables de révolutionner souvent la surface de ces planètes. Quant à Mars — à l'exception peut-être de ses parties constituées en plateaux élevés, — nous savons *de visu* qu'il est sujet à de larges cataclysmes, à cause de ses mers peu profondes et non encaissées, qui nous suggèrent, en outre, l'idée des mondes couverts d'eaux stagnantes et marécageuses. La terre, au contraire, grâce au relief convenable de son sol, est sillonnée de cours d'eau qui opèrent constamment un utile drainage : est-ce l'effet d'une combinaison spéciale et intentionnelle, ou bien cette heureuse particularité fut-elle l'une des raisons qui l'ont fait choisir pour porter une espèce humaine ? Quoi qu'il en soit, bornons-nous à constater que les planètes qui semblent avoir avec elle le plus de traits de similitude peuvent offrir de très grandes différences sous le rapport biologique, et répétons encore une fois que celles qui sont propices à l'établissement d'un monde complet sont beaucoup moins nombreuses qu'on ne serait porté à le croire.

QUARANTE-NEUVIÈME LETTRE

LES MONDES INCOMPLETS

Étant un peu trop sujet à me répéter, Camille, j'hésite à rassembler ici d'assez nombreuses considérations, éparses dans l'ensemble de ces Lettres, touchant l'imparfaite constitution qu'on peut attribuer à la *terre ferme* de beaucoup de globes planétaires; cependant cette récapitulation (1) me permettrait de produire un jugement d'une extrême importance. Car vous vous figurez sans réflexion que la condition première d'un monde tel que celui que nous habitons — je veux dire une base solidifiée et capable de porter des plantes, des animaux et des hommes — existe nécessairement sur toutes les planètes qui ne sont recouvertes qu'en partie par l'élément liquide : nous trouverions, au contraire, que les sphères sidérales ne possèdent peut-être que rarement un vrai sol nourricier des végétaux et des animaux, un support solide et garantissant à nos semblables une certaine sécurité. Je tiendrais surtout à revenir encore une fois sur cette dernière condition, et, ce que j'ai dit, d'une manière générale, du défaut de fixité de la croûte des planètes, je vou-

(1) Faisant abstraction des mondes tout aquatiques ou tout paludiques, nous nous bornerons à citer de nouveau les planètes dont la surface est restée métallique et formée d'un métal peu altérable ; celles dont le sol, sans être de cette nature, est imperméable à l'eau, ou trop perméable, ou composé de particules mouvantes, comme celui de nos déserts sablonneux ; celles dont la superficie n'est constituée que par un seul élément terreux, tel que la craie, la silice, l'alumine, l'oxyde de fer ; celles dont l'Océan est sujet à des déplacements rapides, comme on a cru le voir sur la sphère de Mars; celles dont les matériaux inconnus ont été supposés plus légers que le liquide aqueux comme les grandes planètes de notre système, sur lesquelles l'eau et le feu auraient engagé une lutte sans trêve, qui rendrait leur surface perpétuellement inconsistante et tourmentée... etc.

drais le préciser à l'endroit de leurs parties émergées ou sous-aériennes, qui nous occupent à présent.

Parmi les milliers de tremblements de terre qui agitent chaque année l'écorce de notre globe, il en est qui sont si forts et si fréquents dans quelques contrées que les habitants y sont amenés à prendre des précautions permanentes contre ces fléaux. Au Japon, par exemple, les constructions sont établies de manière à en restreindre les dangers; elles résistent aux secousses ordinaires, mais ne peuvent tenir contre celles qui sont très violentes, et, si ces dernières n'étaient les plus rares, on devrait renoncer à bâtir des maisons, dans toute cette région volcanique de l'Asie.

Ce qui se produit ainsi sur divers points de notre planète, quoiqu'elle soit parvenue à un certain degré de consolidation, doit avoir lieu pour toutes les autres, puisque ces ébranlements de cause interne constituent fatalement le régime habituel des sphères astrales qui se refroidissent avec le concours de l'eau pénétrant dans leur intérieur; et cette pénétration se fait plus facilement sur la plupart des globes planétaires que sur le nôtre, parce qu'ils sont formés de matériaux plus légers que ceux de la terre, la plus dense des planètes après Mercure. Aussi en existe-t-il, sans doute, qui sont toutes couvertes de volcans actifs, de volcans d'eau chaude tels que les *geysers* de l'Islande, de volcans de boue comme ceux de Java; il y en a, probablement, qui sont sujettes à des trépidations si vives, si multipliées, si continuelles qu'elles ne laisseraient subsister aucune sorte d'édifices élevés par nos semblables. Tel est au moins, selon ce que nous avons pressenti par ailleurs, le régime cosmologique des plus volumineuses de notre système, pendant toute la période de vitalité qu'on peut leur attribuer.

Les hommes d'ici-bas, quand ils se voient dans une

dangereuse période d'agitation sismique, n'ont rien de mieux à faire, pour se mettre en sûreté, que d'abandonner leurs habitations et de se placer dans une situation presque pareille à celle des animaux des champs. Ceux-ci, à la vérité, peuvent être vivement impressionnés par les fortes secousses : parfois même, dit-on, ils les ressentent quelques instants à l'avance; mais, dans leur état de liberté, ils n'ont guère à en craindre les effets, à moins qu'elles ne s'accompagnent de grandes inondations. En tout cas, et grâce à leur défaut de raisonnement et de prévoyance, ils restent exempts des inquiétudes et des tourments que nous subissons dans les intervalles de ces crises. Aussi, de par les attributs de sagesse et de bonté que nous ne pouvons dénier à l'Auteur de l'univers, nous ne verrions de créatures appropriées à de tels habitats que celles qui seraient de nature végétative ou purement animale. Or, nous sommes tombés d'accord sur ce point que les demeures sous-marines des mondes sidéraux excluent une espèce souveraine douée de la pensée et de la raison : ne suis-je pas fondé à en dire *presque autant* de leurs habitacles sous-aériens, pour ce seul et grave motif de l'instabilité de leur sol ?

Cette conclusion, vous le voyez, n'est point absolue, si ce n'est pour les très grosses sphères, que d'autres causes encore ne rendraient propres qu'à former des mondes tout imparfaits et incomplets, des ébauches de mondes. Cependant il se peut, répéterez-vous, qu'il existe autour des étoiles fixes beaucoup de planètes d'une taille et d'une masse comparables à celles de notre sphère tellurique, ou plus avantageuses encore pour l'exercice de la vie; des planètes qui sont, comme la terre l'est actuellement, d'un séjour assez sûr; qui possèdent un sol constitué de manière à être fécond; qui déroulent des plaines salubres, convenablement arrosées, semblables aux meilleures parties de notre globe... Nous vous accordons tout cela; mais s'ensuit-il qu'on y doive installer des créatures analogues à notre espèce humaine ?

Nous avons établi que la Création procéda d'une volonté libre; la puissance fondatrice des êtres, bien qu'elle se soit probablement astreinte, avons-nous dit, a mettre partout en œuvre les mêmes matériaux, resta maîtresse de diriger diversement les règnes de la nature. Si elle a résolu d'y constituer généralement des sortes d'arbres de vie, elle a fait surgir à son gré chacun de leurs rameaux ou de leurs bourgeons. Cela est déjà vrai pour les simples espèces animales, mais c'est bien plus certain encore pour l'espèce raisonnable et pensante, qui forme à elle seule un monde.

Il est pourtant des créations qui en nécessitent d'autres : sur tout globe planétaire où nous concevons l'existence d'une espèce douée de raison, nous croyons qu'il doit exister aussi un règne animal offrant au moins quelque analogie avec celui qui nous entoure. Nous trouvons, notamment, que vos humanités d'outre-terre seraient singulièrement disgraciées, par rapport à nous et à nos premiers ancêtres, si elles n'avaient point à leur service des forces auxiliaires. Sans l'aide que l'homme a tirée de divers animaux domestiques, jamais il n'eût triomphé des difficultés et des résistances passives que lui opposait la nature. Ainsi, le seul fait de la présence, sur une planète donnée, d'une population de notre sorte, nous semble entraîner l'existence de certaines espèces animales; mais la présence de ces dernières implique-t-elle celle de l'homme? Les créatures inférieures nécessitent-elles les supérieures? C'est là une question que nous n'hésitons pas à résoudre par la négative.

Pareillement, partout où s'agite un règne animal,

nous croyons qu'il existe aussi un règne végétal. Les animaux ont besoin des plantes, ou d'êtres organisés qui en jouent le rôle; mais la proposition inverse ne serait pas soutenable : les plantes ne nécessitent pas les animaux. Leurs excrétions et les produits de leur putréfaction ne leur sont pas nuisibles à elles-mêmes, surtout quand leurs espèces sont diverses ou entremêlées comme nous les voyons dans la nature, et, tout au contraire, la décomposition de leurs parties mortes suffirait pour régénérer les principes dont elles se nourrissent. Quoiqu'on ait contredit cette proposition dans un esprit de système, il est certain que le monde végétatif se passerait bien de la présence de toutes les espèces zoologiques.

Considérez que ce règne végétal, qui se suffit à lui-même, représente la forme la plus essentielle aussi bien que la division la plus considérable de la vie terrestre, de telle sorte que tous les animaux des forêts y sont noyés comme d'humbles parasites. De plus, cette grande création toute végétative a pour elle les attraits les plus purs et la beauté sans reproche; elle ne blesse les regards par aucun trait de cruauté et de souffrance tels que ceux qui abondent dans le monde des bêtes; le somptueux tapis qu'elle compose à la terre est un objet admirable, qui varie agréablement avec les lieux et avec les climats, et qui, en chaque endroit, diversifie continuellement son aspect par le mélange de ses éléments spécifiques : pourquoi ne formerait-il pas tout seul le tégument vital de bien des mondes planétaires?

D'ailleurs, nous avons vu qu'il y a des planètes à rotation vicieuse, où la vie ne pourrait exister que dans des circonscriptions ou des zones plus ou moins étroites, parce que, dans toutes leurs autres régions, la chaleur et le froid sont constamment excessifs. Mais ces habitacles ainsi limités seraient nécessairement exposés à tous les vents, glacials ou torrides, qui viendraient des vastes parties inhabitables. S'il est une sorte d'êtres vivants qui puisse encore s'accommoder de ces dures variations, à coup sûr ce n'est pas celle des organismes doués de nerfs et de sensibilité comme le sont les animaux, et c'est pourquoi il est possible qu'il n'y en ait jamais. Il se peut même que tel soit le cas de la majorité de vos terres célestes grandes ou petites, et qu'elles ne comportent généralement que de verdoyantes oasis, ou plutôt des bandes ou des ceintures de territoires propres à la vie, mais seulement à la vie des créatures insensibles, c'est-à-dire des plantes. Souvent donc, au lieu d'un règne organique complet et étalé sur toute leur surface, vous n'y trouveriez qu'une simple couronne de verdure, parsemée peut-être de fleurs plus ou moins rustiques.

Notez encore cette considération : Durant la première phase de vitalité de notre globe, l'existence d'une création animale sur la terre ferme eût été presque impossible, ou tout au moins fort restreinte, pour cette raison spéciale que la chaleur propre de la terre, en entretenant une douce température dans toute la masse de l'Océan et jusque dans ses régions polaires, en faisait sortir tant de vapeurs et de nuages que l'arrosement du sol continental eût été exagéré et insupportable pour des animaux non aquatiques. Ce régime de pluies presque continuelles ne convenait qu'à la nature végétale : la flore déployait en effet une ampleur et une activité merveilleuses, mais était nécessairement dépourvue de ces délicats organes de reproduction qui constituent les fleurs. Et sur d'autres mondes ayant leurs océans non moins échauffés par un soleil tout proche, comme le sont ceux de Mercure et de Vénus, il se peut qu'un semblable état de choses, — des forêts qui n'ont point d'hôtes animés, — se continue jusqu'à l'épuisement du règne de la vie.

Cependant, sur notre globe tellurique, dont la constitution est, selon nous, privilégiée, la longue période où ne vivaient que des végétaux a eu son terme. Une seconde phase est venue où il exista des animaux qui vivifiaient et embellissaient la nature à leur manière. C'étaient des organismes qui ne s'élevaient pas au-dessus de la classe de nos *orticulés*, mais qui n'étaient pas pour cela de minimes créatures ; car je vous rappellerai qu'on a rencontré, dans les terrains anciens, dans les dépôts houillers de Commentry, par exemple, des empreintes d'insectes cent et cent fois plus gros que leurs congénères actuels, des coléoptères très volumineux par rapport à nos escarbots, des orthoptères énormes relativement à nos grandes sauterelles. Comme les invertébrés à téguments mous ne purent se fossiliser que dans des conditions toutes particulières, tellement qu'il y a des terrains d'une très grande puissance où l'on n'en a trouvé aucune trace, on ne saurait affirmer qu'il y a eu aussi, dans les âges primitifs, des types gigantesques de papillons, de libellules, de mouches, d'abeilles, de fourmis... et l'on ne peut que le présumer. Il est même possible que les espèces entomologiques sociales y aient déjà formé d'admirables associations ou communautés, plus parfaites en leur genre que nos sociétés humaines. Bref, cette faune, que nous qualifierions d'inférieure à cause de son organisation, n'était ni toute chétive ni disgracieuse. En outre, vous l'auriez trouvée d'une variété extrême, et peut-être *dix fois plus riche* en espèces que nos quatre classes d'animaux vertébrés. C'était vraiment une très belle et très grande création, qui eût pu subsister telle quelle ou sans rivale jusqu'à l'extinction de la vie terrestre. Je dirai donc de rechef qu'il nous est permis d'imaginer encore bien des mondes qui n'en posséderont pas d'autres, ou ne connaîtront jamais les analogues de nos animaux supérieurs.

De par la doctrine évolutionniste, vous êtes enclin à protester contre de telles suppositions. Si vous ne soutenez plus qu'une flore, qu'une faune donnée est susceptible de transmutation, et si vous nous accordez maintenant que la fondation de l'arbre de vie a consisté dans une succession d'actes créateurs, du moins vous voulez que des infusions progressives, telles que celles qui furent versées sur la terre, aient été reproduites sur tout astre où le travail vivifiant a été une fois entrepris. Eh bien, ce système nous paraît invraisemblable, et nous lui opposerons les deux réflexions qui suivent.

Citons d'abord certains faits très communs dans la physique du globe. — Par une cause accidentelle, une source d'eau pure s'est ouverte sous vos yeux et va fournir une petite mare limpide, image infiniment réduite d'un océan primitif et vierge. Du même coup, un quartier de rocher est tombé du sommet de la montagne, avec sa cassure fraîche et sa surface cristalline, comme celle d'une planète à son état primordial. Longtemps après, quand vous repasserez en ce lieu, vous trouverez l'humble pièce d'eau toute garnie de végétaux aquatiques et habitée par de petits animaux nageurs, comme une mer minuscule; le roc éboulé sera peut-être couvert de mousse et d'autres plantules très exiguës, au milieu desquelles vivront des animalcules variés, infime représentation des forêts et de la population animale des mondes planétaires. Et la puissance vivifiante qui, par des procédés médiats, sème ainsi la vie dans nos mares et sur nos rochers isolés, est la même — procédant alors par des opérations directes — qui décore d'un vêtement végétatif et animé les sphères sidérales.

Or, nous constatons que ces mondes terrestres en miniature, ces microcosmes que nous voyons se former sur tout notre globe, sont d'une constitution et d'une richesse bien différentes selon qu'ils se trouvent dans la plaine féconde ou sur les hautes montagnes, dans les climats chauds ou dans les pays froids, sur un fond qui leur est favorable ou défavorable... Il en serait certainement de même sur les terres astrales : pour la seule raison de la diversité de leurs conditions physiques, les unes seront largement, et les autres modiquement pourvues des manifestations de la vie ; d'aucunes n'en offriront que des productions insignifiantes, et cela sera surtout vrai, répétons-le, pour leurs parties continentales ou sous-aériennes.

En second lieu, nous avons à tenir compte de la volonté ou du libre arbitre de la Puissance divine ; et sous ce rapport, je me contenterai de vous citer un exemple par lequel vous reconnaîtrez que les diverses régions de notre terre, quand elles étaient dans des conditions biologiques semblables, n'ont pas reçu avec une égale libéralité les infusions créatrices ; d'où nous induisons qu'il doit en être de même pour l'ensemencement général des terres célestes.

Ainsi, quand notre imagination nous transporte sur le petit continent australien, très vaste en comparaison de toutes nos îles, et très propre à faire éclore les productions de tous nos climats, nous y rencontrons une flore et une faune indigènes qui font revivre pour nous l'âge lointain où s'accumulaient les dépôts crétacés et jurassiques ; plantes et animaux y revêtent encore ces formes singulières, ces caractères étranges qu'affectait alors la nature sur toute la face de la terre. C'est donc de la façon la plus restreinte que le progrès organique a été départi à ces contrées, comme si la Puissance génératrice de la vie n'y était pas revenue depuis ces temps éloignés, ou comme si son activité n'avait consisté qu'à se mouvoir sans avancer, en piétinant sur place.

Si nous nous laissions aller à développer notre présent thème, nous arriverions à constater de nouveau que l'évolution de la nature vivante n'a pas l'apparence de ce qui est routinier comme le travail d'une machine; elle a le cachet de l'inattendu, de l'arbitraire, j'ai presque dit de la fantaisie. Par là, nous sommes portés à croire qu'il existe des planètes où il n'y a pas eu de progrès successifs, où la Puissance vivifiante n'a fait qu'une seule apparition pour produire une poussée unique de créatures et se retirer sans retour : c'est un premier type de monde vivant. Sur d'autres globes, au contraire, il lui aura plu de revenir maintes fois pour y élever par degrés quelque grand édifice organique, tel que celui dont elle a doté la terre, ou même plus complexe et plus beau encore, du moins à certains égards. A la surface de ces continents favorisés, elle aurait étendu un manteau de végétation égal ou supérieur en richesse à celui qui orne nos meilleures régions terrestres ; elle aurait peuplé leurs épaisses forêts d'innombrables espèces animales grandes et petites, rampantes et ailées, habillées avec art et douées d'admirables instincts ; elle aurait même placé, sur les arbres et sur les rochers escarpés, des gymnastes agiles tels que nos singes les plus anthropoïdes; enfin, elle aurait pris soin de son œuvre pour l'embellir et la perfectionner sans cesse. Nous distinguerions de la sorte deux types extrêmes de mondes planétaires; et, entre l'un et l'autre, vous pourriez en concevoir autant qu'il vous plairait sur lesquels l'Auteur de la vie aurait interrompu sa marche progressive, en s'arrêtant à des degrés divers d'un travail génésiaque peut-être toujours semblable dans ses grandes lignes.

Quant à couronner toute cette œuvre fondamentale dépourvue de créatures conscientes, par cette autre et sublime création de l'espèce humaine, qui est le principal objet de votre préoccupation, assurément il pouvait le faire ; mais tout ce qui précède vous donne déjà à penser qu'une telle opération fut loin d'être générale, et ce qui va suivre a pour but de vous montrer qu'elle n'a été vraisemblablement qu'exceptionnelle.

Contrairement à cette dernière présomption, nous entendons parfois dire, dans la louable intention d'exalter la dignité du genre humain, que la Création terrestre n'a été exécutée que pour lui, ou que tout ce qui nous entoure se trouve avoir, dans l'existence de l'homme, sa seule raison d'exister. Il s'ensuivrait que les autres sphères habitables, si elles sont pourvues en effet de belles et utiles créatures, posséderaient aussi une race souveraine qui correspondrait à notre glorieuse humanité et qui profiterait de tous les charmes dont ces divers mondes ont été dotés.

Pour moi, je ne songe nullement à contredire l'opinion d'après laquelle la Création aurait été faite à l'intention des êtres raisonnables ; je suis même tout disposé à la professer en l'interprétant dans un certain sens que je dirai bientôt ; mais, si l'on nous présentait cette doctrine à ce point de vue étroit qui impliquerait l'ubiquité des espèces pensantes, je m'empresserais de la repousser et de montrer qu'elle ne résisterait pas à un sérieux examen. Certes, il y a devant nous des choses qui sont fort bien appropriées à l'usage de l'homme, mais il y en a une infinité d'autres qui nous seront toujours inutiles ou nuisibles. Si la terre et tout ce qu'elle porte avaient été créés exclusivement pour l'utilité et la curiosité des humains, il faudrait convenir que les objets qui peuvent le mieux nous servir ont été mis assez peu à notre portée, et que nous avons pris possession de notre héritage d'une façon bien laborieuse et bien incomplète. Combien nous a-t-il fallu de temps et d'efforts pour réaliser nos conquêtes présentes, et combien en dépenserons-nous encore pour poursuivre, peut-être en vain, les objets de nos ambitieux désirs !

A l'âge même où le genre humain touchera au terme de son existence terrestre, il n'aura point encore acquis à son service toutes les choses de ce monde dont il lui aurait plu de profiter. J'ai déjà avancé, par exemple, que nous ne saurons peut-être jamais rien tirer de notre immense réservoir planétaire de chaleur et d'énergie, qui ne sert qu'à nous causer des catastrophes sismiques et volcaniques devant lesquelles nous resterons toujours impuissants. Dans la croûte même de la planète, il y a sans doute des substances ignorées et profondes qui nous seraient extrêmement utiles, et dont nous ne connaîtrons ou n'extrairons qu'une bien faible partie ; quant à celles qui sont déjà à notre usage, nous n'en atteindrons que les gisements superficiels et pauvres, et, quoique nous poursuivions jusque sous le fond de la mer quelques-uns de ceux que nous avons attaqués près de ses rivages, nous ne pousserons pas loin nos galeries sous-océaniques. — Mais, à part les richesses de l'intérieur du globe, utiliserons-nous au mieux toutes celles qui se trouvent à sa surface ? Qui oserait affirmer que nous ne méconnaîtrons pas toujours certaines propriétés et certaines vertus des substances minérales et organiques de la nature ? Aurons-nous su découvrir et apprécier tous les végétaux sauvages susceptibles d'être cultivés, d'être améliorés dans leurs fleurs, leurs fruits, leurs tubercules ou leurs autres parties, et propres à nous fournir des ornements pour nos jardins, des aliments agréables, des remèdes salutaires, des ressources diverses pour notre industrie ? Et même, n'aurons-nous pas détruit inconsidérément, par le fer et par le feu, plus d'une espèce animale et végétale qui auraient pu être pour nous d'un grand avantage ?

Croyez-le bien, la dernière génération humaine elle-même, qui recueillera les fruits des découvertes de notre espèce entière, sera encore loin de connaître tous les trésors matériels dont le Créateur a doté ce monde ; et cette proposition deviendrait évidente si, ayant restreint ma pensée, je me bornais à évoquer notre manière la plus simple, la plus vulgaire, de profiter de la Création, celle qui consiste à ouvrir les yeux pour l'admirer. Car il se trouvera constamment, dans plusieurs contrées, des sites magnifiques qui fourniraient à nos peintres de ravissants tableaux, et dont nulle âme humaine ne jouira sous aucune forme ; la nature contiendra toujours quantité de merveilles qui se déroberont aux regards de la majorité de nos semblables : il y en aura dans ces organismes microscopiques qui abondent autour de nous, dans ce monde animal qui s'éveille avec la nuit, dans toutes les régions terrestres peu ou point accessibles, et surtout dans les abîmes de la mer que l'œil de l'homme ne scrutera jamais, ou dont il ne connaîtra que quelques traits insignifiants, malgré tous les progrès possibles de ses moyens d'exploration.

Il y a toutefois une raison pour que de telles réflexions n'aient que peu de valeur à vos yeux ; c'est que nous habitons une planète que nous sommes parvenus à mesurer, et dont vous vous plaisez vous-même à faire ressortir l'exiguïté relative ; mais jugez quelle force elles auraient si notre souche originelle avait été déposée sur l'une de celles qui sont vos types préférés, sur des mondes dix ou cent fois plus amples que la terre, et dont les vastes continents seraient séparés par des mers dix ou cent fois plus étendues que nos océans ! Je ne vous parle pas des globes qui sont plus considérables encore, puisque nous avons lieu de croire qu'ils ne seront jamais habités.

CINQUANTIÈME LETTRE

UNE ESPÈCE HUMAINE OU PENSANTE N'EST PAS NÉCESSAIRE SUR LES MONDES VIVANTS

Si quelqu'un s'obstinait à soutenir, Camille, contrairement aux considérations qui précèdent, que toute la création terrestre n'a été faite qu'à notre intention présente ; s'il s'avisait de nous dire que les êtres organisés qui nous semblent indifférents ou inutiles nous sont peut-être indirectement nécessaires, je ne discuterais pas son hypothèse gratuite, mais je le prierais d'en faire application à ces longues périodes de la vie tellurique qui ont précédé la formation de l'homme ; je lui demanderais à quoi nous ont servi toutes les créatures qui s'agitèrent à la surface du monde durant la longue suite des temps où nous n'existions pas encore.

Afin d'entrer pleinement dans ma pensée, essayez, à l'aide des révélations positives de la science, d'embrasser en imagination la multitude infinie des scènes pittoresques qu'offrit la nature vivante dans la série de ces âges géologiques qui précédèrent l'existence de l'humanité ; ou plutôt, contentez-vous de vous représenter successivement quelques-uns de ses tableaux divers, en commençant par les temps peu éloignés du nôtre, où elle revêtait déjà les principaux traits sous lesquels elle se présente à nos regards.

Figurez-vous, par exemple, dans une vaste clairière des forêts *pliocènes* (1), quelque prairie parsemée de bouleaux ou de hêtres et parcourue par des bandes paisibles de ruminants sauvages. La verte pelouse, comme toutes celles d'aujourd'hui, est émaillée de pâquerettes et de renoncules éclatantes ; les abeilles travailleuses y butinent sur les fraîches corolles, et les papillons aux ailes richement décorées y promènent leur voltigement vagabond. A travers l'échancrure d'un rideau de coudriers, vous distinguez la surface tranquille d'un lac qui réfléchit le ciel bleu, le sombre versant de la colline boisée et le soleil qui va disparaître derrière les montagnes voisines. — Ne vous bornez pas à y rassembler des objets qui parlent seulement aux yeux, et songez aux impressions que peuvent recevoir vos autres sens. Que le souffle passager du zéphyr vous apporte un parfum d'aubépine ou de tilleul ; qu'on entende les voix diverses dont s'anime la nature dans les beaux jours, le chant du rossignol ou l'appel du coucou, et, quand la nuit sera descendue, les cris plaintifs qui s'échappent des eaux dormantes ou des rochers caverneux. Transportez maintenant sur tous les points du globe des conceptions de ce genre, mais infiniment diversifiées ; couvrez la terre de millions de paysages différents les uns des autres et composés comme ils le sont encore dans nos contrées privilégiées...

---

(1) Les vues exprimées dans cette lettre supposent que la création de l'homme ne date que l'âge géologique quaternaire ; mais quand bien même on prétendrait faire remonter notre origine jusqu'à l'époque tertiaire, la période d'existence de l'humanité ne serait encore, comme nous voudrions le faire comprendre ici, qu'une minime fraction de la durée de la vie entière du globe. Voir la note P à la fin de cette lettre.

N'est-il pas vrai qu'il y eut un temps où la nature terrestre s'offrit ainsi avec tous les caractères et les attraits que nous lui connaissons, avec tout ce qui excite un sentiment agréable dans l'âme du voyageur peintre ou poète; qu'elle possédait déjà tous les motifs d'émotion auxquels l'homme est sensible, tous, excepté celui que lui imprime la présence de l'homme lui-même ? Car vous eussiez cherché en vain, sur toute la surface du monde, un esquif glissant sur les eaux, un sentier serpentant à travers les bois, une chaumière fumante au fond du vallon, un pâtre auprès des troupeaux. Des aurores sans nombre se sont levées sur ce théâtre de la vie végétante et animale; ces grands tableaux vivants, sans changer d'éléments spécifiques, n'ont pas cessé de se modifier et de se transformer lentement sur toute la face de la terre; et aucune âme pensante n'existait nulle part pour jouir de ces représentations gracieuses; aucun être intelligent ne régnait sur la nature; son roi unique était Celui-là même qui l'a fondée : le charme de cette belle création remontait sans partage au Créateur.

Ce que je dis de cette période géologique qui préluda à l'avènement de l'homme, je l'applique pareillement à toute la série des âges antérieurs de la vie tellurique ; je devrais le dire même des créations décroissantes qui pourraient être ménagées à notre monde après l'extinction de la race humaine et jusqu'à l'épuisement du pouvoir vivifiant de son atmosphère.

Pour m'en tenir simplement à l'histoire du passé, qui seule offre à notre discussion un sujet certain, je vous rappellerai que les tableaux de la nature ancienne étaient d'une touche plus vigoureuse que ceux qui s'étalent en notre présence, et que le temps de la plus grande activité de la vie terrestre était fini quand l'homme a été déposé en ce monde. Vous eussiez admiré, à ces époques reculées, une flore et une faune plus étoffées que celles que nous avons sous les yeux ; l'élégance et la beauté, quoi qu'on en ait pu dire, n'en étaient nullement exclues, mais se rencontraient surtout, comme aujourd'hui, sur les espèces de petite stature ; et plusieurs familles remarquables d'animaux et de plantes, qui durent alors jeter un grand charme sur le monde sauvage, ne nous offrent plus maintenant que leurs représentants dégradés. Qui pourrait douter que la nature posséda, dans ces temps géologiques, certaines grâces, certains accents, certains parfums agréables qu'elle a perdus ?

A l'aide des précieux vestiges qui composent le grand reliquaire fossile, faisons revivre par la pensée ces antiques périodes du règne de la vie et, pour fixer notre esprit sur des objets précis, efforçons-nous de rétablir quelque page spéciale de cette fantastique histoire. Remettons sur pied la puissante végétation qui s'est enfouie, à une époque donnée, dans les vastes marais ou dans les bassins maritimes, et ressuscitons toute la population, grande et petite, mouvante et immobile de l'Océan d'alors, ainsi que tous les hôtes de la terre ferme. Par un bond rétrograde de notre imagination, nous abordons, à la façon d'un être surnaturel, notre planète revêtue de cette splendide parure de sa jeunesse. Nous explorons des mers et des rivages inconnus ; nous voyageons à travers des contrées étranges ; dans les profondeurs de l'Océan, que nous savons pénétrer de notre regard, aussi bien qu'à la surface de la terre, nous découvrons à chaque instant des objets, des êtres animés excitant notre surprise et notre admiration ; tantôt nous parcourons en tous sens ce monde hétéroclite, tantôt nous nous fixons ici ou là pour voir passer les siècles ; et enfin, après des myriades d'années de son exhibition foncièrement constante, nous assistons à quelque transformation profonde de ce grand panorama de vie; peut-être qu'il nous est donné de voir, comme par l'effet d'un coup de théâtre, sombrer subitement une partie de cette création singulière, et disparaître, pour faire place à une autre, cette belle œuvre de Dieu qui se passa si bien de la présence de l'homme et dont l'artiste divin s'était réservé la jouissance.

Que de périodes non moins prolongées ont ainsi passé sur notre monde ! Que de fondations originales se sont déployées dans toute leur pompe et se sont évanouies tour à tour ! Et vous ou moi, ou l'esprit immortel que nous imaginions plus haut, nous chercherions sans cesse, à travers les siècles sans nombre, une race royale, une âme raisonnable, et nous la chercherions en vain. Et puis, un âge est arrivé où l'atmosphère aérienne, dépouillée d'une très grande quantité de sa substance organisable, ne permettait plus qu'une végétation restreinte et alanguie; la surface du globe s'est trouvée couverte de glaces dans les vastes régions polaires, jusque-là revêtues d'une flore plantureuse ; une imparfaite répartition de la chaleur du soleil, ayant amené une vicieuse distribution des pluies, a occasionné au milieu des continents l'apparition des arides déserts et leur extension croissante. A tous ces signes, nous aurions reconnu la décadence générale de la vie tellurique et les préludes de sa fin; dès lors, nous aurions désespéré de rencontrer jamais l'objet de nos poursuites, et, s'il nous eût été permis de nous échapper enfin de ce monde, nous eussions emporté la conviction qu'un globe tel que la terre n'est que le théâtre d'une vie végétante et instinctive: jugement prématuré, erreur démontrée par la suite en ce qui concerne notre planète, vérité sans doute pour la presque généralité des autres.

Si notre présence ici-bas n'était pas un fait accidentel,

si l'homme était l'hôte essentiel et obligé de la terre, y aurait-il été placé à cette période où était commencée la décrépitude de la nature? Un nombre presque infini de types organiques inconscients a précédé sa venue : personne, sans doute, ne tenterait de soutenir que sa création exigeait toutes ces créations préliminaires, ou que le divin Auteur du genre humain ne pouvait atteindre son but qu'à la faveur de ces innombrables fondations ; il est bien plus vraisemblable qu'il a eu un autre dessein encore que cette visée fixe de procréer notre espèce. A voir l'économie entière de son œuvre, on peut croire qu'il s'est complu dans ces jeux de sa toute-puissance, et il semble qu'il ait voulu donner carrière à toute la fantaisie d'une inépuisable imaginative.

Ainsi, quand j'essaye de me figurer, pour l'ensemble de la terre, le déroulement complet de ce grand œuvre de la nature vivante, depuis sa lointaine origine jusqu'à sa future et définitive extinction, et quand je songe à l'emplacement exigu qu'occupera le règne de l'humanité sur cet immense tableau de la vie, il m'est difficile d'admettre qu'un ouvrage si démesurément étendu ait été simplement subordonné à la formation de l'espèce humaine et qu'il trouve, dans l'existence de l'homme, la seule raison de sa propre existence. J'aime mieux penser que la création inconsciente est indépendante de l'autre; qu'elle a son importance qui lui est propre et qu'elle représente, sous le rapport de l'étendue et de la durée, la forme essentielle ou normale de la vie sur vos terres célestes. L'humanité, cette seconde création vivante qui vint s'épanouir sur elle à l'époque de son déclin, nous apparaît alors comme un bourgeon d'une essence supérieure, presque divine, qui fut greffé un jour, et comme par aventure, sur l'un des points de ce grand arbre de la vie terrestre. Si cette vue n'est pas dénuée de raison, ne devez-vous pas, quand vous songez à toutes vos planètes pourvues de créatures vivantes, en concevoir un très grand nombre, sinon la presque totalité, qui ne montreront pas autre chose que ce que la terre a failli posséder jusqu'à la fin, un arbre partout et toujours naturel ou sauvage, un théâtre exclusif de la vie végétative et animale, un spectacle où la galerie d'observation est tout entière en dehors de la scène, et n'a rien de commun avec les décors et les acteurs?

Nous soutenons donc que l'humanité n'est pas une création nécessaire sur les astres qui sont dotés d'un règne organique; mais nous pouvons aller plus loin encore.

Un globe favorisé de la présence de la vie, à en juger par l'exemple de la terre elle-même, est comparable à une vaste serre ou à un grand jardin botanique ordonné de la manière la plus rationnelle. Dans les lieux qui subissent l'influence du Nord et dans ceux qui reçoivent les feux du Midi, dans les eaux dormantes ou sur les sables arides, dans les vallées ou sur les montagnes, chaque espèce végétale occupe la place qui lui convient le mieux. Les continents et les îles représentent encore une ménagerie pleine d'activité, où tout animal trouve sa pâture ainsi que son gîte, et joue son rôle en exerçant l'industrie qui lui est propre. Au sein des airs comme dans une volière sans bornes, les grands, les superbes volatiles, et les plus humbles insectes bourdonnants sont à la fois emprisonnés et libres. L'Océan, surtout, avec la verdure perpétuelle de sa végétation spéciale, avec toute cette population si variée qui s'agite, qui voyage par individus isolés ou par phalanges profondes, le limpide Océan est un merveilleux aquarium, dont les plus admirables des nôtres ne donnent qu'une idée infiniment réduite.

Si nous pouvions nous représenter le tableau complet de la nature vivante avec toute la variété des êtres qui le composent, avec les mutations continuelles qui s'y produisent, et surtout avec les transformations progressives qu'il a subies à travers les âges, nous ne saurions assez l'admirer et l'exalter. L'homme ne peut jamais le saisir que par quelque côté excessivement étroit ; mais il existe un œil éternel qui l'embrasse dans toute son amplitude, dans tous les temps et dans tous les lieux, qui voit végéter la dernière plantule, ramper le dernier insecte, et pour lequel rien n'est grand ni petit ; devant Celui-là, ce spectacle est vraiment beau dans son évolution comme dans son état d'équilibre et d'harmonie ; il est si beau, même, qu'il mérite sans doute d'être reproduit, comme vous l'enseignez si fermement, en d'autres lieux planétaires, mais à une condition, pourtant, c'est que l'homme en soit exclu et y soit toujours absent.

Car je ne demande pas, en ce moment, quel charme peut ajouter à la Création organisée le tableau du genre humain traînant sur la terre le fardeau de ses misères physiques et morales, et j'envisage simplement l'humanité dans son empire despotique sur le monde inconscient qui l'entoure. La nature est parfaite, suivant un dicton d'outre-Rhin, partout où l'homme n'introduit pas son tourment… C'est que l'homme lutte toujours contre elle pour la plier à ses besoins ou à ses caprices ; il sacrifie toute créature qui lui est nuisible par l'exercice de sa vie ou profitable par ses dépouilles ; il multiplie spécialement tout ce qui a pour lui quelque utilité ; en un mot, il asservit étroitement la nature vivante et, ce faisant, il ne tend qu'à l'amoindrir, à l'appauvrir et à l'attrister. — J'espère que vous ne vous méprendrez pas ici jusqu'à m'objecter la beauté de nos parcs et de nos jardins d'agrément, qui ne représentent qu'une partie si minime de la surface terrestre défrichée, et que vous saurez considérer notre sujet à son point de vue général ou véritable.

En ce sens, que l'homme aille jusqu'au bout de son rôle exploiteur, et les épaisses forêts de nos hêtres d'Europe ou de cèdres du Liban feront place à des montagnes rocailleuses et ravinées; des plaines même, couvertes d'une grande végétation forestière qui bravait tous les excès de la sécheresse et de l'humidité, deviendront d'affreux déserts, presque toujours arides quoique parfois inondés et ravagés, comme ceux qu'il a déjà formés dans certaines régions de l'Afrique, des Indes et de l'Amérique. Le moindre dommage qu'il pourra infliger à la terre sera de la transformer en un vaste et monotone champ de blé, entrecoupé de quelques autres cultures non moins chétives ou délicates. Les nombreuses et belles espèces animales qui peuplaient les bois primitifs auront disparu : elles seront remplacées par un petit nombre de races domestiques qu'il aura rendues malades ou difformes, s'il les a jugées plus avantageuses en cet état. L'Océan lui-même n'aura pas échappé à son influence dévastatrice. Si donc la vie est, pour les planètes, une parure vivante que Dieu, étant vivant lui-même, s'est plu à étendre sur elles, de telle sorte qu'il a peut-être doté de cet ornement toutes celles qui étaient à même de le recevoir ; et si le simple aperçu que je vous présentais tout à l'heure, sur l'aspect général d'un monde vierge, n'est pas une vaine imagination, est-il possible de concevoir à ce tableau d'ensemble une addition plus malheureuse que celle de ce parasite fatal, qui étend son action désastreuse sur la terre à la façon d'une dartre toujours envahissante ? Et ne serait-ce pas, de la part de l'Artiste divin, une contradiction dans son plan créateur que d'y introduire constamment cet agent antagoniste de sa providence, qui ne s'entremet dans son ouvrage que pour en troubler l'équilibre harmonieux, pour défigurer le règne splendide de la vie ornementale, toute végétative ou inconsciente?

Après avoir fait ressortir l'influence destructive de l'homme sur la nature vivante, nous devons noter surtout qu'elle est superficielle et éphémère. Bien des contrées, maintenant couvertes d'une végétation puissante et toute spontanée, recèlent dans les profondeurs de leur sol des débris de notre industrie, depuis les simples silex taillés des peuplades préhistoriques, jusqu'aux chefs-d'œuvre de sculpture et d'architecture d'une civilisation glorieuse; dans tous ces lieux, la nature sauvage a effacé nos traces et rétabli son empire. Un jour viendra sans doute, répétons-le encore, où elle aura repris possession totale et définitive de notre demeure, nous montrant ainsi que notre présence ici-bas ne fut qu'un accident peut-être surnaturel, et que c'était bien à elle qu'appartenait la terre.

Notre conclusion est donc que la présence de l'humanité au sein d'une création organique n'est rien moins que nécessaire par rapport à un tel monde; voyons maintenant si elle y a sa raison d'être par rapport à elle-même et à son souverain Auteur.

NOTE P. — *Sur le peu de durée relative du règne de l'humanité.*

Il nous est possible de présenter, d'une manière toute concise, la principale démonstration que nous avons poursuivie dans cette lettre.

Nous avons fait comprendre que la fin de la vie terrestre, et surtout celle de notre espèce humaine, ne doivent pas être bien éloignées. Quant à l'ancienneté de notre origine, personne n'ignore avec quelle exagération elle a été traitée par plusieurs savants, et, néanmoins, nous voulons bien accueillir ici une de leurs larges hypothèses. D'autre part, il résulte des estimations de quelques géologues, parmi lesquels se trouve M. de Lapparent, que la durée de la vie passée du globe peut se supputer par *une centaine de millions d'années.* En comparant ces trois conjectures chronologiques, nous sommes fondés à soutenir que le règne de l'espèce pensante n'égalera pas la *millième* partie de la durée de la vie tellurique tout entière ; en d'autres termes, pendant une période au moins mille fois plus longue que l'existence de l'humanité il n'aura existé sur la terre que des plantes et des animaux. De là cette double déduction : il est peu vraisemblable que ce soit à la seule et particulière intention d'une espèce humaine qu'a été produite cette évolution démesurée de créatures végétatives ou inconscientes ; en raison de son immense durée relative, c'est bien une telle création, et non une population de notre sorte, qui représente la manière d'être normale et essentielle de la vie planétaire ; conséquence qui confirme celle que nous avons tirée de la considération spéciale des mondes aquatiques.

Ces données nous amènent à reproduire encore une fois l'une des idées capitales de cet ouvrage : en principe, la vie sur les planètes a été imaginée par le Créateur pour leur fournir un simple revêtement organisé, un embellissement singulier et merveilleux par rapport à celui que peut leur procurer le règne minéral. De plus, elles nous permettent de faire ressortir de nouveau l'illusion de ceux qui, croyant apercevoir sur tel ou tel globe des indices de vitalité végétale, s'empressent de conclure à l'existence d'un monde humain et actuellement vivant.

CINQUANTE ET UNIÈME LETTRE

L'HOMME EST UN ÊTRE EXTRAORDINAIRE OU ANORMAL DANS LA CRÉATION DES MONDES

Nous avons constaté précédemment, Camille, que la demeure sous-aérienne ou sus-terrestre de notre globe n'est qu'un habitacle imparfait, et il eût été facile de fortifier cette assertion par des considérations très variées. Mais à quelle sorte d'habitants sont-ils surtout préjudiciables, tous les défauts qu'il nous serait possible de relever dans la constitution physique de notre monde ? Quand il s'est agi de verser sur la terre des créatures douées de sensibilité, c'est-à-dire les animaux, la Puissance ordonnatrice de la nature a su façonner des êtres pour les conditions très diverses qui s'y trouvaient réalisées. Une grande partie du règne animal a été confinée sous des cieux constants, où l'indispensable vie végétale est toujours active; par contre, certaines espèces furent organisées pour vivre au sein des froides régions polaires, où la flore est condamnée à un long sommeil hibernal. Parmi celles qui furent attribuées à nos climats variables, il en est qui, aux approches de la saison de mort, sont habituées à émigrer dans les zones où commence le printemps ; d'autres savent échapper aux rigueurs de l'hiver en se réfugiant sous des abris où elles s'endorment jusqu'aux beaux jours ; quelques espèces ont reçu la rusticité nécessaire pour braver toutes les intempéries de notre ciel ; il en est qui furent constituées pour hanter les marais et y jouir d'une pleine santé; d'autres ont reçu pour patrie les sommets abrupts qui percent les nuages ; plusieurs ignorent les tourments de la soif au sein même des déserts. Ainsi, toute l'économie du règne animal a été modelée exactement sur la diversité des conditions qu'offrait la demeure terrestre; chaque espèce, occupant toujours l'habitat qui lui convient, s'y trouve à l'aise et n'y saurait dégénérer. Tous les animaux sont donc à leur place ici-bas, et, pour eux tous, la terre est un séjour propice et commode : ils en sont bien les vrais et convenables habitants.

Mais elle porte, de plus, un autre monde superposé

à tout le règne organique, et qui tend à couvrir de son expansion sa surface entière ; elle nourrit un être que les suggestions de son génie emportent d'un hémisphère à l'autre, et dans les régions les plus inclémentes qu'il peut atteindre; plus communément encore les attaches de sa vie le tiennent enchaîné à la contrée qui l'a vu naître, même quand elle lui est pernicieuse, ou quand il y végète misérablement sans pouvoir développer toutes ses facultés. Cet être malheureux, déprimé, abâtardi sur la moitié de la sphère par l'influence énervante des climats extrêmes, n'est-il pas le plus mal approprié à l'ensemble de son domaine ? La patrie terrestre n'étant défectueuse que pour lui seul, ne vous semble-t-il pas qu'il est un hôte déclassé, et non l'habitant prédestiné de ce séjour et de tous les globes semblables du ciel ?

A ce sujet, rappelez-vous que nous avons plus d'une fois fait ressortir le grave défaut des planètes échauffées par leur propre foyer central — lesquelles sont sans doute les plus nombreuses et les plus grandes, — défaut qui les rend peu propres à porter une population de notre sorte. Constatons donc maintenant qu'il en va presque de même pour celles qui sont chauffées par un foyer extérieur et assujetties à la diversité des climats. Car il est évident qu'elles conviennent bien mieux à de simples espèces végétales et animales distribuées dans leurs différentes zones qu'à une race souveraine répandue sur toute leur surface. Une telle souche cosmopolite ne peut être installée que sur certains globes inclinés et disposés comme l'a été la terre ; et encore faut-il convenir, d'après ce qui précède, que cette heureuse disposition se trouve loin d'être parfaite ou pleinement satisfaisante pour le genre humain.

Cependant je veux considérer l'espèce humaine dans

CINQUANTE ET UNIÈME LETTRE

la contrée même la plus favorable à son existence ou dans celle qui fut son berceau, et à l'époque où elle y était entièrement localisée; je me reporte donc par la pensée aux pénibles débuts de l'humanité sur la terre; j'essaye de me représenter notre souche primitive face à face avec les difficultés de sa vie naissante, et je trouve encore qu'elle offrit l'exemple d'une insigne anomalie dans la Création.

Parmi les hôtes sauvages de la forêt sans bornes, au milieu de ces êtres robustes, servis par des instincts presque infaillibles et exactement pourvus de tout ce qui peut assurer leur conservation, se trouve une créature qui forme un affligeant contraste. Son corps n'est enveloppé d'aucun tégument protecteur, et, à moins qu'elle n'ait déjà revêtu la tunique moelleuse de la bête fauve, elle frissonne de tous ses membres au retour de l'aube glaciale; impressionnable et délicate à l'excès, elle ne supporte impunément ni la fraîcheur du sol sur lequel elle repose, ni la froide humidité des cavernes dont elle convoite l'asile; dénuée de tout, privée d'instincts tutélaires, manquant encore d'expérience pour se conduire, elle n'est entourée que de pièges ou de dangers menaçants.

Au sein d'une végétation très active, la vie animale pullule, et comporte des monstres formidables; mais, de toutes les proies que déchirent les bêtes féroces, je n'en sais aucune plus menacée, plus dépourvue de moyens de défense et de protection que cet être infortuné d'où sortira l'espèce humaine. En cherchant dans toute la Création s'il est une condition comparable à la sienne, voici que je découvre un animal dont le sort est digne d'envie; c'est un quadrumane velu qui prend place auprès de l'homme dans la galerie des formes vivantes. Je le vois suspendu à la cime d'un grand arbre qui lui fournit sa nourriture et son gîte; il se livre en toute sécurité à ses gymnastiques ébats, et peut-être que, dans sa malice remuante, il insulte, par quelque persécution importune, à la misère de notre triste père qui pleure accroupi sur la dure, ou sur les herbes épineuses peuplées de venimeux reptiles. Je m'en tiens à ce simple aperçu de sa situation extraordinaire ; pas n'est besoin d'ajouter, au tableau de ses maux trop réels, le récit des appréhensions chimériques qui le tourmentent, des vagues terreurs que lui apportent les ténèbres de la nuit, ou des conceptions fantastiques qu'engendre son imagination craintive. Si ce n'est pas ainsi que s'est ouverte la carrière de l'homme en ce monde, c'est qu'il fut favorisé d'une assistance spéciale et surnaturelle ; mais il est certain que beaucoup d'entre les premiers humains se sont trouvés dans la condition que je viens d'indiquer ; et il est bien juste d'y songer lorsqu'on se préoccupe de la population intelligente des autres sphères ; n'hésiteriez-vous pas, en effet, à transporter sur toutes les stations des cieux un fait que vous jugeriez ici même insolite et déplorable ?

Bien différente, il est vrai, est devenue la situation de ce grand paria de la Création dans le sein duquel couvait une étincelle divine : des profondeurs de son abaissement, il s'est relevé bien au-dessus de toutes les créatures terrestres ; il est parvenu à se pourvoir d'un bien-être raffiné. Mais, si le tableau tout primitif que je viens de tracer n'a plus sa réalité nulle part, je pourrais, en quelques traits, en esquisser un autre, pour vous faire voir à quel prix s'est acquis et s'acquiert encore le luxe de notre vie. Je vous représenterais quelle sera, jusqu'à la fin du monde, par comparaison avec la quiétude insouciante de l'animal, la pénible condition du plus grand nombre des humains. Il me suffirait même de vous montrer l'homme de la classe la plus nécessaire et la plus nombreuse, le travailleur des champs, courbé vers la terre, qui n'est fécondée que par ses sueurs, et luttant opiniâtrément contre elle, sous les feux cuisants du soleil pour lui arracher sa maigre nourriture ; quand, pour reprendre haleine, il redresse avec effort ses reins endoloris, quelle différence entre son sort et le sort de l'hirondelle, qui l'effleure d'une aile infatigable, en se jouant au milieu des airs, où elle glane capricieusement sa pâture ! Et pourtant, qui n'a pas applaudi au cri de l'âme du grand poète latin sur la félicité relative des laboureurs ? Heureux les hommes, en effet, s'ils n'avaient d'autre fardeau à porter que les labeurs du corps, et si la peine inséparable du travail physique était assez constante pour écarter ou engourdir toutes les autres !

Gardons-nous, pourtant, d'exagérer le bonheur des bêtes : les êtres terrestres, quels qu'ils soient, dès qu'ils sont pourvus de nerfs et de sensibilité, doivent connaître la souffrance comme le plaisir, et leur vie ne peut être exempte d'incommodités et de douleurs. Aussi, le spectacle de la nature vivante ne manque pas de tristesse ; ce monde qui fut établi sur l'imparfaite matière, toujours mouvante et changeante, ne peut rien réaliser de parfait et de stable ; toutes les créatures qui le composent sont assujetties à passer par de pénibles contrastes ; les jouissances qu'il leur procure sont entremêlées de peines qui tendent souvent à leur destruction, et toutes les rigueurs qu'il leur ménage sont nécessairement couronnées par cette rigueur suprême.

Elle est bien dure, notamment, cette loi finale à laquelle n'échappe aucune créature animée ; cependant, il serait aisé de faire voir que la mort, pour le plus grand nombre des animaux sauvages, grands et petits, ne vient pas autrement que le sommeil ; et, dans les cas même où elle revêt la forme tragique, elle n'est point aussi cruelle qu'elle pourrait l'être. Ceux d'entre eux qui ont pour mission de la donner aux autres s'acquittent supérieurement de leur tâche : dans l'état de nature ils ne se font point un jeu de tourmenter leurs victimes et ont souvent des moyens de les frapper d'engourdissement avant de les détruire. N'oubliez pas non plus que la plupart d'entre elles sont loin de posséder cette sensibilité excessive qui nous distingue, et que celles qui sont sujettes à la fin la plus douloureuse ont été les mieux garanties par la perfection de leurs instincts, par leur agilité à fuir le danger ou par la puissance de leurs armes défensives.

D'ailleurs, puisque la mort est la loi générale de tout ce qui respire, une destruction rapide a son côté providentiel en épargnant à des êtres sensibles d'inutiles douleurs. Quelle est la proie qui tombe la première sous la griffe de la bête féroce, si ce n'est l'animal qui n'est plus sauvegardé par la finesse de ses instincts, ou celui qui se traîne languissant à la suite du troupeau ? Et ne vaut-il pas mieux pour lui succomber en peu d'instants sous l'élan foudroyant du tigre que de connaître les longues souffrances de la maladie, les infirmités de la vieillesse et les tortures de l'inanition ?

Au demeurant, malgré les correctifs dont s'est trouvée pourvue la condition périssable de l'animal, on ne peut disconvenir que son sort final, de même que quelques événements accidentels, n'attriste le tableau de sa vie. Mais il ne faut pas s'y méprendre : ce n'est pas lui, assurément, c'est nous-mêmes qui percevons cette impression pénible. Quels que soient les coups que lui réserve l'avenir, il a l'inappréciable avantage de n'en pas éprouver le souci ; son intelligence est fermée à la notion du lendemain, et son esprit repose immobile sur l'instant présent ; si cet instant est indolore, et il l'est certainement presque toujours, tout est bien et la douleur n'existe pas. Indifférent à la destinée des autres créatures, de sa descendance même, qui vivent autour de lui ; incapable de comprendre la sienne propre et d'en concevoir une meilleure, il ne connaît pas le fardeau de la vie, et jamais il ne tentera de le secouer. Telle est la seule manière d'être régulière sur un monde plein de vicissitudes et de périls ; la brute la plus intelligente y est le dernier terme normal de toute la série des êtres sensibles ; une vie sujette à la souffrance, et qui aboutit inévitablement au gouffre de la mort, si elle est constituée d'une manière rationnelle et juste, doit avoir en partage une imprévoyance telle que la sienne.

Mais que dirons-nous de nous-mêmes, êtres penseurs qui fûmes jetés au milieu de ce monde dénué de réflexion ? Nous voir exposés non seulement à d'innombrables douleurs physiques presque inconnues aux animaux sauvages, mais encore à des peines morales devant lesquelles s'effacent parfois les affres du plus terrible trépas ; si nous sommes personnellement tranquilles pour un temps, avoir lieu de compatir, à moins que nous ne soyons égoïstes ou incomplets, aux maux de toute sorte qui pleuvent autour de nous sur nos semblables et nos proches ou qui sont suspendus sur leurs têtes ; avoir connaissance de tous les tourments qui peuvent nous assaillir et de la suprême épreuve qui doit les terminer ; en un mot, avoir conscience de notre sort, n'est-ce pas le vrai malheur, la seule et véritable anomalie sur un pareil monde ? Non, la conscience et la raison ne sont pas faites pour un tel séjour : elles revendiquent une tout autre patrie.

Je voudrais qu'il vous vînt à l'esprit de me faire observer ici que cet étrange habitant de la terre a reçu pour soutien de sa vie une consolation merveilleuse et une espérance magnifique, pourvu que vous reconnussiez la grandeur de votre crime quand vous travaillez à les lui ravir. Et si vous veniez à émettre l'opinion que son infortune est le résultat d'un accident initial, ou que sa situation renferme une énigme divine, oh ! alors, nous n'aurions plus rien à débattre ensemble, car c'est là précisément ce que je vous demande surtout.

La vie essentiellement végétative de la plante et de l'animal est aussi la plus régulière devant la Providence elle-même, dont elle ne peut offenser les regards. La nature inconsciente est le règne de l'obéissance passive à la volonté divine qui, semblable à un tourbillon irrésistible, entraîne vers leur fin tous ses dociles esclaves.

Seule, l'activité de l'homme fut laissée en dehors de ce grand courant des actions instinctives, et c'est pourquoi les sociétés qu'il forme sont si loin de marcher dans le sens de la concorde et de l'harmonie dont Dieu est le principe nécessaire. Ce n'est pas que nous soyons soustraits à toute influence supérieure ; l'humanité a reçu un instinct spécial et sublime qui tend à la tourner vers son Créateur pour lui rendre hommage et pour chercher en lui la règle de sa conduite ; mais cet instinct n'est pas, comme ceux de la brute, souverain et despotique ; l'homme ne se vit pas entraîné fatalement à l'accomplissement de sa loi suprême; il fut laissé libre de la discuter, de s'y soumettre ou de la fouler aux pieds ; il resta maître de faire monter vers Dieu l'hosanna ou le blasphème, et vous savez comment il use de cette liberté.

Cependant, je conçois une espèce humaine qui, tout infortunée qu'on la suppose, aurait encore sa raison d'exister devant le souverain Arbitre de l'univers; je comprends un type d'êtres, fidèle à sa loi fondamentale, qui s'associerait par toute sa conduite au concert harmonieux des œuvres divines. Pensée vivante de ce monde matériel, possédant seul la notion de l'Intelligence infinie qui le soutient, il se constituerait, comme l'a dit un poète, le pontife du Très-Haut pour lui traduire l'hymne de la Création tout entière. Verbe de la terre, il prêterait sa voix à la nature pour célébrer la majesté de son Auteur. Du milieu même de ses épreuves, comme les martyrs hébreux de la fournaise, il porterait la parole d'adoration au nom de toutes les créatures animées. « Plantes de toute espèce qui sortez d'un germe de vie, animaux de toute sorte qui peuplez les eaux et les airs, bêtes sauvages et troupeaux des champs, glorifiez tous le Seigneur... » (Daniel, ch. III.) Il fournirait même un langage à tous les éléments inanimés qui obéissent à la Force infinie : « Terre, fleuves, météores variés, nuages qui portez la foudre, tourbillons et tempêtes, rendez gloire au Seigneur. » (*Ibid.*) Il inviterait enfin à s'unir dans un chœur unique toutes les créations de l'immensité : « Soleil et lune, étoiles de la nuit, cieux étincelants et vous tous, ouvrages du Seigneur, célébrez sa gloire. » (*Ibid.*) « Car il a parlé, et tout a été fait ; il a commandé, et tout a été créé, etc. » (Ps. 148.)

L'espèce royale de la terre, au moins dans une partie de ses membres, a cédé à cette inspiration glorieuse ; en traversant sa vallée de larmes, elle offrit à l'Éternel un tribut de louanges ; de toutes les régions de ce monde, et pendant nombre de siècles, les accents que je viens de citer, ou d'autres analogues, montèrent vers le ciel ; mais, sous l'influence de vos prédécesseurs athées, le silence s'est déjà fait en plus d'un lieu où ils retentissaient sans cesse ; les voix adoratrices se raréfient parmi nous, et vos complices soutiennent la prétention de les étouffer tout à fait. Il y a plus : parmi les formes qu'a revêtues le culte que nous rendons à la Divinité, c'est-à-dire parmi les religions diverses que professe l'espèce humaine, il en est une qui se distingue de toutes les autres, non seulement en ce qu'elle fournit, de ses dogmes fondamentaux, des preuves telles que de très grands esprits les ont jugées surabondantes, mais aussi parce qu'elle témoigne d'une immense générosité de Dieu à notre égard, en nous enseignant l'ineffable sacrifice qu'il a accompli pour notre rédemption. Eh bien, cette forme particulière du culte des humains est celle qui suscite sur la terre les contradictions, les haines les plus ardentes, et qui voit naître les plus violents désirs d'anéantir le Créateur. Et vous trouveriez que c'est là, devant lui, un fait satisfaisant et normal ? Vous estimeriez juste et bienséant qu'il eût sa répétition sur tous les mondes possibles ? N'éveille-t-il pas plutôt, dans notre esprit, l'idée d'un essai malheureux, exceptionnel, dont le Très Haut a raison, en quelque sorte, de se repentir ?

CINQUANTE-DEUXIÈME LETTRE

RÉPONSE A QUELQUES OBJECTIONS

Vous en avez pu juger, Camille, il est contraire à toute vraisemblance de croire à l'habitabilité générale des planètes. Toute notre étude nous a démontré qu'un astre de cette sorte est, presque nécessairement, un séjour très imparfait pour des créatures de notre genre ; si bien que la terre, avec tous les dangers auxquels elle nous tient exposés, avec tous ses défauts cosmologiques qui vont jusqu'à dégrader physiquement et spirituellement notre espèce, est peut-être encore un globe de la meilleure venue ou des plus heureusement conditionnés, un lieu d'élection pour porter des êtres raisonnables. Nous devons pourtant achever notre discussion, parce que cette dernière opinion reste conjecturale et indécise en ce sens surtout que, dans cet immense univers dont nous ne connaissons qu'une si minime partie, il pourrait bien se trouver, en somme, beaucoup d'autres sphères au moins aussi propices que la nôtre à l'existence de nos semblables.

D'après nos précédentes réflexions, si vous accordiez à vos humanités sidérales le sentiment religieux que vos émules s'efforcent d'étouffer ici-bas, nous serions plus près de nous entendre au sujet de l'habitation des astres. Mais, quand même nous serions certains que notre espèce tellurique est la pire possible, et que ses tendances athées lui sont spéciales, nous ne nous croirions point encore obligés d'attribuer une population pensante à un grand nombre de vos terres célestes. Nous ne voyons pas de raisons pour que la pensée, fût-elle pleinement adoratrice, s'élève de mille et mille fragments de matière cosmique voguant dans les cieux, et nous n'avons pas lieu de faire plus d'honneur à ces agrégats de substance minérale que nous n'en faisons à leurs éléments constitutifs, quand ils sont vaporisés et dispersés dans les espaces.

Votre jugement contraire procède d'une préoccupation inconsidérée. Vous embrassez d'un vague regard tout l'ensemble du ciel étoilé, ou bien vous fixez vos yeux sur quelque point précis que vous savez être un globe planétaire : aussitôt, le spectacle de la nature animée qui vous entoure ici, et le sentiment aveuglant de votre propre existence, suscitent dans votre esprit le mirage d'une création analogue et d'une race comparable à la nôtre. Mais qu'est-ce qui justifie le pressentiment de l'universalité de la vie pensante ? Vous savez très bien qu'elle n'a pas toujours existé sur notre terre; que vous ne pouvez la concevoir ni sur les astres brûlants, ni sur les globes éteints s'ils sont privés de quelque condition physique essentielle ; vous savez enfin qu'elle n'existera que pour un temps sur ceux qui sont susceptibles de la recevoir. Si donc vous tenez à l'idée de l'ubiquité de la vie consciente, ce n'est pas par votre système de l'habitation des astres que vous y pouvez satisfaire. Il n'y a qu'une seule conception qui réponde à une telle croyance. Dieu, la conscience parfaite, la pensée infinie, remplit l'immensité ; l'Esprit divin plane, non seulement sur les eaux et sur les terres habitables, mais aussi sur les globes en ignition et sur les sphères glacées. Que pourrait demander de plus votre esprit converti au spiritualisme? Après cela, s'il avait plu au Tout-Puissant de détacher je ne sais quelles parcelles de sa propre substance pour les fixer en quelque lieu de l'univers ; s'il avait résolu de fonder des créatures corporelles capables de lui rendre hommage, il pouvait bien les rassembler toutes sur un seul globe tel que la terre : assez de milliards d'hommes ont passé en ce monde pour que son dessein se trouvât réalisé. Comme il n'envisage pas à notre point de vue étroit l'individualité des astres, il pouvait également multiplier les souches de cette création supérieure et les établir de loin en loin parmi les innombrables sphères célestes. Quant à en installer une semblable à la nôtre sur tous les globes habitables des cieux, encore une fois, nous ne voyons nullement la raison qu'il aurait eue de le faire.

Mais voici une objection qui vous tient particulièrement au cœur ; l'ayant déjà combattue par diverses considérations, nous devons essayer d'en faire enfin justice.

Quoique notre globe terrestre, sous le rapport de son

étendue, tienne le milieu entre les mondicules télescopiques et la plus grande planète du système solaire, il vous paraît encore si petit, quand vous le comparez à la multitude des grands astres, que vous déclarez ne pas concevoir comment il aurait été l'objet d'une insigne distinction du Créateur, et spécialement choisi pour porter l'espèce raisonnable, tandis que toutes ou presque toutes les autres sphères de son genre, quelle que soit leur ampleur, ne connaîtraient tout au plus que la vie animale et végétative. Ayant compris les raisons pour lesquelles il n'y aurait d'habitables que les globes qui sont d'une masse mesurée, c'est-à-dire ni trop faible, ni trop forte, vous renoncez volontiers à ériger de vrais mondes sur les simples astéroïdes planétaires, mais vous êtes loin d'accepter la même exclusion quand il s'agit des sphères les plus volumineuses. Comme vous croyez qu'il était au pouvoir de notre Auteur de la Création d'établir la vie astrale sur de tout autres bases, et de favoriser surtout les grands globes sidéraux, vous nous demandez pourquoi il n'a pas fait ce qui lui eût permis d'élire l'un de ces derniers, au lieu de notre chétive planète, pour l'exécution de l'un de ses desseins supérieurs.

Cependant il y a, dans votre souci de l'habitabilité des plus grandes sphères, l'indice d'un sentiment bien irréfléchi. Pour les astres, comme pour toutes choses, la grandeur et la petitesse ne sont que des qualités relatives. Ces géants planétaires, pour lesquels vous réclamez une population de notre sorte, ne vous sembleraient plus que de misérables astéroïdes si vous les compariez à tant d'énormes étoiles fixes qui seront perpétuellement inhabitables. Les plus amples de ces soleils eux-mêmes restent encore incommensurables avec l'immensité qui les contient. Devant l'Être infini qui seul la remplit et la surpasse, les plus vastes créations restent bornées et exiguës; et il est bien probable que la supériorité relative des masses sidérales ne fut jamais la considération qui détermina son choix pour l'exécution de ses œuvres les plus distinguées. N'eût-il voulu établir, au milieu de toute la création astrale, qu'un seul monde complet, c'est-à-dire comportant une race humaine, rien ne l'empêchait de choisir, pour cet usage, un globe moindre encore que la terre. On ne peut en douter quand on songe aux merveilles de structure, de beauté et d'instinct que sa toute puissance s'est plu à effectuer jusque dans la classe des êtres infiniment petits.

Que nous méconnaissons souvent les voies ordinaires du Maître de la nature, et que nous sommes sujets à nous tromper quand nous les préjugeons sous la seule inspiration de notre sens humain et de nos idées courantes ! En voulez-vous un exemple précis ? Embrassez en esprit tous les végétaux qui composent notre flore terrestre, avec tous les fruits et les semences qu'ils produisent, et demandez-vous si vous eussiez jamais supposé, *à priori*, que le plus important de tous, le plus utile et le plus précieux, se trouverait être, non quelque arbre majestueux des forêts, mais une frêle graminée qui n'attire nullement les regards ; ou que, de toutes les productions comestibles du règne végétal, celle qui devait constituer l'aliment parfait, providentiellement prédestiné pour sustenter l'espèce humaine, serait le grain minime, fade et insignifiant du blé. — Pareillement, si l'on nous eût dit, à l'époque de notre ignorance première, qu'il existe une merveille de société animale en une contrée où se trouvent à la fois des quadrupèdes aussi grands que l'éléphant et des insectes aussi petits que les abeilles, n'aurions-nous pas été forts enclins à penser, dans notre prévention aveugle pour les grandes masses matérielles, que ce sont les colosses pachydermes, plutôt que les chétives apiaires, qui savent composer un aliment exquis et organiser d'admirables phalanstères ? Dans toute l'étendue du règne animal, soit que nous considérions les chefs-d'œuvre de l'instinct, soit que nous recherchions tous les autres dons remarquables qu'y a distribués l'Arbitre de l'univers, c'est presque toujours dans les espèces de taille médiocre ou petite que nous trouverions les distinctions et les priviléges. Et pour tout dire, enfin, l'être qui devait régner sur la nature terrestre, perforer, niveler les montagnes et lutter contre la mer, a-t-il été doté, comme nous l'eussions imaginé sans doute, d'une stature et d'une force supérieures à celles des monstres énormes qui ont vécu en ce monde ?

Tels sont donc les agissements ordinaires du Créateur, qui déjouent nos prévisions en apparence les plus légitimes ; et, conséquemment, j'ai le droit de répéter que la seule considération du volume des astres est bien loin d'autoriser aucune supposition sur la présence de nos semblables à leur surface. Encore une fois, il ne faudrait nullement s'étonner que les plus grands des globes planétaires, — supposé qu'ils se trouvassent très habitables dans une certaine partie de leur étendue, — n'offrissent perpétuellement que la pittoresque exhibition d'une nature sauvage ; et, s'il y a quelque part des homologues de notre glorieuse espèce, c'est peut-être sur quelque planète humble et ignorée, gravitant en dehors et loin de notre système solaire.

Nous voyons bien que l'Auteur de l'univers a constitué la presque totalité de la matière sidérale à l'état d'étoiles ou de foyers de lumière, mais il semble, avons-nous dit ailleurs, qu'il se soit peu soucié de la formation des sphères habitables ou des terres célestes. Il se peut néanmoins qu'il les ait produites en grand nombre, mais ce dut être en quelque sorte négligemment, comme s'il s'était simplement réservé de choisir, parmi tous ces globes éteints, ceux qu'il trouverait les plus propres à servir de théâtres de la vie. Si vous trouvez que cette supposition, sur laquelle j'insiste en vous la présentant pour la seconde fois, méconnaît l'infinie prescience divine, voici ce que j'ajouterai maintenant pour l'amender. Il est bien possible que le Créateur ait appelé à l'existence beaucoup plus de corps planétaires qu'il ne voulait édifier de mondes, et surtout de mondes complets, car il ne s'est pas comporté différemment sur la terre, dans la fondation de ce règne organique dont il l'a ornée.

Voyez plutôt. Quand il s'y est livré à son travail vivifiant, il a versé ses productions avec une libéralité surprenante. N'est-il pas étonnant, par exemple, qu'il ait fait surgir une telle profusion de formes animées, lorsqu'il eût suffi, à la rigueur, pour revêtir toute la surface du globe, et y constituer un système organique bien pondéré, qu'il y plaçât seulement les deux types corrélatifs, une seule espèce d'animal et une espèce unique de plante ? Nous admirons la fécondité excessive qu'il a donnée à tel insecte ou à tel poisson, et notre imagination est stupéfaite quand nous songeons à la quantité insupputable de semences qu'il a fait produire à certains arbres pendant leur existence séculaire, quoiqu'il ne soit besoin, pour la perpétuation de leur essence, que d'un seul rejeton qui leur survive. Cette prodigalité démesurée, qu'il a déployée dans la création organique de la terre, peut bien se retrouver dans la création cosmique de l'espace; des globes habitables qui ne seront jamais habités ne sont pas chose plus singulière que des semences qui sont négligées ou des œufs qui ne doivent point éclore ; devant lui, ces deux sortes de créatures se valent; qu'importe encore ici l'extrême disproportion des volumes?

CINQUANTE-DEUXIÈME LETTRE

> Aux regards de Celui qui fit l'immensité,
> L'insecte vaut un monde : ils ont autant coûté.
> (Lamartine.)

Pour que les terres sidérales les plus déshéritées en apparence ne soient pas un véritable non-sens, il suffit qu'elles aient encore à jouer quelque rôle dans l'univers et qu'elles y aient leur utilité sous quelque rapport. De même que les innombrables semences d'organismes divers, qui sont perdues pour la reproduction de leurs espèces respectives, ne laissent pas de trouver leur emploi dans la nature et n'accusent nullement l'inconséquence de son divin ordonnateur, attendu qu'une infinité d'animaux qui s'en repaissent leur doivent la conservation de leur vie; ainsi les sphères qui composent les cieux, toutes stériles que nous nous les figurions, peuvent encore avoir leur raison d'être. Il est à croire que la Volonté souveraine, appelant un jour du néant la matière primordiale et lui commandant de s'agréger pour se distribuer dans l'immensité, avait à son égard une intention générale, à laquelle tous les globes créés doivent satisfaire en leur temps, indépendamment de quelque dessein particulier qui ne concerne qu'un certain nombre d'entre eux. Cette fin universelle et constante de la Création est justement le sujet essentiel et comme le fond de notre discussion ; et le tort de l'un de nous est de la préjuger à la légère, sur l'étroite considération du tableau présent du petit globe qui nous porte. Le moment est venu d'aborder directement cette question capitale, et d'embrasser dans une aperception d'ensemble l'œuvre céleste tout entière, depuis l'immense nébuleuse qui représente l'une des sections de l'univers, jusqu'aux simples fragments qui voyagent dans les champs éthérés ; c'est cet aperçu synthétique qui fera l'objet des deux lettres suivantes.

CINQUANTE-TROISIÈME LETTRE

QUELLE EST LA FIN DE LA CRÉATION SIDÉRALE

A la vue de l'ordre et de la beauté qui règnent dans le grand œuvre du ciel et de la terre, Camille, quand nous reconnaissons de toutes parts le sceau d'une puissance essentiellement intelligente, une pensée interrogative s'impose à notre esprit : Quelle est la signification ou la fin générale de l'univers ?

Toutes ces sphères matérielles et lumineuses sont-elles comme autant de témoins qui marquent la présence de l'être au milieu du vide sans bornes, parce que l'Essence infinie aurait horreur du néant ? Sont-elles des flambeaux allumés pour combattre la nuit universelle, parce que l'Intelligence parfaite serait ennemie des ténèbres ? Ces astres qui sont assujettis dans leur cours à un rythme si régulier, ces globes changeants sur lesquels s'enroulent les siècles, sont-ils destinés, comme les rouages multiples d'une immense horloge, à mesurer des temps dans la durée indéfinie ? Les planètes, en se refroidissant, doivent-elles revêtir tour à tour la parure de la vie, et parfois servir de théâtre d'épreuve à des êtres libres, appelés à conquérir un séjour meilleur et permanent ? Les étoiles, ces fournaises épouvantables, seraient-elles, dans leur ensemble, en image ou en réalité, des lieux de supplice, des enfers éternellement flamboyants ou périodiquement rallumés ?

Pour moi, je ne chercherai pas à vous fournir ici des explications transcendantes ; je voudrais seulement agrandir à l'extrême la portée de votre vue pour vous faire envisager, comme de plus près et d'une manière plus complète, toute la multitude des corps célestes ; et peut-être trouveriez-vous, dans l'impression que produirait sur votre esprit le déploiement de ce grand tableau, une raison suffisante de toute la création astrale.

Si, par une nuit sereine, nous sortons de l'atmosphère enfumée et des horizons étroits de nos cités pour nous élever sur quelque colline solitaire ; si surtout il nous est permis de nous transporter, de nos climats brumeux, vers le ciel limpide de l'équateur, nous goûtons déjà, sous le vaste dôme du firmament constellé, le spectacle le plus propre à exciter l'admiration de l'homme, puisqu'il a été l'objet de la première science cultivée par lui. Mais, dans les conditions même les plus exceptionnelles, au sein des régions aériennes les plus élevées et les plus transparentes, avec la vue la plus perçante aidée des plus puissants instruments d'optique, combien peu nous jouissons de la richesse totale et de la grandeur des cieux ! Et, si cette simple échappée de vue nous enchante, quel ne serait pas le ravissement de celui à qui il serait donné de tout embrasser, de tout percevoir dans la juste mesure, et de tout discerner dans les détails !

Quand notre astre-roi, près de finir sa course journalière, descend derrière le rideau de grands arbres qui couronnent le sombre coteau ; alors qu'il nous est permis d'affronter l'éclat de sa face à demi voilée par les ramures, et de contempler la richesse de son globe de feu entouré de sa brillante auréole, il n'est pas d'objet sensible qui puisse se mettre en comparaison avec lui devant l'œil de l'homme. L'humanité de tous les temps, charmée de sa splendeur, a cité le soleil comme le type suprême de la beauté visible, et souvent la foi religieuse des peuples lui a attribué la place et les droits de la Divinité elle-même.

Cependant, sans parler de l'excitation trop forte qu'il produit toujours sur notre faible organe visuel et qui nous défend d'en jouir à notre aise, je vous rappellerai combien nous sommes loin de le voir avec ses caractères réels, lorsqu'il nous présente un disque si humble, lui dont l'ampleur est si étonnante; lorsqu'il nous semble calme et tranquille, lui qui est agité de continuelles tourmentes; lorsqu'il nous paraît unicolore et pâle, lui qui recèle les plus riches matériaux de la pyrotechnie, et dont la lumière est susceptible de revêtir une multitude de nuances qui ne se démêlent que par accident à nos regards.

Ce doit être un bien merveilleux spectacle, au milieu de la nuit de l'espace, que celui de cet immense globe en pleine ignition, de ses flammes gigantesques incessamment variables dans leur figure et leurs reflets, de sa surface houleuse et intumescente, formée d'une infinité de parcelles multicolores qui viennent jeter au dehors leur éblouissante lumière, s'éteindre, se rallumer, et se parer des feux changeants d'une perpétuelle fluorescence. Mais il se peut que notre imagination se tienne ici bien au-dessous de la vérité; car nous ne savons si les nombreux éléments qui composent le soleil, et qui s'y trouvent dans un état inconnu de nous, n'ont pas alors certains caractères distinctifs qui sont insaisissables à des yeux tels que les nôtres. — Tant de magnificence, tant d'effets curieux seraient-ils déployés en vain? N'existe-t-il pas un œil qui n'est ni impuissant, ni abusé? N'y a-t-il pas un lieu où l'on contemple à loisir le soleil dans son aspect véritable, dans sa majesté imposante, dans tout l'éclat et la richesse de sa parure?

Bien modeste sans doute, auprès de ce radieux colosse, est la figure de ces nombreux corps sidéraux, grands et petits, qui l'environnent, et néanmoins leur ensemble lui fournit peut-être un remarquable cortège. La terre et les planètes ont jadis brillé de tout l'éclat du feu et de tous les tons du spectre solaire ; elles sont encore embrasées dans leurs profondeurs, et la lune elle-même, si elle venait à être brisée par le choc de quelque corps cosmique, laisserait tomber sur nous des flots d'une matière ignée. L'état de luminaires a été la phase principale de leur existence, car le soleil fut longtemps si rapproché de chacune d'elles qu'il semblait entretenir indéfiniment leur ignition. Comme pour toute la matière sidérale, ce fut leur mode essentiel d'annoncer la gloire de Dieu. Les plus grandes furent celles qui remplirent le mieux ce rôle, et il est possible que leur forme évidée ou creuse se soit prêtée à une plus longue émission de lumière. Les plus petites satisfont le moins à cet office général d'incandescence, mais c'est parmi elles que se trouvent les globes qui sont aptes à constituer des mondes. Au reste, après leur commune extinction, elles déploieront toujours, ainsi que nous l'avons expliqué, les ornements variés de leur surface, encore qu'elles soient dépourvues de toute parure de vie.

L'importance des planètes dépend de leur constitution massive ; cependant, les autres corps qui gravitent autour du soleil l'emportent infiniment sur elles, et par leur nombre, et par l'espace qu'ils occupent. Rien ne nous interdit d'attribuer quelque effet optique à ces longues chaînes de corpuscules errants, à ces grands courants de fragments cosmiques qui viennent ruisseler autour de l'astre radieux et s'allumer partiellement au contact des atmosphères planétaires qu'ils traversent. Mais nous aurions toute raison d'appuyer sur l'importance objective des comètes, ces globes immenses doublement pénétrés de lumière, qui brillent de leur clarté intérieure et de celle qu'ils reçoivent du luminaire central ; ces sortes de pandeloques fluides, suspendues en nombre presque infini autour d'un lustre resplendissant, pour répéter au loin et multiplier ses reflets ; ces protées célestes, semblables aux nuages du couchant, qui passent par mille formes diverses, en déployant et rappelant tour à tour leurs vaporeux appendices dont nous ne percevons peut-être pas toute la beauté ; car, de même que notre œil imparfait ne distingue qu'une seule couleur dans l'astre du jour, il se peut que les chevelures et les longs panaches cométaires, qui nous semblent communément incolores, soient toujours ornés de cette multitude de nuances dont a été composée la lumière, pour le plus grand charme de ses effets.

Quelques traits qu'il vous convienne d'effacer de cette esquisse, et quelque idée qu'on se fasse de l'aspect que présenterait notre système solaire à un observateur en position de l'embrasser dans son entier, il reste toujours certain que la presque totalité de l'univers est en état d'ignition, et constitue des foyers lumineux pareils à notre astre roi : des soleils, toujours des soleils, voilà ce que nous découvrons de toutes parts dans l'immensité.

Restituez donc, par la pensée, à chacun de ces points scintillants que renferment les constellations, toute l'ampleur que nous connaissons à notre astre central ; décomposez en ses éléments distincts cette traînée de poussière argentée qui dessine si faiblement l'arcade de la Voie lactée, et, à la place de ces granules lumineux presque indiscernables, représentez-vous de majestueux soleils tels que celui qui nous éclaire, formés comme lui d'une mer de feu à surface diaprée et pailletée, et entourés d'une auréole de flammes ondoyantes. Beaucoup d'entre eux affectent une couleur dominante et fixe ; ces colorations particulières ont pour effet de diversifier profondément leurs

CINQUANTE-TROISIÈME LETTRE

apparences. La variété résulte encore, dans ce merveilleux étalage de brûlots stellaires, de l'inégalité de leurs volumes, des particularités de leurs groupements, de leur association en systèmes doubles ou multiples, et surtout des variations lentes ou rapides, parfois remarquablement périodiques, de leur éclat ; variations si profondes que plusieurs d'entre eux semblent s'éteindre tout à fait, tandis que d'autres s'amplifient, se décuplent, comme dans un prodigieux incendie de toute leur substance.

Ayant ainsi décomposé notre nébuleuse en ses éléments stellaires afin de les considérer isolément et tels qu'ils sont, reconstituez-la tout entière pour l'envisager dans son ensemble comme si vous étiez en dehors d'elle ; essayez de vous la représenter isolée de toutes les autres, et figurant un seul objet comparable à une gerbe immense. Comme les étoiles qui la composent sont respectivement très distantes, vous croirez peut-être que cette conception est mal fondée ; cependant, nous la voyons réalisée à nos yeux mêmes par d'autres nébuleuses dont nous distinguons les formes et les contours. D'ailleurs, tout écartées qu'elles sont, les étoiles nous semblent si rapprochées entre elles que plusieurs se confondent souvent en une seule ; et puis, si elles sont très espacées, elles se rapprochent les unes des autres par l'ample sphère de clarté dont chacune d'elles est entourée; peut-être aussi sont-elles reliées par les astres accessoires qui leur font cortège, et l'on peut du moins penser que d'innombrables comètes panachées, dans leur course démesurément excentrique, sillonnent en tous sens les espaces ténébreux qui les séparent.

Ce qui met le comble à l'effet vertigineux de ce grand tableau, ce sont les mouvements très variés qui animent son ensemble et ses derniers éléments distincts, mouvements que nous sommes si loin de percevoir dans leurs modes véritables. Les comètes, par exemple, quand elles vont se perdre dans le lointain des cieux, où elles se contractent au point de se réduire à une sorte d'étincelle mourante, ralentissent tellement leur marche qu'elles semblent presque immobiles ; mais aussi, quand elles s'approchent de quelque étoile qui les appelle, avec quelle impétuosité elles se précipitent en se dilatant et s'agrandissant sans mesure ! Quelle variété encore dans la figure et dans l'inclination des orbites de ces astres étranges, qui forment sans doute, quant à leur nombre, la classe la plus importante des corps sidéraux ! — Tous les autres globes sont aussi admirables par leur mobilité : planètes, satellites et soleils, tout pivote sur un axe en renouvelant incessamment ses aspects ; tout se transporte et vole avec une étonnante vitesse autour d'un centre de gravitation en décrivant des courbes elliptiques ou circulaires ; tout se mêle, se croise, se retrouve à sa place relative comme dans une valse fantastique ; et tout l'ensemble s'écoule et s'enfuit comme un seul astre dans les profondeurs de l'immensité. Essayez de vous représenter intégralement ce grand spectacle, et dites s'il n'est pas vraiment splendide pour un œil parfait, tel que celui que je vous citais tout à l'heure, devant lequel nul détail ne saurait se perdre ou s'affaiblir à aucune distance.

Eh bien, tout cela est encore peu de chose en comparaison de la vérité entière. Vous n'avez pas oublié le système que nous avons adopté ensemble : cette innombrable armée d'étoiles *fixes* dans lesquelles notre soleil tient si modestement sa place, et presque tout ce que la vue ordinaire de l'homme perçoit au-dessus de nos têtes, ne constituerait qu'une seule nébuleuse, une fraction modique de l'univers sidéral, une simple page d'un livre que nous savons être très volumineux. Réduites, par l'énormité des distances, à l'apparence la plus humble, et saisissables seulement au moyen de nos plus puissants instruments d'optique, les nébuleuses plus ou moins semblables à la nôtre se compteraient au moins par centaines dans les champs illimités des cieux.

Mettez-vous donc, en esprit, face à face avec chacune d'elles; restituez-leur toute la grandeur et la beauté que vous avez reconnues à celle qui nous contient dans son sein, ou plutôt donnez à chacune sa physionomie et ses allures particulières. Imaginez, par exemple, quelque chose d'analogue à un grand nuage de vapeurs chaotiques qui, venant à s'éclairer en son centre d'une lueur indécise, et jetant peu à peu dans toute son étendue des clartés de plus en plus distinctes, finira par constituer une nouvelle phalange de constellations variées, avec ses millions de soleils tourbillonnants et leurs ornements secondaires;

Représentez-vous quelque nébuleuse plus ancienne s'avançant chargée d'étoiles du fond de l'espace, semblable à une nuée formidable d'insectes du désert, et venant s'épanouir comme une fusée immense qui s'épanche en pluie d'or, en pluie de soleils, dans les abîmes infinis;

Figurez-vous encore, dans son état gazeux ou primordial, une nébuleuse d'un autre genre, entrant en travail de métamorphose, non pour se condenser en lourdes masses métalliques, mais pour s'étendre et envahir l'espace entier. Voyez-la se diviser, se morceler à l'infini, se résoudre en fragments qui vont former des comètes, lesquelles se façonnent en énormes bulles vaporeuses et brillantes qui ne se comptent plus simplement par milliers ni par millions, mais bien par milliards, et s'envolent dans certaines régions du ciel pour enlacer les étoiles dans un inextricable réseau de lumière;

Considérez aussi tous ces lumineux essaims dans leurs configurations respectives : les uns symétriques, harmonieusement contournés, enroulés en spirales, les autres irréguliers, bizarrement découpés comme des nuages aériens, et comme eux se modifiant et se transformant incessamment, quoique avec une lenteur extrême, sous la puissance mystérieuse qui les enveloppe et les dirige dans leur évolution.

Et maintenant, efforcez-vous de réunir, dans une seule et large conception, toutes les nébuleuses des cieux, celles qui s'allument et celles qui déjà commencent à s'éteindre, celles qui se dilatent, celles qui se condensent, et celles surtout qui sont à l'apogée de leur pompe; concevez-les avec leurs caractères spéciaux, dans leur aspect général et dans leurs derniers détails; imaginez-vous toutes ces grandes créations distribuées autour de vous sur une courbe immensurable, onduleuse, extensible, ou bien s'élançant des diverses régions de l'étendue comme autant de gerbes de feu, pour composer une girande universelle et sans fin…

Mais que disons-nous ici, et quelle aberration est maintenant la nôtre? Ne serait-ce pas, de notre part, une prétention chimérique que celle d'esquisser le tableau de l'œuvre divine tout entière, et surtout de définir l'impression qu'un si grand objet est propre à faire naître? Essayer de présumer, malgré l'insuffisance de nos facultés humaines, les charmes qui se dégagent de l'ensemble de la création céleste, ce serait risquer de n'omettre pas moins que les principaux. Qui peut dire, en effet, si les soulèvements et les bouillonnements de la matière stellaire, si les mouvements parfaitement rythmés de tous les corps sidéraux, si les transformations incessantes et infiniment variées de tous les groupes qu'ils composent ne portent pas avec eux, comme l'ont pensé des philosophes anciens, d'autres harmonies encore que toutes les magnificences possibles de la lumière ?

CINQUANTE-QUATRIÈME LETTRE

QUELLE EST LA FIN DE LA CRÉATION SIDÉRALE (SUITE)

Savez-vous, Camille, ce que réclame le spectacle que j'ai essayé de vous décrire, lequel semble composé à dessein pour fasciner les yeux et pour s'accommoder à un perpétuel ravissement de l'âme ? Ce qu'il implique, ce qu'il nécessite absolument, c'est un spectateur, et un spectateur digne de lui.

Ne nous parlez donc pas ici de cet observateur terrestre dont il vous plaît de semer les semblables sur tous les points de l'espace ; de ce myope qui subit à tel point l'illusion des distances qu'il croit voir les planètes les plus voisines sur un même plan avec les étoiles fixes, et qu'il confond avec ces soleils lointains de misérables corpuscules météoriques qui traversent son atmosphère ; de ce témoin instantané pour qui le cours fulgurant des astres n'existe pas, et qui ne distingue qu'un pointillé immobile là où sont des masses immenses animées de mouvements prodigieux. Non ; ce n'est pas cet infime spectateur qu'il nous faut découvrir et signaler ; il est en dehors de la merveilleuse galerie que nous demandons à voir en ce moment ; c'est un profane devant lequel le rideau est tiré et qui ne perçoit de la scène majestueuse de l'univers que ce qui transpire à travers la toile ; et tout être qui surgit, comme lui, sur l'un de ces globes matériels pour disparaître presque aussitôt, est nécessairement incapable de comprendre le concert infini de la Création.

Nous pourrions, en nous replaçant au point de vue des questions que nous avons précédemment agitées, nous préoccuper de savoir de quelle demeure mystérieuse est sorti le Verbe tout-puissant qui fit apparaître la matière cosmique primordiale et lui imprima ses multiples mouvements ; qui rapprocha ses fluides chaotiques et les agglomera en foyers de lumière ; qui répandit, enfin, sur vos mondes habités, la vie végétative des êtres inférieurs et la substance spirituelle des intelligences douées de liberté. Si la loi de la gravitation est réellement universelle, si aucun corps matériel ni aucun groupe de corps ne peut s'y soustraire, nous aurions lieu de nous enquérir aussi du centre commun qui fait graviter les nébuleuses, de l'axe unique et invariable autour duquel tournent tous les cieux. Au nom d'une notion innée et indestructible de notre raison, nous aurions encore à nous demander où est le lieu de la stabilité et du repos absolus, par contraste avec ce mouvement et ces vicissitudes perpétuels auxquels est assujetti tout l'univers. La même question, la question suprême, peut donc être traduite de plusieurs manières différentes ; mais il est un aspect spécial sous lequel elle se présente maintenant. Ce que nous voudrions entrevoir à cette heure, ce que notre esprit réclame impérieusement, c'est un observatoire central d'où l'on découvre le déploiement complet de ce tableau admirable d'ordre et de magnificence ; c'est un œil inaltérable, merveilleux, s'adaptant aux détails comme à l'ensemble de ce grand panorama des êtres cosmiques ; c'est un spectateur longanime, éternel, dont le regard embrasse à la fois tous les temps et l'entière évolution de tous les mondes.

Et c'est en cela qu'apparaît à présent l'une des fins capitales du grand œuvre divin ; je vous l'ai dit et ne saurais trop le répéter : ces globes planétaires que vous peuplez à l'envi de créatures vivantes ou d'êtres raisonnables, et auxquels votre imagination s'attache comme à l'essence même de la Création, ne sont réellement, au milieu de la généralité des astres, que des objets tout accessoires et de minime importance par leur étendue. Ce qui représente devant nous la presque totalité des corps sidéraux et de la matière astrale, ce sont, d'une part, ces énormes soleils constitués de manière à se maintenir dans un état prolongé d'ignition ; ce sont aussi ces innombrables comètes, composées d'une substance lumineuse et non moins impropres à devenir des mondes véritables. Pourquoi donc presque toute la matière cosmique forme-t-elle ces luminaires vaporeux et ces brûlots gigantesques chargés d'une telle provision de lumière ? Pourquoi toute la Création répandue dans les champs illimités de l'espace figure-t-elle un lampadaire immense et qui nous semble inextinguible ? Que signifie cette illumination universelle et ce bouquet d'artifices interminable, si ce n'est qu'il se fait, au foyer général de l'univers, une fête grandiose, magnifique, permanente ?

Un roi qui n'a de semblable ni réel ni possible, le Maître souverain de l'infini, donne une fête digne de sa grandeur. Autour de son domaine réservé, où il règne dans la plénitude de sa puissance, il alluma ces milliards de flambeaux et les dispersa de toutes parts dans les profondeurs de la nuit, comme des feux de joie qui témoignent de sa félicité et de sa gloire. Tel fut son premier ouvrage le jour où il voulut verser la vie en dehors de sa demeure, il y répandit la lumière et les moyens nécessaires pour l'entretenir. Ainsi que toute chose distincte de sa pure et propre substance, ces produits matériels de sa volonté sont fatalement changeants et périssables ;

malgré l'extrême durée de leur éclat, ils sont condamnés à s'éteindre tour à tour pour laisser reparaître les ténèbres primitives; cependant, il ne tiendra qu'à lui de les rallumer s'il lui plaît; il est en son pouvoir de les renouveler en entier, comme nous le faisons pour *un vêtement vieilli* (Ps. CI) et d'éterniser cette féerie indescriptible.

Mais cet immense et solennel appareil qui a jailli à la voix du Tout-Puissant, et cette fête triomphale du Roi du ciel, pour avoir un sens acceptable à notre esprit, qu'impliquent-ils nécessairement sinon des témoins et des hôtes émerveillés? Dans son séjour vraiment enchanté, d'où le regard s'étend à toute la multitude des corps sidéraux, se trouvent probablement des serviteurs, des amis, des enfants bien-aimés arrivant de quelque lointain rivage et dont il célèbre la bienvenue. Ce sont, sans doute, des êtres raisonnables et libres, détachés un jour, dans leur souche première, du foyer divin de la vie, et relégués, pour une épreuve temporaire, sur les frontières du lumineux empire, sur ces mondes imparfaits où l'esprit du bien est en lutte avec celui du mal, et qui rentrent enfin dans l'auguste sanctuaire, *in splendoribus sanctorum*, triomphants et éblouis.

A d'autres la tâche d'exprimer, s'ils le peuvent, les transports d'une âme prédestinée aux ravissements de l'extase quand elle voit à découvert la Source même de toute beauté et de toute harmonie; à ceux-là de traduire les émotions d'un cœur altéré de bonheur, lorsqu'il vient se confondre avec l'Être qui vit dans la pure jouissance d'un amour infini et d'une génération éternelle; mais pour nous, qui devons borner nos regards aux seuls points de vue du dehors et n'avons d'autre partage que l'humble science de la matière, ne nous est-il pas permis d'attribuer quelque charme sensible à la parfaite vision de toutes ses pompes; et ne resterait-il pas, au possesseur des biens immuables, quelque sens rétrospectif pour contempler encore, à la faveur d'un miroir télescopique d'une puissance sans limites, — s'il est permis de parler ainsi du Très-Haut, — les splendeurs majestueuses de l'univers ou les œuvres extérieures de Dieu?

Pour une âme qui jouit d'une stabilité indéfectible, c'est peut-être le juste complément de la félicité que de voir hors de soi des créatures astreintes à subir des changements et des vicissitudes; et pour un être qui se sait en possession d'une vie sans fin, il se peut que ce soit un contraste agréable que celui des existences éphémères qui se lèvent, s'épanouissent et retombent dans le néant. Au milieu donc de ce ruissellement général de lumières et de feux, peut-être l'esprit bienheureux se plaît-il à découvrir çà et là quelque chef-d'œuvre matériel d'un genre exquis et rare, un astre revêtu de la fraîche parure de la vie. Devant ce regard qui ne connaît plus l'obstacle des distances, la chétive miniature, que nous jugerions perdue dans les profondeurs de l'immensité, se dévoile, s'agrandit et développe fidèlement toutes ses merveilles. Elle exhibe les richesses de cette belle végétation qui la recouvre, et les innombrables types d'animaux, grands et petits, qui peuplent ses mers limpides et ses épaisses forêts; elle déroule des myriades de tableaux divers qui changent incessamment d'aspect et sont parfois renouelés en entier par de soudaines innovations. C'est de ce point de vue seulement qu'il est possible d'observer les formes singulières, admirables, de tous les êtres organisés des deux règnes, qui se modifient à travers les siècles, s'embellissent, se diversifient presque à l'infini, non par l'effet de leur vertu propre et innée, non pas même par la simple continuation d'un mouvement qui leur fut imprimé à l'origine, mais bien par une suite d'infusions du Centre créateur. C'est de là enfin que l'on pénètre le monde étonnant des infiniment petits et le domaine des abîmes, dans lesquels l'intelligence créatrice s'est tant prodiguée à notre insu.

Il y a des points essentiels de cette vision panoramique sur lesquels nous sommes déjà fixés ; nous savons que les tableaux de la nature sus-terrestre ou aérienne sont loin d'être les principaux ou les plus répandus : ce qui domine extrêmement, ce sont les mondes maritimes avec leur constitution physique et biologique si soignée ; ce sont donc surtout ces splendides aquariums que l'on verrait disséminés parmi les globes embrasés. Mais il y a d'autres points importants sur lesquels nous sommes réduits à des conjectures : par un reste de vos errements matérialistes, vous êtes porté à supposer que la structure des êtres organisés des autres planètes est toute différente de ce que nous voyons ici-bas, comme ayant dépendu des conditions locales et de circonstances accidentelles ou fortuites. Pour nous, qui ne cessons de voir, au-dessus de l'univers, une intelligence souveraine et indépendante, nous inclinons à croire que les mêmes idées génésiaques, les mêmes types fondamentaux ont été mis en œuvre de toutes parts ; qu'une évolution semblable, mais arrêtée à des degrés différents, sera répétée, avec de simples variantes d'ordre secondaire, sur toutes vos sphères dotées de la vie, et nous supposons que le céleste observateur, en considérant tour à tour les mondes de tout âge qui se déploient simultanément dans les cieux, rétablirait ainsi tout l'enchaînement des formations vivantes qui se sont produites sur la terre et qui excitent si vivement la curiosité de nos naturalistes.

Nous ne sommes pas tous préoccupés de cette histoire de la vie tellurique, et peu d'entre nous ont souci du régime biologique de l'Océan ; mais toute âme humaine est sensible aux beautés naturelles du monde dans lequel s'est encadrée sa vie, et tous, ou presque tous, nous avons été ravis du spectacle dont nous avons joui du sommet de quelque montagne d'où notre regard plongeait dans de verdoyantes vallées. Or, c'est d'en Haut seulement qu'on peut goûter les attraits de cette belle nature terrestre éclose sous la main divine, dont notre vue bornée ne perçoit maintenant que quelques traits successifs, et dont notre cœur toujours vide et soupirant cherche vainement à s'enivrer.

O doux paysages de la terre qui avez eu pour nous tant de charmes ! Quand notre imagination recueillie s'entoure à plaisir de vos plus délicieuses images ; quand elle s'applique à se remémorer tout ce que vous lui avez montré de plus enchanteur, depuis l'étroit horizon où commença notre carrière jusqu'aux régions les plus éloignées où nous a conduits notre sort ; et quand enfin elle essaye de réunir, dans un même cadre, toutes ces réminiscences gracieuses, pour en composer un seul tableau plein de vie, de variété et d'attraits, quelle humble conception pittoresque elle édifie, comparée au véritable panorama de la terre entière, changeant dans tous les lieux d'aspect et d'agréments ! Mais surtout quelle pauvre représentation idéale elle parvient à se procurer, en comparaison du spectacle de toutes les terres célestes se présentant aux diverses phases de leur évolution génésiaque, avec tous leurs ornements respectifs, ainsi qu'il est possible là-haut de les embrasser à la fois d'un seul regard, comme sur les gradins d'un amphithéâtre immense !

Peut-être enfin, puisqu'il faut surtout vous donner cette satisfaction, peut-être que, durant le cours indéfini des temps, les célestes spectateurs voient passer, sur plusieurs de ces stations spécialement prédestinées, de nobles créatures de leur genre, ornées comme eux de l'auréole de la raison, jetées aussi comme des traits d'union entre ces mondes périssables et l'immuable demeure, où elles doivent conquérir leur place au prix de leurs efforts et de leurs épreuves. N'est-il pas vrai, d'ailleurs, que toutes les créations temporaires et changeantes s'expliquent mieux si elles ne périssent pas tout entières, et s'il en sort, çà et là, quelque chose d'immortel et de permanent? Cela étant, quelle succession d'événements terrestres relevés par nos historiens les mieux informés, quelles fictions scéniques combinées par nos plus ingénieux dramaturges, sont plus dignes d'intérêt que le spectacle offert aux hôtes de l'Empyrée par le déroulement complet d'un tel monde, avec ses luttes, ses révolutions, ses œuvres de toute sorte, collectives ou individuelles, inspirées par l'esprit du bien ou par le génie du mal? Et quel dénouement final est plus propre à satisfaire la conscience de témoins doués de moralité, que celui qui couronne l'existence de chacun des acteurs de cette grande scène, si elle doit avoir pour suprême épilogue le juste châtiment de la perversité et la récompense infaillible de la vertu, le rejet des uns dans la région des ténèbres extérieures, et l'admission des autres dans le séjour de la lumière éternelle?

CINQUANTE-CINQUIÈME LETTRE

L'AVENIR DE L'ESPÈCE HUMAINE D'APRÈS LES MATÉRIALISTES

L'espèce pensante d'ici-bas, Camille, sera-t-elle représentée à cette grande fête de la Création, ou faut-il adopter les simples errements du matérialisme qui placent sa fin sur son humble planète?

La réponse à cette question ne serait pas douteuse pour qui voudrait bien considérer les plus nobles aspirations de l'homme, cet être auguste qui démêle en lui un rayon de la propre substance divine; son cœur toujours agité et vide ne serait tranquille et satisfait que s'il reposait au béatifique foyer de la Création universelle, avec lequel il posséderait toute l'immensité.

Mais la nature humaine est double : la substance sublime y vit au-dessus d'une essence infime ou animale, assujettie à des instincts charnels, dont les vives suggestions sont capables de lui faire échec. Trop souvent, même, nous faisons l'épreuve d'un funeste renversement; la puissance inférieure prend le dessus, subjugue l'autre et la gouverne d'une manière absolue. Par elle, l'homme est capable de s'attacher exclusivement à la terre, de se naturaliser parmi les êtres rampants de ce triste séjour, et de demander à cette vie passagère la satisfaction de son impérieux besoin d'infini.

Il faut bien l'avouer : les monuments que son esprit ne cesse d'élever dans toutes les directions, et les continuels accroissements des commodités de sa vie tendent à lui procurer l'illusion de l'infinitude de son œuvre terrestre. Depuis que les principes et la méthode de toutes nos études ont été fixés; depuis qu'aucun obstacle ne s'oppose plus à l'échange de nos idées, et que, d'un continent à l'autre, mille et mille intelligences travaillent comme de concert, dès lors, dis-je, les découvertes des sciences et leurs applications se sont pressées, les grandes inventions de l'industrie sont devenues incessantes, les conquêtes les plus inattendues se multiplient et se propagent promptement, et la marche progressive de l'œuvre humaine, qui fut presque insensible durant les longs siècles de l'isolement et de l'empirisme, se précipite avec une rapidité surprenante : nous avançons à grands pas dans la carrière infinie du progrès. *Quo non ascendemus?*

En considérant avec orgueil les témoignages de sa puissance et les résultats toujours croissants de sa domination sur les forces de la nature, la génération d'aujourd'hui se trouve prise d'une sorte d'éblouissement : les plus enthousiastes de ses visionnaires croient entrevoir, dans un prochain avenir, notre séjour terrestre merveilleusement transformé; ils se figurent un monde pourvu de charmes et de jouissances fantastiques, une existence qui assurera la félicité de nos descendants. Que demander de plus? N'est-ce pas la condition bienheureuse à laquelle aspire l'espèce humaine?

Insensés! Nous nous flattons d'asseoir un empire indéfiniment stable sur un volcan; nous rêvons une satisfaction accomplie sur un globe toujours exposé à des accidents majeurs, sur un théâtre certainement temporaire. Voilà, vous le savez, mon vrai point de vue dans toute notre discussion. Cependant, c'est seulement dans la lettre suivante que nous envisagerons directement le terme inéluctable de toutes nos espérances terrestres. Pour le moment, je me permettrai, contre les enseignements du matérialisme, une sorte de digression fort utile; car ce n'est pas dans les astres, c'est surtout sur la terre et dans notre monde humain que nous trouvons les meilleurs moyens de le battre en brèche. Au reste, si ce nouveau sujet vous semble presque en dehors de notre cadre, je ne ferai que l'effleurer rapidement.

Nul ne conteste le fait si éclatant des progrès scientifiques et industriels de notre siècle ; mais nous demandons si l'humanité est en voie de progrès sous tous les rapports propres à assurer notre bonheur collectif et individuel ; et nous nions que notre perfectionnement physique, moral et social marche de pair avec nos conquêtes dans les sciences pures et appliquées.

Notre perfectionnement physique. Nous avons admis que toute espèce organique de ce monde a une durée limitée, et que toutes celles qui vivent maintenant sont condamnées à dépérir et à s'éteindre. Si distincte et si noble que soit l'espèce humaine, elle n'échappe pas à la loi commune, et nous estimons qu'elle est entrée dans sa phase de déclin. Il nous est permis de citer, à l'appui de cette opinion, notre race française, qui ne le cédait jadis, même sous ce rapport spécial, à aucune autre, et qui nous semblerait aujourd'hui la plus nettement engagée dans la voie de la décadence physique s'il n'existait plus de peuples sauvages. Car il est remarquable que toutes les marques de caducité que nous pourrions relever chez nous se montreraient aussi, et d'une manière plus sensible encore, dans les rameaux humains les plus inférieurs ; comme si la dégénérescence de notre espèce entière était l'effet d'une loi souveraine, qui s'exercerait surtout aux deux extrémités de l'échelle des peuples.

Sur un pareil sujet, on est forcé d'être tout positif et terre-à-terre. Un signe certain du dépérissement de notre race, c'est la diminution de sa fécondité : elle est loin d'être entièrement volontaire ainsi qu'on le croit, et notre intention immorale ne fait que concorder ici avec une influence constitutionnelle ou supérieure. — Le principal de nos appareils organiques, l'encéphale, qui préside, au fonctionnement de toute notre machine animale et concourt à l'exercice de nos facultés spirituelles, manifeste son affaiblissement de diverses manières, et notamment par sa propension aux anomalies maladives ; il existe maintenant un très grand nombre de cerveaux incomplets, mal équilibrés, sujets à tourner à l'aliénation mentale au suicide même irraisonné. — Faut-il croire que notre taille moyenne est en voie de s'accroître ou de se relever, comme l'indiquent, depuis quelques années, les tableaux statistiques de nos conseils de révision ? Ce qui est plus certain, c'est l'augmentation des infirmités et des vices de constitution, augmentation qui rend si nombreux les jeunes hommes dispensés des charges militaires. — Après une énorme élimination dans les contingents de l'armée, les milices qui sembleraient sévèrement triées sont loin de posséder la vigueur et la santé désirables, et résistent mal aux épreuves de la vie des camps. — La débilité est devenue l'élément dominant des maladies qui affectent nos populations; nous sommes étiolés par l'anémie, et de plus en plus sujets à l'invasion des maladies microbiennes et consomptives...

Sans tirer, de ces constatations, des prévisions trop alarmistes, je vous demanderai ce que valent, au prix d'elles, toutes nos découvertes scientifiques et les inventions de notre industrie. Est-on fondé à nous promettre, par leurs applications, une prospérité merveilleuse, si nous sommes condamnés à voir s'accroître le fardeau de nos misères physiques, c'est-à-dire des infirmités et des maladies (1)?

---

(1) Voir la note Q à la fin de cette lettre.

Donc, sous le rapport corporel, nous marchons au rebours de l'amélioration ou du progrès : sommes-nous plus heureux sous le rapport moral ?

Ici encore la statistique serait le seul moyen d'asseoir un jugement sûr. Je n'ai pas à vous apprendre ce qui ressort du dénombrement officiel des crimes, des délits, des actes immoraux susceptibles d'être supputés : personne n'ignore quelle a été la rapidité de leur progression depuis vingt ans ; elle serait presque incroyable si les documents publics pouvaient être suspectés. On avait compté sur la diffusion d'une instruction neutre pour suppléer l'éternel principe de la morale, et, après lui avoir imprimé la plus forte impulsion, on observe que la dépravation des esprits n'a fait que croître avec elle. La brutale attestation des chiffres, c'est que l'immoralité a plus de représentants là où cette instruction est le plus près d'être générale ; quelle est plus accusée dans les villes que dans les campagnes, plus fréquente chez les personnes lettrées que chez les illettrées, chez les jeunes gens plus instruits d'aujourd'hui que chez ceux de la génération précédente. C'est même à l'égard de la jeunesse que les progrès de la démoralisation sont le plus notoires ; ils sont si considérables qu'ils étonnent les froids statisticiens et leur arrachent un cri d'alarme touchant l'avenir qu'ils nous présagent.

La morale s'en va, et l'on ne peut douter que l'esprit d'athéisme n'en soit la cause. Or, il a toujours été admis que l'homme est moins malheureux quand il lutte contre ses passions que quand il en devient l'esclave ; d'ailleurs, pour un individu qui se donne la joie éphémère d'un acte ou d'une conduite blâmable, il y a souvent, auprès de lui, un autre ou plusieurs autres qui en gémissent longtemps. Si cette cause de tourments intimes s'accroît dans une telle mesure, peut-on dire que nous marchons dans le sens de notre plus grande félicité ?

Enfin, sommes-nous en progrès sous le rapport social ? Précisant cette question, je demande si la société humaine est en voie de réaliser le parfait état d'entente, de concorde et d'harmonie qui serait la condition essentielle et nécessaire du bonheur de ses membres.

Voici donc ce que j'aurais à vous faire comprendre ici : la négation de l'existence de Dieu, que nous entendons se produire si communément aujourd'hui, ne va pas à moins qu'à détruire notre premier principe d'union, et les progrès du matérialisme ne peuvent qu'accroître nos divergences, nos divisions privées et publiques. Mais j'écarterai toutes considérations philosophiques ou générales pour m'en tenir à un aperçu spécial et pratique ; je veux indiquer ce qui arrivera à notre société *chrétienne* si elle répudie sa foi religieuse pour y substituer le dogme de l'athéisme; je vais vous faire voir qu'elle périrait alors par l'abus du seul principe qu'elle aurait retenu de ses vieilles croyances, le principe d'égalité de tous les hommes. Je m'explique.

Le progrès, tel que notre siècle le poursuit, est double ; il consiste, en premier lieu, dans l'extension indéfinie de nos connaissances et des moyens propres à augmenter notre bien-être ; et, secondement, dans une répartition de plus en plus large, de plus en plus équitable, de tous les bénéfices pratiques qui en résultent.

Je dis : *une répartition de plus en plus large, de plus en plus équitable....*, car c'est là ce qu'il nous est permis d'espérer de mieux. S'il nous était donné de participer tous également à ces biens artificiels, le régime de la société serait parfait ; mais en même temps, le cours de nos fécondes acquisitions se trouverait arrêté. La jouissance de ces fruits de notre travail commun ne pourra jamais être égale entre nous tous, parce que la marche progressive des sciences et de l'industrie, qui les fait naître, implique l'inégalité de nos conditions d'existence. Quelle est, en effet, la principale cause de cette progression indéfinie de nos conquêtes et de nos biens? qu'est-ce qui suscite toutes les initiatives individuelles par lesquelles elle s'effectue, si ce n'est notre tendance naturelle à nous élever de quelque degré sur l'*échelle sociale?*

Ainsi la concurrence et, conséquemment, l'inégalité de succès ou de fortune, est la condition obligée d'une société susceptible de progrès. En tant qu'elle progresse, la nôtre est évidemment imparfaite ; elle l'est et le sera toujours, en ce sens qu'il faut qu'une partie de ses membres profite plus amplement, et dans une proportion variable, des produits de l'industrie commune, tandis que l'autre partie, à des degrés divers, aura surtout pour lot de les exécuter par ses labeurs. C'est regrettable, c'est affligeant sans doute, mais c'est inévitable; l'homme doit se résigner à souffrir cette iniquité quand il renonce à la vie solitaire pour profiter des avantages de la vie sociale qui, après tout, reste toujours plus clémente pour lui que la triste condition de l'état sauvage.

Mais si l'humanité venait à rejeter l'espoir d'une autre vie bien supérieure, et à professer généralement la croyance qui place toute sa fin sur la terre, elle n'aurait plus le pouvoir de supporter ces choquantes inégalités ; elle les réprouverait déjà sous l'inspiration de son sens inné du juste et du parfait; ses instincts généreux se révolteraient : que ne feraient pas les autres? De quoi ne seraient pas capables, étant déchaînées par l'enseignement matérialiste, ces détestables passions de la convoitise et de l'envie qui ont causé tant de mal dans le monde, alors même qu'elles avaient leur correctif dans l'espérance religieuse d'une égalisation posthume et dans la forte morale qui en dépend ?

C'est donc là le péril spécial de notre société chrétienne : le christianisme a consacré le dogme de la fraternité et de l'égalité des hommes, et les a tous appelés à un même avenir bienheureux; si cette double croyance, qui est devenue notre patrimoine spirituel inaliénable, ne se rapporte pas à un monde supérieur, elle doit s'appliquer à celui-ci et y trouver sa pleine réalisation. Étant supposé que cette vie terrestre n'a plus pour suite une autre existence, dans laquelle seront réparées toutes les iniquités que nous endurons, le seul régime admissible pour la société des humains est celui d'une égalité absolue et permanente. Il faut qu'entre tous les membres d'une même famille, entre tous les citoyens d'une même patrie, il y ait une répartition rigoureusement exacte de tous les biens et de toutes les jouissances, ainsi que des efforts laborieux qui les produisent ; il faut même que cette distribution soit renouvelée incessamment, de telle sorte que personne ne possède plus rien en propre et d'une manière définitive. Les aspirations qui se manifestent dans ce sens ne sont pas, comme quelques-uns le croient, une vaine et accidentelle aberration des esprits ; elles découlent tout naturellement d'une erreur capitale touchant notre destinée entière. Il n'y a pas vingt-cinq ans qu'un célèbre homme d'État niait encore l'existence de la *question sociale* ; depuis lors, elle s'est affirmée devant les plus aveugles ; elle ne cessera de grandir avec les progrès de l'athéisme, et s'imposera bientôt d'une manière irrésistible avec sa fin précise, qui est l'égalisation de tous les hommes devant les charges et les bénéfices de la vie.

La prétendue philanthropie athée saisira nos frères disgraciés de la fortune, ceux qui luttent péniblement et sans avancer dans l'arène de la vie ; elle les enrôlera dans une milice internationale qu'elle fera surgir de toutes les contrées de la terre où le dogme religieux de notre égalité finale y tient les esprits préparés. On verra ses adhérents se multiplier comme un actif ferment au sein des masses laborieuses des villes et des campagnes, se constituer une organisation puissante, enlacer une partie considérable de la société civilisée, qui deviendra bientôt assez nombreuse pour tenir l'autre partie en échec, et finalement pour la dominer. Et il faudra bien qu'elle y parvienne; car, plutôt que d'abdiquer ses prétentions, elle braverait jusqu'aux tortures de la faim en nous refusant avec ensemble son concours, son travail si nécessaire à la marche de toute la machine sociale; ou même, ayant ourdi un complot plus grave encore et dont la trame s'étendrait de tous côtés, elle tenterait de nous faire périr, nous et nos biens, par les flammes et par les explosions de ses terribles agents chimiques.

Si ces détestables calamités se trouvent conjurées, c'est que la vieille société se sera prêtée, par des capitulations successives, à l'établissement d'un régime progressivement égalitaire. Mais on se tromperait grandement si l'on espérait la voir arrêter sa mutation à un certain degré d'une réforme qui donnerait satisfaction à la majorité de ses membres; non : d'échelons en échelons, il faut qu'elle s'achemine vers la seule fin qui convienne à l'esprit du matérialisme, c'est-à-dire à une société absolument nivelée, organisée sur le plan des associations animales...

Or, d'après ce que nous avons dit ailleurs, les membres ou éléments composants des sociétés animales ne sont pas libres dans leur activité; ils sont enchaînés et dirigés, au mieux des intérêts communs, par la force souveraine de l'instinct, qui est inhérente à chacun d'eux. Pour nous mettre en état de reproduire l'ordre et la discipline qui règnent dans ces harmonieuses associations, il faut que nous fassions le sacrifice de notre liberté si distinctive, et que nous obéissions aussi à une puissance dirigeante d'un despotisme absolu ; il faut que nous nous soumettions docilement à une autorité toute terrestre, à l'autorité des masses possédées de la passion de l'égalité, autorité jalouse, inexorable, prompte à réprimer tout ce qui chercherait à s'élever au-dessus de la hauteur commune.

Dans la nouvelle constitution sociale, où chacun de nous aura à supporter sa part des charges productives, il faudra que nous soyons tous manifestement travailleurs ; aussi devra-t-on réglementer notre conduite et notre production individuelles. Partant, plus de liberté du travail. Qu'il ne soit plus question de la faculté, que nous avions toujours possédée, d'en épargner, d'en accumuler les fruits, d'en former une réserve pour nous et pour les nôtres : l'épargne et le capital privé seront réputés infâmes. Guerre à tous les oisifs et, par une conséquence nécessaire, à tous les travailleurs de l'intelligence, aux penseurs, aux chercheurs, aux savants dans tous les genres, à toute la classe des hommes qui auraient la prétention de travailler sans contrôle et en liberté. Parmi eux se trouvent les principaux agents du progrès que vous exaltez ; mais quelle contradiction, pour le matérialisme, de nous vanter le progrès des œuvres humaines quand il ne tend qu'à l'enrayer, et quand il ne nous distingue nullement de la bête, dont l'esprit est stérile et stationnaire !

Place au seul travail matériel, toujours visible et mesurable, ou, tout au moins, à lui la suprématie. C'est lui qui fera la loi : s'il tolère certaines œuvres plus relevées que les siennes, il faudra qu'elles soient sans profit pour leurs auteurs, étant surajoutées à quelque métier manuel; et si le grand et fécond principe de la division du travail humain est compromis, qu'il périsse tout à fait comme aura déjà péri le progrès, pourvu que le principe d'égalité reçoive son application intégrale et que la société soit amenée à un parfait niveau. Après quoi, on surveillera encore toute tendance, toute liberté par l'effet de laquelle le nivellement général ne tarderait pas à se détruire, et le régime déchu ne manquerait pas de se relever.

Mais la liberté, ce n'est pas seulement la cause de tous les progrès, c'est l'attribut essentiel de notre âme, c'est le propre de notre nature; donc, ce qu'entreprend le matérialisme subversif, c'est la guerre à la nature humaine pour la décapiter, pour la tuer.

Et la liberté, la nature humaine ne voudra pas mourir; elle résistera avec une énergie indomptable. De toutes parts et sans cesse les aspirations comprimées se soulèveront. Les plus rabaissés d'entre nous trouveront les moyens d'associer leurs efforts pour réagir contre l'ombrageuse tyrannie qui voudrait les étouffer. Ce sera l'ère des explosions, des tourmentes sociales toujours renaissantes, des luttes à feu et à sang. Et si la société des humains ne finit pas par s'abîmer dans un effroyable chaos, c'est que nos descendants, fatigués de vivre dans l'asservissement, dans l'anarchie et les alarmes, en seront venus à s'écarter les uns des autres, à s'isoler jusque dans les déserts pour recouvrer la paix et la liberté.

J'abrège ces déductions trop évidentes et je finis cette lettre en vous signalant le plus éclatant des contrastes. Un pur spiritualisme, qui nous permet de nous élever, dans une autre vie, à la béatitude du souverain Être, nous a ouvert provisoirement, dans celle-ci, une carrière illimitée de progrès, tandis que le régime social dérivé du matérialisme ne nous conduirait qu'à l'invariable condition de la plus misérable des créatures, l'homme isolé et sauvage. S'il fallait que la grande erreur de l'athéisme vînt à prévaloir sur la terre, on pourrait dire que l'espèce humaine jette aujourd'hui un éclair éblouissant, avant de se replonger dans les ténèbres de la barbarie.

Note Q. — *Sur notre décadence physique.*

On se plaît à faire valoir, comme un progrès corporel qui serait surtout sensible en France, l'augmentation de la durée moyenne de la vie : voilà une grosse méprise. Il y a chez nous un déplorable décroissement de la natalité, c'est l'indice d'une grande plaie morale à laquelle nous ne voulons pas toucher ; nous constaterons simplement qu'il naît moins d'enfants : par conséquent il en meurt moins, et c'est surtout la mortalité de l'enfance qui fait baisser l'âge moyen des décès. De plus, nous avons grandement amélioré l'hygiène publique et privée, qui était fort mal comprise par nos ancêtres ; par là, nous conservons quantité de frêles existences qui auraient été jadis moissonnées prématurément par la mort. En outre, si l'art médical est souvent impuissant à guérir les affections chroniques, il est bien plus en état qu'autrefois de nous faire vivre avec elles, grâce aux indications de l'hygiène, et de prolonger l'existence des malades en leur permettant parfois de se livrer à presque toutes les œuvres qu'accomplissent les personnes valides.

Mais tout précieux qu'ils sont, ces bénéfices ont une conséquence funeste. Si nous sauvons d'une fin précoce un grand nombre d'individus délicats ou tarés, des enfants qui ont le germe de la phtisie elle-même, nous diminuons notre validité moyenne et favorisons notre dégénérescence générale. L'hérédité ne cessant pas de produire ses effets naturels, il arrive que les personnes chétives, malingres, atteintes d'infirmités transmissibles, perpétuent leurs vices organiques, et d'autant plus que ces défauts sont de moins en moins corrigés par la bonne constitution de leurs conjoints. Il s'ensuit que le nombre des hommes débiles, infirmes ou affectés de vices constitutionnels ne peut que s'accroître suivant une progression rapide. Notre décadence physique est donc bien évidente.

CINQUANTE-SIXIÈME LETTRE

L'HUMANITÉ NE PEUT COMPTER SUR LA PERPÉTUITÉ DE SON RÈGNE TERRESTRE

Persistez-vous à vouloir, Camille, que ce soit nous qui nous trompions quand nous accusons notre décadence physique, morale et sociale ? Voulez-vous que les conséquences qui découlent du matérialisme soient compatibles avec les progrès et le bonheur de l'espèce humaine ? Eh bien ! je vous fais encore cette énorme concession pour en venir à mettre en évidence l'erreur dernière de tout le système.

Nos matérialistes plus ou moins avoués aspirent, aussi ardemment que nous-mêmes, à la possession d'un monde parfait et stable, et ne diffèrent de nous qu'en ce qu'ils croient pouvoir demander à la terre seule la satisfaction de ce désir qui nous est commun. Nul d'entre eux, il est vrai, n'a la prétention d'y rassasier son cœur à jamais ; aucun n'a l'espoir ni de corriger tous les maux de cette vie, ni de désarmer le bras de la mort ; mais cette plénitude perpétuelle de félicité, qui est l'ambition innée de l'homme, s'ils y renoncent pour les individus, ils la revendiquent pour l'espèce elle-même considérée comme un être collectif, et s'en reposent sur les vagues promesses d'un avenir sans limites. L'espérance intime et obstinée du matérialisme doctrinaire, c'est que la race humaine s'enrichira sans fin des biens de ce monde, qu'elle perfectionnera indéfiniment toutes ses œuvres, et qu'elle poursuivra perpétuellement sa marche dans la carrière du progrès.

Faut-il donc vous redire que ce grand édifice que

nous élevons ne sera pas réellement illimité? Faut-il, du même coup, vous donner la preuve que l'humanité, dans son ensemble comme dans ses particuliers, doit chercher ailleurs qu'ici la satisfaction de ce besoin de bonheur infini qui la tourmente? Cette preuve, c'est que la présence de l'homme sur cette terre aura certainement son terme : le genre humain disparaîtra un jour de la face de sa planète.

Si je m'adressais à un croyant, je ne lui parlerais d'un tel événement qu'en m'appuyant sur les documents qui l'ont annoncé de la manière la plus positive. Avec vous, au contraire, on ne saurait invoquer l'autorité des textes sacrés; cependant, quand on croit fermement que la fin de ce monde, ou la fin spéciale de l'espèce humaine, procédera d'une cause surnaturelle ainsi qu'il en a été de sa création, on ne peut s'empêcher de vous signaler au moins un signe précurseur qui lui est attribué dans les saints Livres, lequel signe tendrait à montrer que ce grand acte divin ne serait pas loin de s'accomplir.

Vous vantez les merveilles que produisent déjà les préparateurs de votre splendide avenir terrestre : nous nous demandons si ce n'est pas de leurs œuvres qu'il s'agit dans cette annonce de la fin des temps où il est question de certains prodiges qu'exécuteraient de faux thaumaturges, et qui seraient susceptibles d'induire en erreur les *prédestinés eux-mêmes*. (Matth., XXIV, 24.)

Quoi qu'il en soit, de toutes les productions merveilleuses de l'industrie de notre siècle, il n'en est guère de plus étonnantes que celles qui seraient propres à anéantir, et nos autres ouvrages, et nous-mêmes. Nous en trouverions un exemple démonstratif dans le sort qu'elles réservent à nos plus admirables chefs-d'œuvre, les constructions navales. Nous construisons de grands navires dont la solidité brave toutes les fureurs de l'Océan; nous

nous efforçons de les rendre invulnérables, mais, par des inventions contraires et toujours supérieures, nous parvenons à triompher de leur résistance, et même à les faire périr tout d'un coup. Il est certain qu'aucune branche de notre activité n'a fait autant de progrès que l'art de la destruction; et il n'y a pas de découverte destinée à vaincre la nature dont nous ne nous empressions de faire un instrument de mort et de ruine.

La destruction, la guerre, est devenue la plus grande préoccupation des peuples. Aussi la force armée des contrées civilisées se développe-t-elle dans des proportions extrêmes. Les armements les plus considérables des conquérants étaient loin d'égaler ceux que nous entretenons dans nos années de paix, et ces derniers sont minimes auprès de l'appareil guerrier que déploiera notre Europe dans ses jours de conflagration future. Car alors on pourra voir ses nations presque entièrement sous les armes, amenant dans la sanglante lice le plus grand nombre de leurs citoyens, avec les formidables engins destructeurs qu'aura préparés leur génie. N'insistons pas sur cet avenir menaçant et bornons-nous à considérer cet excessif développement du militarisme au point de vue du pronostic final qu'il suggère. Que signifient, en effet, tous ces apprêts belliqueux, s'ils ne confirment les accents de cette voix prophétique qui nous a avertis de l'extinction de ce monde et nous en a indiqué les préludes en nous disant : Vous entendrez parler de guerres, de grandes guerres, vous verrez des peuples entiers se jeter les uns sur les autres (1).

La fin de l'humanité ayant été, selon nous, réglée d'en Haut, nous n'en saurions deviner ni les moyens ni l'é-

---

(1) *Consurget gens in gentem* (Matth., xxiv 7). — *Exsurget gens contrà gentem* (Marc., xiii, 8). — *Surget gens contra gentem* (Luc., xxi, 6).

poque, et nous disons seulement qu'elle pourrait être prochaine. Supposé même qu'elle ne s'accomplisse pas, comme nous le pensons, par l'action directe de la Providence, elle devrait encore s'effectuer tôt ou tard par un mode tout naturel. Nous avons cité, surtout dans la quarantième lettre, des causes de cette sorte capables de l'amener d'une manière rapide et même soudaine ; que si encore il ne se produisait jamais de ces catastrophes assez violentes pour anéantir toute notre espèce, sa ruine définitive n'en resterait pas moins assurée : le fatal événement s'opérerait alors d'une manière lente et graduelle, et s'achèverait simplement à une date indéterminable.

Soyez donc optimiste à l'excès ; reculez tant que vous voudrez la funeste échéance : si lointaine que vous la supposiez, elle demeurera toujours inévitable. C'est là une des vérités que j'ai voulu mettre en lumière dans notre longue discussion. La science, que nous avons interrogée ensemble, nous apprend qu'on verra finir les siècles d'existence du règne organique terrestre, et spécialement ceux qui répondent à l'entière évolution de l'espèce humaine. Et, puisque nous avons pris pour objet de toute notre étude la vaste étendue des cieux, où nous avons puisé la conception d'une durée immense, nous pouvons dire ou répéter que, à cette mesure, la partie de son règne que le genre humain a encore à parcourir ne représentera qu'une période éphémère ; une époque viendra où le laps de temps qu'elle aura embrassé, en s'éloignant dans les profondeurs infinies du passé, ne figurera que comme une longueur insignifiante de même qu'un globe sidéral, si énorme qu'il soit, n'est plus indiqué que par un point à peine discernable dans l'espace sans limites.

Si vous êtes possédé d'un sentiment contraire, et si

CINQUANTE-SIXIÈME LETTRE

votre conscience irréligieuse s'assure sur la perpétuité de l'empire de l'homme, songez à l'un des principaux enseignements qui vous sont donnés dans ces Lettres, et notamment à ce qui suit. Je vais vous transporter en imagination par delà une série d'années incalculable, mais qui ne représente qu'une fraction de la durée possible des cieux, et n'est qu'un rien dans la vie éternelle de leur Auteur. Une supposition si large encore ne nous est pas absolument nécessaire : mille fois plus étroite, elle serait déjà bien suffisante. Je pourrais, par exemple, vous représenter de nouveau notre séjour terrestre à cette époque géologique où l'on n'y retrouverait plus que certaines formes, languissantes ou amoindries, d'animaux ou de plantes : l'homme et beaucoup d'autres êtres en auraient disparu, comme se sont éteintes quelques grandes espèces animales qu'y ont connues nos ancêtres. Je pourrais, aussi bien, vous le faire entrevoir à cette autre phase plus éloignée où son atmosphère aérienne, encore existante mais appauvrie d'oxygène et totalement dépouillée de carbone, ne lui permettra plus de nourrir aucune espèce vivante, ni à la surface de ses continents et de ses îles, ni au sein de l'Océan, très étendu encore. Mais je préférerais beaucoup vous le présenter dans l'état où il se trouvera aussitôt après l'extinction du genre humain, et je conviens que j'affaiblis grandement mon présent aperçu en l'appliquant à une période bien plus lointaine. Toutefois, ne pouvant citer aucun globe planétaire qui soit dans le cas que je voudrais envisager, et tenant surtout à faire passer sous vos yeux le tableau d'un monde amorti, je suis réduit à en emprunter l'esquisse à l'astre satellite de notre terre.

Imaginez-vous donc que nous soyons arrivés à cet âge de notre planète où elle doit être dépossédée, comme la lune, de sa légère tunique gazeuse indispensable à l'entretien des êtres animés. Avec la substance aérienne a été absorbé aussi l'élément aqueux; plus d'Océan agité par la houle et miroitant sous le soleil : sa masse fluide s'est dérobée par les fissures de son lit; vous ne retrouveriez peut-être nulle part, ni un mince ruisseau au fond des vallées, ni le moindre glacier sur les montagnes. Inutile, par conséquent, d'y rechercher aucune sorte de représentants de la vie; les hommes et les animaux de toute classe, les forêts puissantes et l'humble verdure, rien de tout cela n'existe plus depuis longtemps. Toute la surface terrestre n'est qu'une solitude complète et un affreux désert; partout le sol est lézardé, tourmenté, hérissé de cirques volcaniques ou creusé de gouffres béants dans les profondeurs desquels se produisent encore, par intervalles, des luttes terribles accompagnées de tremblements de terre qui n'épouvantent plus personne.

Vainement vous essayeriez de reconnaître, après cette transformation générale, l'emplacement qu'occupaient nos villes superbes, nos nations fameuses et leurs frontières si disputées; car les lieux où resplendissait la civilisation humaine, ceux où s'ébattirent les derniers monstres de la mer, tout est semblable, tout est confondu. Quelques incrustations organiques au milieu des roches brisées, et peut-être quelques épaves indestructibles de l'industrie de l'homme, voilà ce qui trahit le passage de la vie dans ce séjour perpétuel de la mort. Mais ce qui le rend vraiment horrible, c'est la nuit permanente qui le couvre; car il se peut que le soleil soit tout à fait éteint; la lune est certainement invisible, et bien des étoiles ont disparu du ciel. Si donc vous apercevez quelque chose du tableau que je viens d'indiquer, c'est seulement aux alentours de quelque volcan en éruption passagère.

D'un pas méditatif, parcourez lentement ces sombres ruines, et pénétrez-vous jusqu'au fond de l'âme des sentiments qu'elles sont capables d'inspirer. C'en est donc fait, cette glorieuse humanité n'est plus! Elle avait spéculé sur un avenir sans fin, et voilà que des siècles sans nombre ont déjà passé sur son tombeau! A-t-elle continué, jusqu'à son jour suprême, de se tordre, comme un serpent blessé, dans ces convulsions douloureuses dont toutes nos générations connues ont gémi, ou bien a-t-elle goûté, à son dernier âge, cette harmonie fortunée, ces jouissances merveilleuses que vous aviez rêvées? Qu'importe cela, maintenant? — Et puis, comment a-t-elle péri? Assurément, ce n'est pas vous qui croirez qu'elle a été emportée dans une triomphale apothéose; mais les seules solutions qui vous conviennent, les solutions toutes naturelles, ne vous manquent pas. Sur ce fragile plancher qui la portait, et qui fut si souvent agité par les forces intérieures du globe, peut-être aura-t-elle été victime d'un ou de plusieurs grands cataclysmes; peut-être aussi aura-t-elle disparu après une lente consomption, et peut-être qu'elle aura contribué à se détruire elle-même, par une radicale et universelle révolution qui aura donné la prépondérance à ses aveugles démolisseurs. Cherchez tant qu'il vous plaira, vous ne sauriez, matérialiste, lui trouver qu'une fin misérable. Mais, quelle que soit la manière dont elle a succombé, voilà le terme lugubre auquel elle devait aboutir : ce théâtre, jadis si changeant, où elle a joui et souffert, n'est plus qu'une invariable solitude, où règne un silence funèbre, éternel.

Les esprits forts de votre secte ne s'émeuvent guère de l'idée de la fin du monde, qu'ils relèguent, comme tous les dogmes religieux, parmi les fables, mais il faut bien qu'ils la prennent au sérieux quand le tableau qu'on leur en présente est exécuté avec la palette de leurs sciences, et quand on leur montre un globe voisin qui paraît déjà frappé de mort. Devant cette triste réalité, vous persuaderez-vous aisément que tout est à jamais fini pour nous, et qu'il ne devait rien survivre de cette ambitieuse humanité qui comptait sur un avenir sans terme? Ou bien vous suffirait-il, pour vous consoler et vous satisfaire, de penser que ce même sort final attend tous les hôtes intelligents de vos mondes sidéraux; que toutes ces espèces raisonnables, que vous y faites surgir à l'envi, se flatteront de posséder une existence perpétuelle, bienheureuse, et verront tour à tour leurs fantastiques espérances s'ensevelir dans une semblable tombe? Est-ce bien en de telles demeures que leurs éblouissantes rêveries se pouvaient réaliser, et ne seraient-ils pas dupes d'une immense méprise?

Je devrais vous laisser sur cette question, mais j'ai à tirer de cette lettre une conséquence précise et simple. Parce que vous avez conçu des doutes sur la Révélation religieuse, vous vous êtes hâté d'en faire table rase ; voyez maintenant ce que vous avez à faire du dogme nouveau qu'on y prétend substituer, du dogme des progrès sans limites et de la félicité définitive ou perpétuelle de la terre, qui ne doit plus vous paraître qu'un énorme mensonge, un leurre prodigieux. Et cette conclusion sera plus pratique, ou plus propre à vous impressionner, si je répète que la fin de notre monde humain aura fatalement lieu à une époque cent et cent fois moins éloignée que la phase géologique à laquelle je viens de vous transporter en esprit (1).

(1) Faisons remarquer que notre aperçu théorique sur l'avenir de la terre, tout indépendant qu'il est des enseignements eschatologiques de l'Ecriture, ne les contredit nullement. Nous croyons que les prédictions de trois des évangélistes, touchant le second avènement de

CINQUANTE-SEPTIÈME LETTRE

DU DÉISME

Je viens de vous exposer, Camille, la perspective d'un *anéantissement absolu* de toutes vos humanités sidérales, et spécialement de notre humanité tellurique : trouvez-vous cette hypothèse encore vraisemblable après nos diverses dissertations spiritualistes ? Elle suppose que l'existence de l'univers céleste n'a aucun sens pour notre entendement, tandis que nous avons su lui trouver une signification toute simple ; elle sous-entend surtout qu'il n'y a nul Esprit intelligent au-dessus de ces cieux matériels et de tous vos mondes habités, après que nous avons démontré la nécessité de cet Être créateur et souverain ; elle implique enfin que l'homme n'est pas différent de la bête par sa nature spirituelle, par ses aspirations majeures et par son sort final. Or, j'ai combattu longuement l'une de ces trois dernières suppositions, j'ai protesté et protesterai encore ici contre les deux autres. Par ses attributs dominants, l'homme est approprié à cette demeure auguste et magnifique que nous avons signalée au foyer général des cieux ; tout imparfait qu'il est, il reproduit quelques traits essentiels de son suprême Auteur ; conscient de son existence, il participe de la conscience infinie qui plane sur l'univers : il contient un

---

Jésus-Christ, ne se rapportent qu'à l'extinction du monde humain ; quant au célèbre passage de la deuxième épître de saint Pierre, annonçant que la terre et les cieux seront détruits par le feu, il nous paraît viser une époque plus éloignée de l'histoire du globe, une catastrophe ultime qui aurait lieu peut-être avant, peut-être après l'ouverture de la période géologique que nous décrivons dans cette lettre.

principe divin qui ne doit pas être anéanti. Qu'importe l'opinion dissidente d'un grand nombre de nos contemporains abusés par les attraits des biens terrestres et par leur fausse apparence de stabilité ? Interrogez-les quand ils sont à la veille de les perdre, ou plutôt considérez quel a été, à la pensée ou à l'approche de la mort, le sentiment intime de la grande majorité de nos ancêtres illustres ou obscurs, et vous jugerez si la conscience humaine est faite pour s'accommoder du prétendu néant qui la suit.

L'homme est souvent mieux inspiré encore, et ce n'est pas seulement dans la crainte de sa destruction totale qu'il ambitionne une seconde et bienheureuse patrie. Malgré les charmes des objets terrestres qui se disputent son cœur, il est capable de tout dédaigner pour s'élancer vers l'Être central de cet autre monde, et de tout sacrifier pour s'attacher à lui. Représentez-vous, s'écoulant dans une procession enthousiaste, la multitude innombrable des postulants de la vie future, qui passèrent à travers les âges, possédés de cette passion divine ; dites-nous, alors, quelle est la signification de ce grand spectacle, et si ce peut être en vain que l'humanité tellurique en a fourni les figurants : tel a été notre principal titre de gloire. L'homme est capable aussi, il est vrai, de mépriser toutes les promesses de son Créateur, de se poser devant lui comme un implacable ennemi, étant prêt à l'expulser de ce monde et à l'exterminer si c'était possible ; mais que faut-il induire de cette disposition de plusieurs esprits, si ce n'est, hélas ! leur prédestination à un immense malheur ? et que prouve ce monstrueux abus de leur liberté, sinon la nécessité d'un châtiment égal à leur crime ?

Nous avons constaté ensemble que, pour qu'une société humaine subsiste, il faut qu'elle soit pénétrée de la croyance à une autre vie ; pareillement, chacun de ses membres, pris isolément, doit avoir foi en une seconde existence, sous peine d'être exposé à succomber sous le poids de sa vie présente. Qui n'a ouï dire ou répété souvent que notre bien principal, sur la terre, c'est l'espérance ? Pour un être toujours inassouvi comme est l'homme, vivre, c'est attendre ou espérer sans cesse quelque chose ; l'espoir est le produit essentiel de sa faculté pensante et comme la respiration de son âme. Compatissez de tout votre cœur à l'état de celui chez qui ce ressort vital s'est brisé, car on ne sait que trop ce qu'il faut craindre pour lui. Or, il n'y a qu'une espérance qui défie toutes les épreuves de notre vie et qui soit propre à conjurer l'horrible, l'extrême malheur de la terre, le désespoir. C'est celle qui, par son objet, survit au naufrage de toutes les autres ; qui luit radieuse au-dessus de toutes nos douleurs ; qui se rapproche et grandit sans mesure à l'heure de nos derniers tourments, c'est l'espérance d'outre-tombe : n'est-il pas vrai qu'elle est l'apanage à la fois légitime et nécessaire de l'humanité ?

J'aurais peut-être dû vous épargner ces réflexions presque banales, car il a toujours été admis que l'existence de Dieu implique la rémunération de l'homme. J'arrive donc, sans plus de préambule, à l'importante question qu'il nous reste à débattre : l'humanité peut-elle, par ses seules forces, accomplir son auguste destinée ? Apportons-nous, en entrant dans ce monde, les dispositions convenables et les moyens suffisants pour parvenir au séjour de la félicité éternelle et prendre possession de notre objet infini ? C'est ce que nous devons examiner dans cette lettre.

Si je vous reportais au triste tableau de la vie ancienne de l'homme sur la terre et à l'époque où il se trouvait le plus déshérité de ses hôtes ; ou bien si je vous représentais la multitude des misères spéciales qui l'assiègent encore aujourd'hui, peut-être parviendrais-je à justifier, devant votre raison, l'enseignement relatif à la chute et à la disgrâce de toute sa race. Ayant de la sorte constaté qu'il n'a pas su se maintenir dans sa dignité primordiale, vous devriez en inférer que, par ses propres forces, il est hors d'état de remonter jusqu'à sa source divine et qu'il a besoin, tout au moins, d'un secours d'en Haut, pour atteindre à sa fin céleste. Vous avez, on le conçoit bien, une raison de repousser ce raisonnement, au bout duquel vous apercevez notre dogme chrétien de la Rédemption; cependant, vous n'hésiterez pas à convenir de ceci : quelle qu'en soit la cause, les aspirations spontanées de notre cœur sont vagues, et l'objet propre à combler nos vœux s'enveloppe d'un voile impénétrable. L'exemple de vos émules matérialistes vous prouve assez que l'homme ne se dirige pas nécessairement vers Dieu et qu'il lui faut, pour éclairer son but et sa route, une lumière surnaturelle, un secours généreux de son Créateur. En d'autres termes, il a besoin d'une religion révélée pour réaliser sa fin éternelle et, subsidiairement, pour constituer ici-bas une société harmonieuse. Voilà une vérité enseignée par toute l'histoire de l'humanité, et qui pourtant est aujourd'hui méconnue par un très grand nombre d'esprits qui se font honneur de marcher encore sous le drapeau du spiritualisme.

Ils ne refusent pas d'admettre, en principe, qu'une religion nous est doublement nécessaire, mais ils se persuadent que l'homme peut en tirer tous les dogmes de son propre fonds. L'erreur est grossière: dans cette sorte de pacte que la religion établit entre Dieu et nous, nous ne sommes que l'une des deux parties contractantes, et surtout la partie inférieure. Si nous prétendons tout régler à notre guise, sans reconnaître le droit de Dieu de nous poser ses conditions ou de nous dicter ses lois, nous subordonnons le Créateur à la créature et arrivons à la conséquence la plus monstrueuse : en le mettant sous la dépendance de notre raison, nous faisons de lui un être inférieur à l'homme, c'est-à-dire une sorte d'animal. Aussi, le dieu qu'intronise la raison libre et souveraine n'est-il qu'un dieu incomplet, indifférent à tout, dépourvu de volonté, doué d'une activité toute machinale, et tel que celui dont nous avons discuté les attributs à la fin de la seconde partie de ces Lettres, en même temps que nous indiquions la cause pour laquelle cette erreur revêt certaine apparence de vérité. Que cette grande méprise soit inévitable ou non pour un esprit abandonné à ses propres lumières, peu nous importe en ce moment, et il nous suffit de relever un fait constant : c'est que le rationalisme religieux, ou l'effort spontané de notre raison pour la fondation de notre foi, ne nous conduit qu'à une divinité qui ne réclame aucun culte, à un être impersonnel qui demeure insensible à nos insultes ou à nos hommages, et qui n'en continue pas moins de remplir son rôle nécessaire et fatal ; en d'autres termes, la religion inventée par la raison pure n'est autre chose que le *déisme*.

Cela étant, je devrais d'abord vous demander, relativement à cette vie posthume qui est maintenant en cause entre nous, quelle espérance nous pourrions fonder sur l'apathique dieu des déistes, cette brute immense qui n'a nul souci de nous non plus que d'aucune de ses créatures. Nous absorber en lui-même, et nous assimiler tous à sa propre essence, pourrait être le fait d'une divinité dépourvue de sens moral, d'un être bestial tel que lui ; mais ce serait un sort indigne de l'homme qui se verrait ainsi mutilé et dégradé par la perte de sa conscience et de sa moralité. Tenter une juste rémunération du bien et du mal serait, de sa part, doublement impossible : d'après quelle loi jugerait-il les hommes, — supposé qu'il en fût capable, — n'ayant pris la peine de leur en imposer aucune? L'humanité, il est vrai, a pourvu à ce défaut au moyen de ses diverses doctrines religieuses qui portent avec elles leurs préceptes moraux ; mais, pour le déisme, chacune de ces institutions théogoniques n'est qu'une aberration de notre esprit; c'est une imposture insigne et d'autant plus condamnable qu'elle dénature davantage le caractère de l'inerte souverain de l'univers. A ses yeux, les sectateurs fidèles de toutes les religions dogmatiques, qui ont été jusqu'ici les seuls agents conservateurs des sociétés humaines et qui nous ont fourni, bien certainement, les plus beaux types de perfection morale qu'il soit donné à l'homme de réaliser, auraient assumé sur eux, comme complices d'une invention sacrilège, les plus rigoureux châtiments de sa justice; tandis que les contempteurs de tous les cultes, parmi lesquels on eût compté, sans contredit, les plus dégradés et les plus malfaisants de nos semblables, auraient droit à toutes ses faveurs, comme étant les adversaires déclarés de ces institutions mensongères et les vrais zélateurs de la céleste vérité. Le déisme, à ce point de vue, ne serait donc pas seulement la négation du vice et de la vertu ; il en serait l'interversion ; son dieu ne représenterait pas vraiment un être dénué de sens moral comme la simple brute, il serait un monstre de perversité, il serait l'Esprit même du mal.

Donc, et en réalité, ce serait pour le moins abolir notre croyance à la vie future que d'accréditer parmi nous le déisme ou toute autre doctrine théologique parée du nom de religion rationnelle ou naturelle. Telle est la proposition principale qu'il m'importait d'établir ici. J'en dois inférer, avec toute certitude, que de tels systèmes religieux ne sont propres qu'à détériorer notre condition terrestre et à compromettre les fondements de notre société. En supposant même, s'il est possible, que l'étrange divinité qu'ils nous proposent ne soit pas dépourvue, comme je l'ai dit, des plus nobles et des meilleurs attributs moraux, il suffit qu'elle se soit abstenue de toute révélation, qu'elle ne nous ait formulé nulle règle de conduite, qu'elle n'exige de nous aucune sorte d'hommages, qu'elle se tienne sourde ou indifférente à nos prières et à nos serments : il suffit, dis-je, qu'elle se comporte ainsi à notre égard, pour qu'elle se constitue comme en séquestre et qu'elle s'annule totalement pour nous ; elle n'exerce alors aucune influence déterminante ni répressive sur notre conduite, et nous laisse dans un état moral identique à celui des matérialistes.

Peut-être ne concevez-vous pas encore pourquoi je prends à partie le système hybride qui nous occupe ; mais vous allez certainement le comprendre par ce qui va suivre.

Le déisme n'est pas seulement la profession de la plupart des penseurs rationalistes, il est aussi l'état dans lequel se trouve la classe la plus nombreuse des hommes, celle qui vit, sans souci de sa fin dernière, dans l'indifférence religieuse. Savants ou ignorants, quels qu'ils soient, s'ils se montrent indifférents à l'égard de Dieu, c'est qu'ils supposent, d'une manière expresse ou tacite, que lui-même ne s'occupe ni d'eux ni du monde : par une juste conséquence, ils ne s'occupent pas de lui à leur tour; qu'ils le sachent ou l'ignorent, les indifférents se classent avec les déistes. Le déisme est donc vraiment l'état maladif de la société actuelle; la majorité de nos comtemporains n'en est encore qu'à ce prélude du matérialisme. C'est parmi les déistes que se rencontrent les prétendus sages du siècle, les esprits soi-disant doués du bon sens et de la saine raison, qui savent se tenir dans un juste milieu, libres de tout fanatisme de droite et de gauche, exempts des faiblesses superstitieuses des uns et des hardiesses subversives des autres. C'est dans leurs rangs que se recrutent les hommes qui parviennent au pouvoir dans nos pays civilisés et y sont soutenus par l'opinion publique ; c'est à eux qu'appartiendra le monde jusqu'au règne définitif du matérialisme qu'ils nous préparent.

Ainsi, le déisme ou la croyance théologique émanée de notre seule raison est une religion nécessairement incomplète sous ces deux rapports connexes : il ne conduit pas les hommes à leur vie céleste et ne les soutient pas durant leur vie présente, en tant qu'il mène la société au matérialisme, c'est-à-dire à sa dissolution. Quelques-uns, il est vrai, tâchent de nous faire croire qu'il se perfectionnera dans l'avenir, qu'il se formulera d'une manière précise et efficace ; ils comptent pour cela sur quelque grande découverte de l'esprit humain, sur quelque merveilleuse révélation de la science. Je n'essayerai pas de démontrer l'inanité de cette espérance, mais il est une réflexion qui se recommande à tous les promoteurs futurs de systèmes religieux : c'est qu'il serait déraisonnable de chercher jusqu'au dernier jour du monde la voie salutaire dont nous avons tous besoin pour parvenir à notre but commun. Le matérialisme nous menace de sa domination dissolvante ; de plus, il est certain que l'existence de l'humanité aura un terme, et qu'elle donne déjà des signes de décrépitude. Si donc ils veulent que leur religion définitive nous soit profitable, il faut qu'ils se hâtent de la découvrir et de l'accréditer. Le temps presse ; par un avènement plus tardif, elle courrait le risque d'être la moins utile de toutes celles qui ont été répandues sur la terre, ou bien elle ne serait valable que si elle portait avec elle la rédemption des générations antérieures. La foi religieuse ou la bonne nouvelle que nous devons attendre étant censée de ce genre, que pourrait-on nous proposer de mieux que celle qui nous fut apportée il y a près de vingt siècles ?

Si nous étions nés dans la religion de Confucius ou de Bouddha, et si nous n'étions point en position de lui en préférer une autre, je vous engagerais à vous attacher fermement à cette foi de nos aïeux et la recommanderais maintenant à votre respect. Par elle, à l'autre extrémité de notre vaste continent, une antique civilisation résiste à la décomposition matérialiste qui la mine, dit-on, comme la nôtre ; ce fait éclatant me suffit, et je m'imagine que le grand peuple qui nous le présente a reçu quelques rayons de la vérité céleste. A défaut d'une autre croyance, j'exalterais donc la sienne, parce qu'il est hors de doute qu'une religion véritable, c'est-à-dire publiquement et complètement organisée, possédant ses dogmes, son sacerdoce, sa morale formelle, est seule capable d'entretenir ce spiritualisme consistant qui est le lien obligé de toute société humaine. Mais je voudrais surtout la pratiquer fidèlement pour cette autre raison majeure qu'elle me donnerait quelque chance d'accomplir ma fin suprême ; si peu que le Créateur eût daigné m'accorder de sa lumière pour le connaître, c'en serait assez pour m'attacher à lui ; et, de quelque manière imparfaite qu'il me fût donné de le servir, j'espérerais en sa bonté pour me sauver de la mort éternelle.

Mais, grâce à Dieu, nous n'avons rien à envier sous ce rapport aux lointaines populations de l'Orient, car la religion qui nous a reçus dans la vie s'impose à notre esprit bien autrement que la leur. C'est elle, vous le savez, qui les voit toutes s'évanouir en sa présence, quand elle a le pouvoir de se propager librement. C'est elle aussi qui parle le plus fortement aux hommes de la vie future, et qui les a réunis en sociétés les plus civilisées et les plus progressives; dois-je hésiter à vous la présenter comme réalisant supérieurement la double fin, terrestre et céleste, de l'humanité ?

CINQUANTE-HUITIÈME LETTRE

LE DOGME CHRÉTIEN N'EST PAS INCONCILIABLE AVEC L'IDÉE DE LA PLURALITÉ DES MONDES

Qu'avons-nous établi jusqu'ici, Camille, touchant l'histoire générale de la vie sur notre monde tellurique, et quelle suite allons-nous donner à cette exposition ?

Ayant fait choix de la terre pour y exercer dans sa plénitude son pouvoir vivifiant, l'Arbitre souverain de toute existence commença par y épancher la vie végétative, dont il se plut à diversifier les types presque à l'infini, en faisant surgir bien des fois, à travers les âges, de nouveaux genres et de nouvelles espèces de plantes.

Passant ensuite à une idée génésiaque différente, il fonda encore, par jets toujours successifs, une grande catégorie de créatures qui se trouvèrent douées de sensibilité et d'intelligence inférieure ou instinctive, c'est-à-dire qu'il créa et développa le règne animal avec ses innombrables types de plus en plus distingués.

S'il avait voulu n'exécuter ici que l'une de ses œuvres ordinaires, il s'en serait tenu à ce dernier genre de travail, et la terre eût été pourvue d'une merveilleuse et parfaite parure vivante; mais il sortit encore de cette seconde voie créatrice pour s'élever à une opération bien supérieure, préparée pourtant par certaines fondations zoologiques corporellement voisines, et il produisit l'auguste essence de l'homme, portant le reflet de ses divines facultés.

A cette nouvelle sorte de créatures animées il n'ajouta pas d'autres supérieures ; mais, pour soutenir la vie morale de l'espèce humaine, il répandit souvent sur elle de lumineuses infusions de son esprit; il fit naître, au milieu d'un peuple choisi, certains hérauts éclairés de sa prescience pour annoncer la suite de ses desseins; un jour vint, en effet, où il continua la progression de ses actes par une opération d'une grandeur incomparable, quoique voilée par les apparences les plus humbles; il épancha ici sa propre substance, il y naquit sous la forme humaine. Et la grande œuvre qu'il exécuta alors en ce monde, ou la religion qu'il fonda, il la propagea par un mode plus noble que celui de ses créations antérieures, par un mode tout spirituel, la parole de l'homme, émanation de son Verbe divin.

A la fin des temps humains et par un bond immense de son activité progressive, il abordera encore ce globe; mais il y viendra avec les attributs éclatants de sa divinité pour accomplir les promesses et les menaces de sa justice. Telle sera, sur la terre, la complète et magnifique évolution de la vie, dont toutes les parties successives auront été divinement reliées ensemble. — Les deux derniers actes du Très-Haut, qui constituent l'essence du christianisme, ne sont-ils pas une continuation harmonieuse des trois premiers, c'est-à-dire des propres enseignements de la science touchant la succession des infusions créatrices, et ne pouvons-nous pas dire, avec un philosophe anglais, qu'étant donnée l'existence de Dieu la religion chrétienne s'impose avec ses dogmes essentiels ?

Quelle est maintenant l'objection principale que vous tirez, contre son symbole précis, des études naturelles que nous avons poursuivies ensemble?

Quoique primitivement inféodé au matérialisme, vous souteniez ce thème inconséquent qu'il existe une infinité de mondes vivants couronnés par une espèce raisonnable. Si vous cédez à présent sur le chef de l'athéisme, et si vous acceptez notre croyance à une souveraine puissance créatrice, c'est pour en inférer aussitôt que tout ce qu'elle a exécuté de plus important sur la terre, elle l'a accompli sur une multitude de globes sidéraux, tout, c'est-à-dire la création de l'homme, l'incarnation et la passion du fils de Dieu. Et, comme la constante reproduction de ce dernier fait vous semble inadmissible, vous vous hâtez de déclarer que les dogmes spéciaux du christianisme sont contredits par les données de la science des astres.

Cependant, toute notre longue dissertation plaide contre les prémisses de ce raisonnement. Pour divers motifs, et notamment à cause de l'intensité excessive de la force de gravité, vous avez pu juger que le soleil, les étoiles et les très grosses planètes seront toujours inhabitables; les plus grandes de notre système solaire sont moins propres à être habitées que les petites, et, comme elles gravitent plus loin du foyer central, elles sont beaucoup moins pourvues d'un agent vital très utile, la lumière. De toute sorte de raisons majeures, nous avons inféré que la vitalité et l'habitabilité ne sont pas la fin essentielle de la matière astrale : il se peut qu'il n'y en ait pas la *millionième* partie qui soit susceptible de porter la vie corporelle. Et quelle sorte de vie corporelle ? Nos considérations sur les mondes aquatiques et paludiques, sur les terres astrales diversement imparfaites, la considération spéciale du sort et de la conduite de l'homme ici-bas, tout nous a prouvé que le mode normal de vitalité des astres ne comporte que l'évolution d'une nature inconciente, végétative ou animale proprement dite, et que la présence de nos semblables n'y est qu'exceptionnelle.

Il est donc à présumer que le Créateur s'est généralement borné à exécuter la partie inférieure ou fondamentale de son œuvre évolutionniste. Il faut bien, d'ailleurs, que vous admettiez cet enseignement, car toutes les sphères dont nous avons pu étudier quelque peu le régime biologique seraient d'un séjour ou impossible, ou excessivement défectueux pour une espèce souveraine et cosmopolite. Rappelez-vous, par exemple, la discussion à laquelle nous nous sommes livrés au sujet de la planète qui ressemble le plus à notre globe par l'ensemble de ses caractères : malgré les suppositions les plus accommodantes, nous n'avons trouvé sur Vénus que des conditions cosmologiques bien plus défavorables que celles de la terre.

Après cela, l'ignorance absolue dans laquelle nous sommes relativement aux planètes qui peuvent exister autour des autres soleils, laissant le champ libre à nos suppositions contraires à votre doctrine, que disons-nous finalement de l'habitabilité des terres sidérales ? Peut-être y a-t-il beaucoup moins que la *cent millionième* partie de la matière cosmique universelle qui soit propre à l'établissement d'un monde tel que le nôtre.

D'autre part, la Révélation religieuse, ainsi que l'histoire même de l'humanité, nous a fait connaître l'une des voies habituelles du souverain ordonnateur de toutes choses. Choisir un homme entre tous les hommes, un peuple entre tous les peuples, fut la règle de sa conduite dans l'exécution de ses desseins providentiels. Ce qu'il a fait pour une nation donnée, il ne l'a pas fait pour toutes les nations, *Non fecit taliter omni nationi*. Notre étude cosmologique nous permet de croire que tel fut aussi son principe dans l'ordre physique, c'est-à-dire dans la nature céleste, et que, quant à vos astres habitables pour des humains, *beaucoup ont été appelés, mais peu seront élus* à cet effet. Nous croyons que la terre fut choisie pour recevoir la suite de la divine évolution ; elle fut choisie, non pas seulement parmi les mondes d'une constitution tout imparfaite, parmi les planètes à rotation vicieuse, mal éclairées et échauffées, trop petites ou trop grosses... mais dans le nombre, peut-être assez considérable, de celles qui se sont trouvées les meilleures ou les plus propices. Le sort échu à notre globe étant donc la conséquence d'un choix tout arbitraire, pouvez-vous nous dire si une telle sélection a été particulière ou collective, unique ou multiple ? Sur quoi vous fonderiez-vous pour trancher cette question dans votre sens primitif ou généralisateur ? Et, quand il est encore possible d'alléguer que l'existence des créatures raisonnables sur la terre est peut-être le résultat d'un accident surnaturel et sans pareil, quel esprit prudent et réfléchi oserait se donner comme certain de la fausseté de la vieille croyance à l'unicité de notre monde humain ?

Néanmoins, à tort ou à raison, nous nous garderons de nous attacher à cette conception étroite, et nous ne ferons pas difficulté d'élargir devant vous nos vues cosmologiques. De votre côté, si vous renoncez à l'idée que les mondes peuplés d'êtres pensants sont innombrables ; si même vous accordez qu'ils ne constituent qu'une exception dans l'univers céleste, du moins vous prétendez que cette exception, eu égard à la multitude presque infinie des astres, se traduit encore par *un certain nombre* de créations analogues à notre espèce humaine. Eh bien, nous accepterons cette conjecture pour ce qu'elle vaut et sans la discuter davantage ; et c'est dans ce sens très réduit que nous envisagerons votre objection contre la foi chrétienne.

Donc, en cas qu'il existe d'assez nombreuses humanités sidérales, est-il probable qu'elles sont toutes égales entre elles sous le rapport de la moralité? Si vous supposez qu'il y en a eu de plus dégradées que la nôtre, je vous répondrai que, peut-être, sur les mondes les plus indignes de sa miséricorde, l'Esprit souverain ne laissera germer d'autres guides que des Bouddha et des Mahomet. Il peut bien ne pas les éclairer de la lumière de son Verbe, puisqu'il ne l'a pas accordée à tous les hommes de la terre elle-même, et qu'il a laissé jusqu'ici, dans les ténèbres, des nations presque entières. Cependant, j'ai dit ailleurs qu'il serait incompréhensible que la Toute-Puissance divine eût reproduit bien des fois une création d'êtres pensants aussi imparfaits que notre espèce terrestre. Il suffit de citer la férocité de nos sauvages cannibales, ou les horreurs de nos guerres anciennes et modernes, pour montrer jusqu'où peut aller notre cruauté envers nos semblables. Nous sommes plus monstrueux encore envers Dieu : quoiqu'on nous ait enseigné qu'il a accompli en notre faveur le plus grand sacrifice dont il fût capable, le sacrifice de lui-même, il n'est point parvenu à conquérir tous nos cœurs ; son culte n'a rencontré que l'indifférence d'un grand nombre d'humains, et voici qu'il soulève aujourd'hui, non pas chez les peuples sauvages, mais chez les plus civilisés des hommes, chez les meneurs de la société contemporaine, une haine violente, implacable et presque surnaturelle. Il m'est donc bien permis de supposer que la plupart de vos humanités astrales diffèrent de l'humanité sublunaire par leur supériorité morale. — Mais si ces autres hommes planétaires sont d'une meilleure nature et ont reçu un plus riche faisceau de facultés divines, n'est-il pas à présumer que leurs premiers représentants ne failliront pas gravement dès leur entrée dans la vie, qu'ils n'auront point à attendre le bienfait d'une rédemption générale, et que ce dogme capital du christianisme, auquel il vous est si difficile de souscrire, n'aurait pas chez eux sa raison d'être?

Dieu le Père avait deux fins en nous déléguant son fils : nous enseigner la loi parfaite et nous purifier par son sacrifice. Pour satisfaire à la première intention, il pourrait sans doute, sur des mondes mieux nés, se contenter d'envoyer des messagers ou prophètes tels que ceux que nous avons entendus, ou plus élevés encore ; s'il s'agit aussi d'exécuter une réparation, ne pourrait-il pas, alors, employer l'office de quelque membre distingué de sa milice céleste et non de son fils unique ?

Que si c'est toutefois la conduite préférée du Très-Haut, là où il a déposé des êtres doués de raison, de compléter la série de ses œuvres génésiaques par sa propre génération ou son incarnation parmi eux, et s'il est vrai qu'il goûte certaines délices à vivre avec les *enfants des hommes*, nous pouvons bien concevoir qu'il se présente, partout ailleurs, d'une autre manière et pour un autre rôle que celui qu'il a tenu sur la terre. Sur des mondes plus heureux que le nôtre, où il ne trouvera pas d'iniquités à expier par l'effusion de son sang, il n'aura point, il est vrai, à s'offrir comme un modèle de patience et de résignation dans les tourments; mais sans être un *homme de douleurs*, il saura bien faire briller de quelque manière la perfection divine, et exciter la noble passion nécessaire aux aspirants de la vie céleste, l'indispensable charité. Nous ne savons quelles pourront être ses libéralités à l'égard de ces hommes supérieurs ; cependant, quand bien même il voudrait toujours sceller son union intime avec eux en leur infusant sa propre substance et les nourrissant du pain vivant descendu du ciel, ne pourrait-il pas les en gratifier sans y attacher, comme il l'a fait pour nous, la mémoire de son sanglant holocauste ?

Sans être aussi éloignées que nous de la perfection spirituelle, d'autres humanités astrales, dira-t-on, seraient bien capables d'encourir à quelque degré la disgrâce de leur souverain arbitre, de telle sorte que leur état moral réclamât aussi la salutaire intervention de notre divin médiateur. A cela nous devrions répondre que la satisfaction nécessaire à l'éternelle justice, pour ces homologues moins coupables, pourrait bien être d'un genre plus doux que celle dont nous fûmes les exécuteurs. Avant de consommer son sacrifice, l'Homme-Dieu a fait entendre cette expression touchante de sa résignation : « Mon Père, si ce calice ne peut passer sans que je le boive, que votre volonté soit faite. » (Matth., XXVI, 42.) Ce qui ne fut pas possible sur la terre a pu l'être sur d'autres mondes moins souillés que notre séjour.

Mais supposons que l'effusion d'un sang divin soit la seule expiation qui convienne à la justice éternelle. En ce cas, il nous est bien permis d'admettre que l'immolation, ici-bas consommée, de l'Agneau de Dieu, est profitable à plusieurs sociétés humaines occupant des planètes différentes. Qui donc, en effet, prétendrait limiter l'efficacité d'un sacrifice accompli par l'Être infini? Nul homme ne s'est jamais imaginé que les effets de notre rédemption pourraient être circonscrits par les rivages de nos plus vastes mers; sa vertu peut s'étendre aussi bien par delà les lacunes de l'espace, qui ne sont larges que pour nous, et que le maître de l'immensité ne compte qu'à son gré. Tous vos peuples humains, que vous concevez dispersés à travers les cieux, procèdent du même Créateur; fragments épars d'une grande famille, ils sont frères par leur Père commun. Il est bien clair, d'ailleurs, que l'acte expiatoire, qui doit réintégrer dans leur dignité primitive ceux d'entre eux qui en sont déchus, n'a pas besoin de s'opérer sur le théâtre même de leur chute, et que, en quelque lieu qu'il s'accomplisse, il ne laisse pas d'avoir toute la portée qu'il tient de l'intention de la céleste victime et du tout-puissant sacrificateur.

Quant à la préférence qu'il aurait accordée à notre terre pour exécuter une œuvre si grande et de tant d'effet, elle n'a rien qui puisse vous étonner. Vous ne seriez plus fondé, après toutes les considérations que nous avons exposées dans ces Lettres, à élever des objections astronomiques et à alléguer, par exemple, la minime importance de ce globe au milieu des corps sidéraux. Vous n'auriez pas non plus à tirer argument de l'indignité morale de notre espèce terrestre, que vous me reprochez peut-être de charger à l'excès, puisqu'il est constant que ç'a été ici, de la part de l'Homme-Dieu, une tendance notoire et admirable de s'intéresser davantage aux plus humbles d'entre nous, et de favoriser de sa généreuse sollicitude non les plus justes, mais les plus coupables. Au surplus, le choix qu'il aurait fait de notre patrie pour y opérer, par sa mort, la rédemption de plusieurs mondes, ne serait pas tel que nous eussions lieu de nous en prévaloir; car sa naissance au milieu des hommes telluriques serait loin d'impliquer, pour notre race, une distinction ou un privilège. S'il était nécessaire, en effet, pour l'accomplissement de son œuvre rédemptrice, qu'il endurât de cruels supplices, il fallait bien qu'il fît élection d'une famille d'humains assez perverse pour que le juste accompli ne pût s'y montrer, suivant une étonnante divination de Platon, sans s'exposer à être torturé; il lui fallait un monde qui méritât d'être sacrifié lui-même, en quelque sorte, pour le salut de tous les autres, et de porter les plus graves responsabilités, celles d'avoir versé un sang divin et d'avoir méprisé les enseignements de la Vérité éternelle (1). Car si le Christ est venu ici pour le salut des uns, il y est venu aussi pour la perte des autres (2). Pour toutes les familles astrales meilleures que nous ne sommes, la commune rédemption opérée par le fils de Dieu a pu se trouver, à la fois, exempte de périls et beaucoup plus fructueuse; mais, pour celle qui devait se faire l'exécutrice du plus grand forfait concevable, ce ne fut peut-être que par une grâce extrême de l'infinie miséricorde qu'elle obtint de fournir à la vie divine une faible partie de ses membres.

Voulez-vous que je m'engage plus encore dans cette voie des suppositions scabreuses où vous m'avez obligé à m'aventurer? Je vous préviens toutefois que la proposition qu'il me resterait à vous soumettre soulèverait sans doute des objections théologiques d'une certaine valeur et que j'aurais moi-même d'assez fortes raisons de la répudier. Mais si, pourtant, une autorité digne de foi se trouvait en état de me l'imposer; si quelque intelligence divinement inspirée venait à nous enseigner que ce qui a été effectué, par le Tout-Puissant, pour relever l'homme de sa chute, doit être reproduit de la même manière en divers lieux sidéraux et en faveur de plusieurs autres humanités tombées; si l'on nous affirmait que le Rédempteur du monde, en nous parlant comme il l'a fait de ses troupeaux de brebis, appartenant à d'autres bergeries (Jean, x, 16) qu'il se proposait d'aller chercher pour les réunir dans le même bercail, songeait à des

---

(1) *Si non venissem et locutus fuissem eis, peccatum non haberent.* (Jean, xv, 22).
(2) *Ecce positus est hic in ruinam et resurrectionem multorum in Israel.* (Luc, ii, 34).

races humaines reléguées sur d'autres astres et non moins coupables que nous; si l'on nous assurait enfin que le Pontife éternel, *sacerdos in œternum*, a assumé la tâche de renouveler, durant la suite indéfinie des temps, son sanglant sacrifice sur plusieurs mondes gravitant sous d'autres cieux… je ne regarderais pas comme absurde cette doctrine elle-même, et ne lui refuserais pas ma créance. Comme la puissance, l'intelligence et tous les attributs du Créateur de l'univers dépassent toute imagination, je croirais téméraire d'assigner à sa bonté, spécialement, une mesure quelconque, et je m'inclinerais devant cette affirmation autorisée qui m'en fournirait un témoignage nouveau et inattendu. Une telle preuve d'affection donnée par le Très-Haut à ses créatures raisonnables des divers mondes, une si large extension attribuée au mystère principal du christianisme nous découvrirait un plan divin d'une grandeur inouïe, un abîme d'amour vraiment infini dans lequel notre esprit ne saurait que se confondre et se perdre. Loin d'y chercher un sujet d'attaque contre la foi chrétienne, nous aurions pour devoir d'aimer davantage notre Père céleste, et de nous attacher plus fortement à la religion qui a pour base le fait de la Rédemption. Et, s'il y avait quelque catégorie de vos mondes humains qu'il n'eût pas voulu visiter ou sauver, combien nous devrions lui rendre grâce d'en avoir décidé autrement pour le nôtre, en classant notre race tellurique parmi les humanités astrales qu'il a daigné racheter et diviniser !

De tout ce que j'avais exposé antérieurement, il résultait déjà qu'il n'y a pas de conjectures plus incertaines que celles qui ont rapport à l'habitation des astres; je me crois en droit d'ajouter maintenant que la doctrine pleine d'inconnues de la pluralité des mondes ne fournit aucun argument positif contre le dogme chrétien. Elle ne peut pas non plus, à la vérité, être invoquée pour le confirmer, mais elle le laisse entier, indépendant, et tel qu'il était avant qu'on eût reconnu, dans les corps planétaires, autant d'objets similaires du globe terrestre. Pas plus aujourd'hui que par le passé, nous ne devons subordonner notre foi religieuse aux enseignements spéculatifs d'aucune sorte de savants. Comme nos ancêtres de tous les siècles du christianisme, nous n'avons autre chose à faire, pour juger du fondement de notre religion, que de l'étudier en elle-même, en examinant son symbole et ses preuves effectives dans le recueillement d'un esprit sincère et d'une droite conscience. Cette tâche n'est pas la mienne, et c'est même rabaisser ce grand sujet que de le rattacher à tous ceux que nous avons abordés ensemble; cependant, après qu'il m'a fallu, à votre instigation, consacrer tant de pages à la discussion de problèmes insolubles ou stériles, ne me permettrez-vous pas de couronner mon œuvre par quelques considérations tout élémentaires sur une question qui est, à la fois, la plus importante et la plus facile à résoudre de toutes celles qui se posent devant les hommes? Je voulais surtout combattre votre croyance matérialiste; mais j'avoue n'avoir su trouver, contre les négations de l'athéisme, que des arguments peu persuasifs en comparaison des données de l'ordre surnaturel, dont le contrôle reste ouvert à toutes les intelligences capables d'examen et de réflexion. La religion chrétienne porte en elle les plus fortes preuves de la fausseté du matérialisme : elle est le seul remède opposable à sa terrible influence sociale : c'en est assez pour justifier le sujet de mes dernières lettres, qui serviront de conclusion et d'épilogue à tout cet ouvrage.

APPENDICE (1)

*Habete fiduciam : ego sum,
nolite timere.*(Matth., xiv 27.

CINQUANTE-NEUVIÈME LETTRE

SUR LA RELIGION CHRÉTIENNE

Ouvrons, Camille, avec la simplicité de nos pères, le plus célèbre des livres, où se trouvent, comme étant les premiers fondements du christianisme, les archives historiques d'un peuple qui fut extraordinaire entre tous les peuples par son origine et sa filiation établies d'une manière certaine et précise ; par la conservation perpétuelle de ses caractères originaux, de ses traditions, de son individualité nationale, malgré les révolutions, les asservissements et les dispersions dont il a été affligé ; par la grandeur de sa foi religieuse et la dignité de son culte ; par la sagesse de sa législation, la meilleure qu'il y ait jamais eu sous le rapport de la justice sociale; par

---

(1) Plus d'un lecteur critiquera cet appendice relatif à la religion chrétienne. Les uns le trouveront déplacé dans cet ouvrage, et à ceux-ci nous ne pourrions alléguer d'excuse, sinon que nous l'avons considérablement réduit de son étendue primitive. Les autres, aux yeux desquels surtout nous tenons à nous justifier, penseront, non sans raison, que nous avons traité ce sujet d'une manière vulgaire et étroitement didactique ; nous les prierons de tenir compte des conditions dans lesquelles ce livre a été écrit, et de la disposition des esprits auxquels il s'adresse encore spécialement. Il se peut que nous nous soyons trompé, mais il nous a semblé que cette dissertation leur serait plus profitable étant maintenue sous cette forme originelle et élémentaire, que si elle était toute remplie de considérations générales et philosophiques.

la magnificence de sa poésie toujours lyrique et grave, toujours consacrée à Dieu et à la patrie ; par son histoire semée de prodiges, qui a été, dans l'une de ses phases, une figure sensible de celle de l'humanité elle-même ; par son sort final et son châtiment sans exemple qui dénoncent en lui l'auteur du plus monstrueux forfait qui se puisse imaginer ; et enfin par son aveuglement inconvenable à l'endroit de ce livre salutaire au monde et éternellement accusateur pour lui-même, dont il est resté le gardien authentique et providentiel. Durant la meilleure partie de son existence, cette nation prédestinée, dans laquelle s'était concentrée l'action surnaturelle de la Providence sur la terre, put se flatter d'avoir reçu du ciel, par l'intermédiaire de plusieurs hommes d'une vertu supérieure, de nombreuses révélations sur un grand avenir qui lui était réservé et sur les principaux événements qui devaient l'atteindre. Songez avec quelle constance s'est reproduite l'une de ces annonces, l'objet de son indestructible espérance, celle qui lui promettait un sauveur rédempteur. Qu'ai-je besoin de vous rappeler cette histoire si connue ? Il est arrivé à ce peuple particulier ce qui devait avoir lieu pour le plus grand nombre des humains : il a été aveuglé par le seul attrait des choses terrestres ; il s'est mépris grossièrement sur le caractère du céleste messager, et, en dépit de l'enseignement de ses plus illustres voyants, qui vint jusqu'à lui prédire cette erreur elle-même (1), il attendit et attend encore on ne sait quel vain triomphateur comblé d'éclat et de puissance temporels.

Méditez surtout sur ce personnage qui réalisa ces prédictions ; sur ce promoteur de la plus grande et de la plus pacifique des révolutions ; sur ce sage si dif-

---

(1) Voir la note R à la fin de cette lettre.

férent de tous les sages, qui ne sortit pas d'un foyer de lumière tel qu'Athènes, Alexandrie ou Rome ; qui n'employa pas sa jeunesse, comme ceux-ci, à étudier les systèmes des philosophes, ni comme ceux-là à parcourir la terre pour se pénétrer de la sagesse des nations, et demeura dans une simple bourgade de la Galilée, humblement adonné à l'exercice d'une profession manuelle ; qui, n'étant redevable à aucune initiation humaine de l'enseignement sublime qu'il allait dispenser au monde, ne le fut pas davantage à sa propre expérience de la vie ni à ses longues méditations, puisqu'il produisit toute sa doctrine et acheva son œuvre avant la pleine maturité de l'âge ; qui prodigua avec abandon, sema comme à l'aventure ses préceptes et ses paraboles, insensible à la gloire de les fixer lui-même par écrit et s'attendant bien, par une prescience qui ne pouvait être que divine, à l'effet qui devait s'ensuivre ; qui ne se préoccupa pas même d'attirer autour de lui, pour les recueillir et les publier, des disciples doués de génie et de savoir, des Platon ou des Xénophon, et leur préféra, pour en faire ses collaborateurs et ses panégyristes, de misérables et ignorants pêcheurs ; qui affecta, pour ainsi dire, en toute circonstance, comme pour manifester la différence de sa nature, de suivre des errements tout opposés à ceux que nos grands novateurs humains eussent crus nécessaires à la réussite de leurs entreprises ; et dont l'influence, cependant, ne s'exerça pas, comme la leur, dans une contrée circonscrite et durant un temps restreint, mais n'eut d'autres limites que celles de ce monde, et n'aura d'autre terme que celui de sa durée.

Considérez qu'il ne se distingua pas seulement de nous autres hommes par l'excellence de ses attributs spirituels et moraux, il apparut aussi comme un vrai thaumaturge : en témoignage de la divinité de sa mission, il montra sa puissance surnaturelle et exécuta des prodiges sur toutes nos infirmités, sur la mort, sur la nature entière.

Mais vous soutenez *à priori* l'impossibilité absolue des miracles, comme s'il était permis de résoudre par un raisonnement quelconque une question de fait, qui est du ressort décisif des sens ! Nous croyons, nous, que Dieu en a accompli de tout temps, soit par sa volonté propre, soit à l'instigation de ses saints, et surtout de Celle qui est leur reine céleste, qui a été sa mère ici-bas, qui fut aussi la seconde mère et la corédemptrice des humains, et qui est devenue la patronne, peut-être spéciale et souveraine, de ce monde d'où elle est sortie ; nous croyons même que, dans sa miséricorde pour notre siècle, il en opère, aujourd'hui encore, au moins autant que par le passé, et qu'il suffit, pour en avoir la preuve, d'examiner ce qui se produit en certain lieu du pied des Pyrénées... Avez-vous souci de contrôler de bonne foi des faits qui trancheraient infailliblement pour vous la question du surnaturel ?

Vous aimez mieux persister aveuglément dans votre négation ; vous n'accordez aucune confiance aux livres sacrés qui relatent les faits et gestes de l'Homme-Dieu : ils ne vous semblent démontrer que l'excessive crédulité de leurs auteurs... ; et vous ne voyez point que cette explication sommaire, qui suffit à votre légèreté sceptique, est renversée d'avance par les réserves toutes naturelles, aussi bien que par les détails circonstanciés que nous offrent leurs récits. Vous n'ignorez pas, par exemple, combien ils ont glorifié un autre personnage contemporain, le précurseur du Messie, qui avait excité dans toute la Palestine une émotion extraordinaire par l'annonce des grands événements qui allaient s'accomplir : sur la propre parole du Maître, ils l'ont placé au-dessus de tous les prophètes, et nous l'ont donné pour le plus illustre de tous les hommes; mais malgré l'éclat de l'auréole dont ils ont orné sa figure, trois d'entre eux ne lui ont point attribué le moindre miracle, et le quatrième a dit qu'il n'en a fait aucun (Jean, x, 41). Quelle apparence y a-t-il donc qu'à l'endroit particulier du Christ ils ont cédé à la folle illusion du merveilleux, de manière à recueillir et à accréditer des prodiges imaginaires? — Reproduisons ici, du reste, une réflexion aussi rebattue qu'elle est sensée. L'Évangile nous a transmis certaines prédictions fort singulières de Jésus-Christ, celles qui avaient rapport à sa Passion et qui devaient témoigner de l'ingratitude ou de la lâcheté de ses disciples : ce serait être par trop irréfléchi que de les révoquer en doute ; or, il suffit d'une seule prévision de ce genre pour manifester la prescience de l'Homme-Dieu, et donner justement créance à son pouvoir surnaturel.

Le plus important de ses actes miraculeux commande une mention expresse; il a pour garantis non-seulement les récits plus ou moins circonstanciés des Évangélistes, mais aussi deux faits ou deux données historiques incontestables.

La religion chrétienne honore plusieurs saints dont le culte s'est établi lentement et n'a pris naissance que longtemps après leur mort, si bien que les vertus héroïques et les miracles qui leur furent attribués ont pu être mis en suspicion, ne s'étant point prêtés à un juste contrôle. C'est ce qui n'eut pas lieu pour le Saint des saints : il en a donc été tout autrement pour l'origine du christianisme. Nul n'ignore qu'il a débuté comme une sorte d'explosion qui a rempli le monde romain et l'a débordé. A un effet si extraordinaire, il fallut une cause proportionnée. Vous vous contentez d'attribuer ce grand œuvre au zèle ardent, au dévouement passionné, au courage à toute épreuve de ses agents humains ; mais vous oubliez ce qu'on sait parfaitement, ce qu'ils étaient pendant la vie de leur Maître et jusqu'à son dernier jour ; vous ne songez pas à la cause particulière et déterminante de cette évolution sans exemple qui s'accomplit dans un certain nombre d'hommes à la fois. S'ils ont vu de leurs yeux le Christ sorti vivant du tombeau, l'Esprit divin qu'ils ont reçu n'a eu qu'à fortifier en eux le témoignage de leurs sens. Sans cette assurance qui les a animés, le christianisme n'existerait pas. Croyez-en l'histoire et la simple raison : ce qui a décidé cette fondation merveilleuse, ce qui lui a imprimé tout d'abord un si prodigieux élan, c'est le miracle avéré de la résurrection de Jésus-Christ et de ses apparitions réelles après sa mort.

Méditez enfin sur la doctrine de Jésus : considérez ce que fut sa morale dans son principe et dans ses préceptes, et combien elle surpasse les meilleures conceptions des philosophes.

Il a toujours en vue notre admission dans ce fortuné royaume du ciel, où toutes les individualités distinctes sont harmonieusement confondues dans l'unité divine ; il ne façonne les hommes, pour la vie présente, qu'en les préparant à l'exercice de cette vie supérieure, et il a souvent à la bouche des paroles équivalentes à celle-ci : *Cherchez d'abord le royaume de Dieu...* (Matth., vi, 33). Sachant bien que la cause essentielle de tout désordre parmi nous, l'unique obstacle au règne de la concorde et de la paix, consiste dans les continuels soulèvements de la personnalité d'un chacun, il s'attaque directement à ce funeste esprit d'égoïsme, comme pour l'extirper d'une manière radicale. Car il ne saurait se contenter de demi-mesures; le propre de la Divinité est d'exécuter l'absolu. D'ailleurs, si l'humanité tellurique n'est pas la seule qui existe dans l'univers, il n'est pas étonnant que la loi morale, émanée de leur source commune, semble trop forte et trop élevée pour celles qui sont d'une qualité inférieure, parce qu'il ne convenait pas qu'elle parût faible et basse à aucune des autres. Il fallait que l'idéal de la perfection s'offrît, pour objet de ses tendances, à toute créature qui aspire à la vie divine; il fallait qu'à nous-mêmes, malgré notre infirmité spirituelle, l'Homme-Dieu fît entendre son précepte capital : *Soyez parfaits comme votre Père céleste est parfait.* (Matth., v, 48.) A nous donc aussi, faibles humains si fortement dépendants de la grossière substance animale, il ne proposa pas moins qu'un acte sublime ou angélique, l'immolation de tout notre être, le sacrifice complet, sans réserve, de nos passions et de nos affections naturelles. *Si quelqu'un veut venir après moi,* nous a-t-il dit, *qu'il fasse abnégation de lui-même...* (Matth., xvi, 24.)

Pour qui, cependant, réclame-t-il ce sacrifice surhumain ? Assurément, c'est d'abord pour Dieu, mais il le demande avec plus de force et d'insistance encore en faveur de nos semblables. Oh! ici, je l'avoue, je ne reconnais plus sa mansuétude et son indulgence habituelles ; touchant l'exercice de notre charité pour nos frères, il a été impérieux, pressant, exigeant ; au sujet des plus légers manquements à cette loi de bienveillance et d'assistance mutuelles, il s'est montré sévère, menaçant, terrible. Quand il nous commande de nous aimer les uns les autres comme il nous a aimés lui-même ; quand il nous ordonne de substituer, dans notre cœur cruellement blessé, les sentiments d'un pur attachement fraternel à la passion de la haine et à la soif de la vengeance, je constate que le devoir qu'il nous trace est presque excessif pour notre nature, et je reconnais là cette morale absolue ou divine qui est au-dessus de toutes vos humanités possibles, et spécialement de la nôtre. Mais nul ne saurait s'y tromper ; cette tâche démesurée que nous impose le divin législateur, cette rigueur inaccoutumée dans la bouche du doux Maître, témoignent d'une intention souverainement bienfaisante, et toute conforme au plus grand intérêt de la société humaine. N'est-ce pas de sa part, en effet, le comble de la générosité d'avoir attaché une telle importance au précepte de notre affection réciproque, et d'en avoir fait un commandement qu'il a déclaré être *semblable* (Matth., XXII, 39) à celui de l'amour de Dieu, de telle sorte que nous nous acquittons de notre première obligation envers lui quand nous usons, en son nom, de dévouement les uns envers les autres? Et après le sacrifice infini qu'il a accompli pour notre béatitude éternelle, que pouvait-il faire de mieux, pour notre bonheur terrestre, que cette suprême recommandation qu'il a renouvelée avec tant d'insistance avant de marcher à la mort? (Jean, xv.) Vous figurez-vous quelle serait la félicité relative de ce monde si chacun de nous, pratiquant l'abnégation et la charité qu'il a prescrites, avait surtout à cœur de travailler au bien-être de ses frères, et de les soulager dans leurs inévitables fardeaux? N'est-il pas vrai que, si telle était la disposition intime de tous les esprits, la charge serait légère à chacun des hommes et le résultat très heureux pour tous? N'est-il pas certain que l'humanité n'a pas d'autre moyen de réaliser ce régime harmonieux et parfait que vos utopistes ont rêvé pour elle sur la terre, et que la seule doctrine du Christ, avec sa loi d'amour et de sacrifice, contient la solution du grand problème qui les tourmente ?

Hôtes infortunés de ce monde imparfait ! nous y sommes toujours menacés et parfois accablés de misères ; et loin de faire le peu qui suffirait pour les prévenir ou les alléger, nous nous causons réciproquement les plus communes de nos peines. Ayant à nous laisser la jouissance intégrale de notre périlleuse liberté, le Dieu fait homme ne pouvait nous supprimer d'autorité ces tourments que nous nous infligeons entre nous, non plus que tous les autres maux inhérents à notre condition terrestre ; mais que n'a-t-il pas fait pour nous les adoucir ? C'est bien là qu'il s'est mis justement à notre portée, et qu'il a divinement pourvu à l'un de nos principaux besoins, quand il a béni nos souffrances et nos larmes, quand il a béatifié par avance ceux qui sont injustement maltraités par leurs frères et qui ont soif de justice, et quand il a appelé à lui tous les hommes affligés de nos diverses douleurs, pour les réconforter par les motifs de résignation et d'espérance qui découlent de sa croix !

Parmi ces maux de la terre que nous avons le malheur de ne point savoir conjurer, il en est un qui augmente le poids de tous les autres et qui est, aujourd'hui plus que jamais, une cause grave de malaise et de danger pour la société entière : j'ai en vue la pauvreté. A cette plaie douloureuse de l'humanité, je dois une mention particulière, non seulement parce que nous avons à faire une courte application des données générales qui précèdent, mais encore parce que nous avons envisagé ensemble l'utopie matérialiste d'une répartition uniforme de tous les biens de ce monde. L'Homme-Dieu, d'ailleurs, n'a eu garde de l'oublier dans son enseignement rénovateur ; sur elle encore il imprima son sceau divin, et la foi qu'il nous a léguée restera toujours la plus grande force concevable pour la restreindre, sinon pour la guérir.

Je n'ai pas à vous apprendre que les premiers chrétiens pensèrent l'avoir fait disparaître. Ayant mis tout d'abord leurs biens en commun, ils avaient réalisé le rêve social de vos coreligionnaires, et s'étaient mis en position de profiter tous, dans une égale mesure, de leurs ressources collectives. Certes, si un tel régime avait chance de s'établir ici-bas, c'était bien sous l'empire de cet esprit de charité, de sacrifice et de moralité qui animait les premiers adeptes du christianisme. Mais ils avaient compté sans la fragilité humaine, ils avaient trop présumé de la constance de leurs successeurs, et, dans la ferveur de leur zèle, ils avaient oublié la triste prédiction de leur Maître : *Vous aurez toujours des pauvres parmi vous...* (Matth., xxvi, 11.)

Oui, il a eu raison, il y aura toujours des pauvres ; mais dites si l'on peut rien concevoir de plus fort que ce qu'il a fait pour consoler leur cœur et améliorer leur sort. Lui-même il voulut naître aussi dénué qu'aucun d'entre eux ; il s'honora, durant sa vie, de ne pas avoir où reposer sa tête, et c'est surtout en faveur de la pauvreté qu'il a accentué les promesses de la vie future. Il n'a pas hésité à charger d'un formidable anathème les privilégiés de la fortune, et, s'il leur a laissé une chance de salut, c'est pour le cas où ils viendraient en aide à l'indigence. A cette fin, il promit de récompenser amplement leurs moindres actes de générosité : pour décider la libéralité du riche, il imagina d'exalter le pauvre sans mesure, il entoura son front d'une auréole divine, il en fit un autre lui-même. Il s'est exprimé à cet égard d'une manière formelle, qu'il a encore confirmée par des révélations démonstratives. Tout bon office, a-t-il dit, que vous aurez rendu au plus petit d'entre les hommes, vous me l'aurez rendu à moi-même, et ce que vous aurez manqué de lui faire, c'est à moi que vous l'aurez refusé. (Matth., xxv, 31, 46.)

Si une doctrine si sage et des instances si fortes sont restées relativement peu efficaces ; si elles n'ont pas produit, dans la société humaine, un courant continuel allant de la richesse à la pauvreté et tendant sans cesse au nivellement de nos diverses conditions; s'il est trop vrai qu'on voit des hommes, favorisés de la fortune, se servir de leur superflu, non pour soulager leurs frères déshérités, mais plutôt pour doubler leurs souffrances en faisant passer, devant leurs yeux altérés, l'image trompeuse et démoralisante du bonheur terrestre; s'il nous est donné de voir le pauvre, méprisant les promesses du Christ et soupirant après les jouissances maudites de la terre, songer à les acquérir par la violence subversive, et regarder comme son ennemie capitale la religion qui met obstacle à ses désirs en soutenant l'ordre du monde; si nous observons une si étrange perversion morale, nous ne pouvons nous en prendre qu'à l'étonnante indocilité des hommes, ce *peuple à tête dure*, aveuglé par la Puissance pernicieuse qui règne en ce triste séjour. Quant au divin législateur, que pouvait-il faire de plus que ce qu'il a fait en faveur de cette race malheureuse, à laquelle il eût voulu procurer, à la fois, le bonheur éternel et la paix présente, que pouvait-il faire de plus sans porter atteinte à son indispensable liberté? Et ne comprenez-vous pas que vos novateurs philanthropes s'essayeront vainement à une pareille tâche, même en nous pressurant par une législation spoliatrice et même en nous réduisant en servitude? Pour respecter nos droits les plus nécessaires et travailler efficacement, comme ils le prétendent, à l'extinction du paupérisme, n'est-il pas clair que, au lieu de repousser la doctrine vraiment libérale du Christ qui ne violente pas notre volonté, mais l'instruit et la façonne de telle sorte qu'elle se dirige d'elle-même vers le bien, ils devraient la propager de toutes leurs forces, et faire appliquer les préceptes de sa charité mieux qu'ils ne l'ont été dans le passé, c'est-à-dire avec toute la correction que comporteraient, aujourd'hui, les lumières de la conscience humaine ?

Note R. — *Sur les prophéties.*

En combattant le matérialisme comme nous le faisons dans cet ouvrage, nous atteindrions pleinement notre but, on le conçoit de reste, si nous pouvions faire voir, sinon la Divinité elle-même, du moins l'une de ses œuvres surnaturelles, un miracle ou son équivalent. Or, il nous semble que cela n'est pas impossible et qu'il y a, dans chaque prophétie biblique qui s'est trouvée notoirement accomplie, une sorte de miracle perpétuellement sensible. Nous estimons, notamment, que celle à laquelle nous faisons allusion ci-dessus en fournit un bel exemple, et nous croyons devoir en tirer parti au profit de notre thèse antimatérialiste. Notre réussite sera complète si nous fournissons du même coup la démonstration des dogmes fondamentaux du christianisme.

Pour ce qui est des actes surnaturels ou des miracles propres de Jésus-Christ, le plus grand nombre des critiques incroyants les ont rejetés en bloc, en se payant des plus mauvaises raisons. Ils n'y ont vu que des illusions, des effets d'une crédulité excessive, des inventions gratuites et même des supercheries. Mais, quant aux prophéties qui le concernaient, et qui ont été accomplies tant de siècles après qu'elles avaient été sûrement consignées, nous cherchons en vain quelle explication de ce genre leur serait applicable.

On nous dit que le paganisme a eu des oracles : s'ils ont été véridiques, nous les revendiquons à l'appui de notre thèse spiritualiste ; mais quels sont les faits historiques qu'on peut citer comme exemples, et où sont les textes antérieurs et sûrs qui relatent ces prédictions, comme le font pour nous, au sujet du Messie, les livres conservés par les Juifs?

L'esprit de naturalisme a tenté de fournir une explication physiologique des prophéties. Si l'on prétend établir un rapprochement entre les prophètes et les *hypnotisés* qui sont sous la domination d'une autre intelligence et d'une autre volonté que la leur, nous ne nous y refuserons pas; mais nous demanderons quel esprit étranger dominait nos voyants bibliques, si ce n'est l'esprit de Dieu, qu'ils ont toujours mis en avant dans leurs révélations, et dont ils se sont fait les interprètes en disant constamment : *Dicit Dominus,* le Seigneur dit....

On a insinué aussi une explication pathologique, et l'on a parlé de *névropathie,* de *grande hystérie...* Mais d'une part, dès lors que les prédictions qui nous occupent sont reconnues véritables, rien ne sert d'alléguer un état maladif chez leurs auteurs, de même qu'on objecterait vainement la maladie du patriarche Jacob, éclairé d'une vision surnaturelle quand il fut sur le point de mourir. D'autre part, que nos contradicteurs consciencieux veuillent bien ouvrir, tout simplement à la première page, le livre de l'un des principaux prophètes : sans s'arrêter au premier psaume, qui n'est qu'une préface, qu'ils lisent le psaume second, et qu'ils jugent s'il contient les paroles d'un halluciné, malade de corps et d'esprit, ou un langage des plus sublimes par les pensées et les expressions, par la raison religieuse et l'inspiration prophétique.

Chacun sait que les prophètes ont exprimé de magnifiques élans d'amour de Dieu. « Comme le cerf altéré soupire après les eaux, de même mon âme soupire après vous, ô mon Dieu. » (David, *Ps.* XLI.) — O Dieu, ô mon Dieu ! j'aspire vers vous dès que la lumière du jour commence à paraître. » (*Ps.* LXII.) — « Mon âme vous a désiré pendant la nuit, et je m'éveillerai dès l'aurore pour vous chercher de toute la force de mon esprit et de mon cœur. » (Isaïe, ch. XXVI.) Etc., etc. Ils demandaient à posséder, à voir Dieu, et, en réponse à leurs ardentes aspirations, il leur a été donné d'apercevoir avec surprise... le Christ sous tous ses aspects : quelle autre preuve veut-on de la nature divine de Jésus-Christ et des prophéties qui le désignent?

On a cru affaiblir leur autorité en constatant qu'il n'en avait plus été enregistré dans les derniers siècles de l'attente du Messie. Mais le long mutisme du ciel avant la naissance du

Sauveur, son semblant d'indifférence et d'abandon à l'égard du peuple choisi, étaient nécessaires : ils ont rendu possible son aveuglement et, par suite, le sacrifice rédempteur. Il est, d'ailleurs, très heureux que les prophéties messianiques aient été si anciennes : grâce à cette ancienneté, nos critiques antichrétiens ont beau abuser des indications les plus suspectes pour les rajeunir, les *moderniser* tant et plus, ils ne peuvent faire qu'elles ne restent toujours antérieures à la venue du Christ, et qu'elles ne gardent ainsi toute leur force.

On leur a reproché aussi de n'être souvent que de courtes phrases disséminées sans liens dans tous les livres de l'Ancien Testament; mais qu'importe leur brièveté, ainsi que leur incohérence, si elles sont bien significatives? Les plus courtes, les plus incohérentes, les plus défectueuses à certains égards, sont celles qui défient le mieux la contradiction.

D'autres critiques ont jugé qu'elles manquent de concordance ou de similitude, et, comme elles sont souvent figuratives, on trouve que la précision leur fait défaut. De fait, elles portent sur la vie entière, humaine et divine, de l'Homme-Dieu, depuis sa naissance comme petit enfant jusqu'à l'épanouissement de sa gloire céleste : elles ne pouvaient donc pas être semblables entre elles. Et puis, pour une raison que nous ignorons, le prophète semble avoir vu toutes les images sur le même plan ou le même tableau, et n'avoir point séparé les plus éloignées des plus rapprochées, ni distingué le *futur* du *passé;* et comme, enfin, il s'est confondu parfois lui-même avec l'objet de sa vision, il en résulte forcément un défaut de netteté dans la perception qu'il a reçue et transmise.

C'est trop nous arrêter sur les causes pour lesquelles les prophéties sont imparfaites sous quelques rapports, et il nous suffit d'en trouver une juste raison pratique. Il fallait sans doute qu'il y eût en elles de quoi éprouver nos esprits : elles sont certainement capables de décider la foi des hommes disposés à se soumettre à la loi divine ; quant à ceux qui penchent dans le sens contraire, et qui préféreraient qu'il n'y eût pas de Dieu ou de rémunération, il leur a été donné d'y trouver ce qu'ils cherchent, le maintien de leur scepticisme intéressé. Les premiers y perçoivent de vives clartés, tandis que les autres n'y voient goutte.

Malgré cette funeste prédisposition, nous essayerons d'en appeler au bon sens de nos adversaires. Abstraction faite du fragment qui fait l'objet spécial de cette note, nous leur ferons observer qu'il y a dans les livres bibliques de nombreux traits qui se rapportent à l'abaissement et à la passion de Jésus-Christ. C'est ainsi qu'on en trouverait dans d'autres pages du même Isaïe, dans le chapitre II du livre de la Sagesse, et surtout dans certains passages des psaumes XXI et LXVIII de David, où nous discernons clairement l'abandon et l'isolement du Christ pendant son sacrifice, les opprobres dont il a été couvert, l'acharnement de la foule ameutée contre lui, ses pieds et ses mains percés, le breuvage amer, le coup de lance du soldat, ses vêtements partagés, sa robe jetée au sort, etc. Ces quelques traits précis suffisent pour faire reconnaître à tout esprit sincère que la passion du Rédempteur a été entrevue plusieurs siècles avant son accomplissement, et l'on peut défier tous les matérialistes de fournir une explication naturelle de cette aperception.

Il est clair que cette partie des prophéties messianiques, qui a été certainement réalisée, donne une très grande créance à l'autre partie, qui échappe à notre contrôle et qui a rapport à la vie céleste de Jésus-Christ, ainsi qu'à notre propre sort futur. Car on sait que les prophètes ont surtout entrevu le Christ dans sa forme glorieuse. Nous pourrions encore citer David (*Ps.* XXIII, XLVI, CIX), Isaïe (ch. IX, LXII), Daniel (ch. VII), Habacuc (ch. III), Malachie (ch. III), Michée (ch. II), etc., comme l'ayant aperçu dans son éclat divin, arrivant au Ciel après son ascension, siégeant à la droite de Dieu, régnant dans les splendeurs des saints, exécutant son second avènement pour venir juger la terre, rentrant de nouveau dans les demeures célestes et y introduisant les élus, etc. Eh bien ! cette double figure humaine et divine du Rédempteur, qui a le défaut d'être constituée par des traits dispersés dans les livres bibliques, nous la retrouvons tout entière dans le chapitre LIII d'Isaïe qui nous occupe. On nous permettra de le reproduire ici, au lieu d'y renvoyer simplement le lecteur. Certainement tous les croyants instruits le connaissent bien, mais ce n'est pas pour eux qu'est écrit ce livre : il s'adresse à des hommes qui ont peu étudié les éléments de la religion ou qui les ont oubliés, et le nombre en est plus grand qu'on ne pense. Un personnage politique de notre époque, écrivain et philosophe rationaliste, étant à son lit de mort et voulant se réconforter par la pensée de l'immortalité de l'âme, se fit lire quelques pages du *Phé-*

don..., comme l'avait fait un payen célèbre, Caton d'Utique. Il nous semble que, s'il n'avait pas ignoré ou oublié la pièce que nous citons dans cette note, — ayant d'ailleurs toute la liberté d'esprit que peut posséder un mourant, — il n'aurait pas manqué de sentir que les quelques lignes de cette prophétie démontrent mieux la réalité de la vie future que tous les raisonnements de Platon.

D'autre part, un critique de l'esprit le plus indépendant, Sainte-Beuve, dans un article littéraire du *Constitutionnel* (23 janvier 1865), a dit au sujet de David : « David, le méritant et le combattant, a non seulement entrevu à l'avance le Messie dans sa forme glorieuse, il a eu un privilège entre les voyants, il a aperçu de loin les ignominies et les humiliations du Christ jointes à sa grandeur royale... Il était donné à David, le roi-prophète, mais le roi humble, d'avoir cette révélation... » Si un érudit tel que Sainte-Beuve a pu méconnaître qu'Isaïe a aperçu, mieux encore que David, le Christ dans son abaissement humain, qu'on juge des lacunes qui existent, en matière de science sacrée, dans l'esprit du commun des hommes !

Nous avons partagé le chapitre dont il s'agit en deux paragraphes, comme il l'est dans la Bible commentée par Ménochius, et nous avons *souligné* les points sur lesquels nous voulions attirer l'attention du lecteur.

Le prophète avait déjà annoncé, dans le chapitre LII, que le Messie paraîtrait sans éclat devant les hommes ; il revient, dans celui-ci, sur cette déclaration et s'écrie avec étonnement :

« § I. Qui a cru à la révélation que nous avons reçue et qui a compris la conduite du Seigneur ? Oui, il s'élèvera devant lui comme un faible arbrisseau et comme un rejeton qui sort d'une terre aride ; il est sans beauté et sans éclat ; nous l'avons vu, il n'avait rien qui attirât nos regards, et *nous l'avons méconnu*. Il nous a paru un objet de mépris, le dernier des hommes, un homme de douleurs, connaissant toute l'infirmité humaine : son visage était comme caché, il paraissait méprisable, et *nous ne l'avons pas reconnu*. Il a vraiment pris sur lui nos langueurs, et a porté le fardeau de nos douleurs, et nous, nous l'avons regardé comme un lépreux, comme un homme frappé et humilié par Dieu. Mais c'est à cause de nos iniquités qu'il a été couvert de blessures, c'est pour nos crimes qu'il a été brisé ; le châtiment qui devait nous procurer la paix est tombé sur lui, et nous avons été guéris par ses meurtrissures. Nous nous étions tous égarés comme des brebis errantes ; chacun de nous s'était détourné de sa juste voie, et le Seigneur a placé sur lui seul l'iniquité de nous tous. Il a été offert en sacrifice parce que lui-même l'a voulu, et il n'a pas ouvert la bouche pour se plaindre ; il sera mené à la mort comme une brebis, et demeurera dans le silence ; il n'ouvrira pas la bouche, semblable à un agneau qui reste muet devant celui qui le dépouille de sa toison. »

« § II. *Il est mort* au milieu des supplices et en exécution d'un jugement : qui dira le nombre de ceux qu'il engendrera à la vie ? C'est qu'il a *été retranché* de la terre des vivants : je l'ai frappé à cause du crime de mon peuple (a dit le Seigneur). Et *il lui donnera* les impies comme prix de sa sépulture, et le riche pour prix de sa mort, parce qu'il n'a pas commis l'iniquité et que le mensonge n'a point été dans sa bouche. Oui, le Seigneur l'a voulu briser dans son infirmité ; comme il livre sa vie pour le péché, *il se verra* une longue descendance, et la volonté de Dieu s'exécutera *par sa direction et sa main*. *Il le verra et sera rassasié*, en récompense de ce que son âme a souffert. Mon serviteur, étant juste, justifiera lui-même par sa doctrine un grand nombre d'humains, et c'est lui qui portera leurs iniquités. C'est pourquoi je lui donnerai pour partage une multitude de personnes ; et il distribuera les dépouilles des forts, parce qu'il a livré son âme à la mort et qu'il a été mis au nombre des scélérats, qu'il a porté les péchés de beaucoup d'hommes, et qu'il a prié pour les violateurs de la loi. »

Cette prophétie, on le voit, n'a aucun des défauts plus ou moins réels qu'on a attribués à la plupart des autres : elle est d'assez longue haleine ; elle est claire et bien enchaînée, elle s'exprime plus au propre qu'au figuré, et nul ne lui fera sérieusement un reproche d'avoir été enregistrée plus de sept cents ans avant les événements qu'elle indique.

Le premier de ces deux paragraphes peut se passer de commentaires. Non seulement la méprise des Juifs, mais surtout le dogme de la Rédemption, y est nettement enseigné, et, quant à la Passion, elle y est aperçue si précisément qu'on croirait lire le récit abrégé d'un de ses témoins ou d'un cinquième évangéliste. Nous pouvons donc répéter ce que nous disions au commencement de cette note : il y a là un acte évident de prévision qui défie toute explication naturaliste ; c'est bien un fait de l'ordre surnaturel, un miracle perpétuellement patent.

Quant au second paragraphe, il semble tout d'abord plus faible : la vision prophétique s'y montre un peu voilée, comme si une aperception relative à l'autre monde était plus difficile à l'esprit humain que celles qui se rapportent à la vie terrestre ; de plus, il est en quelque sorte moins soigné, car il contient des omissions de mots nécessaires, peut-être une certaine interversion d'idées, des redites qui sont moins utiles que celles du paragraphe précédent : toutes choses qui prouveraient, s'il en était besoin, qu'il nous a été conservé intégralement ou sans retouches. Mais, malgré ce qu'il a de négligé ou d'imparfait, il est d'une importance extrême, parce qu'il continue l'histoire du Christ en le suivant jusque dans l'autre monde, après sa résurrection qu'il atteste implicitement. Il y a des prophéties qui parlent plus clairement de la vie céleste de l'Homme-Dieu, mais nous croyons que tout esprit qui voudrait bien examiner attentivement celle-ci, en peser tous les mots et spécialement ceux que nous avons *soulignés*, reconnaîtra qu'elle ne laisse place à aucun doute. Ayant déclaré par deux fois que le Christ a été mis à mort, le prophète nous le fait reparaître dans une seconde et supérieure existence, vivant, voyant, agissant ou opérant avec la puissance et l'autorité mêmes de Dieu, et comblé de satisfaction ou de félicité.

On pourrait croire aussi que ce fragment a encore pour défaut de ne représenter le Sauveur que comme un homme, et comme le simple serviteur de Dieu ; mais, d'une part, cette réserve est corrigée par d'autres passages du même voyant et notamment par celui-ci ; « Cessez donc d'irriter cet homme qui respire le même air que vous, car c'est lui qui est le Très-Haut. » (Isaïe, II.) Et d'autre part, si le prophète fait entendre que c'est l'humanité de Jésus-Christ qui est non seulement ressuscitée, mais récompensée et divinisée, c'est parce qu'il associe à son sort le peuple chrétien, la descendance spirituelle du Christ, comme ayant été justifiée par son sacrifice et sa doctrine, et comme devant partager ses joies célestes à la place des anges déchus.

Ce paragraphe établit donc le dogme de notre vie future, et il l'établit d'une manière d'autant plus forte qu'il nous donne pour garantie de cette révélation le témoignage du précédent, dont la vérité est indéniable pour tous. Qui pourra se persuader que la seconde partie de la vision est très fausse, alors que la première nous apparaît si vraie? A notre sens, il n'y a pas d'objection contre le spiritualisme et le christianisme qui puisse prévaloir contre des preuves de ce genre. D'où nous concluons que, si un homme n'est point aveuglé par sa mauvaise volonté, cette prophétie lui donnera la certitude de notre future participation à la vie du ciel.

Nous n'en avons pas fini avec les prophéties messianiques, et le long article que nous venons de leur consacrer est surtout une préparation nécessaire aux considérations que nous présentons dans la lettre suivante (1).

SOIXANTIÈME LETTRE

SUR LA RELIGION CHRÉTIENNE (SUITE ET CONCLUSION)

Ainsi que vous l'avez dû comprendre, Camille, la question que nous traitons maintenant, la personnalité de Jésus-Christ, si elle était résolue dans le sens chrétien, éliminerait d'emblée quelques-unes de celles que nous avons discutées : matérialisme, déisme, socialisme subversif... et restreindrait singulièrement l'importance des autres: la vitalité des astres, leur occupation par des créatures inconscientes ou par des êtres raisonnables... Étant donc d'un intérêt capital, elle est aussi, répéterai-je, la plus facile à résoudre de toutes celles que nous avons débattues, lors même qu'on ne l'examine qu'au point de vue de la pure et positive raison, qui fut le nôtre dans cette longue polémique.

En vous présentant comme vous l'allez voir ma der-

(1) Voir la note S à la fin de la dernière lettre.

nière thèse, je ne prétends nullement émettre une conception originale et neuve ; je sais bien qu'elle n'est qu'une redite surannée, un lieu commun aussi ancien que le christianisme ; bien loin de lui méconnaître ce caractère, je le lui réfère hautement, car c'est là ce qui vous garantit surtout sa valeur ou sa parfaite légitimité.

Un personnage a paru sur la terre se donnant pour le fils unique de Dieu, et inculquant à ses adhérents, pour qu'ils la répandissent dans le monde, la croyance à la divinité de sa nature : voilà ce que personne ne peut contester. Car, si l'une des principales hérésies ne le reconnaissait pas comme l'égal et le consubstantiel de Dieu, elle ne pouvait nier, après les attestations de ses panégyristes, qu'il s'est fait passer pour tel. Dès lors, de deux choses l'une : ou il a dit vrai et a droit à notre culte, ou il a inventé le plus abominable des mensonges, et ne mérite que notre exécration pour s'être joué impudemment du ciel et de la terre.

Pas de moyen terme sensé, car il serait absurde de nous dire que le Christ pouvait être en état d'inconscience, ou atteint de quelque infirmité psychique ; ce serait accuser aussi de démence tous ses disciples et ses croyants, y compris tant d'hommes de génie qui l'ont adoré, y compris même vos révolutionnaires philanthropes, dont les aspirations les plus généreuses ne sont que les fruits d'un christianisme dévoyé et borné aux seuls horizons de la terre. Sous quelque face qu'on considère ce que nous appelons la conscience et la raison, il est évident que Jésus-Christ a réalisé ces facultés d'une manière complète et transcendante.

Il ne s'agit que de savoir s'il en a fait un sincère et digne usage. Il s'agit de reconnaître ce qu'était moralement celui qui se montra, comme homme, plein de piété, de soumission, de zèle envers Dieu ; celui qui sembla doux, humble, compatissant, affectueux, chaste, désintéressé de tous les biens terrestres, généreux jusqu'au sacrifice de sa vie; celui qui sut allier, à un courage plus qu'héroïque pour affronter sciemment les opprobres et les supplices, une patience, une longanimité inouïes pour les supporter, ainsi qu'une douceur, une clémence ineffables devant l'ingratitude ou la trahison des siens, et devant toutes les cruautés de ses persécuteurs; celui qui ne détesta rien tant que l'hypocrisie, et n'hésita pas à la démasquer et à la flageller chez les plus puissants de sa nation. Bref, il s'agit de décider si le personnage que le christianisme a élevé sur ses autels est vraiment le Saint des saints, le modèle accompli de la perfection religieuse, spirituelle et morale, l'incarnation de la sagesse, de la charité et de la bonté infinies, ou s'il fut, tout au contraire, non pas simplement le plus monstrueux des insensés, mais le plus sacrilège, le plus trompeur et le plus pervers des humains.

J'ose à peine formuler une telle demande, et pourtant je suis obligé d'y insister et de vous presser, inconséquent rationaliste, de prendre un parti devant cette alternative si claire.

Pourquoi cette superbe raison, qui se croit en état de tout juger souverainement, se tient-elle ici en suspens, si même elle ne cherche quelque faux-fuyant pour se dérober? Estimerait-elle qu'une question analogue est applicable à tous les fondateurs de religions? Sous plus d'un rapport, cette confusion serait inconsidérée, et vous en jugerez mieux tout à l'heure. Ou bien alléguerait-elle que nos documents sont insuffisants, et que nous manquons de certaines données nécessaires pour nous prononcer? Ce serait bien à tort, car la généreuse Providence est venue au secours de notre faiblesse par des témoignages si démonstratifs que nous pouvons lui dire avec saint Augustin : « *Testimonia tua credibilia facta sunt nimis*, vos témoignages n'ont été que trop croyables». J'espère que vous allez le comprendre.

Abstraction faite de la religion des Hébreux, celle qui fut établie par le Christ est la seule qui ait pour fondements des faits surnaturels. Si lui-même avait exécuté quelques-uns de ces miracles sous vos regards, vous vous croiriez pleinement édifié à son sujet. Eh bien ! vous avez mieux que cela encore pour justifier votre croyance en lui, vous avez les prophéties messianiques qui vous ont tracé d'avance son histoire. Sans doute, je ne fais que répéter ici, sous une forme particulière, une vérité toute simple, mais je crois qu'elle est d'une importance à justifier cette répétition.

Concevez donc que vous ayez vu de vos yeux un de ses actes surhumains, ou plutôt supposez que vous voyez aujourd'hui quelque prodige éclatant, mais de peu de durée : vous en recevrez sans doute une impression vive, voire même stupéfiante, mais qui sera passagère et ne manquera pas de s'effacer à la longue, pour ne laisser dans votre esprit qu'un souvenir émoussé et indécis. Dès demain, peut-être, vous vous demanderez intimement si ce phénomène étrange, maintenant fermé à votre vérification, fut vraiment surnaturel, si vous l'avez observé avec une suffisante circonspection, si vous ne fûtes pas dupe de quelque illusion, si vous n'avez pas fait un rêve... tandis que les oracles enregistrés des prophéties constituent des merveilles persistantes, ineffaçables, toujours parlantes et toujours accessibles à votre examen ; planant sereinement au-dessus des âges, ils ont été pris pour ce qu'ils sont par d'innombrables et fortes intelligences, dont l'assentiment provoque ou fortifie le vôtre ; ils ont donc pour tous les hommes quelque chose de plus convaincant et de plus sûr. Aussi, l'un de ceux qui furent témoins de la plupart des œuvres miraculeuses de l'Homme-Dieu, et même de sa glorification sur le Thabor, a-t-il jugé que les révélations des prophètes sont plus propres encore à soutenir notre foi : *Habemus firmiorem propheticum sermonem.* (Pierre, 2ᵉ épître.)

Sans nul doute, et comme ce célèbre mourant qui semblait résumer d'un seul mot les aspirations de sa vie, en demandant à cor et à cri *de la lumière*, sans nul doute nous tous aussi, en eussions-nous reçu davantage, nous ne laisserions pas d'en être encore affamés tant que durera notre exil sur ce théâtre obligé du mystère ou du demi-jour. Nous voudrions que les prophéties nous eussent montré avec plus de clarté encore cette grande image du Christ, à la fois terrestre et céleste, dont la base fut si fortement accentuée dans les détails réalistes de la Passion, et dont la tête s'estompe et nous échappe en se perdant dans le sein de Dieu ; nous voudrions qu'au lieu de n'être qu'une esquisse ébauchée, formée de traits épars et presque fantaisistes, l'auguste silhouette se dessinât fortement et parfaitement dans toute son étendue. Mais, tout incomplètement qu'elle nous fût tracée par des messagers imparfaits eux-mêmes comme étant nos semblables, nous la trouvons encore si expressive, nous y reconnaissons si bien la personne de l'Homme-Dieu, que nos adversaires mêmes ne s'y trompent pas et ne sont guère portés à la méconnaître ; impuissants à l'effacer, ils s'efforcent surtout de la séparer de ses attaches originelles, de rapprocher à l'envi des temps messianiques les textes qui la décrivent, pour leur retirer leur caractère prophétique et divin. Je n'ai pas à vous redire ici combien ces tentatives sont vaines ; mais je vous demanderai maintenant si vous apercevez quelque chose de semblable dans tout autre culte ou système religieux, et notamment dans cette branche bâtarde qui est sortie aussi du tronc hébraïque six siècles après la religion chrétienne.

De ces données nous tirons une déduction précise et d'une application immédiate. Outre que Jésus-Christ produisait devant les Juifs ses actes surnaturels, qui tendaient à leur ouvrir les yeux sur son office sacré, il se plaisait à en appeler aux témoignages qu'avaient rendus de lui les prophètes. Or, l'un de ces témoignages est cette pleine justification que l'Esprit divin a faite du Messie en le qualifiant de *juste*, ou en disant qu'il *n'a point commis l'iniquité, et que le mensonge n'a pas été dans sa bouche.* (Is., loc. cit.)

Il s'ensuit que vous êtes parfaitement renseigné, et que vous êtes armé de toutes pièces pour trancher la question qui fait le sujet de cette lettre. Je puis donc le répéter : le plus important et le plus simple de tous les problèmes qui touchent à la direction de votre vie, c'est celui que vous propose la personne de Jésus-Christ, c'est le point de savoir s'il représenta le génie du bien ou celui du mal, Dieu ou Béelzébub. Lui-même nous a déclaré qu'à la fin des temps, devant ses assises inexorables, comparaîtraient tous les tremblants humains ; mais nous sommes présentement en demeure de rendre, sur son compte, un jugement qui décidera du sien, si nous sommes conséquents à nous-mêmes et fidèles à nos principes. Avec sa doctrine et ses œuvres, sa figure sans pareille se dresse entre le ciel et la terre pour provoquer notre sentence dans l'un ou l'autre des deux sens opposés. Il se présente devant les siècles tel qu'il fut au dernier jour de sa vie terrestre, lorsque, debout près du prétoire du lieutenant de César, en parallèle avec un scélérat, il attendait du peuple juif, tenant la place de l'humanité entière, une option et un verdict. Songez bien à la responsabilité qui vous incombe : nul ne pourra s'excuser d'avoir gardé une neutralité même indélibérée ; Celui qui poussa l'amour pour nous jusqu'à s'étendre sur l'infâme gibet ne saurait admettre que nous le payassions d'indifférence ; il ne nous reconnaît pas le droit d'être neutres et nous le dit en termes formels : *Quiconque n'est pas avec moi est contre moi.* (Matth., XII, 30 ; Luc, XI, 23.)

Voilà, dans sa simplicité sans égale, le dilemme religieux ou le critère moral qui s'applique à tous les temps chrétiens, et surtout à notre siècle de soi-disant rationalisme ; qui est à la portée de nos frères les plus pauvres d'esprit et de savoir, aussi bien que des plus intelligents et des plus éclairés. Chacun le résoudra, même inconsciemment pour ainsi dire, suivant ses affinités pour l'une ou l'autre des deux Puissances antagonistes qui règnent sur ce monde ; impossible d'en concevoir un autre plus juste et plus sûr pour éprouver les hommes de bonne et de mauvaise volonté, pour séparer ceux chez lesquels prévaut l'esprit de Dieu de ceux qui sont dominés par l'esprit satanique.

Je n'ai jamais eu la prétention, Camille, de vous communiquer la foi au moyen des raisonnements qu'il m'était possible de vous offrir ; elle descend de Dieu lui-même, et, quels que soient nos discours et nos arguments, ils ne persuaderont jamais que ceux dont il aura ouvert l'esprit. Je n'attends donc rien de mes propres efforts, et j'en appelle à sa seule grâce, qui a touché maintes fois des cœurs plus endurcis que le vôtre ; mais puisqu'il ne m'est pas interdit d'espérer qu'elle vous fasse aussi sentir sa salutaire influence, voici ce que je vous dirai pour finir cette lettre dernière :

Revenez à la religion de votre premier âge : elle a

procuré à l'homme non seulement l'amélioration de son sort terrestre, mais encore l'espérance la plus grandiose qui se puisse concevoir, celle de participer à la vie de Dieu même. Et son Dieu, c'est vraiment le grand Dieu qu'entrevoit l'imagination la plus savante ; c'est celui qui fit surgir toutes ces sphères célestes qui vous semblent exister en nombre infini ; c'est celui « qui a façonné notre globe ainsi que tous les globes des cieux ; qui restera témoin de leur passage et de leurs vicissitudes en jouissant lui-même d'un perpétuel repos ; qui les verra vieillir tandis qu'il demeurera toujours le même ; qui les changera comme nous changeons un manteau usé, et renouvellera son œuvre créatrice. C'est lui-même qui fera partager à ses serviteurs son séjour immuable et son immortalité ». (*Ps.* ci, 26, 29.) C'est lui enfin, n'en doutez pas, qui, caché sous les traits de l'homme, nous a dit, en désignant peut-être la grande nuée d'étoiles au sein de laquelle gravite notre sphère : *Le ciel et la terre passeront, mais mes paroles ne passeront pas.* (Matth., xxiv, 35 ; Luc, xxi, 33.)

Revenez à la religion que vous avez été si prompt à abandonner et ramenez-lui, s'il se peut, ceux que vous en avez détournés par vos propos et par vos exemples, car ce qui reste de foi religieuse dans le monde est insuffisant pour le conserver. Notre société moderne, que le christianisme soutient encore de sa force méconnue, est arrivée à ce degré d'illusion où l'Église du Christ n'est plus considérée, par un grand nombre de prétendus sages, que comme un simple parti dans l'État, un parti égaré et funeste auquel il faut résister plus encore qu'à son antagoniste, le parti de la révolution matérialiste et destructive. Peut-être l'époque n'est-elle pas éloignée où l'aveugle humanité, par la voix de ses représentants élus, se prononcera formellement, en diverses contrées, contre le règne de Dieu sur elle, et renversera la base sur laquelle repose tout notre édifice social. Peut-être est-il déjà imprudent et dangereux de vouloir trop restaurer de ce qui fut détruit de divin et d'utile; peut-être que, dès à présent, notre but ne doit pas être d'assurer, pour une période indéfinie, le salut de la société, mais seulement d'enrayer, par tous les moyens, sa marche précipitée dans la voie du chaos, de préserver des suprêmes convulsions au moins les générations actuelles, et de nous cramponner énergiquement sur la pente fatale pour y jouir encore quelque temps d'ordre et de calme, avant les secousses de la subversion complète et les catastrophes vengeresses de la fin.

Si vous voulez échapper au cataclysme qui se prépare, n'hésitez pas à entrer dans l'arche sainte qu'ils s'efforcent de détruire : il n'existe pas d'autre refuge. Ne soyez pas dupe de l'illusion grossière qui les abuse; car quel est le véritable fondement de leur irréligion ? Le Christ. disent-ils, ne donne pas signe de vie ; les sacrilèges, les attentats de toute sorte auxquels il est en butte s'accomplissent impunément ; il a passé ne laissant qu'un souvenir qui s'efface de jour en jour; rien n'est à espérer ni à craindre de lui... Mais rappelez-vous que ce raisonnement *si ancien* a eu son précédent qui l'a jugé d'avance. Durant quelques centaines d'années avant la première venue de l'Homme-Dieu, le ciel resta muet sur son compte, et les prophètes n'élevèrent plus leur voix pour l'annoncer ; déjà le peuple élu, définitivement subjugué, avait commencé sa dispersion, et les antiques promesses qu'il avait reçues du Très-Haut semblaient avoir été vaines. Elles ont pourtant été accomplies : c'est ainsi que le second avènement s'accomplira à son tour. Plus d'un signe des temps donne à penser qu'il n'est pas éloigné ; le silence du ciel, l'impassibilité apparente qu'il affecte est l'un d'entre eux. Le Christ reviendra dans un temps où la majorité des hommes ne l'attendra plus : ne nous a-t-il pas avertis qu'il procéderait avec nous par surprise ?

Revenez donc à la foi chrétienne et l'embrassez sans réserve, nonobstant les difficultés plus ou moins spécieuses qui s'élèvent contre elle dans votre imagination prévenue. Ne me dites pas que votre raison répugne à tel ou tel dogme ; en ce moment, je ne discute plus, je n'examine rien, d'autant que vos objections personnelles ont peut-être leurs contraires dans d'autres esprits, et je me borne à vous dire en ce qui vous concerne : Acceptez ce qui vous est présenté au nom de Dieu ; soumettez-vous aux enseignements de son Église ; votre soumission sera le premier de vos mérites et votre titre principal à la récompense céleste. Imitez au besoin, dans sa foi généreuse, cet illustre patriarche dont la gloire plane sur la plupart des religions asiatiques, et qui n'hésita pas à satisfaire à la volonté divine en lui immolant ce qu'il avait de plus cher ; faites, s'il le faut, un tel sacrifice pour Dieu : lui-même l'a fait pour vous. N'oubliez pas, d'ailleurs, qu'il y a ici-bas, pour notre intelligence, des ténèbres que nous fûmes condamnés à subir comme nous avons été astreints à supporter les maux si fréquents de la vie. Serait-il possible qu'en ce séjour imparfait, où nous sommes si loin de trouver, dans la nature, toutes les commodités réclamées par notre corps, nous jouissions, dans la foi, de toutes les satisfactions de notre raison, malgré les extrêmes divergences de nos sentiments individuels ?

Tel sera aussi le langage que je vous tiendrai au sujet des Écritures et de leurs semblants d'erreurs scientifiques. D'ailleurs, vous avez pu juger avec moi que les simples aperçus qu'elles nous présentent sur les créations successives de ce monde sont plus plausibles que toutes les inventions de votre savant naturalisme. Quant à d'autres points de la physique universelle que nous n'avons pas touchés, il faudrait que notre science fût définitivement fixée, ainsi que l'interprétation biblique, pour qu'on pût constater de vrais désaccords. Mais, d'une manière toute générale, qu'avons-nous besoin de disputer maintenant sur les incorrections que vous reprochez surtout aux Livres de l'ancien Testament, et par lesquelles s'accuserait, à vos yeux, l'imperfection des secrétaires humains qui ont tenu la plume pour les écrire ou les transcrire ? Ces mêmes livres ne sont-ils pas visiblement parsemés d'or pur, de joyaux spirituels, de traits éclatants d'une lumière céleste, où l'on reconnaît le sceau authentique de l'Esprit divin qui les a inspirés ? C'est bien assez pour les exigences de notre raison.

NOTE S. — *Sur les annonces prophétiques de la Rédemption.*

Toute notre longue étude de cosmologie générale ayant été poursuivie au double point de vue de la religion et du rationalisme, il convient de la finir en insistant sur les relations généreuses de l'Auteur de cet immense univers avec notre humble humanité tellurique, sur les communications spéciales que le ciel a faites à la terre, sur celles, du moins, qui s'adressent à tous les hommes et qui sont d'une vérification facile aux rationalistes impartiaux. En ce sens, nous ne pouvons rien citer de plus démonstratif que les prophéties messianiques, malgré ce qu'elles laissent à désirer aux esprits les plus difficiles, et c'est pourquoi nous y revenons dans cette note dernière.

Ce fut toujours le sort des vérités les plus importantes, fussent-elles des moins contestables, que d'être plus spécialement exposées à la controverse : pareillement, c'est surtout aux prophéties bibliques les plus capitales que s'attaque l'esprit antichrétien, en tournant contre elles toutes les ressources de son savoir et de son ingéniosité. Qu'il réussisse à saper de quelque manière l'autorité de l'une d'elles, et il aura, du même coup, ébranlé le crédit de toutes les autres. Aussi, si nous étions obligé d'en élire une pour en faire une sorte de clé de voûte de tout l'édifice de ces oracles divins, nous ne la choisirions pas parmi les plus remarquables ou les plus développées, telles que serait celle que nous avons citée tout au long ; nous prendrions plutôt une des plus simples et des plus brèves, une de celles qui s'exprimeraient par un seul mot souvent répété dans les Saints Livres, à condition que ce mot ne fût pas susceptible d'un double sens, et qu'on ne pût contester l'authenticité de tous les textes qui le contiendraient : c'est ce que nous allons faire dans cet article.

Dans les plus anciennes promesses divines qu'a reçues le peuple hébreu, on n'aperçoit qu'imparfaitement les caractères essentiels du Messie, je veux dire sa vraie nature, sa mission et son œuvre. Moïse même ne le signale que comme un prophète ou un législateur tel que lui, de sorte que sa prédiction eût pu s'appliquer assez bien au fondateur de la religion musulmane. Mais, plus tard, les révélations célestes se sont éclaircies quand elles ont adopté les formules que nous voulons mettre ici en évidence, quand les expressions *redemptor*, *redemptio*, *redimere* ont été introduites dans le langage des inspirés. En même temps que ces termes y deviennent fréquents, ils prennent un sens bien précis. Il devient clair que ce n'est pas d'un joug humain que la nation juive doit être délivrée ou rachetée, mais *de ses péchés, de la mort, de l'enfer*, comme le déclarent littéralement les textes sacrés. De plus, si le Rédempteur est indiqué ordinairement comme étant Dieu lui-même, dans des phrases telles que celle-ci : *Et ipse (Dominus) redimet Israël ex omnibus iniquitatibus ejus*, il est présenté aussi comme un homme, un Saint d'Israël, il possédera une double nature, devant pleuvoir du ciel et germer de la terre. J'ajoute enfin qu'on trouve, dans les annonces prophétiques les plus courtes et les moins attaquables, des traits caractéristiques de la Rédemption et du Rédempteur.

Et maintenant, qui serait assez dépourvu de jugement pour soutenir que ces prédictions si simples ont pu être falsifiées ? ou qu'il faut les tenir pour dénuées de sens ? ou qu'elles sont sans rapport avec Jésus-Christ ? Devons-nous les retrancher de l'Ecriture, dont elles sont peut-être la quintessence ? Cela étant impossible, il demeure évident que la Rédemption — puisque c'est à ce seul mot que se restreint notre discussion présente — a été vraiment révélée telle quelle à ces hommes d'élite qui l'ont tant de fois perçue et citée ; que les passages bibliques qui contiennent l'un ou l'autre des trois termes sus-indiqués leur donnent une signification sur laquelle on ne peut équivoquer, et qu'ils sont d'ailleurs trop nombreux pour qu'on en puisse récuser l'authenticité générale. Leur ensemble, étant donc d'une sûreté indiscutable, fournit aux prophéties messianiques une sorte de base d'une inébranlable fermeté. C'est à ces solides assises que viendraient s'ajouter tous les autres traits ou messages prophétiques se rapportant de près ou de loin à l'œuvre rédemptrice ; ils en partageraient la certitude ou la solidité, si bien qu'il ne serait pas plus raisonnable de mettre en doute la validité de ces derniers documents que celles des premiers ; ceux-ci sont garants de ceux-là et se lient solidairement avec eux.

Au risque de tomber dans quelques redites, voici la conclusion que nous tirerons de cette note.

Pour résoudre la dernière et la plus pratique des questions que nous avons abordées dans cet ouvrage, il devrait nous suffire d'examiner, à la lumière de notre consciencieuse raison, les preuves rationnelles et historiques des œuvres surnaturelles de Jésus-Christ, telles que ses miracles, ses prédictions.... Il devrait même nous être suffisant de considérer ses perfections spirituelles ; de songer qu'il nous apporta un système religieux et moral surhumain, dont nous ne retrouverions les éléments ni dans les écrits des anciens les plus sages, ni dans les livres des prophètes eux-mêmes, et de constater surtout qu'aucun de ces hommes supérieurs, ni la réunion de tous, n'aurait fourni un assemblage de vertus ou un type de moralité tel que celui qu'il a réalisé dans sa seule personne. Si tout cela n'est pas assez pour former notre conviction définitive à son égard ; si nous subissons quelques atteintes de ce sentiment d'irréligion qui semble répandu dans l'air que nous respirons ; si nous nous sentons parfois influencés par les objections des esprits hésitants ou par les négations de l'incrédulité formelle, nous avons encore, rationalistes de bonne foi, un moyen providentiel d'assurer notre jugement sur son compte : écoutons les témoignages qui nous sont venus d'en Haut en sa faveur ; portons nos regards sur les prophéties qui le montrent à la terre comme l'Envoyé du ciel, et qui parlent aux hommes d'aujourd'hui, pour soutenir leur croyance, comme elles ont parlé aux premiers chrétiens pour fonder la leur. Il n'y a pas de doute raisonnable qui puisse tenir contre elles : répondant à notre indécision par une affirmation tranchante, elles font justice absolue des suppositions les plus cauteleuses ou les plus audacieuses que nous entendons exprimer sur l'état moral, spirituel et même mental de Celui que nous adorons. Elles sont donc décisives pour établir la divinité de Jésus-Christ, pour démontrer la vérité du christianisme, et, finalement, pour justifier nos solutions chrétiennes des diverses thèses que nous avons soutenues dans ce livre.

FIN

TABLE DES MATIÈRES

	Pages
Préface	1

PREMIÈRE PARTIE

QUELS PEUVENT ÊTRE LES ASTRES HABITABLES

PREMIÈRE LETTRE. — Prologue	5
DEUXIÈME LETTRE. — Conditions générales d'habitabilité des corps célestes	13
TROISIÈME LETTRE. — Suite du sujet précédent	20
QUATRIÈME LETTRE. — Suite et fin du sujet précédent	28
CINQUIÈME LETTRE. — Le soleil	35
SIXIÈME LETTRE. — Le soleil (suite)	46
SEPTIÈME LETTRE. — La lune	54
HUITIÈME LETTRE. — La lune (suite). — De l'atmosphère des mondes sidéraux	62
NEUVIÈME LETTRE. — La terre	70
DIXIÈME LETTRE. — La terre (suite)	80
Note A. — Sur l'entretien suppposé de la matière carbonée de l'atmosphère	90
ONZIÈME LETTRE. — Les planètes	92
DOUZIÈME LETTRE. — Les planètes (suite)	100
TREIZIÈME LETTRE. — Les planètes (suite)	108
QUATORZIÈME LETTRE. — Les planètes (suite)	117
QUINZIÈME LETTRE. — Les planètes (suite et fin)	126
Note B. — Sur la planète Mars	138
Note C. — Sur les satellites de Jupiter	139
Note D. — Sur les planètes Mercure et Vénus	140
SEIXIÈME LETTRE. — Les étoiles fixes	145
Note E. — Sur la distance des étoiles	156
Note F. — Sur les nébuleuses	157
DIX-SEPTIÈME LETTRE. — Les étoiles fixes (suite)	159
Note G. — Sur le satellite de la terre	169
DIX-HUITIÈME LETTRE. — Les étoiles fixes (suite)	179

TABLE DES MATIÈRES

Pages

DIX-NEUVIÈME LETTRE. — Les étoiles fixes (suite et fin). — Les comètes... 178
VINGTIÈME LETTRE. — Les nébuleuses................. 188
VINGT-ET-UNIÈME LETTRE. — Complément spiritualiste de l'hypothèse cosmogonique de Laplace ou des hypothèses similaires.. 196

DEUXIÈME PARTIE

LA CAUSE GÉNÉRATRICE DE LA VIE SUR LES GLOBES SIDÉRAUX

VINGT-DEUXIÈME LETTRE. — L'origine de la vie tellurique. 205
VINGT-TROISIÈME LETTRE. — Sur les expériences relatives à la génération spontanée........................... 215
    Note H. — Sur la question de la génération spontanée... 223
VINGT-QUATRIÈME LETTRE. — Il n'y a pas d'êtres intermédiaires entre les deux règnes inorganique et organique.. 225
VINGT-CINQUIÈME LETTRE. — Les hypothèses biogéniques ne peuvent se passer du surnaturel ou des miracles....... 235
VINGT-SIXIÈME LETTRE. — La véritable origine et le premier mode de la vie tellurique........................... 246
VINGT-SEPTIÈME LETTRE. — Quelle fut la suite de la première création vivante de la terre?..................... 255
VINGT-HUITIÈME LETTRE. — Exposé critique du darwinisme.. 263
VINGT-NEUVIÈME LETTRE. — Suite du sujet précédent... 272
    Note I. — Sur la genèse des organes nouveaux d'après Darwin.. 282
TRENTIÈME LETTRE. — Indices d'une concordance, d'un plan ou d'une direction dans l'évolution de la vie tellurique. 284
TRENTE-ET-UNIÈME LETTRE. — Suite du sujet précédent. 294
    Note J. — Complément de la dernière démonstration..... 305
TRENTE-DEUXIÈME LETTRE. — La formation des types animaux s'est opérée par une suite de sauts de la nature ou d'innovations créatrices................................ 306
    Note K. — Sur les sauts de la nature dans la formation du pied des solipèdes................................ 318
    Note L. — Sur la formation et le changement brusques des instincts animaux................................ 320
TRENTE-TROISIÈME LETTRE. — Suite et fin de l'étude générale du darwinisme....................................... 322
TRENTE-QUATRIÈME LETTRE. — Le darwinisme appliqué à l'espèce humaine... 333

TABLE DES MATIÈRES

Pages

TRENTE-CINQUIÈME LETTRE. — La constitution psychique de l'homme est inverse de celle des animaux........ 346
   Note M. — Sur l'instinct et le libre arbitre............ 354
TRENTE-SIXIÈME LETTRE. — Le langage de l'homme le sépare réellement de tout le monde animal. — La véritable genèse de l'espèce humaine........................... 355
   Note N. — Sur l'origine et la diversité du langage..... 364
TRENTE-SEPTIÈME LETTRE. — La cause de la vie et la pluralité des mondes................................... 367
TRENTE-HUITIÈME LETTRE. — La cause de la vie est essentiellement intelligente................................. 374
TRENTE-NEUVIÈME LETTRE. — La cause de la vie est essentiellement libre; conséquence cosmologique de ce principe... 383

TROISIÈME PARTIE

APPLICATIONS COSMOLOGIQUES ET DÉDUCTIONS PRATIQUES

QUARANTIÈME LETTRE. — Résumé des principales difficultés relatives à l'habitation des astres. — Les mondes minéraux... 393
   Note O. — Sur les futures et dernières catastrophes de notre monde.. 404
QUARANTE-ET-UNIÈME LETTRE. — Les mondes minéraux (suite).. 405
QUARANTE-DEUXIÈME LETTRE. — L'habitacle principal des mondes planétaires................................ 413
QUARANTE-TROISIÈME LETTRE. — L'habitacle principal des globes planétaires, ou les mondes maritimes....... 422
QUARANTE-QUATRIÈME LETTRE. — Les mondes maritimes (suite)... 430
QUARANTE-CINQUIÈME LETTRE. — Les mondes maritimes (suite)... 438
QUARANTE-SIXIÈME LETTRE. — Les mondes maritimes (suite)... 447
QUARANTE-SEPTIÈME LETTRE. — Les mondes maritimes (suite et fin)....................................... 458
QUARANTE-HUITIÈME LETTRE. — Les terres imparfaites; les mondes paludiques................................ 466
QUARANTE-NEUVIÈME LETTRE. — Les mondes incomplets. 475
CINQUANTIÈME LETTRE. — Une espèce pensante n'est pas nécessaire sur les mondes vivants..................... 488
   Note P. — Sur le peu de durée relative du règne de l'humanité... 497

CINQUANTE-ET-UNIÈME LETTRE. — L'homme est un être extraordinaire ou anormal dans la création des mondes... 498

CINQUANTE-DEUXIÈME LETTRE. — Réponse à quelques objections.. 508

CINQUANTE-TROISIÈME LETTRE. — Quelle est la fin de la création sidérale ?................................. 516

CINQUANTE-QUATRIÈME LETTRE. — Suite du sujet précédent.. 525

CINQUANTE-CINQUIÈME LETTRE. — L'avenir de l'espèce humaine d'après les matérialistes................. 533

Note Q. — Sur notre décadence physique............. 544

CINQUANTE-SIXIÈME LETTRE. — L'homme ne peut compter sur la perpétuité de son règne terrestre.......... 545

CINQUANTE-SEPTIÈME LETTRE. — Du déisme......... 553

CINQUANTE-HUITIÈME LETTRE. — Le dogme chrétien n'est pas inconciliable avec l'idée de la pluralité des mondes 562

APPENDICE

CINQUANTE-NEUVIÈME LETTRE. — Sur la religion chrétienne... 574

Note R. — Sur les prophéties............................... 585

SOIXANTIÈME LETTRE. — Sur la religion chrétienne (suite et conclusion)... 592

Note S. — Sur les annonces prophétiques de la Rédemption.. 602

Original en couleur

NF Z 43-120-8

www.ingramcontent.com/pod-product-compliance
Lightning Source LLC
Chambersburg PA
CBHW060404230426
43663CB00008B/1384